U0949554

GUNDONG CAOPAN JISHU

中国证券职业操盘实训教材

《操盘能力训练教程》系列丛书

▶ 操盘学培训课程核心教材
▶ 操盘学专项技术特训教程

滚动操盘技术

罗振文 著

上 册

广东省出版集团
广东经济出版社

图书在版编目（CIP）数据

滚动操盘技术．上册／罗振文著．—广州：广东经济出版社，2009.7（2009.7重印）
（《擦盘能力训练教程》系列丛书
ISBN 978－7－5454－0263－6

Ⅰ．滚…　Ⅱ．罗…　Ⅲ．股票－证券交易－基本知识
Ⅳ．F830.91

中国版本图书馆CIP数据核字（2009）第101729号

出版发行	广东经济出版社（广州市环市东路水荫路11号11～12楼）
经销	广东新华发行集团
印刷	佛山市浩文彩色印刷有限公司（南海区狮山科技工业园A区）
开本	787毫米×1092毫米　1/16
印张	21　2插页
字数	472 000字
版次	2009年7月第1版
印次	2009年7月第2次
印数	5 001～10 000册
书号	ISBN 978－7－5454－0263－6
定价	50.00元

如发现印装质量问题，影响阅读，请与承印厂联系调换。
发行部地址：广州市环市东路水荫路11号11楼
电话：(020) 38306055　38306107　邮政编码：510075
邮购地址：广州市环市东路水荫路11号11楼
电话：(020) 37601950　邮政编码：510075
营销网址：http://www.gebook.com
广东经济出版社常年法律顾问：何剑桥律师

目　录

关于中国证券职业操盘实训教材

中国证券职业操盘实训教材是我国第一套职业化、专业化、工具化、系统化和模块化的职业操盘实训教材，由广东经济出版社投资理财编辑室（罗振文工作室）创意策划，并由伍朝辉、罗振文等人执笔创作而成。本套教材包括核心教材《操盘学》上、中、下三册（罗振文策划、伍朝辉创作），《操盘能力训练教程》系列丛书（罗振文策划、罗振文创作），《操盘学概论》（罗振文策划、伍朝辉创作），《操盘学》习题集（罗振文编写、伍朝辉审定）和《操盘梦工厂》系列教学光盘等。这些教材，组成了操盘学培训课程核心教材和操盘学专项技术特训教程，是证券职业操盘手和广大投资者训练操盘能力、提高操盘水平、提升职业投资素养和走向成功投资之路的入门宝典，熟读精思，并在实战中反复演练，必将大有裨益。

关于《滚动操盘技术》的来由

很久以前，就想写一本关于滚动操盘技术的论著，一直未能如愿。那时候和朋友在某大型书城从事采购工作，每天四处奔走，劳碌身体，耗费精神，根本没有时间坐在电脑跟前盯盘，无论如何也无法炒短线。但是，盘面红红绿绿的数字跳动得很逗人，很诱人，热钱滚滚，却与自己无关，多么痛苦啊！难道就这样舍弃了吗？不，绝对不能！可是，既要跑业务，又要跑短线，该怎么办呢？日思夜想，冥思苦想，挠破头皮，忽然心生一计：何不来个定点挂单买卖呢？于是，就有了滚动操盘技术的最初构想。

最初的构想很简单，大致是这样：选定一只股票，锁定它，长年累月跟踪它，操作它。当它处于几乎跌不动，也就是跌无可跌的时候，花费一半本金买入，打底。所谓打底，也就是现在你们在书中看到的基础仓，或者叫底仓。然后，每天按固定的模式下单：

第一，在涨停的价位，挂卖出单，卖出底仓的50%仓位。

第二，在涨幅5%的价位，挂出卖单，卖出底仓的30%仓位。

第三，在跌停的价位，挂买单，买入留守资金的50%仓位。

第四，在下跌5%的价位，挂买单，买入留守资金的30%仓位。

每天下班后，检查账户成交情况，然后有针对性调整资金和持仓的比例。就用这种最笨的办法，一年下来，居然取得了不俗的战绩。天寒岁暮，年关时分，几个朋友在一起喝酒，酒过三巡，聊及此事，大家都很感兴趣，约定来年一起实验求证。

春去秋来，又是一年。参与实验求证的几个朋友账户上都取得了不俗的战绩！这令我产生了强烈的好奇心，想探求这种操作技术的可行性究竟有多高。于是，开设了实战QQ群，号称每天赚一点，口号并不显眼，也不张扬，但是参与者却众多。一年下来，成绩最好的居然从10万元本金做到了132万元！奇迹啊……这样的战果的确叫人怦然心动。于是，我开始构思写作《滚动操盘技术》这本书。因为忙，写得断断续续，很久也没完稿，更遑论出版。

这些年来，关于滚动操盘技术的文章不绝于网络，但是，真正道出个中真谛的美文，却十分鲜见。2009年，资深投资家暨职业操盘师伍朝辉先生的鸿篇巨著《操盘学》出版后，立即引起了证券界和高等学府的强烈关注，并由此催生了一门新的学科——操盘学，和创设出两门崭新的培训课程——操盘学培训课程和操盘学专项技术特训课程。因为其中涉及到不少关于滚动的操盘技术，不断有人来信来电询问求解，简直令我无法招架。为了满足各方的需求，于是伏案良久，写下了这部《滚动操盘技术》。是为记。特别说明：需要参加培训和特训的读者，请加入QQ群咨询，群号：10895717

关于本书的几个关键话题

关于神奇的模糊数字

道曰，天下万物生于有，有生于无。道生于一，一生二，二生三，三生万物，万物负阴而抱阳，冲气为和。这与斐波那契数列 1，1，2，3，5，8，13，21，34，55，89，144，233，377……密切相关。在资本市场上，由此而衍生出来的神奇数字 0.382，0.618，应用十分广泛，痴迷者众多，几乎到了泛滥程度。神奇数字真的有那么神奇吗？在资本市场上投资或投机，真的需要那么精确的计算吗？

我深表怀疑！

证券投资或者投机，严格来说，是艺术行为，而不是科学行为。我们需要用对待艺术的态度来考量操盘行为，而不是用科学研究的态度来对待，来考量。否则，我们就很容易走入误区，走火入魔，难以自拔。

对于普罗大众来说，在资本市场上，我们需要的是模糊准确，而不是科学精确。什么是模糊准确呢？简单地说，就是大致准确。什么是科学精确呢？通俗地说，就是绝对准确。在资本市场上，从来就没有绝对准确的事情，也没有绝对准确的数据，更没有绝对准确的行情数据和绝对准确的技术指标。如果说追求准确，那也只能是相对的准确，或者叫模糊准确。

明白了这个道理之后，我们的滚动操作就不会走入误区，就不会因为钻牛角尖而走火入魔，或者死缠烂打，自己跟自己较劲。

在实际操作上，我们首先观察下边数字的准确性：0.3，0.6，0.9，1.3，1.6，1.9，2.3，2.6，2.9……这一串数字，既不是道家的阴阳术数，也不是斐波那契神奇数列，而是一组滚动操盘的模糊数字，我们称之为神奇的模糊滚动系数，简称滚动系数。

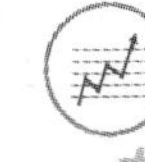

关于滚动系数与滚动操盘

先看 3，6，9 这几个数字。按照道家的观点，三生万物，“三”是一切的起源生发点，民间俗语有云，三岁看大，说明人的一生中“三”这个数字非常关键，非常重要。在滚动操盘技术中，滚动系数就是根据这个数字设计的，滚动方案也是根据这个数字设计的。

在反弹行情里，弱势反弹，反弹系数可以设计为 3/20，强势反弹，反弹系数可以设计为 3/10，超强势的反弹，也叫极限强势反弹，反弹系数可以设计为 3/5，但这个系数已经是反弹的极限，一般很难见到。

在主升行情里，主升系数可以设计为6/10，或者9/10等等。第二波主升行情的高点如果高于第一波主升行情的高点，说明可能还有新高出现，只要循环线不发生变异，则可以继续滚动操作。这部分详细内容后边有叙述。

那么，滚动系数应当如何取值，如何运用呢？参照0.3，0.6，0.9，1.3，1.6，1.9，2.3，2.6，2.9……这一串数字，再结合行情的性质，计算一下大致接近的数据，供操作参考，就基本上可以了，这叫做模糊准确操盘策略。

举例说，上海电气（601727）在2009年4月16日的滚动起涨点，当天的开盘价是7.82元。计算一下本轮滚动的滚动止赢点在什么地方呢？按照分类对应的原则，计算公式如下：

滚动起涨点开盘价×滚动系数=滚动止赢点开盘价

2009年4月16日的开盘价7.82元 × 滚动系数1.3=滚动止赢点开盘价10.16元，而实际的开盘价是10.12元，误差0.04元，可供设计滚动操盘方案时参考。

关于滚动操盘技术与操盘学

滚动操盘技术与操盘学是什么关系呢？可以这样说，滚动操盘技术是操盘学的一项专有技术，是详细解读操盘学这门学科中关于滚动操作的细节性的、核心的、精髓的和实战运用的核心教材。同时，滚动操盘技术也是操盘学专项技术特训课程中指定的实训内容。

在设计操盘学培训课程的时候，滚动操盘技术和起涨操盘技术、量峰操盘技术、动量操盘技术、大阳操盘技术、涨停操盘技术以及伏击操盘技术等等，构成了培训课程的主导内容。而每一种单一的技术，又可以独立出来，以专项技术特训的方式，有针对性地制定培训方案。

为了保持滚动操盘技术与操盘学相关内容能够有效对接，保持学科体系建设的一致性，本书在写作上尽量采用《操盘学》出现的有关术语，以方便读者理解。各位投资者在实战运用中如果有什么心得体会，或者有什么意见和建议，可以及时跟我沟通。我的联系方式是：

广东经济出版社罗振文工作室

室主：罗振文

地址：广州市环市东路水荫路11号12楼

邮编：510075

手机：13719061809

邮箱：icpx@sina.com　icpx@163.com

QQ：130601998、139601998

本书阅读指引

这是一本关于滚动操盘的技术教程。在阅读本书之前，请你首先了解以下问题，反问一下自己是否认同以下观点。如果你不认同以下观点，那么还是请你别在这里浪费时间和金钱，放下你手中的这本书，干点别的事情去吧！

第一，在资本市场上，无论是股票、外汇，还是期货或者别的什么交易品种，要想取得成功，首先务必遵守操盘纪律。纪律永远是第一位的，没有铁的纪律作保障，你将一事无成。如果你喜欢随意交易，喜欢胡乱下注，不能用铁的纪律来约束自己，那么你现在就可以离开，别在这里耗费时间啦！

第二，滚动操盘技术倡导的是专心致志，每一个账户在每一个操作周期内，都务必一心一意只做一个品种，以实现利润最大化。如果你不能专注于唯一的操作目标，总是心有旁骛，不能笃定，那么请你立即放下本书离开吧。再往下读，对你徒劳无益！

第三，万种风情归于市，盘面语言反映了一切。主力所有的机密都写在了盘口，潜心研究，静心跟踪，细心观察，耐心等候，机会就留给你。如果你总是喜欢打听消息，喜欢别人推荐，喜欢别人胜过喜欢自己，那么请你立刻扔下这本书，去喜欢别人好啦。没有主见的人，不能独立思考的人，不配读本书，别弄脏了这本书！

如果你认同以上观点，就继续阅读吧。如果你想真正读懂本书，并真正学到滚动操盘的技术要领，请你对照软件，逐字逐句读下去，直到了如指掌，烂熟于心，运用自如，那么，你就是真的读懂啦！恭喜你，我亲爱的朋友！

第一章

滚动操盘技术概述

【本章学习要点】

1. 了解滚动操盘的定义，掌握滚动操盘的基本要素。
2. 认识纪律在滚动操盘中的重要性，并做到坚决执行操盘纪律。
3. 掌握资金配置和仓位管理的基本要领，并在实战中反复演练。
4. 深刻体会风险防范的重要性和必要性，坚决地执行防范措施。

第一节　滚动操盘技术基础知识

1. 什么是滚动？什么是滚动操盘

什么是滚动？

《现代汉语词典》第5版518页是这样解释的：【滚动】①一个物体（多为球形或圆柱形）在另一物体上接触面不断改变地移动，如车轮在地上的运动。②逐步积累扩展，不断地周转。③一轮接一轮地连续不断进行。

滚动的英文翻译，词典解释是这样的：to roll，to tumble

明朝屠隆《考盘馀事·起居器服笺·滚凳》有云："凳中凿窍活装，以脚踹轴，滚动往来。"这是我们见到的比较早的完整的解释。巴金《灭亡》第十九章有云："立刻'他'底血淋淋的只有半边脸的头在空中滚动，两只血红的眼睛对他圆睁着，好像在责备他怕死一般。"杨朔《潼关之夜》有云："一种熟习的柔软的话语滚动在我耳边。"都是比较贴切的例子，可供参考。

什么是滚动操盘？

在资本市场上，与滚动有关的常见词条不多，如滚动预算、滚动交割和滚动操盘等。严格的遵守和坚决的执行操盘纪律，科学的、合理的分配资金，根据目标品种的阶段性位置和交易状态调控仓位，依托目标品种的技术特征，及时、高效、准确地进行策略性的买进卖出，从而达到资本利润最大化，获取最大的收益。这种交易技术就是滚动操盘，这种操盘行为就是滚动操作。

在本书中，我们将围绕滚动这个关键词，系统深入的解读滚动操盘的精髓，帮助投资者全面、系统、深入、详尽的了解和掌握滚动操盘技术，在资本市场上规避风险，进退从容，稳健盈利，立于不败之地。

根据不同的标准，滚动操盘可以划分为不同的类别。

根据操作周期的不同，可以分为大周期滚动，小周期滚动。

根据操作时间的不同，可以分为日内滚动，隔夜滚动，多日滚动。

根据操作系统的不同，可以分为日线系统滚动，分时系统滚动。

根据操作数量的不同，可以分为单一品种滚动，多个品种滚动。

根据操作方向的不同，可以分为顺向滚动，逆向滚动。

等等……

为了更好地学习滚动操盘技术，我们首先来了解一下与日内滚动操盘有关的交易制度。

日内滚动操盘原是期货市场常见的交易方式，是指利用日内行情走势处于震荡上行或震荡下行的技术特征，实施策略性投资的操盘决策。目前，严格来说，中国的股市还不具备真正意义上的日内回转交易。这里介绍的，只是准回转交易的技术和策略。一旦管理层推出 T+0 交易制度，那才是真正意义上的日内滚动操盘。

与日内滚动操盘有关的交易制度，简要介绍如下：

（1）T+0 交易制度

什么是 T+0？T+0 的 T，是英文 Trade 的首字母，是交易的意思。在股市上，T+0 是指股票成交的当天日期。凡是能在股票成交当天办理好股票和价款清算交割手续的交易制度，称为 T+0 交易制度。用通俗的话来说，就是投资者当天买入的股票在当天就可以卖出。

20 世纪 90 年代初，我国曾经实行股票 T+0 交易制度，因为它的投机性太大，所以，自 1995 年 1 月 1 日起，为了保证股票市场的稳定，防止过度投机，股市改为实行 T+1 交易制度，即投资者当日买进的股票，要到下一个交易日才能卖出。同时，对资金仍然实行 T+0 管理办法，即当日回笼的资金马上可以使用。

（2）日内回转交易

什么是日内回转交易？它是指投资者就同一个标的（如股票）在同一个交易日内各完成一次买进和卖出的行为。日内回转交易是成熟证券市场通行的一项交易制度，欧美日以及我国香港、台湾地区等证券市场均允许回转交易，而且交易十分活跃。

日内回转交易可以概括为三种情况：

第一、当日买进某股票后，再于当日卖出。即先买后卖，顺向滚动。

第二、当日卖空某股票后，再于当日买进。即先卖后买，逆向滚动。

第三、投资者原来持有某股票，于当日卖出后，再于当日买进。

我国大陆投资者习惯于把以上第一种情况称为“T+0”。

严格意义上的“T+0”应指资金或证券结算在当日完成。

上海证券交易所在 1993 年 10 月间引进了回转交易制度。

根据我国目前交易制度的特点，日内滚动操盘的基本思路是看清大势，看长做短，长短结合，长线持底仓，中线做波段，短线博差价，专心做好一个品种，谋求收益最大化。

（1）看清大趋势，才能赚大钱

看清大趋势，才能赚大钱。这是千真万确的真理。要想赚到大钱，必须学会长线持仓。但是，目前中国的股市鲜有长期稳定盈利的上市公司，因此，长线持仓的长线到底有多长，就得仔细掂量，而且很有讲究。我们认为，长线持仓，并不是长期死死

捂住不动，比如，就算像000541佛山照明这样的上市公司，持有它的股票，也不是一动不动。因而，笔者认为，所谓长线持仓，应当是指长线持有底仓才比较合适。

在投机盛行，炒作不断的股市，投资者如果想要赚快钱，就要学会日内回转交易，掌握日内滚动操盘的技术要领。日内滚动操盘和市场上流行的超级短线不同，它不是纯粹意义上的超级短线，而是长短结合的策略性操盘，它是一种攻防兼备的稳健的投资策略。纯粹的超级短线在技术方面的要求很高，心理承受能力稍差的人，不能严格遵守并坚决执行操盘纪律的人，最好不要参与超级短线交易；心理承受能力较强的人，如果交易时间不能完全专注于交易，而是有其他的工作要做，也不适合从事超级短线交易。滚动操盘技术是一种长短兼顾，攻防兼备的交易技术，正好弥补了纯粹的长线持仓和纯粹的短线投机的不足，因此，目前，滚动操盘技术已经被越来越多的投资者认可，并成为了众多机构主流的操盘技术。

（2）日内滚动操盘的选股策略

凡是有志于从事日内滚动操盘的投资者，首先要明白这一点：并不是所有的品种都适合日内滚动操盘的，要想在日内滚动操盘中获得利润，首先要选择适合操作的标的物。根据日内滚动操盘的技术要求，在选股时，要选择那些上升趋势已经确立、波动性大、流动性强、活跃程度高的品种，这样的目标品种才能让投资者在短期内迅速赚到巨大利润。

我从事滚动操盘技术的研究和实践已经很多年，我比较喜欢选择那些盘子适中，每日换手率大于5%小于20%，每日振幅大于10%，每日量比数值大于3，每日笔均量大于100，每分钟成交笔数大于10的品种来操作。具备上边这些条件的品种，往往爆发力强，短期内升幅可观，是日内滚动操盘的上佳选择。

不少投资者喜欢选择盘子大、每日换手率小于5%、每日振幅小于10%、每日量比数值小于3、每日笔均量小于100、每分钟成交笔数小于10的品种，这些品种日内波动幅度不大，看起来总是不死不活、不温不火、不紧不慢，给人的感觉很平稳，安全，实际上，这样的品种并不是理想的滚动操盘对象，奉劝诸君还是放弃比较好。既然是要赚快钱，在短期内赚取巨大的财富，就要选择最活跃、最强势、技术形态最完美的品种来操作。这是毫无疑义的。

2. 滚动操盘技术的基本要素

滚动操盘技术的基本要素主要包括以下几个方面：

（1）目标品种的筛选与甄别

包括目标品种的选择原则，选择方法，可操作性分析，甄别方法，以及档案管理等。

(2) **项目资金的分配与使用**

包括项目资金的调度，目标品种在不同市况下资金分配的比率，在不同技术状态下资金分配的比率，在不同技术周期里资金使用的原则和实施要领等。

(3) **仓位管理的原则和方法**

包括基础仓位的布局，做盘仓位的分配，攻击性仓位的配置，以及日内交易的出场、回撤，仓位动态监控的原则和方法等。

(4) **操盘纪律的制定和执行**

严格遵守操盘纪律，坚决执行操盘纪律！这是滚动操盘技术得以成功的根本保证。包括止赢纪律和止损纪律，出场纪律和回撤纪律等。

(5) **风险评估与规避策略**

资本市场不确定的因素很多，不可预知的风险随时可能降临。因此，我们必须未雨绸缪，认真细致地对目标品种可能出现的风险作出评估，制定好风险防范的对策，并坚决执行。

3. 滚动操盘技术的操盘纪律

无论是职业投资者还是业余投资者，要想成功的运用滚动操盘技术，首先必须制定严谨的操盘纪律，并且严格执行，坚决执行，否则，后果不堪设想。根据本人多年来的操盘经验，总结出以下几条操盘纪律，供有志之士参考。

(1) **制定缜密严谨的操盘计划**

操盘之前先计划，这是成功投资者所具有的共性。每一次出场之前，都必须制定严密细致的操盘计划，方方面面考虑周到，尽可能做的万无一失。对于可能出现的各种情形，要有针对性的给出应对措施，对于不可预知的风险，突发性的风险，要给出积极有效的防范措施。要做到未雨绸缪，每一次操作都是在可控范围内进行的，而不是随意的，毫无章法的。

操盘计划的制定，按操盘的时间周期来划分，可以分为长期计划，中期计划，短期计划和每日计划等4种。不同的计划各自的侧重点不同。要做到心中有数，千万不可随意改变，更不可事前无计划，临阵抱佛脚，仓促上阵，随意操作。

(2) **坚决严格按照技术要领操作**

操盘之时，无论是进场还是出场，都必须严格按照技术要领操作，遵循技术性买卖的原则，坚决依照滚动操盘交易系统给出的买卖信号操作，绝对不是盲目的、随意的、多变的胡来。当然，一旦出现重大的突发性事件，切不可教条主义，应当相机行事，因时而变。

交易系统的制定，根据滚动操作的需要，可以设定为1主2副，1主是指一个主图指标，含6条指标线，分别是滚动线、攻击线、财运线、起航线、生命线和循环线。关于这6条指标线的使用方法，后边还要做详细的介绍，这里从简。2副是指含有2个附图窗口，分别是动能指标和量能指标。在操作的时候，要坚决执行交易系统给出的信号，该买才买，当卖必卖！严守纪律，决不含糊。

（3）力戒贪婪和恐惧，坚决止赢和止损

滚动操盘的核心是高了抛一点，低了买一点，仓位保持不变，盈利却在增长。不少人滚动操作失败，原因是多方面的，其中最致命的一条是涨了舍不得卖，跌了没胆量买！该卖掉的时候不肯卖掉，老是觉得还会涨到天上，该买进的时候不敢买进，老是担心会跌到18层地狱。前怕狼，后怕虎，怎么能做大事呢？究其原因，是贪婪和恐惧在作怪。

要记住，树再高也长不到天上，因此，我们要严格执行滚动操盘计划，坚决止赢，当天用来滚动操作的资金，一定要在当天撤回，假如股价上涨，不要有任何贪婪心理，期盼明天多赚一些再出来，假如股价下跌，也不要有任何侥幸心理，期望明天能反弹减少损失。记住，这是滚动操盘的纪律！

4. 滚动操盘技术的建仓原则

滚动操盘追求的是稳健盈利，稳健是至关重要的。因此，在实际操作中，必须坚决贯彻执行以下进场建仓原则：

（1）循环线开始走平

首先，要看清大趋势，看清大趋势才能赚大钱。从纯技术的角度来说，任何大级别的新一轮行情都是从突破循环线开始的。出于资金安全的考虑，滚动操盘交易系统中的循环线必须走平，或者开始拐头向上，才是大资金考虑大规模进场的时候。

（2）财运线开始拐头向上

其次，要从小处着手，基于循环线跌势趋缓，开始走平的前提下，财运线要开始拐头向上才考虑进场。激进的投资者可以在经过一轮大跌之后，股价开始由下方向财运线靠拢的时候，开始试探性进场；稳健的投资者则应该耐心等待目标品种放量启动，穿越财运线并有效站稳在财运线之上时，才分批进场建仓，博取小级别波段利润。

（3）**起航线开始拐头向上**

第三，更多的闲置资金应当耐心等候，持币静待起航线走平，拐头向上。只有当股价放量启动，有效站稳在起航线之上时，才加大进场力度，博取中等级别波段利润。

（4）**生命线开始拐头向上**

第四，大规模的资金必须耐心等待生命线的走平，拐头向上。只有当股价放量启动，有效站稳在生命线之上时，才加大进场力度，博取大级别波段利润。

（5）**坚决不碰问题股**

第五，为了确保本金的安全，务必牢记的是：坚决不碰问题股！根据墨菲法则来解说，有问题的股票终究会出现问题，不要心存侥幸。因此，无论是在什么时候，作为滚动操盘技术的实践者，在选择操作的目标品种时，都必须坚决剔除或回避可能出现问题的候选对象。

5. 滚动操盘技术的清仓原则

根据看清趋势，分批止赢，逐步清仓的原则，滚动操盘在选择清仓出局的时候，可以参考滚动操盘交易系统的信号提示，比照以下几个方面清仓原则进行：

（1）**财运线开始拐头向下**

首先要从小处着手，积极跟踪财运线的变化，一旦股价有效击穿财运线，但是起航线、生命线、循环线依然保持多头排列的话，要及时减仓，降低基础仓的仓位，适度回笼资金，持币观望，并做好在关键技术点位进行回补的准备。

（2）**起航线开始拐头向下**

其次，要积极留意起航线对财运线的支撑是否有效。一旦股价有效击穿起航线，财运线和起航线形成空头排列，但生命线、循环线依然保持坚挺向上的态势，小资金要坚决清仓，场内观望，并做好在关键技术点位再度进场的准备。规模较大的资金要降低仓位，静待机会，在回调到关键技术位有效站稳后再进场。

（3）**生命线开始拐头向下**

第三，要积极留意生命线的中等级别调整的提示信号，一旦股价有效的击穿生命线，此时，财运线、起航线和生命线形成空头排列，预示着中等级别的调整即将展开，投资者要迅速清仓离场，保持观望，千万不可有任何幻想。在接下来的反弹或反抽行情中，也要保持谨慎，不可重仓参与。

(4) 生命线和循环线形成空头排列

第四，要密切跟踪分析滚动操盘交易系统中由生命线和循环线架构的空头趋势，这是滚动操盘技术实践者用以研判大趋势的利器，一旦生命线和循环线联袂形成下降通道，预示着一轮大级别的调整即将到来，千万不可轻视，不可小看它的杀伤力。此时，投资者要坚决清空所有的底仓，耐心等待下一波大机会来临。

(5) 该离场的时候要坚决离场

第五，即使是滚动操作，也要学会策略性投资，阶段性空仓。根据中国股市运行的规律，大多数股票每年几乎都有一至两次波段性的套利机会。阶段性套利，策略性投资，技术性买卖，应当成为滚动操盘技术实践者的座右铭。该离场休息的时候，要坚决离场休息！

千万记住！

6. 滚动操盘技术的资金分配原则

滚动操盘技术对资金分配有严格的要求，根据不同的市况，目标品种的不同和本金的大小，可以有不同的分配标准。在这里，我们介绍资金分配的一般性原则，供大家参考：

(1) 牛市里的资金分配原则

在牛市里，上升是主要的趋势，因此，在牛市初期，底仓占用的资金可以占据比较大的比例，锁仓资金极限可以是70~80%，而用于滚动操作的资金可以是20~30%。随着股价的不断拉升，基础仓位占用的资金可以根据拉升的幅度做适当的调整，到了牛市后期，基础仓位资金可以降低至50%左右，保留更多的随时可调用的现金，保持灵活性，以防不测。在大盘盘头阶段，尤其要注意控制仓位，以防范难以预料的系统性风险。

(2) 猴市里的资金分配原则

猴市的特点就是上窜下跳，猴性十足，大多数时间里呈现为大箱体或者大波段震荡行情。表现在行情图表上，往往是上有盖板下有托板，呈宽幅震荡特点。根据这种行情特征，基础仓位配置的资金可以控制在50%左右，保留50%左右的现金，用于滚动操作。目前操盘界流行的半仓操作，就是根据震荡市道而设计的。

(3) 熊市里的资金分配原则

熊市的特点是易跌难涨，行情往往是新低之后还有新低，每一波反弹到高点之时都有不少资金出逃，涨势的持续性很差，甚至缺乏可操作性。因此，在熊市里，资金投入要少，基础仓位资金配置要控制在30%以内，保留70%的现金，用于日内交易。而且，用于滚动的资金，要分为更多的份额，每次出击的资金，都要保持在狙击资金的1/10以内。如果实在没有操作机会，那就索性休息吧。

7. 滚动操盘技术的仓位管理原则

仓位管理非常重要，滚动操盘技术对仓位管理有非常严格的要求。根据不同的市况，投资者可以设计不同的仓位管理策略，以便确保稳健盈利。下边介绍的是滚动操盘一般性仓位管理原则，供投资者参考：

（1）牛市里的仓位管理原则

在牛市里，持股待涨是主要策略。在牛市初期，可以把仓位适当放大，当牛市正式确认之时，可以动用大部分资金用于建立基础仓，一般控制在占资金70～80%左右的仓位，以赚取牛市最大的收益。用于滚动操作的仓位，适当控制在20～30%即可。这部分机动仓位，主要用于博取日内波动的短差，以及狙击突发性套利机会。关于这一点，可以参照上边关于资金管理有关叙述。

（2）猴市里的仓位管理原则

在猴市里，滚动操盘有更多的用武之地，高抛低吸，滚动操作，可以获取更大的收益。因此，为了确保日内滚动的有效性和及时性，仓位以占取资金的50%为宜。保留50%的现金，用于滚动操作。基础仓部分，可以分为5～10个组成部分，相对应的把资金也划分为5～10个部分，形成一种一一对应关系，确保不至于错失每一个可能套利的波动机会。

（3）熊市里的仓位管理原则

在熊市里，讲究的是资金的安全。因此，原则上只能保留极少数量的基础仓，一般控制在30%以内，或者在20%以内。如果是资金量比较小，可以是10%或者干脆空仓。在熊市里，保持账户上有更多的资金是非常重要的，千万不可随意改变仓位管理策略，随意增加仓位。扩大仓位的后果很严重，甚至有可能遭遇灭顶之灾，万劫不复。

8. 滚动操盘技术的风险控制原则

滚动操盘技术是一种非常稳健的交易技术，它的特点是稳健制胜，稳定盈利。可以这么说，不管在什么市道，只要正确运用资金管理技术和仓位管理技术，在一个完整的操作周期内发生亏损的可能性很小。但是，为了确保每一个操作项目的成功，还是很有必要强调一下风险控制的原则，防患于未然。

（1）牛市里的风险控制原则

在牛市里，大多数股票都是上涨的，鸡犬升天的局面很常见。此时需要注意规避的风险主要有两个方面，一是仓位管理不当，在牛市初期把低位建立的基础仓弄丢了，以至于不得不高位买回。二是上司公司的基本面出了问题，或者其他不可预知的风险。因此，在风险控制方面，首先要深入研究候选目标品种的各种详细情况，做到了如指掌，成竹在胸。其次，要控制好仓位，不要因为是牛市就任意加大仓位，忘记了股市时时有风险。要记住，任何时候都不要满仓操作，这是中外成功人士总结出来的经验。第三，要坚决执行操盘纪律，严格按照技术要领操作，严格按照前边提到的资金管理技术和仓位管理技术来操作。

（2）猴市里的风险控制原则

在猴市里，最忌讳追涨杀跌，追高杀低。滚动操盘的本意是跌买涨卖，但是，如果沉不住气，操作失当，往往变成了高买低卖，把操作方向彻底弄反了。因此，在猴市里，要注意控制操作的频度，注意把握节奏，不涨不卖，不跌不买。

（3）熊市里的风险控制原则

在熊市里，滚动操盘的难度很大，一不留神，就会滚到臭水沟里去了。因此，在操作上，要注意控制仓位，注意操作的周期不宜过长，一般控制在 5 ~ 10 个交易日以内。最好是快进快出，采取小仓位周内滚动的的方式比较合适。如果目标品种保持强势的时间低于 8 个小时，原则上不再滚动操作，而是直接清仓出局。如果目标品种保持强势的时间处于 16 个小时至 24 小时之间，也就是能保持 3 日强势的话，那么可以在盘中利用分时技术进行多批次的小仓位滚动操作，积小胜为大胜，以扩大战果，增加盈利。

第二节　滚动操盘目标品种的筛选

滚动操盘的目标品种如何筛选呢？筛选目标品种时要考虑的因素很多，包括基本面的和技术面的，各种因素都要尽可能周详考虑。限于篇幅，本书仅就技术面选股的要领做一些介绍，其他方面的内容，可参考笔者所著的《反向博弈技术》一书。

1. 利用振幅排名筛选目标品种

分析研究目标品种的振幅，是滚动操盘技术实践者的每日必修课，也是做好滚动操盘的基本功，根据我们多年来的实战经验得知，通过研究股票的振幅数据，可以检测出主力高度控盘的品种，可以解析出目标品种流动的筹码比率，从而分析出主力操盘的意图。

振幅的大小反映了主力的操盘意图，如果数量不多的买卖单就能造成股价很大的波动，极有可能是主力通过大幅拉高或杀跌进行吸筹或出货的操作。临盘应当引起高度的重视。

因而，滚动操盘选股的第一要义，是从波动幅度最大的股票中选择出最具有可操作性的目标品种，进行技术性买卖，反复套利，赚取最大的利润。选股的方法有两种，一是直接从振幅排名中挑选，二是利用振幅指标筛选。

什么是振幅？振幅是指开盘后最高价、最低价之差的绝对值与股价的百分比。

振幅分析有当前周期、分笔成交、1 分钟、5 分钟、15 分钟、30 分钟、60 分钟、日、周、月、年、多日、多分钟、多秒线等类型。

在滚动操盘技术分析中，目标品种的振幅是指某只股票在一定时期内的最低价与最高价之间的振荡幅度，它在一定程度上反映了股票的活跃程度，揭示出该品种是否适合滚动操作。

如果一只股票的振幅在5%以下，说明振幅较偏小，该股不够活跃，不适合滚动操作，反之，则说明该股比较活跃，可以考虑作为目标品种的候选对象。

在本书中，我们将适合滚动操作的振幅设定为10%以上。如果振幅小于10%，原则上不作为目标品种的候选对象。

目前，振幅的计算主要有 2 种方法：

第一种：

$$振幅 = 当期最高价/当期最低价 \times 100\% - 100\%$$

在上边这种计算方法中，其数据全部采用股票当期所反映的实际数据，因而所反映的结果是当期的真实运行状况。

第二种：

振幅 =（当期最高价 - 当期最低价）/上期收盘价 × 100%

上边这个方法采用了一个上期数据，因而如果上期数据不同，即使当期数据不变，其计算结果也会有所不同。

（1）利用振幅排名榜选股

具体的方法如下：

首先找到标签栏，按鼠标右键，点击【振幅】，即可出现振幅排名。如图【1】所示。

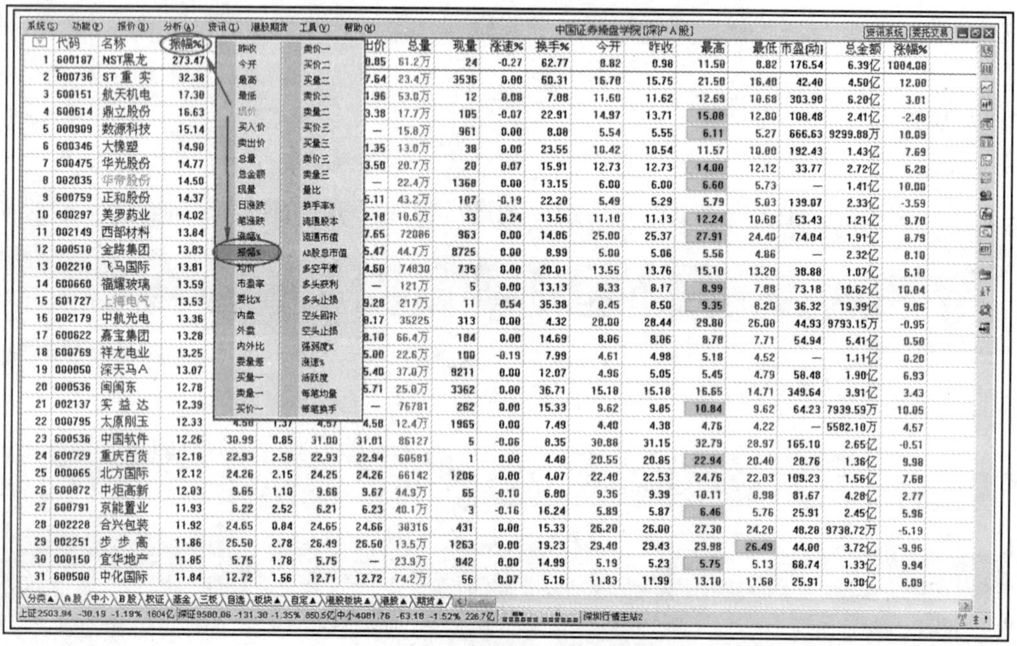

系统(S) 功能(F) 报价(B) 分析(A) 资讯(I) 港股期货 工具(V) 帮助(H)　　中国证券操盘学院[深沪A股]　　资讯系统 委托交易

	代码	名称	振幅%				出价	总量	现量	涨速%	换手%	今开	昨收	最高	最低	市盈(动)	总金额	涨幅%
1	600187	NST黑龙	273.47				0.85	61.2万	24	-0.27	62.77	8.82	0.98	11.50	8.82	176.54	6.39亿	1004.08
2	000736	ST 重 实	32.38				7.64	23.4万	3536	0.00	60.31	16.70	15.75	21.50	16.40	42.40	4.50亿	12.00
3	600151	航天机电	17.30				1.96	53.0万	12	0.08	7.08	11.60	11.62	12.69	10.68	303.90	6.20亿	3.01
4	600614	鼎立股份	16.63				3.38	17.7万	105	-0.07	22.91	14.97	13.71	15.08	12.80	108.48	2.41亿	-2.48
5	000909	数源科技	15.14				—	15.8万	961	0.00	8.08	5.54	5.55	6.11	5.27	666.63	9299.88万	10.09
6	600346	大橡塑	14.90				1.35	13.0万	38	0.00	23.55	10.42	10.54	11.57	10.00	192.43	1.43亿	7.69
7	600475	华光股份	14.77				3.50	20.7万	20	0.07	15.91	12.73	12.73	14.00	12.12	33.77	2.72亿	6.28
8	002035	华帝股份	14.50				—	22.4万	1368	0.00	13.15	6.00	6.00	6.60	5.73	—	1.41亿	10.00
9	600759	正和股份	14.37				5.11	43.2万	107	-0.19	22.20	5.49	5.29	5.79	5.03	139.07	2.33亿	-3.59
10	600297	美罗药业	14.02				2.18	10.6万	33	0.24	13.56	11.10	11.13	12.24	10.68	53.43	1.21亿	9.70
11	002149	西部材料	13.84				7.65	72086	963	0.00	14.86	25.00	25.37	27.91	24.40	74.04	1.91亿	8.79
12	000510	金路集团	13.83				5.47	44.7万	8725	0.00	8.99	5.00	5.06	5.56	4.86	—	2.32亿	8.10
13	002210	飞马国际	13.81				4.60	74830	735	0.00	20.01	13.55	13.76	15.10	13.20	38.88	1.07亿	6.10
14	600660	福耀玻璃	13.59				—	121万	5	0.00	13.13	8.33	8.17	8.99	7.88	73.18	10.62亿	10.04
15	601727	上海电气	13.53				9.28	217万	11	0.54	35.38	8.45	8.50	9.35	8.20	36.32	19.39亿	9.06
16	002179	中航光电	13.36				8.17	35225	313	0.00	4.32	28.00	28.44	29.80	26.00	44.93	9793.15万	-0.95
17	600622	嘉宝集团	13.28				8.10	66.4万	184	0.00	14.69	8.06	8.06	8.78	7.71	54.94	5.41亿	0.50
18	600769	祥龙电业	13.25				5.00	22.6万	100	-0.19	7.99	4.61	4.98	5.18	4.52	—	1.11亿	0.20
19	000050	深天马A	13.07				5.40	37.0万	9211	0.00	12.07	4.96	5.05	5.45	4.79	58.48	1.90亿	6.93
20	000536	闽闽东	12.78				5.71	25.0万	3362	0.00	36.71	15.18	15.18	16.65	14.71	349.64	3.91亿	3.43
21	002137	实 益 达	12.39				—	76781	262	0.00	15.33	9.62	9.85	10.84	9.62	64.23	7939.59万	10.05
22	000795	太原刚玉	12.33	4.58	1.37	4.57	4.58	12.4万	1965	0.00	7.49	4.40	4.38	4.76	4.22	—	5582.10万	4.57
23	600536	中国软件	12.26	30.99	0.85	31.00	31.01	86127	5	-0.06	8.35	30.88	31.15	32.79	28.97	165.10	2.65亿	-0.51
24	600729	重庆百货	12.18	22.93	2.58	22.93	22.94	60581	1	0.00	4.48	20.55	20.85	22.94	20.40	28.76	1.36亿	9.98
25	000065	北方国际	12.12	24.26	2.15	24.25	24.26	66142	1206	0.00	4.07	22.40	22.53	24.76	22.03	109.23	1.56亿	7.68
26	600872	中炬高新	12.03	9.65	1.10	9.66	9.67	44.9万	65	-0.10	6.80	9.36	9.39	10.11	8.98	81.67	4.28亿	2.77
27	600791	京能置业	11.93	6.22	2.52	6.21	6.23	40.1万	3	-0.16	16.24	5.89	5.87	6.46	5.76	25.91	2.45亿	5.96
28	002228	合兴包装	11.92	24.65	0.84	24.65	24.66	38316	431	0.00	15.33	26.20	26.00	27.30	24.20	48.28	9738.72万	-5.19
29	002251	步 步 高	11.86	26.50	2.78	26.49	26.50	13.5万	1263	0.00	19.23	29.40	29.43	29.98	26.49	44.00	3.72亿	-9.96
30	000150	宜华地产	11.85	5.75	1.78	5.75	—	23.9万	942	0.00	14.99	5.19	5.23	5.75	5.13	68.74	1.33亿	9.94
31	600500	中化国际	11.84	12.72	1.56	12.71	12.72	74.2万	56	0.07	5.16	11.83	11.99	13.10	11.68	25.91	9.30亿	6.09

昨收 今开 最高 最低 现价 买入价 卖出价 总量 总金额 现量 日涨跌 笔涨跌 涨幅% 振幅% 均价 市盈率 委比% 内盘 外盘 内外比 委量差 买量一 卖量一 买价一
卖价一 买价二 买量二 卖价二 卖量二 买价三 买量三 卖价三 卖量三 量比 换手率% 流通股本 流通市值 AB股总市值 多空平衡 多头获利 多头止损 空头回补 空头止损 强弱度% 涨速% 活跃度 每笔均量 每笔换手

分类▲ A股 中小 B股 权证 基金 三板 自选 板块▲ 自定▲ 港股板块▲ 港股▲ 期货▲

上证2503.94 -30.19 -1.19% 1604亿 深证9580.06 -131.30 -1.35% 850.5亿 中小4081.76 -63.18 -1.52% 226.7亿 深圳行情主站2

图【1】利用振幅排名榜选股

在实际操作中，我们需要将每日振幅大于10%的股票整理出来，制作成表格，装订成册，存档备查，以利于跟踪分析。如表【1】所示。

表【1】每日振幅大于10%的股票列表

制表时间：2009 年 5 月 21 日

制表人：____________

稽核人：____________

股票名称	股票代码	振　　幅	最高价	最低价	收盘价
出版传媒	601999	14.93	12.22	10.56	10.90
安源股份	600397	13.96	11.88	10.30	11.20
准油股份	002207	13.56	28.30	24.80	27.66
……	……	……	……	……	……

（2）利用技术指标动态选股

设计一款技术指标，命名为【振幅指标】，作为【条件选股】的条件，也可以作为盘中动态监测振幅变化的附图指标使用。如图【2】所示。

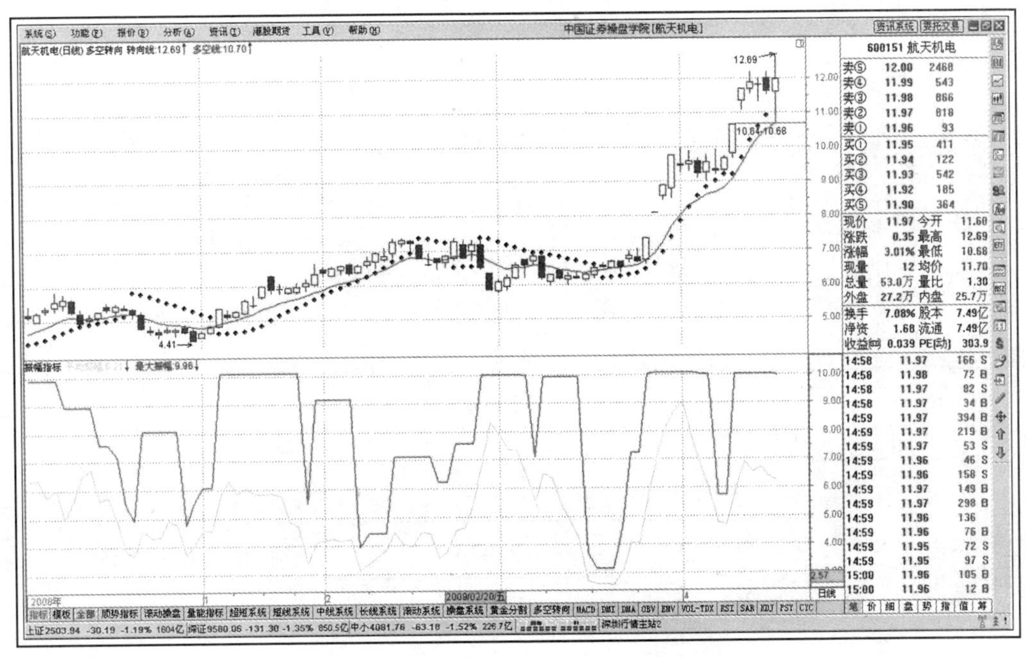

图【2】利用振幅指标盘中监控振幅动态变化

源码如下：

MDD：=5；

ZF：=MAX（ABS（REF（CLOSE，1）－HIGH），ABS（REF（CLOSE，1）－LOW））/REF（CLOSE，1）；

平均振幅：100＊MA（ZF，MDD），COLORYELLOW；

最大振幅：100＊HHV（ZF，MDD），COLORMAGENTA；

2. 利用量比排名筛选目标品种

什么是量比？简单地说，量比是衡量相对成交量的技术指标。它是目标品种开市后平均每分钟的成交量与过去5个交易日平均每分钟成交量之比。

计算公式如下：

量比＝现成交总手/现累计开市时间（分）/过去5日平均每分钟成交量

上边计算公式也可以简化为：

量比＝现成交总手/（过去5日平均每分钟成交量×当日累计开市时间（分））

在滚动操盘技术分析工具中，量比是第二大分析指标，是卓有成效的分析工具。运用量比指标将某只股票在某个时点上的成交量与一段时间的成交量平均值进行比较，能够动态监控主力在当前分析周期临盘操作的情况，而且，量比指标排除了因为流通股本不同而造成的不可比情况，能够比较客观的揭示主力投入资金运作的情况，是发现主力异动的重要指标。

在临盘实战中，以收盘后的数值为准，量比的分析原则如下：

（1）正常水准

如果日量比数值为0.5～1.5倍，基准值是1倍，说明成交量处于正常水平。

（2）温和放量

如果量比数值在1.5～3倍之间，基准值是2倍，可以称为温和放量。如果股价此时处于温和盘升状态，说明走势健康，可以继续谨慎持股；如果此时股价处于下跌阶段，说明下跌走势难以在短期内结束，应该考虑止损退出。

（3）明显放量

如果量比数值在3～5倍，基准数值是3倍，可以称为明显放量。如果此时股价正好突破重要的支撑线或者阻力线，可以认为是放量突破，突破有效，投资者临盘应当抓住时机，积极采取行动。

（4）剧烈放量

如果量比数值达到5～10倍，基准数值是8倍，可以称为剧烈放量。这是一种凶猛放量行为，如果股价处于长期下跌后的低位区域出现剧烈放量，属于行情启动的明显信号，暴量突破，涨势凶猛，后续上涨的空间巨大，此时应当重仓参与。

（5）暴量

如果量比数值达到10~20倍以上，基准数值是15倍，属于典型的暴量。如果在上涨的趋势中出现暴量，说明行情短期已经见顶，短期头部已经确认，需要休整相当长一段时间。

如果在股票处于下跌的趋势中，股价下跌的幅度超过50~70%，而且经过了长时间的地量阶段，此时突然出现暴量，说明该股下跌动能已经衰竭，是典型的见底特征。

（6）天量

如果量比数值达到20倍以上，基准数值是20倍，属于极端的放量行为，可以称之为天量。这是典型的反转信号，反转意义特别强烈。如果在连续上涨的后期成交量极端放大，股价滞涨，属于典型的高位量价背离现象，是涨势将尽，行情即将死亡的强烈信号。

如果在长期下跌的趋势中出现极端放量，股价处于底部区域，出现典型的止跌K线特征，则是明显的见底信号，表明建仓的大好时机已经来临。

（7）地量

如果量比的数值在0.5倍以下，属于地量结构。基准数值是0.3倍。如果股价处于低位区域，地量结构说明暂时没有滚动操盘的机会，此时应当保持观望，耐心等待放量突破的到来，千万不可随意改变操盘计划，过早介入，浪费时间。

（8）缩量

如果量比数值在0.3~0.5倍之间，基准数值是0.3倍，而股价处于上升的趋势之中，属于缩量拉升；如果股价处于整理态势，属于缩量整理。如果量比数值小于0.3倍，属于严重缩量行为。严重缩量显示出交易不活跃的迹象，能够缩量创新高的股票多数是控盘主力把持长庄股，缩量能创出新高，说明庄家控盘程度相当高，而且可以排除拉高出货的可能。缩量调整的股票，特别是在放量突破某重要技术位之后缩量回调的个股，是不可多得的候选品种，临盘应当积极介入。

（9）无量

如果量比的数值在0.3倍以下，基准数值是0.1倍，属于典型的无量。无量拉升，属于高度控盘，无量下跌，则需要区别对待。涨停板时量比在1倍以下的股票，也可以称为无量涨停，如果是股价处于底部区域，那么上涨空间不可限量，后一交易日开盘即封涨停的可能性极高。在跌停板的情况下，量比数值在1倍以下的股票，可以称为无量跌停，量比数值越小，越说明杀跌动能未能得到充分的有效的释放，后市仍有巨大下跌空间，此时应当保持观望，坚决回避。

（10）利用量比排名榜选股

具体的方法如下：

首先找到标签栏，按鼠标右键，点击【量比】，即可出现量比排名。如图【3】所示。

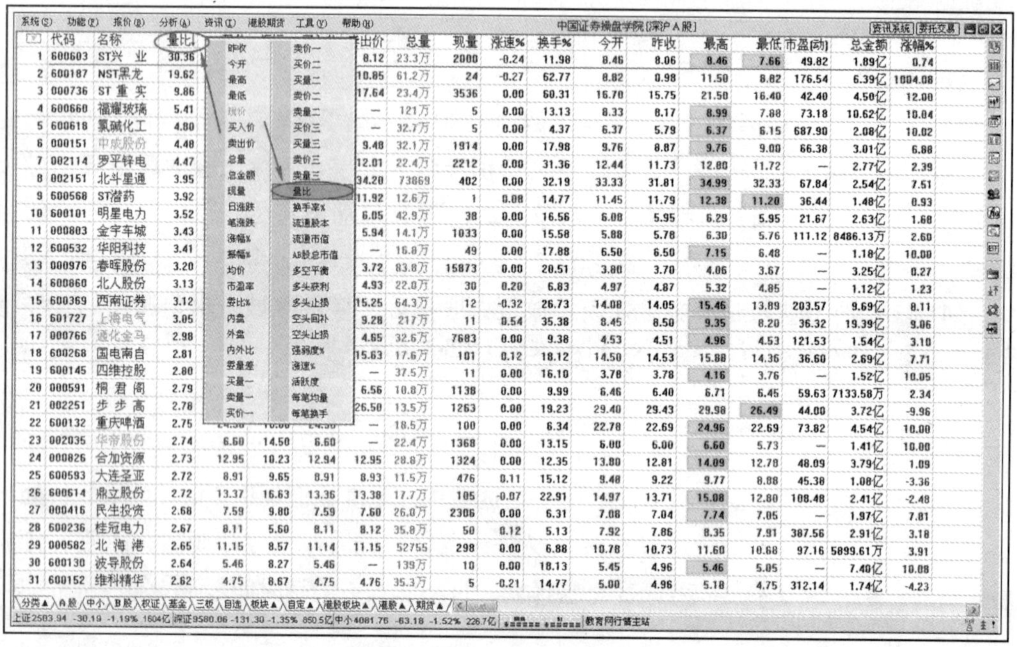

图【3】利用量比榜选股

在实际操作中，我们需要将每日量比大于3的股票整理出来，制作成表格，装订成册，存档备查，以利于跟踪分析。如表【2】所示。

表【2】每日量比大于3的股票列表

制表时间：2009年5月21日

制表人：__________

稽核人：__________

股票名称	股票代码	量　比	成交量	成交金额	收盘价
京山轻机	000821	5.67	48.8万	2.35亿	4.76

续表

股票名称	股票代码	量　　比	成交量	成交金额	收盘价
美尔雅	600107	5.21	75.4 万	8.61 亿	11.51
国栋建设	600321	5.12	30.0 万	2.93 亿	9.61
……	……	……	……	……	……

（11）**利用技术指标动态选股**

设计一款技术指标，命名为【量比指标】，作为【条件选股】的条件，也可以作为盘中动态监测量比变化的附图指标使用。如图【4】所示。

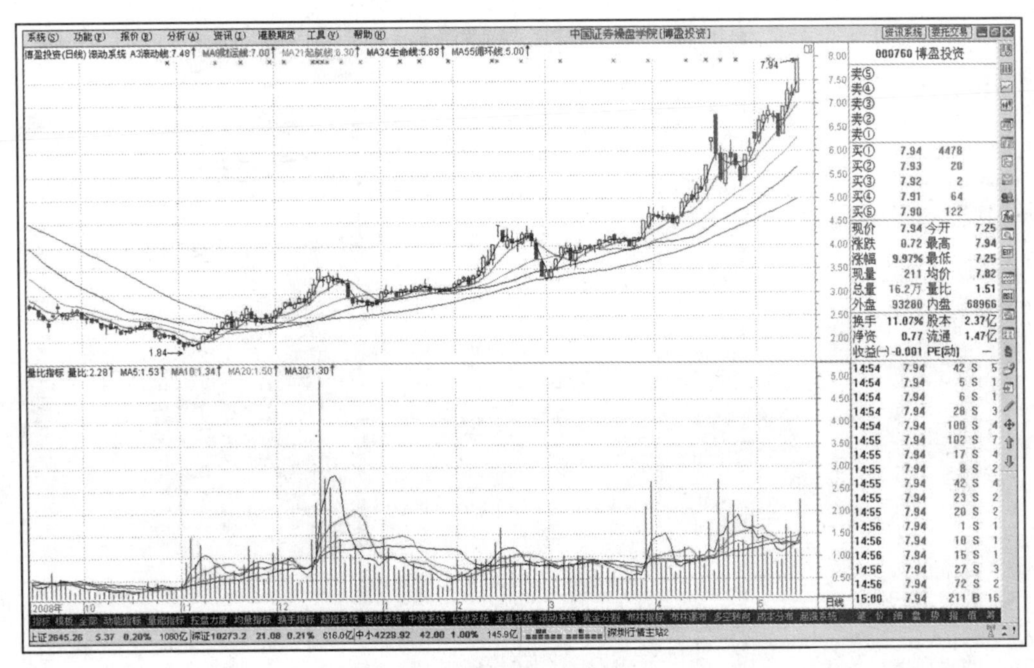

图【4】量比指标示意图

以大交易师软件为例，量比指标设计如下：

量比：IF（BARPOS = DATACOUNT，DYNAINFO（17），VOL/REF（MA（VOL，5），1）），VOLSTICK，COLORRED；

STICKLINE（量比 >3，量比，0，18，1），COLORGREEN；

DRAWTEXTEX（CLOSE，1，10，0，'量比'+NUMTOSTR（（量比），2）+'%'），ALIGN1，COLORYELLOW；

3. 利用涨速排名筛选目标品种

什么是涨速？涨速是指当日盘中单位时间内涨幅的大小。

涨速越快，上涨的时间越短、涨幅越大，表明主力的实力就越强大。

为了在短期内获取最大的利润，职业投资者很有必要临盘时积极关注涨速的变化。

目前，按照规定，股票每日的涨跌幅度是前一交易日收盘价的10%幅度，ST股涨跌幅度为5%，新股上市当天价格涨幅上限为发行价格×（1+1000%），下限为发行价×（1-50%）。但第二天开始要遵循交易所发布的涨跌停板规则。

意思就是说，一只正常的股票前一交易日的收盘价是10元钱，那么，如果涨停后是11元，跌停后是9元。

（1）利用涨速排名榜选股

具体的方法如下：

首先找到标签栏，按鼠标右键，点击【涨速】，即可出现涨速排名。如图【5】所示。

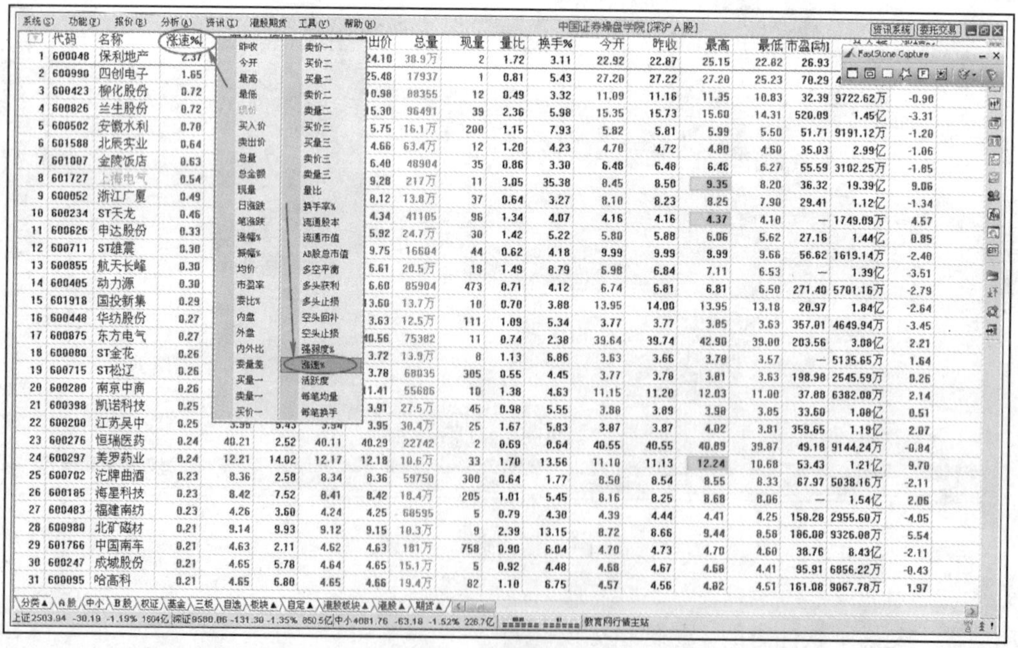

中国证券操盘学院［深沪A股］

	代码	名称	涨速%				出价	总量	现量	量比	换手%	今开	昨收	最高	最低	市盈(动)		
1	600048	保利地产	2.37				24.10	38.9万	2	1.72	3.11	22.92	22.87	25.15	22.82	26.93		
2	600990	四创电子	1.65				25.48	17937	1	0.81	5.43	27.20	27.22	27.20	25.23	70.29	4	
3	600423	柳化股份	0.72				10.98	88355	12	0.49	3.32	11.09	11.16	11.35	10.83	32.39	9722.62万	-0.90
4	600826	兰生股份	0.72				15.30	96491	39	2.36	5.98	15.35	15.73	15.60	14.31	520.09	1.45亿	-3.31
5	600502	安徽水利	0.70				5.75	16.1万	200	1.15	7.93	5.82	5.81	5.99	5.50	51.71	9191.12万	-1.20
6	601588	北辰实业	0.64				4.66	63.4万	12	1.20	4.23	4.70	4.72	4.80	4.60	35.03	2.99亿	-1.06
7	601007	金陵饭店	0.63				6.40	48904	35	0.86	3.30	6.48	6.48	6.48	6.27	55.59	3102.25万	-1.85
8	601727	上海电气	0.54				9.28	217万	11	3.05	35.38	8.45	8.50	9.35	8.20	36.32	19.39亿	9.06
9	600052	浙江广厦	0.49				8.12	13.8万	37	0.64	3.27	8.10	8.23	8.25	7.90	29.41	1.12亿	-1.34
10	600234	ST天龙	0.46				4.34	41105	96	1.34	4.07	4.16	4.16	4.37	4.10	—	1749.09万	4.57
11	600626	申达股份	0.33				5.92	24.7万	30	1.42	5.22	5.80	5.88	6.06	5.62	27.16	1.44亿	0.85
12	600711	ST雄震	0.30				9.75	16604	44	0.62	4.18	9.99	9.99	9.99	9.66	56.62	1619.14万	-2.40
13	600855	航天长峰	0.30				6.61	20.5万	18	1.49	8.79	6.98	6.84	7.11	6.53	—	1.39亿	-3.51
14	600405	动力源	0.30				6.60	85904	473	0.71	4.12	6.74	6.81	6.81	6.50	271.40	5701.16万	-2.79
15	601918	国投新集	0.29				13.60	13.7万	10	0.70	3.88	13.95	14.00	13.95	13.18	20.97	1.84亿	-2.64
16	600448	华纺股份	0.27				3.63	12.5万	111	1.09	5.34	3.77	3.77	3.85	3.63	357.01	4649.94万	-3.45
17	600875	东方电气	0.27				40.56	75382	11	0.74	2.38	39.64	39.74	42.90	39.00	203.56	3.08亿	2.21
18	600080	ST金花	0.26				3.72	13.9万	8	1.13	6.86	3.63	3.66	3.78	3.57	—	5135.65万	1.64
19	600715	ST松辽	0.26				3.78	68035	305	0.55	4.45	3.77	3.78	3.81	3.63	198.98	2545.59万	0.26
20	600280	南京中商	0.26				11.41	55686	10	1.38	4.63	11.15	11.20	12.03	11.00	37.88	6382.08万	2.14
21	600398	凯诺科技	0.25				3.91	27.5万	45	0.98	5.55	3.88	3.89	3.98	3.85	33.60	1.08亿	0.51
22	600200	江苏吴中	0.25	3.95	5.43	3.94	3.95	30.4万	25	1.67	5.83	3.87	3.87	4.02	3.81	359.65	1.19亿	2.07
23	600276	恒瑞医药	0.24	40.21	2.52	40.11	40.29	22742	2	0.69	0.64	40.55	40.55	40.89	39.87	49.18	9144.24万	-0.84
24	600297	美罗药业	0.24	12.21	14.02	12.17	12.18	10.6万	33	1.70	13.56	11.10	11.13	12.24	10.68	53.43	1.21亿	9.70
25	600702	沱牌曲酒	0.23	8.36	2.58	8.34	8.36	59750	300	0.64	1.77	8.50	8.54	8.55	8.33	67.97	5038.16万	-2.11
26	600185	海星科技	0.23	8.42	7.52	8.41	8.42	18.4万	205	1.01	5.45	8.16	8.25	8.68	8.06	—	1.54亿	2.06
27	600483	福建南纺	0.23	4.26	3.60	4.24	4.25	68595	5	0.79	4.30	4.39	4.44	4.41	4.25	158.28	2955.60万	-4.05
28	600980	北矿磁材	0.21	9.14	9.93	9.12	9.15	10.3万	9	2.39	13.15	8.72	8.66	9.44	8.58	186.08	9326.08万	5.54
29	601766	中国南车	0.21	4.63	2.11	4.62	4.63	181万	758	0.90	6.04	4.70	4.73	4.70	4.60	38.76	8.43亿	-2.11
30	600247	成城股份	0.21	4.65	5.78	4.64	4.65	15.1万	5	0.92	4.48	4.68	4.67	4.68	4.41	95.91	6856.22万	-0.43
31	600095	哈高科	0.21	4.65	6.80	4.65	4.66	19.4万	82	1.10	6.75	4.57	4.56	4.82	4.51	161.08	9067.78万	1.97

上证2503.94 -30.19 -1.19% 1604亿 深证9580.06 -131.30 -1.35% 850.5亿 中小4081.76 -63.18 -1.52% 226.7亿 教育网行情主站

图【5】利用涨速榜选股

在实际操作中，我们需要将每日盘中5分钟涨速大于10的股票整理出来，制作成表格，装订成册，存档备查，以利于跟踪分析。如表【3】所示。

表【3】每日盘中5分钟涨速大于10的股票列表

制表时间：2009年5月21日

制表人：__________

稽核人：__________

股票名称	股票代码	盘中涨速	起涨价位	起涨时间	到达价位
大庆华科	000985	1.68	12.65	10点33分	13.32
辽宁时代	600241	1.57	9.27	14点39分	9.86
深南电A	000037	2.73	5.16	14点44分	5.46
……	……	……	……	……	……

（2）**利用技术指标动态选股**

设计一款技术指标，命名为【涨速指标】，作为【条件选股】的条件，也可以作为盘中动态监测涨速变化的附图指标使用，如图【6】所示。以1分钟为例，指标源码如下：

涨速：(CLOSE－REF（CLOSE，1））/REF（CLOSE，1）＊100；

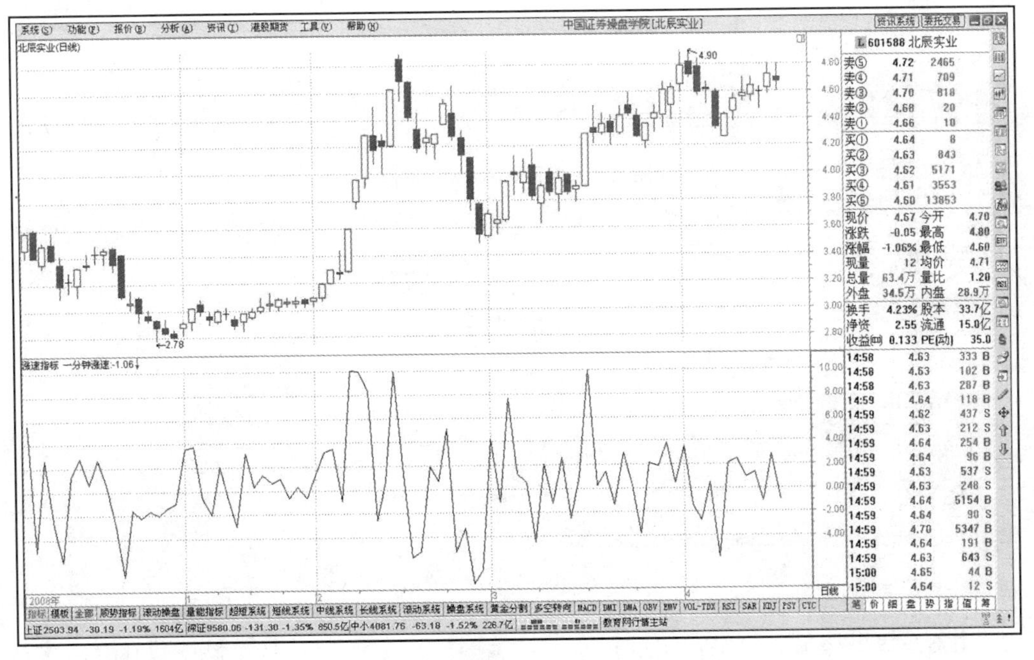

图【6】涨速指标示意图

除此之外，也可以利用软自带的ACCER（幅度涨速指标）来监控涨速的变化。

ACCER（幅度涨速）是通过计算收盘价的线性回归斜率的方法，来测量股价上涨和下跌的速度。计算公式是：

幅度涨速 = 收盘价的N日线性回归斜率 ÷ 收盘价

上边的公式中，先求出斜率，然后再对其价格进行归一。它的基本用法是：如果在一轮牛市行情中，股价幅度涨速跌穿0线，说明股价的涨幅将逐渐趋缓，此时投资者需要提高警惕，注意分批止赢。为了方便观察和使用，笔者对指标做了一些修正，如图【7】所示。

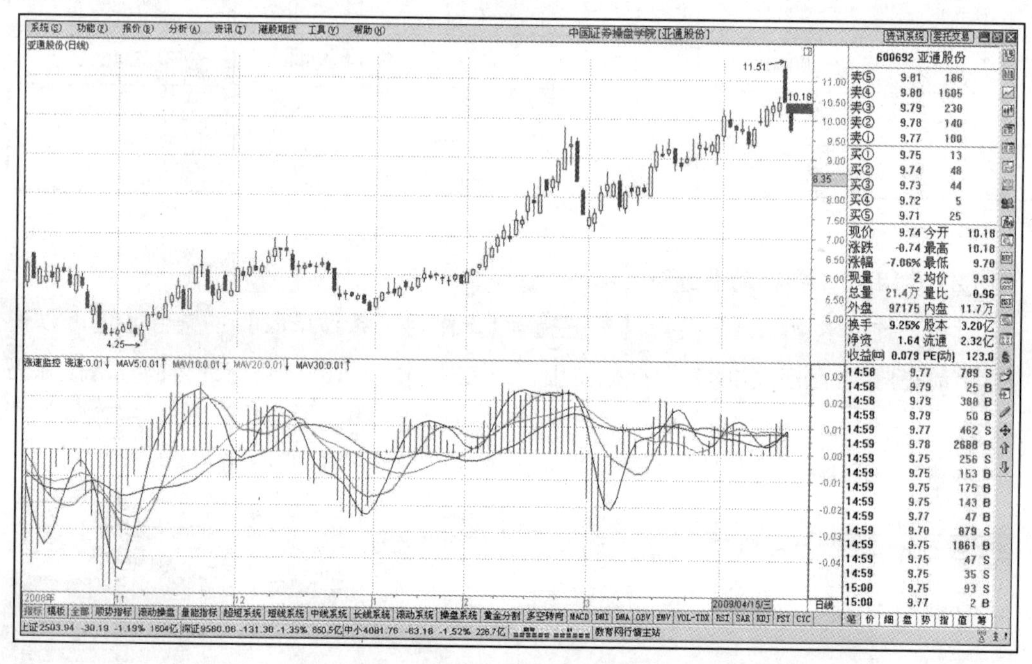

图【7】修正后的涨速指标

源码如下：

```
涨速：SLOPE（CLOSE，8）/CLOSE，COLORSTICK；
MAV5：MA（涨速，5）；
MAV10：MA（涨速，10）；
MAV20：MA（涨速，20）；
MAV30：MA（涨速，30）；
```

4. 利用每笔均量排名筛选目标品种

什么是每笔均量？在行情分析软件中，每笔均量是指某只股票当日的总成交量与当日的总成交笔数的比例，也可以称作每笔成交量。每笔均量在滚动操盘技术中占有重要的分析意义，投资者需要引起高度重视。

透过每笔成交量数值的大小，可以分析出某只股票交投活跃程度的高低和大资金进出的力度大小。很显然，每笔均量与换手率相比更加具有分析意义，它不仅反映了股票的交投活跃情况，而且还可以有效的反映出大资金的买卖增减，研判出主力仓位变化的情形。比如，某只股票在同一价格区间的换手率相同，如果每笔均量的数值发生了明显的变化，那么主力的操盘行为和操盘意图已经发生了隐形变化。这种变化对指导我们制定滚动操盘计划有非常重要的意义。

（1）每笔均量的急剧飙升

如果股价处于历史大底区域或者阶段性底部区域，当前分析周期每笔均量突然出现大幅度的急剧飙升，每分钟的成交笔数超过 10 笔，每笔均量的数值超过 100（大盘股除外），出现这样的情形，表明该股已经开始有大主力进场，应当积极关注。

如果每笔均量的数值连续一段时间保持在一个较高的水平，但是股价并没有出现明显的上升幅度，那么说明进驻该股的大主力正在悄悄的吸纳筹码，投资者需要高度留意主力的一举一动。此时成交量表现为均衡量，如果仅仅研究成交量，是很难发现主力的操盘意图的。

通过均量指标和成交量指标的对比，我们可以及时发现每笔均量和成交量的数值背离，及时发现主力的操盘意图，跟踪追击。

（2）每笔均量的高位均衡

如果每笔均量的数值随股价的拉升持续的保持较高的水平，处于高位均衡状态，说明主力并未出局。不论股价的升升跌跌，洗盘震仓，对敲拉抬，对倒打压，只要每日的每笔均量数值还保持在高位，就表明主力此时还在场内，可以继续滚动操盘，反复套利。

（3）每笔均量的量价背离

如果股价阶段性升幅已经不小，再次放量大阳 K 线拉升，而每笔均量的数值却并没有同步创出新高，说明主力已经开始出货，此时应特别提高警惕，谨慎操作。

如果股价不断创出新高，成交量也同步创出新高，但是每笔均量的数值却出现明显萎缩，呈现为每笔均量与股价、与成交量的背离，那么投资者应当分批止赢，切不可恋战，一旦股价向下击穿财运线，要坚决清仓离场。

（4）利用每笔均量排名榜选股

具体的方法如下：

首先找到标签栏，按鼠标右键，点击【每笔均量】，即可出现每笔均量排名。

如图【8】所示。

系统(S) 功能(E) 报价(B) 分析(A) 资讯(I) 港股期货 工具(V) 帮助(H)　　中国证券操盘学院[深沪A股]　　资讯系统 委托交易

	代码	名称		每笔均量				卖出价	总量	现量	量比	换手%	今开	昨收	最高	最低	市盈(动)	总金额	振幅%
1	601398	工商银行		1011.05				4.12	285万	24	1.01	1.91	4.11	4.11	4.17	4.07	12.39	11.77亿	2.43
2	601727	上海电气		762.86				9.28	217万	11	3.05	35.38	8.45	8.50	9.35	8.20	36.32	19.39亿	13.53
3	600005	武钢股份		758.29				7.41	217万	385	0.58	6.92	7.50	7.64	7.60	7.33	6.06	16.09亿	3.53
4	600016	民生银行		689.29				5.75	195万	85	0.83	1.09	5.81	5.87	5.91	5.74	9.40	11.32亿	2.90
5	000002	万　科A	×	638.41				8.44	181万	28064	0.81	1.93	8.45	8.46	8.61	8.40	22.98	15.38亿	2.48
6	601766	中国南车		637.11				4.63	181万	758	0.90	6.04	4.70	4.73	4.70	4.60	38.76	8.43亿	2.11
7	600050	中国联通		622.68				5.67	177万	258	0.68	1.70	5.74	5.76	5.84	5.65	6.09	10.15亿	3.30
8	600030	中信证券		619.73				27.07	177万	410	1.34	2.69	26.20	26.41	27.69	26.03	22.82	47.77亿	6.29
9	601390	中国中铁		611.78				5.82	174万	42	1.04	3.73	5.80	5.82	5.92	5.75	69.75	10.20亿	2.92
10	000709	唐钢股份	×	524.19				6.23	148万	16066	0.97	8.39	6.56	6.56	6.57	6.11	13.10	9.39亿	7.01
11	600130	波导股份		491.80				—	139万	10	2.64	18.13	5.45	4.96	5.46	5.05	—	7.40亿	8.27
12	600019	宝钢股份		483.00				5.94	137万	10	0.75	0.78	6.12	6.12	6.12	5.91	16.08	8.21亿	3.43
13	601939	建设银行		468.15				4.48	129万	331	0.77	1.44	4.51	4.51	4.53	4.43	11.28	5.80亿	2.22
14	600036	招商银行		455.79				15.97	130万	7	0.70	1.08	16.13	16.27	16.34	15.88	9.26	20.90亿	2.83
15	600660	福耀玻璃		447.21				—	121万	5	5.41	13.13	8.33	8.17	8.99	7.88	73.18	10.62亿	13.59
16	000825	太钢不锈		421.78				6.69	117万	16274	0.84	5.15	7.02	6.97	7.03	6.44	11.12	7.95亿	8.46
17	601919	中国远洋		405.28				13.03	115万	29	0.63	5.36	13.50	13.47	13.74	12.80	5.06	15.27亿	6.98
18	000629	攀钢钢钒	×	397.04				9.59	88.2万	4087	1.18	3.36	9.59	9.59	9.59	9.58	46.20	8.46亿	0.10
19	601186	中国铁建		396.50				9.88	111万	224	1.12	4.56	9.93	9.87	10.05	9.84	38.33	11.10亿	2.13
20	601006	大秦铁路		394.32				9.83	111万	5	0.82	3.18	9.76	9.76	9.98	9.60	17.20	10.93亿	3.89
21	600282	南钢股份		383.64				4.42	105万	236	2.28	11.91	4.64	4.50	4.80	4.40	60.31	4.85亿	8.89
22	600808	马钢股份		382.87	4.12	-2.83	4.11	4.12	105万	1	0.99	4.95	4.23	4.24	4.27	4.10	44.67	4.41亿	4.01
23	000100	TCL 集团	×	379.88	3.84	1.05	3.84	3.85	106万	9971	1.20	4.38	3.79	3.80	3.98	3.75	19.82	4.11亿	6.05
24	601898	中煤能源		378.60	10.27	-5.00	10.28	10.29	108万	14	0.94	7.08	10.63	10.81	10.69	10.15	19.99	11.18亿	5.00
25	601168	西部矿业		360.71	15.29	-3.59	15.20	15.28	102万	1	0.74	6.01	15.40	15.86	15.83	14.90	63.92	15.74亿	5.86
26	601899	紫金矿业		359.26	10.26	-4.91	10.26	10.27	102万	46	0.84	7.34	10.72	10.79	10.72	10.20	48.66	10.65亿	4.82
27	601988	中国银行		356.01	3.52	-1.12	3.51	3.52	99.0万	24	0.88	1.53	3.54	3.56	3.56	3.49	14.06	3.49亿	1.97
28	600246	万通地产		342.40	11.31	-9.66	11.29	11.32	97.6万	40	2.46	19.98	11.90	12.52	11.99	11.27	21.74	11.20亿	5.75
29	000682	东方电子	×	331.29	4.36	4.81	4.36	4.37	93.1万	9832	2.13	11.79	4.25	4.16	4.58	4.24	225.81	4.12亿	8.17
30	600622	嘉宝集团		320.68	8.10	0.50	8.09	8.10	66.4万	184	1.47	14.69	8.06	8.06	8.78	7.71	54.94	5.41亿	13.28
31	600584	长电科技		314.87	5.10	3.24	5.09	5.10	87.8万	343	1.23	11.78	4.90	4.94	5.35	4.86	40.82	4.48亿	9.92

昨收 今开 最高 最低 现价 买入价 卖出价 总量 总金额 现量 日涨跌 笔涨跌 涨幅% 振幅% 均价 市盈率 委比% 内盘 外盘 内外比 委量差 买量一 卖量一 买价一 卖价一 买价二 买量二 卖价二 卖量二 买价三 买量三 卖价三 卖量三 量比 换手率% 流通股本 流通市值 AB股总市值 多空平衡 多头获利 多头止损 空头回补 空头止损 强弱度% 涨速% 活跃度 每笔均量 每笔换手

分类▲ A股 中小 B股 权证 基金 三板 自选 板块▲ 自定▲ 港股板块▲ 港股▲ 期货▲

上证2503.94 -30.19 -1.19% 1604亿 深证9580.06 -131.30 -1.35% 850.5亿 中小4081.76 -63.18 -1.52% 226.7亿 深圳行情主站1

图【8】每笔均量排名榜

在实际操作中，我们需要将每日每笔均量大于100的股票整理出来，制作成表格，装订成册，存档备查，以利于跟踪分析。如表【4】所示。

表【4】每日每笔均量大于100的股票列表

制表时间：2009年5月21日

制表人：__________

稽核人：__________

股票名称	股票代码	每笔均量	分钟笔数	开盘价	收盘价
紫金矿业	601899	1721	11.96	8.90	9.14
中国联通	600050	1162	11.95	6.40	6.24
海通证券	600837	669	11.93	13.89	13.45
……	……	……	……	……	……

（5）**利用技术指标动态选股**

设计一款技术指标，命名为【均量指标】，作为【条件选股】的条件，也可以作为盘中动态监测每笔均量变化的附图指标使用，如图【9】所示。

图【9】每笔均量指标示意图

指标源码如下：

每笔均量：DYNAINFO（8）/DYNAINFO（50），NODRAW；

为了更加直观，便于使用，也可以写成这样：

每笔均量：DYNAINFO（8）/DYNAINFO（50），NODRAW；

每笔成交：＝VOL/DYNAINFO（50）＊100，COLORRED；

MA5：MA（每笔成交，5），COLORWHITE，LINETHICK2；

MA10：MA（每笔成交，10），COLORMAGENTA，LINETHICK1；

MA20：MA（每笔成交，20），COLORGREEN，LINETHICK1；

MA30：MA（每笔成交，30），COLORYELLOW，LINETHICK1；

MA60：MA（每笔成交，60），COLORBLUE，LINETHICK1；

5. 利用每笔换手排名筛选目标品种

每笔换手是研究个股活跃程度的重要指标。分析每笔换手数值的大小，能够了解投资者参与的程度，以及侧面了解主力的介入程度。

（1）利用每笔换手排名榜选股

具体的方法如下：

首先找到标签栏，按鼠标右键，点击【每笔换手】，即可出现每笔换手排名。如图【10】所示。

中国证券操盘学院[深沪A股]

	代码	名称	每笔换手				出价	总量	每笔均量	量比	换手%	今开	昨收	最高	最低	市盈(动)		
1	000736	ST重实	× 0.0272				[illegible]	23.4万	105.82	9.86	60.31	16.70	15.75	21.50	16.40	42.4[illegible]	[illegible]	[illegible]
2	600187	NST黑龙	× 0.0260				[illegible]	61.2万	253.10	19.62	62.77	8.82	0.98	11.50	8.82	176.5[illegible]	[illegible]	[illegible]
3	000676	思达高科	× 0.0163				—	31.3万	281.89	1.66	18.02	5.20	5.16	5.68	5.19	177.37	1.70亿	9.50
4	600892	*ST湖科	× 0.0151				—	15174	36.56	0.67	6.27	10.80	10.96	11.51	10.80	112.96	1742.30万	6.48
5	600792	ST马龙	× 0.0146				—	13.9万	87.49	1.97	23.13	10.22	9.79	10.28	9.86	88.52	1.42亿	4.29
6	002151	北斗星通	× 0.0144				[illegible]	73869	32.95	3.95	32.19	33.33	31.81	34.99	32.33	67.84	2.54亿	8.36
7	000536	闽闽东	× 0.0144				[illegible]	25.0万	98.06	1.17	36.71	15.18	15.18	16.65	14.71	349.64	3.91亿	12.78
8	600532	华阳科技	× 0.0141				—	16.8万	132.72	3.41	17.88	6.50	6.50	7.15	6.48	—	1.18亿	10.31
9	002114	罗平锌电	× 0.0133				[illegible]	22.4万	94.99	4.47	31.36	12.44	11.73	12.80	11.72	—	2.77亿	9.21
10	600136	ST道博	× 0.0127				—	20468	98.40	0.55	2.65	7.78	7.48	7.85	7.70	6.86	1603.44万	2.01
11	601727	上海电气	× 0.0124				[illegible]	217万	762.86	3.05	35.38	8.45	8.50	9.35	8.20	36.32	19.39亿	13.53
12	002245	澳洋顺昌	× 0.0124				[illegible]	25379	18.87	1.24	16.70	24.51	25.88	24.60	23.29	25.89	6054.05万	5.06
13	600614	鼎立股份	× 0.0123				[illegible]	17.7万	95.32	2.72	22.91	14.97	13.71	15.08	12.80	108.48	2.41亿	16.63
14	002210	飞马国际	× 0.0120				[illegible]	74830	44.84	2.01	20.01	13.55	13.76	15.10	13.20	38.88	1.07亿	13.81
15	000023	深天地A	× 0.0120				—	74936	88.89	1.62	10.07	6.70	6.50	7.15	6.70	46.54	5305.76万	6.92
16	002226	江南化工	× 0.0117				[illegible]	25441	15.81	0.91	18.85	28.59	28.95	28.59	26.90	48.70	7052.94万	5.84
17	000979	*ST科苑	× 0.0118				—	25606	105.27	1.23	2.87	6.68	6.36	6.68	6.56	—	1715.43万	1.89
18	600561	江西长运	× 0.0116				[illegible]	26.1万	131.55	2.29	23.00	9.91	9.57	10.53	9.80	27.72	2.67亿	7.63
19	600346	大橡塑	× 0.0115				[illegible]	13.0万	63.31	2.11	23.55	10.42	10.54	11.57	10.00	192.43	1.43亿	14.90
20	600759	正和股份	× 0.0109				[illegible]	43.2万	211.22	2.39	22.20	5.49	5.29	5.79	5.03	139.07	2.33亿	14.37
21	600088	中视传媒	× 0.0108				—	24.8万	109.03	2.38	24.42	12.96	12.62	13.88	12.80	73.89	3.34亿	8.56
22	002224	三力士	× 0.0107	-7.30	850	16.49	16.50	25992	20.24	0.87	13.68	17.50	17.80	17.50	16.38	67.84	4356.04万	6.29
23	002261	拓维信息	× 0.0105	-6.89	266	39.48	39.49	39342	21.02	1.37	19.67	41.38	42.40	42.00	38.80	40.24	1.57亿	7.55
24	002196	方正电机	× 0.0106	-4.34	250	12.34	12.35	19871	21.12	0.95	9.94	12.61	12.90	12.90	12.22	55.98	2484.01万	5.27
25	002127	新民科技	× 0.0106	5.55	1457	9.30	9.32	65309	41.57	1.69	16.66	8.75	8.83	9.41	8.53	31.00	5942.81万	9.97
26	002253	川大智胜	× 0.0105	-6.60	860	29.70	29.71	20662	16.30	0.74	18.37	31.03	31.80	31.04	29.36	61.47	8629.21万	5.28
27	002058	威尔泰	× 0.0104	1.08	1412	11.25	11.26	55915	35.26	1.99	16.55	11.07	11.13	11.35	10.90	—	6239.11万	4.04
28	002021	中捷股份	× 0.0105	-8.71	4665	8.37	8.38	39.9万	157.15	2.43	26.61	9.00	9.18	9.15	8.26	306.79	3.45亿	9.69
29	002263	大东南	× 0.0103	-6.02	3273	7.81	7.82	25.1万	98.52	1.24	26.18	8.36	8.31	8.68	7.70	60.85	2.02亿	11.79
30	600558	大西洋	× 0.0101	-2.37	10	15.24	15.25	13.8万	74.47	1.60	18.62	15.78	15.64	15.97	14.75	35.20	2.12亿	7.80
31	600369	西南证券	× 0.0100	8.11	12	15.24	15.25	64.3万	240.19	3.12	26.73	14.08	14.05	15.46	13.89	203.57	9.69亿	11.17

上证2503.94 -30.19 -1.19% 1604亿 深证9580.06 -131.30 -1.35% 850.5亿 中小4081.76 -63.18 -1.52% 226.7亿 深圳行情主站1

图【10】每笔换手排名榜

在实际操作中，我们需要将每日盘中每笔换手大于1的股票整理出来，制作成表格，装订成册，存档备查，以利于跟踪分析。如表【5】所示。

表【5】每日盘中每笔换手大于1的股票列表

制表时间：2009年5月21日

制表人：________

稽核人：________

股票名称	股票代码	每笔换手	成交笔数	开盘价	收盘价
实达集团	600734	0.017	1083	6.03	6.03
太龙药业	600222	0.017	2749	8.62	7.87
中钢天源	002057	0.014	913	9.50	9.79

续表

股票名称	股票代码	每笔换手	成交笔数	开盘价	收盘价
……	……	……	……	……	……

(2) 利用技术指标动态选股

设计一款技术指标，命名为【每笔换手】，作为【条件选股】的条件，也可以作为盘中动态监测每笔换手变化的附图指标使用，如图【11】所示。

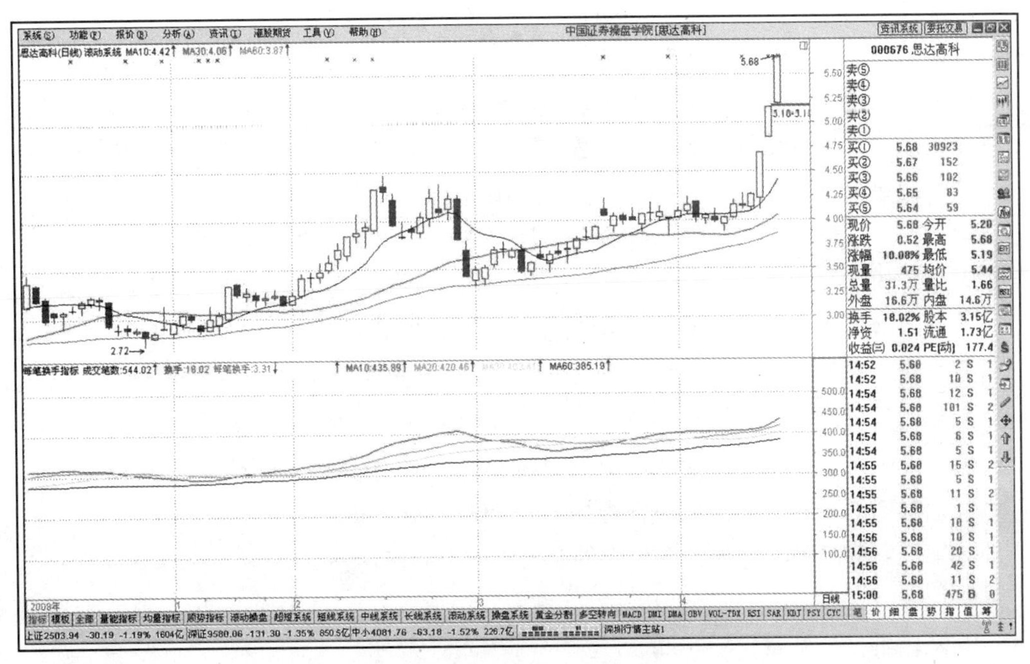

图【11】每笔换手指标示意图

指标源码如下：

成交笔数：DYNAINFO (50)，NODRAW，LINETHICK0；

换手：DYNAINFO (8) /CAPITAL * 100，LINETHICK0；

每笔换手：换手/成交笔数 * 100，NODRAW；

分钟笔数：成交笔数/FROMOPEN，NODRAW；

第三节　滚动操盘目标品种的甄别

当我们从技术的层面，利用振幅、量比、涨速、每笔均量和每笔换手筛选出候选目标品种之后，接下来，需要进一步仔细甄别候选品种的安全性和可操作性。甄别的方法很多，这里介绍几种最常用的方法。

1. 从产业政策甄别目标品种

目前，我国的股市是典型的政策市，政策对股市的影响时刻存在着。因此，我们要对各种政策特别是产业政策引起高度的重视。

产业政策是政府为了实现一定的经济和社会目标而对产业的形成和发展进行干预的各种政策的总和。干预包括规划、引导、促进、调整、保护、扶持、限制等方面的含义。

产业政策的功能主要是弥补市场缺陷，有效配置资源；保护幼小民族产业的成长；熨平经济震荡；发挥后发优势，增强适应能力。

产业政策包括产业组织政策、产业结构政策、产业技术政策和产业布局政策，以及其他对产业发展有重大影响的政策和法规。各类产业政策之间相互联系、相互交叉，形成一个有机的政策体系。

产业政策是国家加强和改善宏观调控，抑制固定资产投资过快增长，制止部分行业盲目扩张，有效调整和优化产业结构，提升产业素质，保持国民经济持续、快速、健康发展的重要手段。

基于以上认识，我们在筛选滚动操盘的目标品种时，要及时根据国家的产业政策仔细甄别我们的候选品种，选择符合国家产业政策导向的品种，淘汰那些不符合国家产业政策导向的品种，以便博取更大的交易性收益。

2. 从行业地位甄别目标品种

某家上市公司的行业地位，从企业所处的竞争地位来看，可以分为以下几种类型：

（1）市场领导者

在某一行业的产品市场上占有最大市场份额的企业，可以称为市场领导者。例如，柯达公司是摄影市场的领导者，宝洁公司是日化用品市场的领导者，可口可乐公司是软饮料市场的领导者等。市场领导者通常在产品开发、价格变动、分销渠道、促销力量等方面处于主宰地位。

（2）市场挑战者

在行业中处于次要地位（第二、三甚至更低地位）的企业，可以称为市场挑战者。

例如，富士是摄影市场的挑战者，高露洁是日化用品市场的挑战者，百事可乐是软饮料市场的挑战者等。市场挑战者往往试图通过主动竞争扩大市场份额，提高市场地位。

（3）**市场追随者**

在行业中居于次要地位，并安于次要地位，在战略上追随市场领导者的企业，可以称为市场追随者。在现实市场中存在大量的追随者。市场追随者的最主要特点是跟随。在技术方面，它不做新技术的开拓者和率先使用者，而是做学习者和改进者。在营销方面，不做市场培育的开路者，而是搭便车，以减少风险和降低成本。市场追随者通过观察、学习、借鉴、模仿市场领导者的行为，不断提高自身技能，不断发展壮大。

（4）**市场补缺者**

行业中相对较弱小的一些中、小企业，可以称为市场补缺者。它们专注于市场上被大企业忽略的某些细小部分，在这些小市场上通过专业化经营来获取最大限度的收益，在大企业的夹缝中求得生存和发展。市场补缺者通过生产和提供某种具有特色的产品和服务，赢得发展的空间。

基于以上认识，我们在筛选滚动操盘的目标品种时，要及时利用各种信息渠道，尽可能了解候选品种的各种行业分析资料，仔细甄别我们的候选品种，选择那些处于市场领导地位的品种操作，以便博取更大的收益。

3. 从主营业务甄别目标品种

什么是主营业务？主营业务是指企业为完成其经营目标而从事的日常活动中的主要活动，可根据企业营业执照上规定的主要业务范围确定，例如工业、商品流通企业的主营业务是销售商品，银行的主营业务是贷款和为企业办理结算等。

在分析上市公司的主营业务时，可以使用主营业务利润率来甄别。主营业务利润率是指企业一定时期主营业务利润同主营业务收入净额的比率。它表明企业每单位主营业务收入能带来多少主营业务利润，反映了企业主营业务的获利能力，是评价企业经营效益的主要指标。

主营业务利润率是主营业务利润与主营业务收入的百分比。

计算公式如下：

$$主营业务利润率 = 主营业务利润/主营业务收入 \times 100\%$$

主营业务利润率指标反映公司的主营业务获利水平，只有当公司主营业务突出，即主营业务利润率较高的情况下，才能在竞争中占据优势地位。

基于以上认识，我们在筛选滚动操盘的目标品种时，要仔细研究候选品种的主营业务，仔细甄别我们的候选品种，选择那些主营业务突出的品种操作，以便博取更大的收益。

4. 从股价位置甄别目标品种

任何技术分析都必须考虑股价的阶段性位置，因为，分析股价的阶段性位置比分析股票的价格更重要。打个比方说，同样都是10元的股票，如果阶段性位置处于历史性大底或者短期底部，它的操作价值是不同的。如果阶段性位置处于历史性大底，它可能从10元上涨到30元，甚至是50元乃至100元；如果阶段性位置处于盘头区域，那么它可能的从10元下跌到5元，甚至是1元。

分析股价的位置比分析趋势更重要，如果股价位置处在底部区域或者阶段性底部区域，即使是暂时处于下跌趋势，一旦遇到强大的外力作用，可能转瞬间转变颓势，一飞冲天；如果股价位置处于盘头阶段或者阶段性头部，一旦有什么风吹草动，原来上涨的趋势立马变成了一江春水向东流。

分析股价的位置比分析形态更重要，同样的K线组合，在底部区域或者阶段性底部，可能是双底、三重底、头肩底等等，而处于头部阶段或者盘头阶段，就可能会演化成双顶、三重顶、头肩顶。

分析股价的位置比分析消息更重要，同样是利好消息，如果股价处于底部区域或者阶段性底部区域，往往会刺激股价上涨，如果股价处于头部或者盘头阶段，往往会见光死，跌跌不休；同样是利空消息，如果股价处于底部区域或者阶段性底部区域，往往会不跌反涨，如果股价处于头部或者盘头阶段，那结果就真的不好说了。

基于以上认识，我们在筛选滚动操盘的目标品种时，要仔细研究候选品种的空间位置，仔细甄别我们的候选品种，选择那些处于安全区域的品种操作，以便博取更大的收益。

5. 从主力态度甄别目标品种

决定股价涨跌的背后推手是资金，是超级主力的操盘意愿。股价上涨，从来就是资金推动的结果，股价下跌，从来就是资金撤离的结果。而资金的推动和撤离，取决于主力的态度。

因此，基于以上认识，我们在筛选滚动操盘的目标品种时，要仔细研究候选品种是否有超级主力主持工作，仔细甄别主力的操盘意图，以便博取更大的收益。

关于主力的行为和态度的更多分析，请参见笔者所著的《反向博弈技术》一书。

【思考与练习题】

1. 举例说明怎样利用振幅排名榜选股。
2. 举例说明怎样利用量比排名榜选股。
3. 举例说明怎样利用涨速排名榜选股。
4. 举例说明怎样利用每笔均量排名榜选股。
5. 举例说明怎样利用每笔换手排名榜选股。

第二章

滚动操盘异动定式

【本章学习要点】

1. 了解盘口异动的含义，掌握盘口异动的基本类型。
2. 掌握量异动的基础定式，并力争在实战中娴熟运用。
3. 掌握价异动的基础定式，并力争在实战中娴熟运用。
4. 结合股价的阶段性位置，在每天的复盘时反复演练。

第一节　盘口异动定式概述

1. 什么是盘口异动

什么是盘口异动？

盘口异动是表现在盘口的反常举动，它是我们发现主力行踪的重要线索，也是研判主力操盘意图的重要途径。透过对盘口异动的解剖分析，我们可以看出主力的心思，研判主力的操盘计划，从而有针对性地制定我们的操盘对策。

2. 盘口异动的基本类型

盘口异动可以分为以下几种类型：

（1）量异动

先见量，后见价。所谓兵马未动粮草先行，说的就是这个意思。对于盘口出现的量异动，需要高度重视，深入分析，解剖主力的操盘意图。

量异动主要包括突然放量和突然缩量，也叫瞬间放量和瞬间缩量。

突然放量是最常见的盘口异动现象之一。突然放量是主力操盘行为的突出表现，是主力操纵股价的盘口宣言，它以最直接的方式向投资资者宣告自己开始行动啦！因此，对于突然放量，我们要立即从以下几个方面进行研判：

第一，目前股价所处的阶段性位置是什么？

股价阶段性位置是一切技术分析的前提，异动实战技术分析也不能例外。突然放量的时候，如果股价处于漫长的阴跌、漫长的缩量整理之后，突然放量之前，处于地量结构，那么，此时的突然放量，极具研究价值。对于其中所蕴含的投资机会，或者交易性机会，要及时好好把握，千万不要错过。

同样道理，突然放量的时候，如果股价处于漫长的、大幅度的缩量拉升之后，突然放量之前，处于地量结构，那么，此时的突然放量，需要打醒十二分精神，提高警惕，提防主力布下的陷阱。黄鹤一去不复返，白云千载空悠悠！一旦掉进主力设下的陷阱，那只好愁白了头，备受折磨和煎熬。

第二，放量的形式属于哪一种类型？

放量可以分为真实性放量和虚假性放量，它的类型有以下几种：放量上涨、放量下跌、放量不涨和放量不跌。

放量上涨是主力典型的攻击性操盘行动。但是，对于放量上涨的性质要仔细甄别。如果是真实性放量上涨，盘口表现为持续性放量，量峰厚实，量价结构健康，宽度和高度都赏心悦目，那么这样的放量值得信赖，投资者可以积极参与，滚动操作。

放量上涨也会有虚假的一面，要注意加以区分。

放量下跌通常是主力的出货行为。盘口出现放量下跌的时候，要结合股价的阶段性位置和量峰结构来分析。如果股价处于大幅度的拉升之后出现放量下跌，主力出货的行为不容置疑。如果股价处于历史性底部区域，或者阶段性底部区域，或者拉升初中期的关键技术位，那么这种放量下跌就需要区别对待，仔细分析主力的操盘意图。

放量不涨的情形要区别对待。放量不涨，是很奇怪的盘面特征，其中的玄机，只有主力自己才清楚。高位的放量不涨，可以理解为出货行为，主力的猫腻，基本上可以肯定。低位的放量不涨，则需要区别对待，可能是拉升时机不成熟，主力在滚动套利，也可能是协议平仓的结果。要结合盘口的波形结构仔细分析主力的操盘意图。

放量不跌，就更奇怪了。该跌不跌，理应看涨。关于这种反常的盘口行为，我们将在《异动实战技术》一书中做详细的阐述。在此从略。

（2）**价异动**

价异动在盘口通常表现为两种类型。一种是股价突然大幅度打高，一种是股价突然大幅度打低。不管是大幅度打高还是大幅度打低，都是主力积极运作股价的结果。这种异动正好暴露了主力操盘的意图，给我们研判主力的操盘计划提供了依据。

根据出现时间段的不同，盘口价异动可以分为以下几种类型：

第一，早盘价异动，如向下跳空大幅度低开和向上跳空大幅度高开。

第二，盘中价异动，如盘中瞬间大幅度拉高或者瞬间大幅度打压。

第三，尾盘价异动，如大幅度拉高收盘或者大幅度压低收盘。

关于价异动的详细分析，请参考后边的叙述。

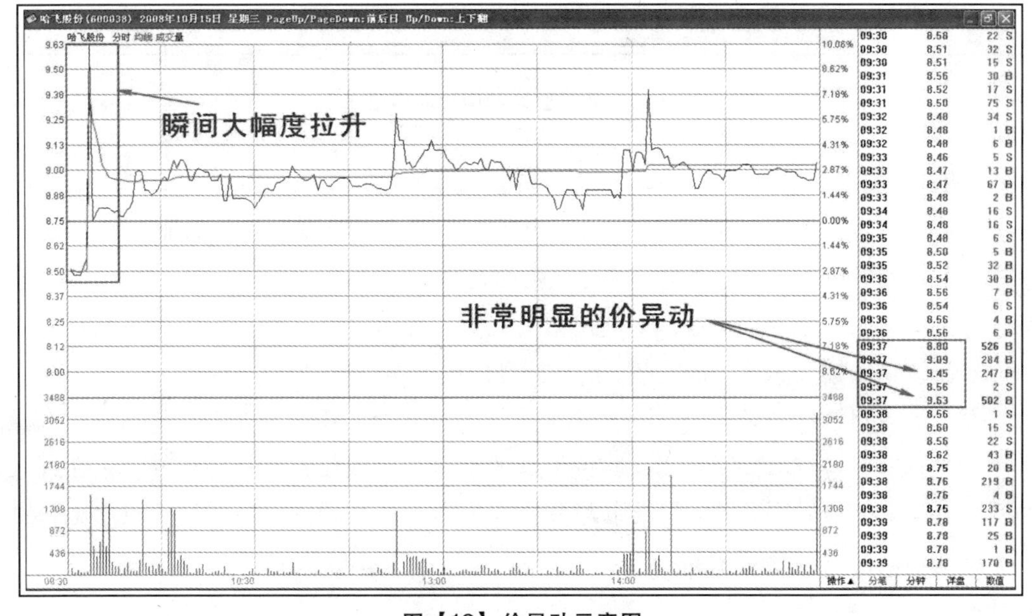

图【12】价异动示意图

第二节　量异动实战分析

1. 底部区域的量异动

股价经过一轮大跌之后，起航线开始逐步走平，股价不再创出新低，或者量能极度萎缩，呈现出地量结构，预示着底部区域即将来到。如图【13】所示。

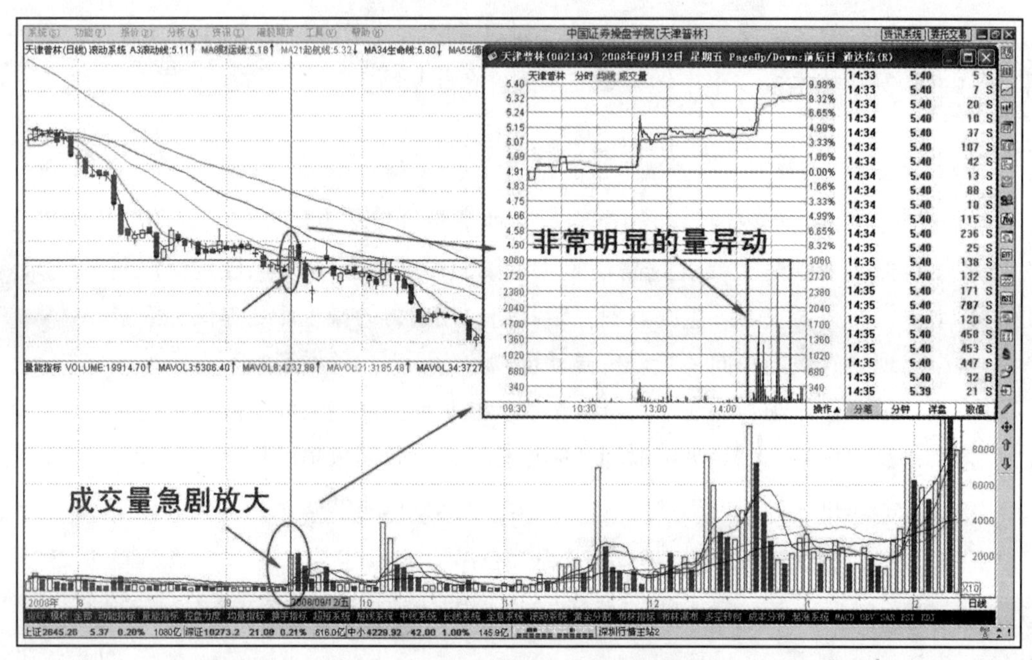

图【13】底部区域的量异动示意图

【盘面技术特征】

第一，交投开始变得活跃，盘口不时出现主动性买入大单。显示出此时已经有人积极进场收集筹码，或者空头已经开始积极回补。

第二，卖盘逐渐较少，盘口呈现出惜售迹象，除非人为的刻意打压，否则盘中已经很少出现主动性大卖单，标明做空的动能已经趋于衰竭。

第三，盘口波形呆滞。

以上这些盘口技术特征表明，股价下跌的趋势已经放缓，即将进入或者正在进入底部区域。此时应做好准备，积极跟踪分析明显出现量异动的个股，列入股票池，密切留意每日盘口的细微变化。

【滚动操盘策略】

底部区域的量异动，仅仅表明主力已经有所动作，并不具备操作价值，应保持观望。

2. 拉升初期的量异动

股价从底部启动拉升，拉升的幅度在30%左右，可以定义为拉升初期。拉升初期的量异动，可以分为以下2种主要类型，一是突破前期筹码密集区的放量，二是清洗短线获利浮筹的放量。如图【14】所示。

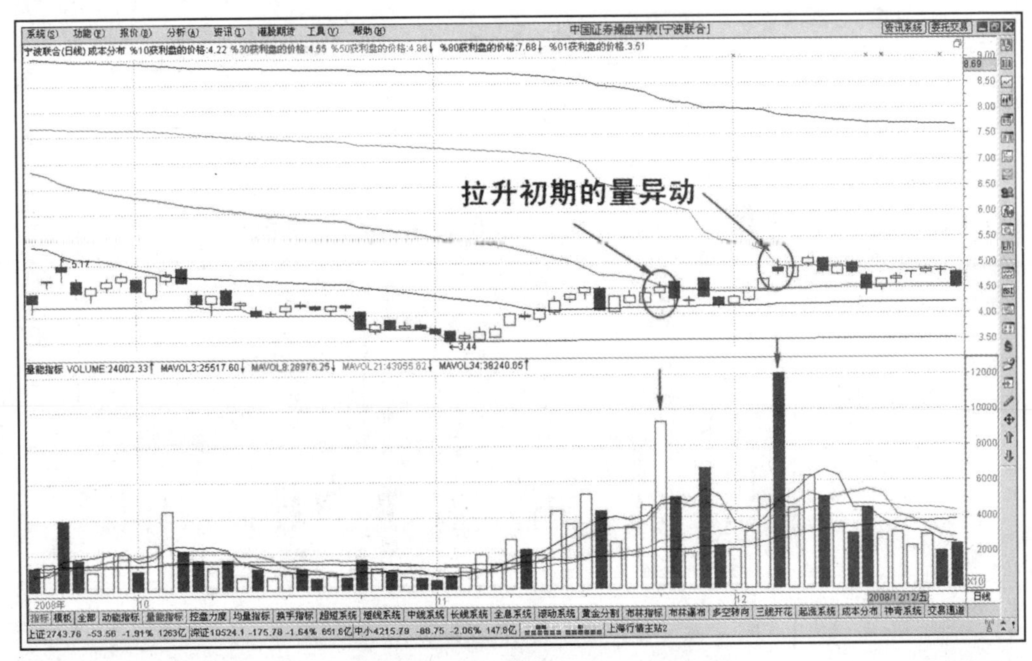

图【14】拉升初期的量异动示意图

【盘面技术特征】

第一，股价经过第一波拉升之后，短期已经有30%左右的涨幅，就短线而言，已经初步具备了出货空间，一旦继续拉升，很有可能导致短线浮筹蜂拥而出。盘口呈现出卖压沉重，需要清洗，以利后市。

第二，如果股价处于前期筹码密集区附近位置，此时放量穿越，盘口表现为下档承接有力，拉升有量，回落缩量，表明主力志存高远。如果盘口波形呈现为攻击型的冲击波，说明主力有意刺激筹码密集区的套牢盘，引发抛盘。

第三，如果盘口呈现为回头波走势，表明洗盘开始，第一波拉升宣告结束。

【滚动操盘策略】

如果是突破前期筹码密集区的放量，可在缩量回调至财运线下方时买进，滚动操作；如果是清洗短线浮筹的放量，则应持币观望，耐心等待下一波拉升的到来。

3. 拉升中期的量异动

拉升中期的量异动，通常是主力阶段性出货，或者是协议平仓的结果。股价经过2～3波拉升之后，上升幅度已经超过60%，获利丰厚。此时，如何及时兑现各协同方账面利润就成了最现实的问题。最有效的方式，就是及时安排他们出局。如图【15】所示。

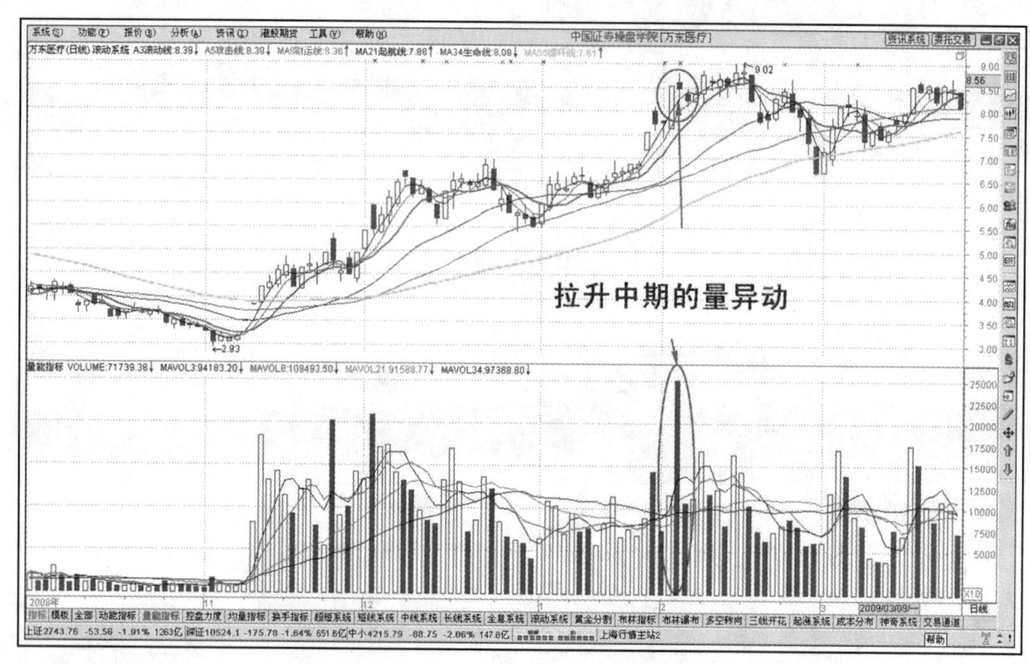

图【15】拉升中期的量异动示意图

【盘面技术特征】

第一，股价经过连续的多波拉升，短期内累积了很多获利盘，盘口显示抛压沉重。盘中主动性大卖单频频出现，表明股价有内在的调整要求。

第二，如果量异动的当天，股价走势坚挺，虽然卖盘巨大，空中成交多多，但是，在即时图上，每次触及关键技术点位，均被迅速拉起，表明主持工作的核心主力在安排协同作战方以当前价位撤退。

第三，如果量异动的当天，股价高开低走，一路放量盘跌，毫无抵抗或者尾盘才急速拉起，表明主力已经阶段性撤退。

【滚动操盘策略】

及时撤退是唯一正确的选择。耐心等候，在股价回落到生命线或者循环线时再考虑进场狙击，不可妄动。

4. 拉升末期的量异动

股谚有云，天量天价。拉升的末期，股价的阶段性涨幅已经接近或者超过 100%，需要特别提高警惕，提防股价见顶回落。如图【16】所示。

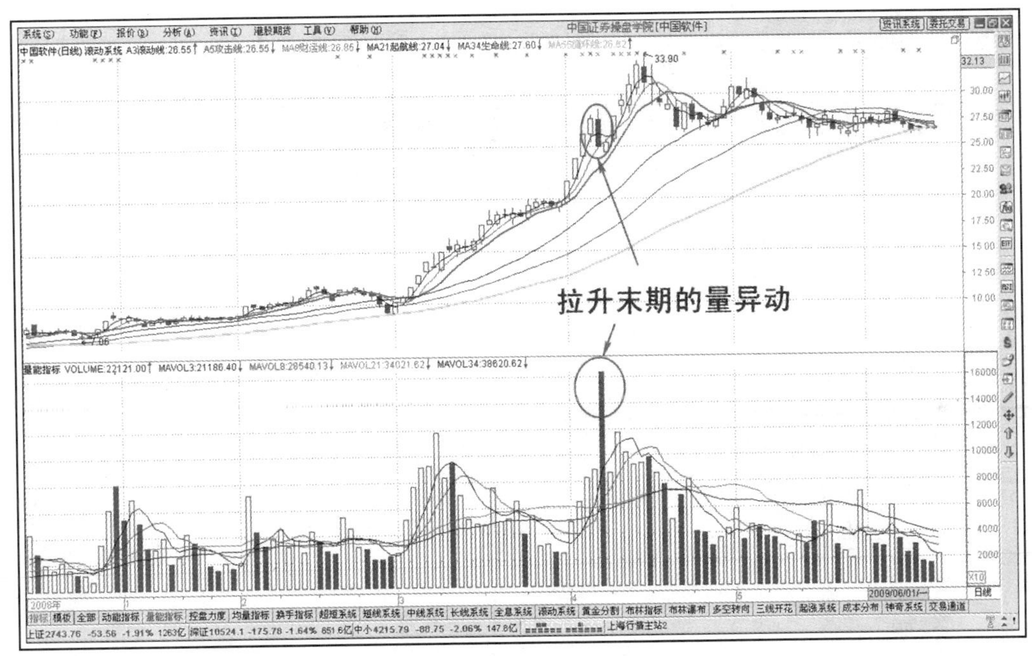

图【16】拉升末期的量异动示意图

【盘面技术特征】

第一，股价的拉升幅度已经巨大，但还没有出现明显的顶部特征，均线系统依旧呈现为多头排列，表明后市看高一线，新高可期。

第二，量异动出现的当天，表现为历史天量或近期天量，K 线图上留下长长的上影线。即时图上，表现为高位带量，量价结构不健康。

第三，盘口波形，多表现为瀑布波或者小猫钓鱼。一泻千里，带量下跌，表明主力去意已决，后市下跌已经不可避免。即使是短暂的再创新高，也是主力的刻意诱多行为。

【滚动操盘策略】

逢高分批止赢，一旦股价有效跌穿财运线，要降低基础仓位，一旦股价有效击穿起航线，可以考虑将仓位降低至 20% 以下，搏杀盘头行情。

5. 盘头阶段的量异动

盘头阶段是主力出货阶段。盘头时间的长短，盘头形态的品类，取决于主力仓位的轻重和前期操盘质量的高低。高质量的操盘通常盘头时间很短，主力在很短的时间内迅速撤离，股价从此一江春水向东流，巨量长阴贯顶，留下无限的伤悲和慨叹。如图【17】所示。

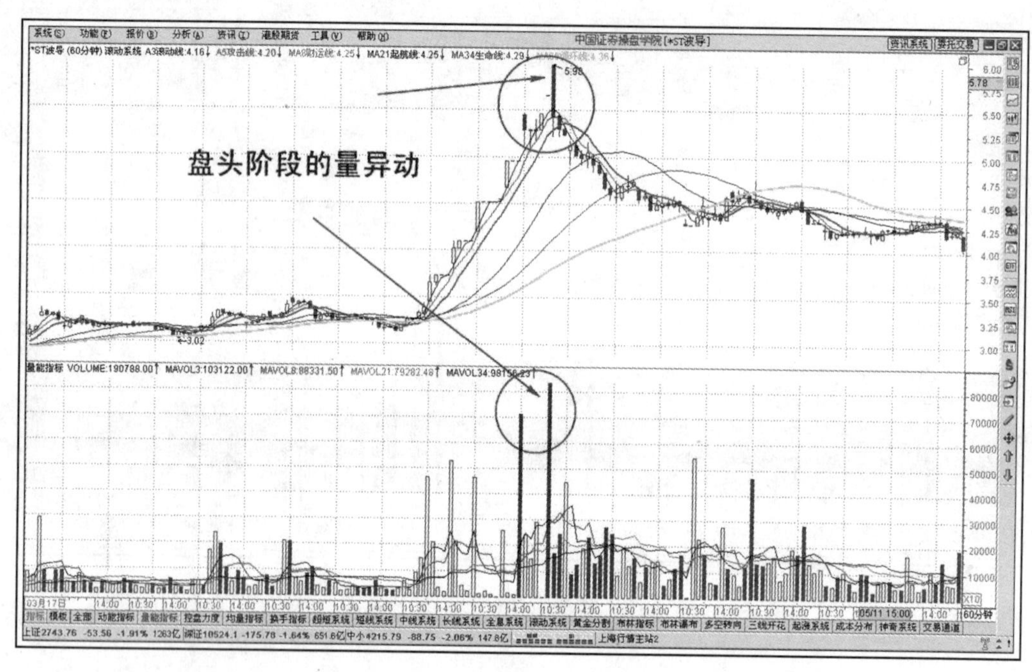

图【17】盘头阶段的量异动示意图

【盘面技术特征】

第一，极限巨量高开，开盘即放出当日的最大成交量，之后一路震荡盘跌，多方毫无还手之力。盘面显示出抛盘汹涌，不绝如江河。表明主力操盘风格的凶悍和出货的坚决。

第二，即时图如果呈现为温和杀跌，或者宽幅震荡，表明主力仓位较重，出货艰难，后市还将反复盘头，K 线形态表现为双重顶、三重顶或者头肩顶。

第三，盘口波形表现为瀑布波，钓鱼波，杀伤力极大。

【滚动操盘策略】

盘头阶段，原则上不参与操作。如果量异动当天，即时图呈现为宽幅震荡，盘中温和杀跌，尾盘拉高收盘，表明主力仓位较重。技术过硬的投资者可以轻仓参与，滚动操作。

6. 下跌初期的量异动

股价经过一轮大幅度拉升之后，向下有效击穿财运线，再有效击穿起航线，滚动线、财运线和起航线呈现空头排列，如果再次有效击穿生命线，则跌势正式确认。如果放量击穿循环线，那么中期头部正式成立，一轮较大级别的调整不可避免。如图【18】所示。

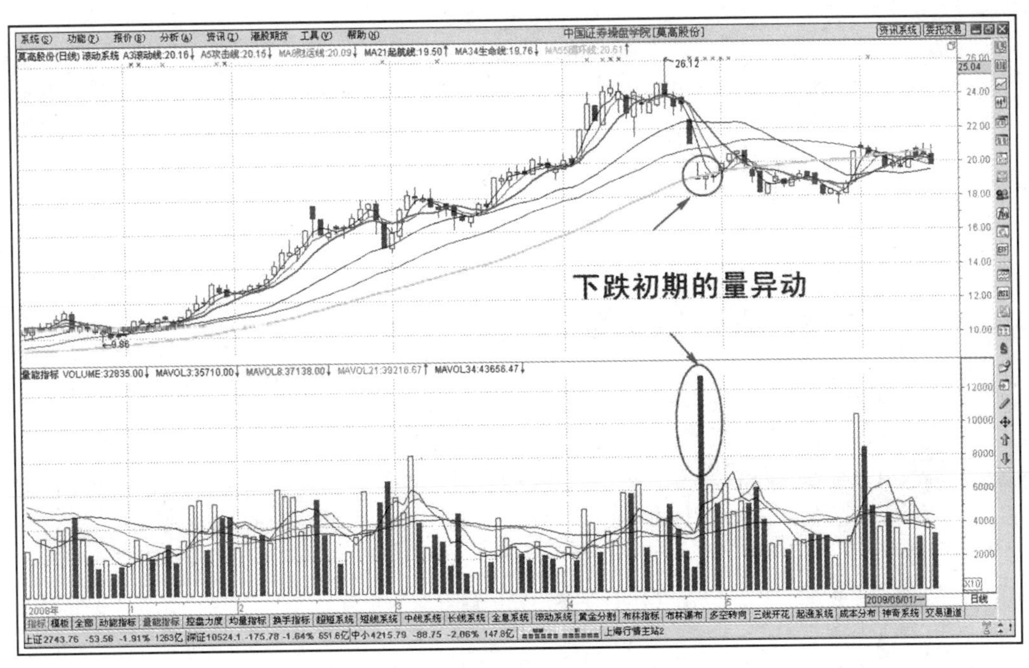

图【18】下跌初期的量异动示意图

【盘面技术特征】

第一，均线系统呈现为空头排列，滚动线、财运线死叉，起航线、生命线向下拐头，整个趋势开始由多翻空，多头彻底败阵下来。

第二，成交重心下移，K线绿肥红瘦，上影线很长，抛压沉重。

第三，盘口波形散乱，高开低走，低开高走交错，成交无序，量峰杂乱无章。犬牙交错的波形结构表明主力已无心主持工作，大势已去，盘中即使偶有拉升，也是回天乏力。

【滚动操盘策略】

彻底清仓，保持观望，或者换股操作。

7. 下跌中期的量异动

股价处于下跌趋势之中，中长期均线系统呈现为明显的空头排列。这是典型的熊市特征。下跌中期的量异动，属于主力利用反弹出货，如图【19】所示。

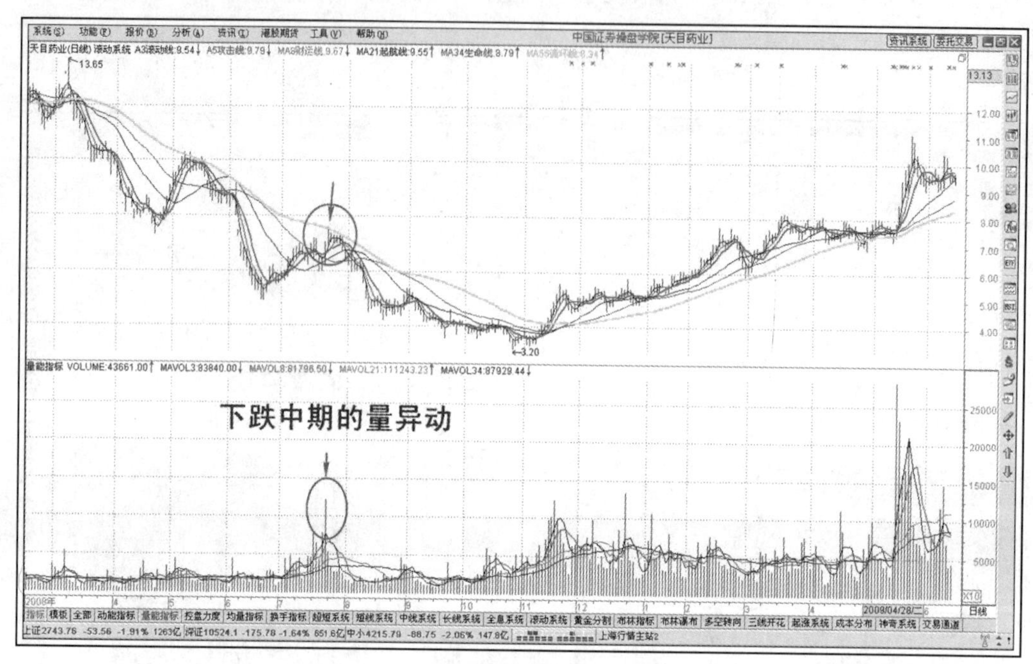

图【19】下跌中期的量异动示意图

【盘面技术特征】

第一，短期均线系统多头排列，中长期均线系统空头排列，两者之间明显表现为背离。股价处于下跌趋势之中的弱势反弹，明显受到循环线的反压。反弹的高度有限。

第二，量异动通常出现在股价触及循环线的当天，盘中放出巨量，却无法穿越，留下长长的带量的上影线，套牢追高一族。

第三，反弹结束，股价再创新低。正如股谚所云，新低之后还有新低。

【滚动操盘策略】

按熊市反弹技术要领操作，控制仓位，设定盈利目标，滚动线上穿财运线时进场，股价触摸循环线时离场。滚动操作。

8. 下跌末期的量异动

股价经过漫长时间的下跌之后，下都的动能开始衰竭，跌势趋缓，滚动线，财运线，起航线开始走平，粘合，生命线和循环线也开始渐次变向。如图【20】所示。

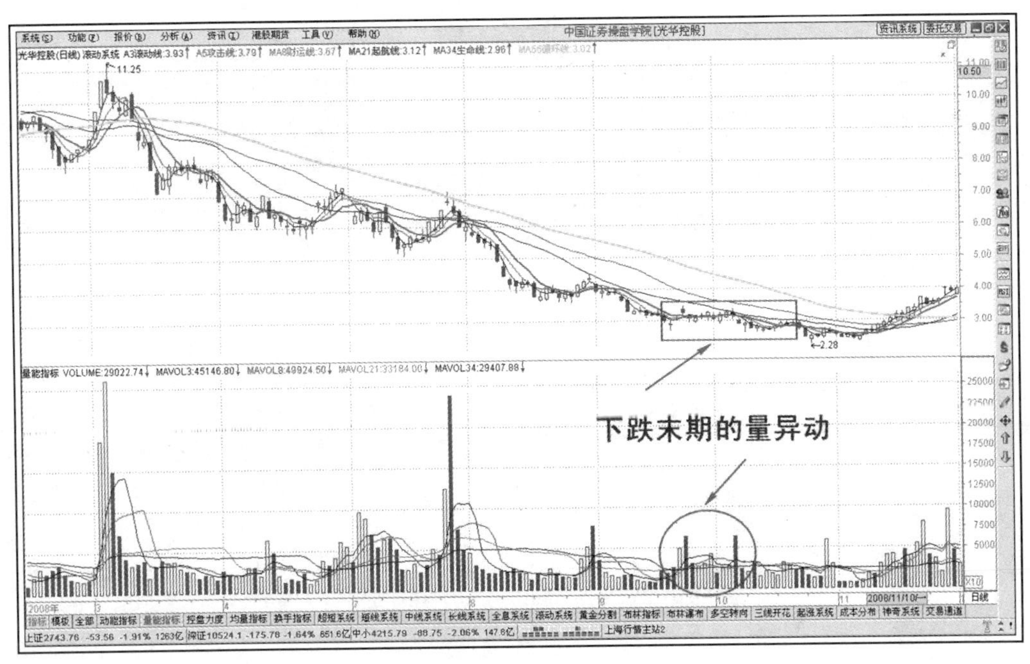

图【20】下跌末期的量异动示意图

【盘面技术特征】

第一，短期均线系统已经逐步粘合，或者呈现为多头排列，并尝试穿越中期均线系统。成交重心逐步抬高，表明已经有资金开始逐步进场。

第二，K线形态表现为阴阳交错，小阴小阳，或者小连阳之后中阴线打回原形。

第三，盘口反复出现冲击波，呆滞型的冲击波或者攻击型的冲击波，表明主力正在低位回补，或者正在暗中建仓。

【滚动操盘策略】

小仓位逢阴线买进，高抛低吸，滚动操作，与主力站在同一起跑线上。

第三节　价异动实战分析

1. 底部区域的价异动

（1）早盘价异动

第一种，向下跳空大幅度低开

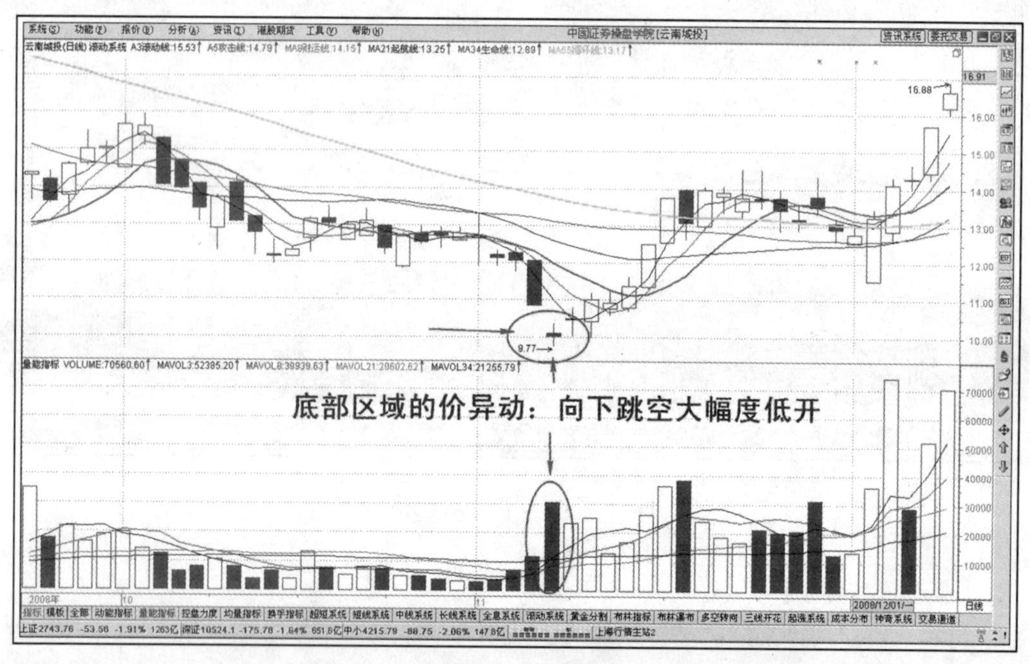

图【21】底部区域的价异动：向下跳空大幅度低开示意图

【盘面技术特征】

第一，股价已经经过漫长的阴跌，或者短时间的暴跌，跌幅巨大，空头的能量已经得到了充分的宣泄，图形上呈现出明显的地量结构，每日盘中成交清谈，成交量萎缩到了极致。

第二，价异动出现之前，K线形态表现为小阴小阳，阴阳交错，不时出现十字星，十字线，锤头，等等，天街小雨润如酥，草色遥看近却无。平静的海面下暗藏着汹涌波涛，这是此时绝佳写真。

第三，价异动出现之前的前一个或者几个交易日，突然出现急跌或者暴跌，原先的僵局彻底打破，似乎新的一轮下跌又将开始！然后，大幅度的跳空低开，价异动闪亮登场啦！

【滚动操盘策略】

底部区域的大幅度跳空低开价异动，往往是空头最后的宣泄，是典型的最后诱空阶段，临盘可以分批及时跟进，建立底仓。操作上注意控制好仓位，第一仓仓位以10%为佳，因为方向未明朗，属于试探性建仓，此时千万不满仓操作。

第二种，向上跳空大幅度高开

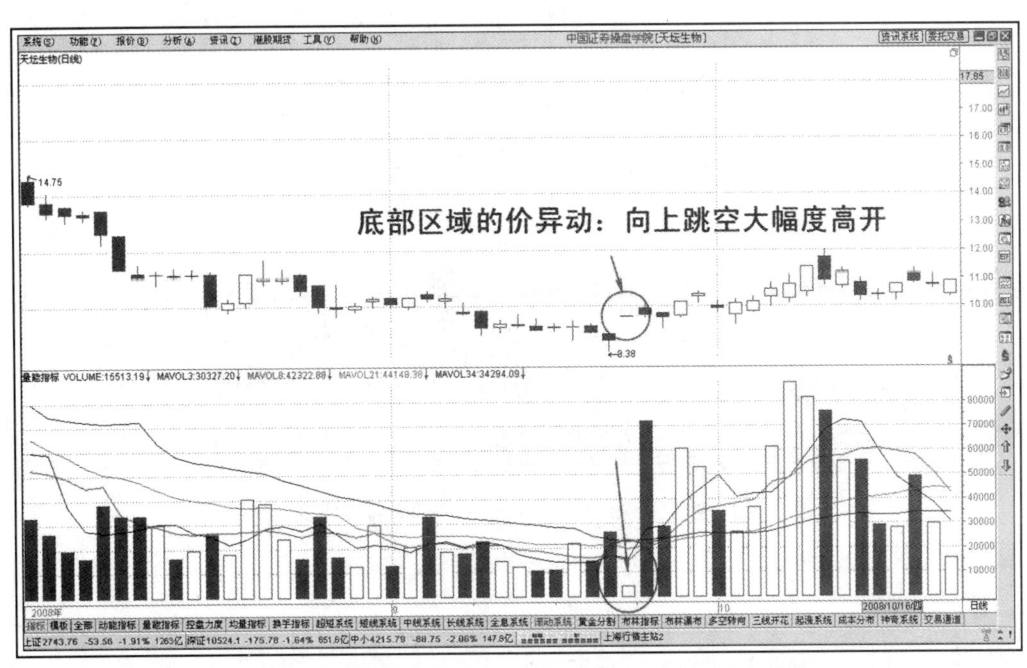

图【22】底部区域的价异动：向上跳空大幅度高开示意图

【盘面技术特征】

第一，股价经过大幅度的下跌之后，做空的动能已经完全衰竭。

第二，价异动出现之前，K线图上显示为下档支撑强大，日线图上，不时出现极长的带量下影线，表明下档承接有力，大资金暗中吸筹的迹象非常明显。

第三，表现在盘口上，盘中显示出打压无力，卖盘稀少，不时出现间歇性的主动向上吃进筹码的冲击波形，空中抢筹的意愿十分强烈。

【滚动操盘策略】

底部区域的向上跳空大幅度高开价异动出现的时候，可以及时激进跟进，如果是巨量高开，开盘量比在50倍以上，高开幅度在8%以上，可以考虑加大仓位。如果此时有相应的题材配合，可以考虑在集合竞价阶段重仓参与！

（2）盘中价异动

第一种，盘中瞬间大幅度拉高

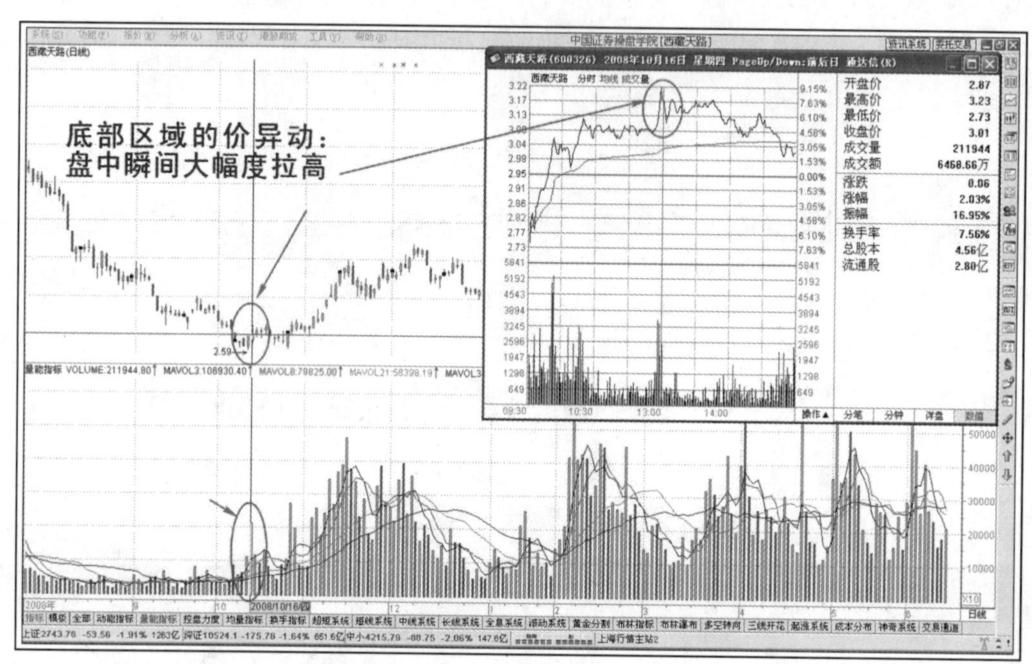

图【23】底部区域的价异动：盘中瞬间大幅度拉高示意图

【盘面技术特征】

第一，价异动出现之前，走势比较平稳，几乎没有什么特别的征兆。

第二，盘中实施突袭，在大家毫无防备的情况下突然瞬间大幅度拉抬股价，拉升速度极快，一分钟涨速往往大于5，迅雷不及掩耳！

第三，正当大家惊叹不已的时候，股价快速回落，甚至快速打回原形，留下长长的上影线，日K线图上，显示出抛压沉重，似乎预示着将来的拉升十分艰难。

【滚动操盘策略】

底部区域盘中瞬间大幅度拉升的价异动，是非常典型的非奸即盗操盘行为，虚伪，狡猾，奸诈，表现得淋漓尽致。在操作上，可以采取敌进我进、敌退我退的滚动策略，与主力共进退，分享操盘的乐趣。可以利用分时交易系统即时滚动，也可以利用即时图快速狙击，贴身肉搏式操盘，制敌于死地，不亦快哉！

第二种，盘中瞬间大幅度打压

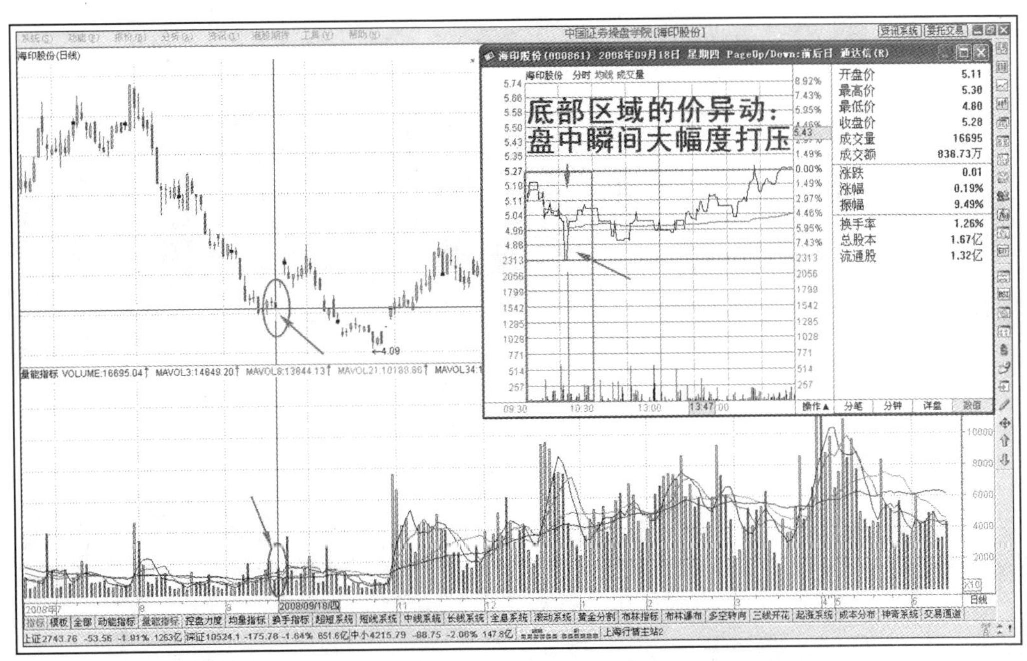

图【24】底部区域的价异动：盘中瞬间大幅度打压示意图

【盘面技术特征】

第一，股价已经处于底部区域，每日盘口的走势显示出波形呆滞，日K线显示出下影线比较多，预示着主力喜欢在盘中搞些小动作。所谓江山易改，本性难移。这些盘中的小动作还会在未来盘中反复出现，已有的还会有，该来的一定来，阳光之下没有什么新鲜事。

第二，底部区域的价异动盘中瞬间大幅度打压出现之前的当天，盘口走势比较平稳，没有什么大起大落，量价结构基本健康，几乎看不出异常的征兆。

第三，实施突袭式打压的时候，速度奇快，一分钟的跌速达到5左右甚至更多，回撤的速度也特别快，几乎是垂直的拉回，不给人任何跟进的机会。

【滚动操盘策略】

主力在盘中实施瞬间大幅度打压，意图十分明显。这种操盘动作暴露了主力的行踪，也暴露了主力的操作意图。快速打压又快速拉回，意在测试盘中筹码的稳定程度，测试是否有其他机构潜伏，快速拉回是心虚的表现，也是惜售的表现，同时也暴露了主力仓位的不足。接下来，必将实施二次探底，为进一步吸筹作出努力。因此，在操作上，可以逢日K阳线的上影线坚决卖出，耐心等待萎缩性量峰出现后才出手。

（3）尾盘价异动

第一种，大幅度拉高收盘

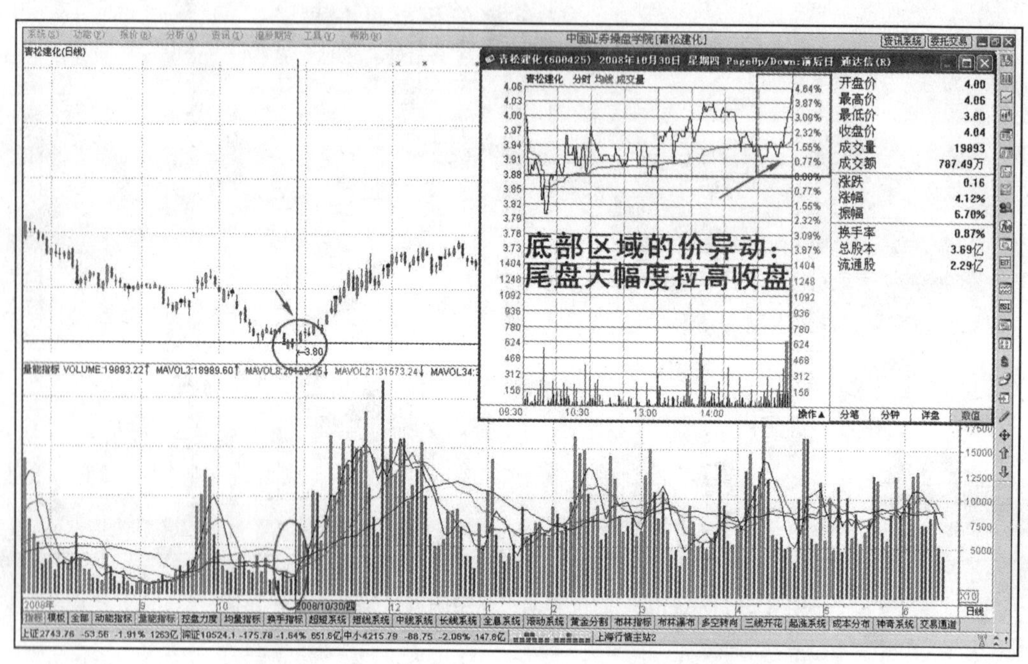

图【25】底部区域的价异动：尾盘大幅度拉高收盘示意图

【盘面技术特征】

第一，股价已出现盘出底部的迹象，分时均线交易系统中的小周期系统已经呈现为多头排列，滚动线、攻击线和财运线组合表现出攻击态势。这是典型的先知先觉的大资金进场建仓的结果，或者是原先的控盘主力低位开始回补的结果。

第二，这一阶段的 K 线图上、下影线较多，尤其是分时 K 线，呈现出阳春三月、江南草长、杂花生树、群莺乱飞的景象，乱而无序的图形是控盘不力的特征，虽乱而有序的图形则是原来的老主力继续把守的结果。透过盘面现象看本质，无论是哪种情况，都说明已经有主力在频频活动了，值得密切留意啦！

第三，底部区域的尾盘大幅度拉高收盘，一方面是为下一个交易日做盘提前布局，另一方面也反映出主力的心思，表明行情的启动已经不远，如果盘中出现了攻击型的拉升波形，则表明主力已经基本上完成了底仓的架构。

【滚动操盘策略】

临盘可依托滚动线的下沿逢低狙击，利用分时交易系统中的小周期系统滚动操作，逢上影线高抛，逢下影线低吸，注意控制仓位，不可满仓。

第二种，大幅度压低收盘

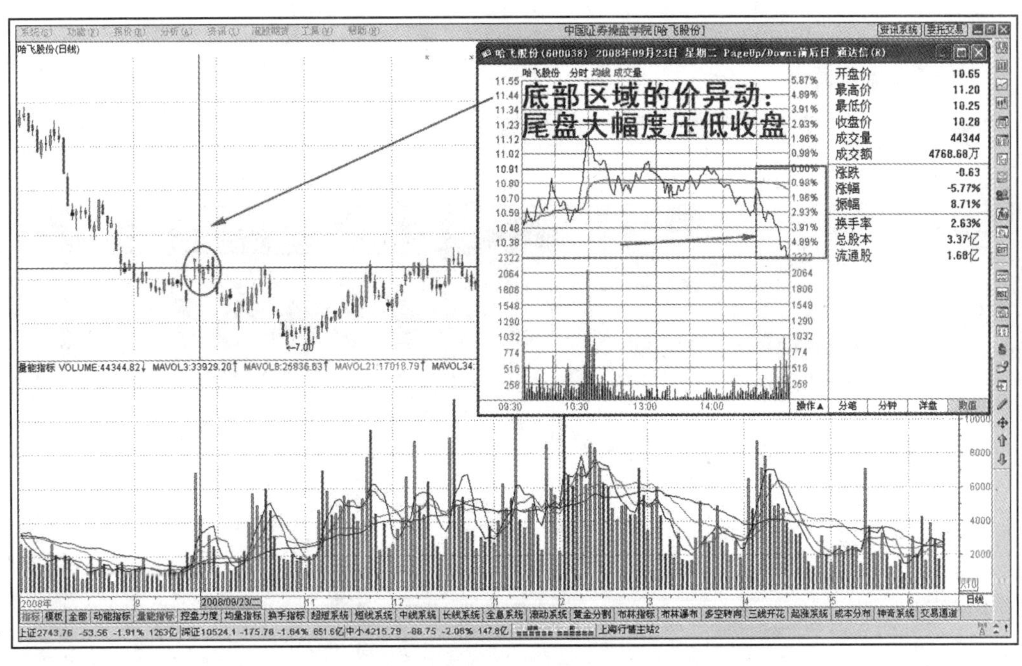

图【26】底部区域的价异动：尾盘大幅度压低收盘示意图

【盘面技术特征】

第一，股价经过漫长的下跌或者大幅度的暴跌，已经步入了筑底阶段，日线交易系统的滚动线、攻击线和财运线呈现为逐步粘合状态，起航线跌势已经趋缓，有走平迹象。表明股价已经运行在底部区域。

第二，盘中不时出现冲击性的大买单，或者打压砸盘式的大卖单，但是在分时交易系统上，每到关键技术点位，都有极强的支撑，在即时图上，表现为下档承接有力。

第三，第6时间段，股价迅速下打，跌幅在2%以上，跌速在5以上，并伴随着量能急剧放大，分钟成交笔数高达11以上，似乎抛盘鱼贯而出。主力试盘的特征明显。

【滚动操盘策略】

底部阶段的尾盘大幅度压低收盘，完全是主力做盘的结果，一方面是为了测试筹码的稳定度，向下揣一脚，抖擞抖擞精神，向世人宣告主力的存在，另一方面是诱空的需要，刻意在尾盘制造恐慌，引发抛盘，以便吸纳更多的廉价筹码。中小投资者可以在尾盘第6时间段选择低点买进第一仓，建立底仓，下一个交易日如果顺势低开，低开幅度超过5%，则在快速下打的时候买进第二仓，然后再反抽时完成第一次滚动操作。

2. 拉升初期的价异动

（1）早盘价异动

第一种，向下跳空大幅度低开

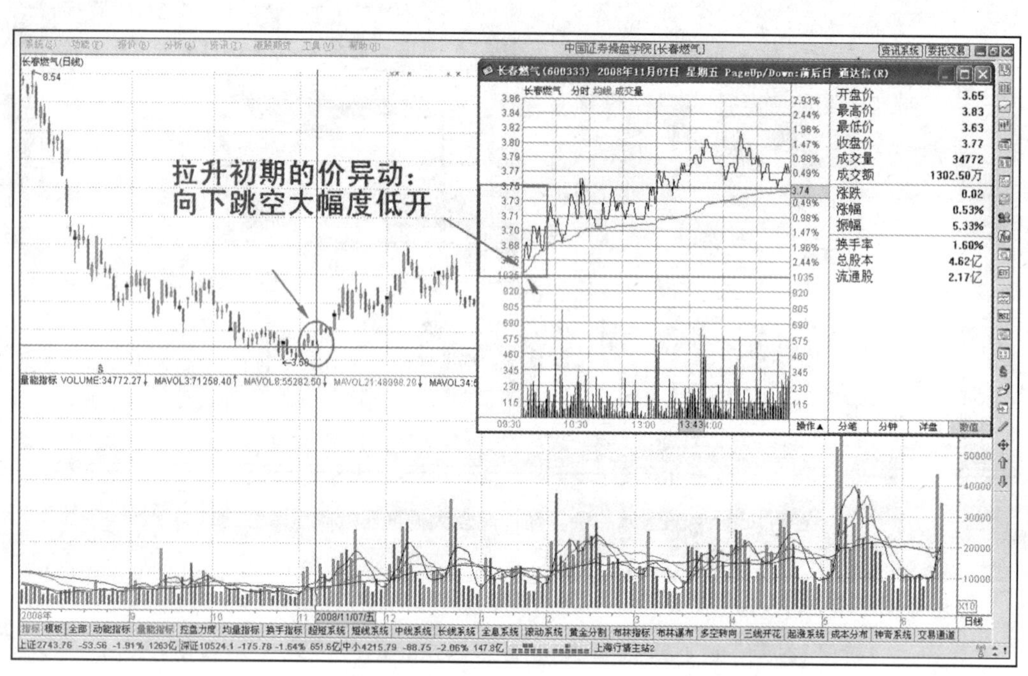

图【27】拉升初期的价异动：向下跳空大幅度低开示意图

【盘面技术特征】

第一，股价已经有效站稳在财运线之上，滚动线、攻击线、财运线组成的超短系统呈现为多头排列，短期上升趋势已经确立。

第二，低开的幅度超过了3%，出现明显的跳空缺口，如果量比大于10倍以上，则属于明显的放量低开，如果低开的幅度超过了7%，量比在20倍以上，震撼力更强。如果没有重大利空而直接跌停开盘，说明主力已经能够控制盘面的定价权。

第三，动能指标已经能够呈现为明显的攻击态势。在出现大幅度低开的前几个交易日，量能指标已经呈现为稳步的、温和的、有节奏的放大。

【滚动操盘策略】

拉升初期的突然大幅度低开，是典型的诱空行为，目前在于利用早盘时间快速清洗浮筹，方便日后拉升。这种做盘技术是技巧性操盘的定式之一。如果直接以跌停价开盘，中小投资者可以在跌停板即时买入第一仓，仓位控制在10～20%为佳。如果低开的幅度在3%以上，7%以下，则不可轻举妄动，应视盘中量峰结构来分析。

第二种，向上跳空大幅度高开

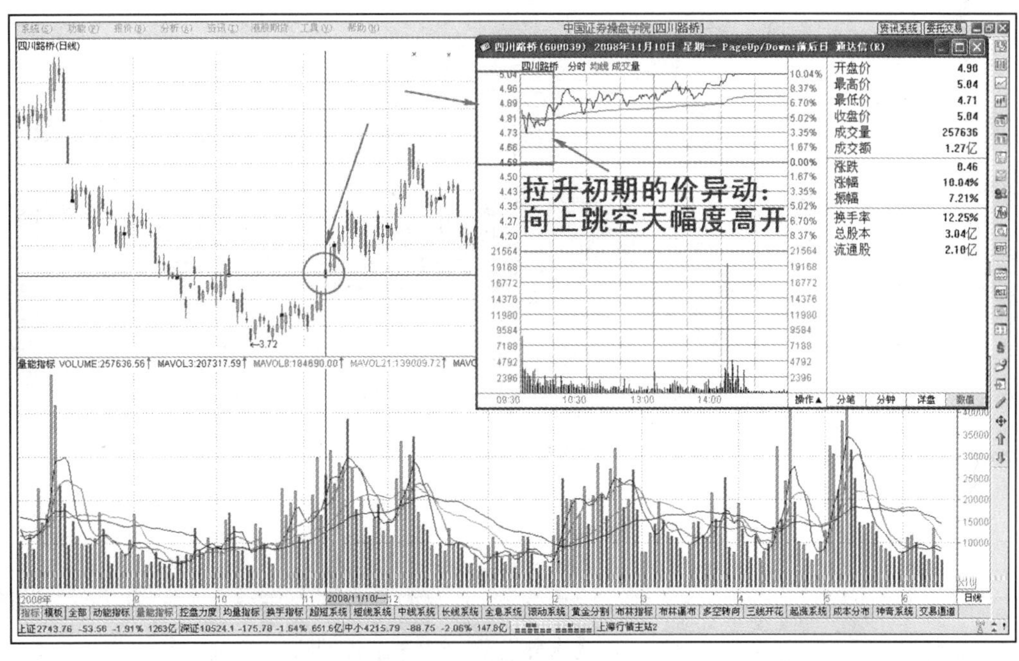

图【28】拉升初期的价异动：向上跳空大幅度高开示意图

【盘面技术特征】

第一，滚动系统的短期均线已经表现为明显的多头排列，滚动线与财运线的偏离值过大，明显出现了财运线对滚动线的拉回牵引力。股价短期内涨幅过大，获利回吐的要求很强烈。

第二，早盘集合竞价时间挂单异常，高开的幅度超过3%，则属于普通的高开，高开的幅度超过了7%，则属于强势高开，如果直接以涨停价开盘，则属于极限跳空大幅度高开。

第三，注意开盘的量比数值，如果量比在50倍以上，则短线做多的动能充足，密切跟踪分析盘中的量峰结构是否健康。

【滚动操盘策略】

拉升初期的向上跳空大幅度高开，是一种非常极端的走势，除非有重大利好消息刺激或者有重大题材刺激，否则必为短线诱多操盘行为。在操作上，如果是前者，则坚决狙击，重仓参与，如果不是，中小投资者则直接在集合竞价时间段出局，耐心等待股价在滚动买入点企稳后再进场。大资金则直接减仓，降低仓位。记住，一定要沉住气！

（2）**盘中价异动**

第一种，盘中瞬间大幅度拉高

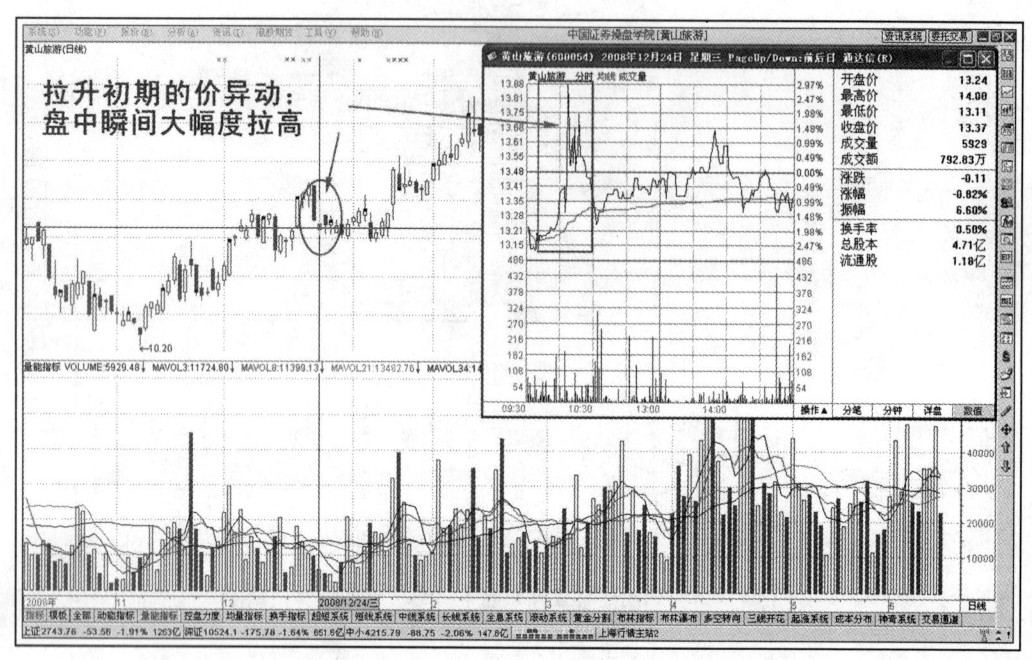

图【29】拉升初期的价异动：盘中瞬间大幅度拉高示意图

【盘面技术特征】

第一，股价经过盘底阶段，进入拉升初期，拉升的幅度处于30%左右，属于拉升初期。这时候，积累了不少短线获利浮筹，需要清洗。同时，为了进一步拉升，需要测试筹码的稳定度，以及测试前期套牢盘的抛压。盘中瞬间大幅度拉高，一石三鸟，既可以让获利浮筹出局，又可以测试筹码稳定度，还可以刺激前期套牢筹码，一举三得。

第二，盘面上，表现为快速放量拉高，5分钟涨速甚至大于5，瞬间拉高的幅度大于3%，有时高达5%，甚至更多。

第三，盘口呈现出量价背离，量峰结构不健康，表现为假升波，或者回头波，股价短暂拉高之后，迅速回落，K线图留下长长的上影线。

【滚动操盘策略】

拉升初期的盘中瞬间大幅度拉高是典型的试盘动作，预示着接下来将会进入短暂的整理，或者下一个交易日低开。因此，但凡盘中遇到这样的走势，可以在瞬间拉高的时候，利用闪电下单，快速抛出部分筹码，滚动操作，在盘中选择低点接回。也可以根据市况，在尾盘或者第二天找低点接回。

第二种，盘中瞬间大幅度打压

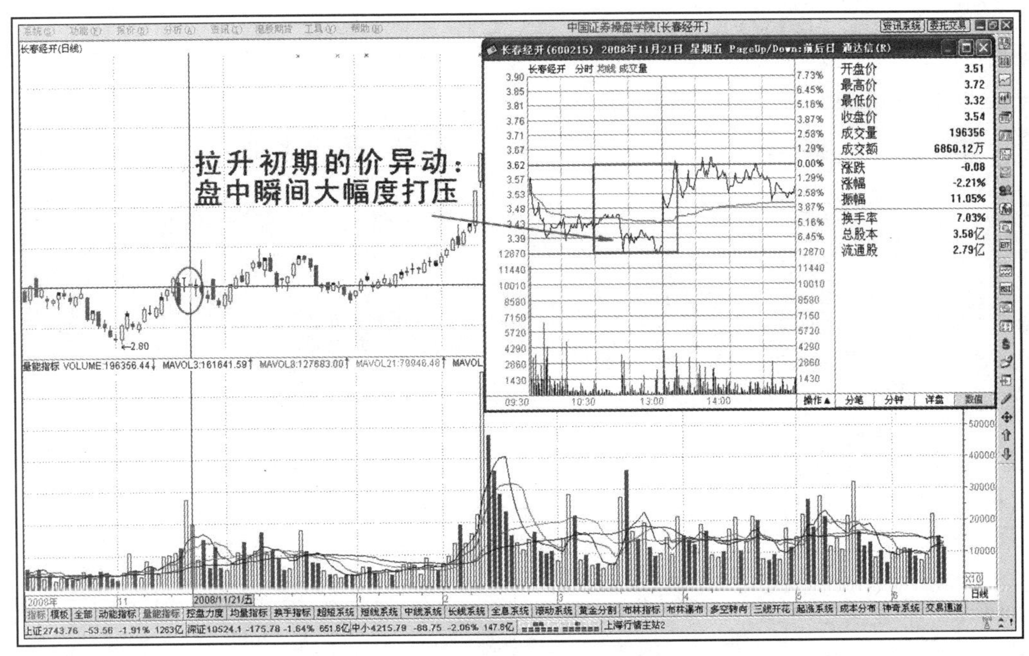

图【30】拉升初期的价异动：盘中瞬间大幅度打压示意图

【盘面技术特征】

第一，股价出拉升的初期，盘面上走势平稳，盘中突然间大幅度打低，瞬间打低的幅度超过3%，并且放出巨大的成交量来。一时间充满了肃杀气氛，阴森可怕。

第二，即时图上，呈现为带量杀跌态势，价跌量升，似乎主力弃庄而逃。但很快就被一股无形的力量迅速拉起，重新回到了原先开始杀跌的位置。甚至之后一路震荡盘升。

第三，在K线图上，留下长长的下影线，显示出强大有力的支撑。

【滚动操盘策略】

拉升初期的盘中瞬间大幅度打压，是非常典型的向下试盘动作，目的在于诱发持股的恐慌，和测试筹码稳定度。出现这样的盘口语言时，如果筹码稳定性良好，主力可能直接拉升一程，再行洗盘，如果筹码松动严重，预示着主力即将开始洗盘，即将震仓，之后才是更大幅度的拉升。临盘需要因时而变，相机行事。

(3) **尾盘价异动**

第一种，大幅度拉高收盘

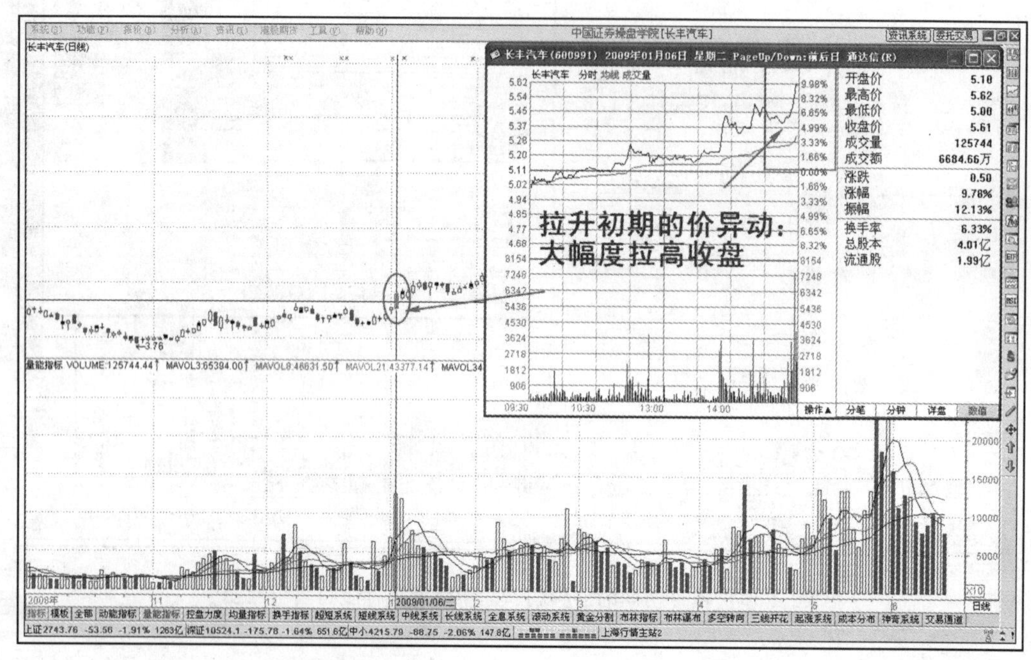

图【31】拉升初期的价异动：大幅度拉高收盘示意图

【盘面技术特征】

第一，拉升初期的大幅度拉高收盘，如果出现在本期拉升的末端，量峰结构单一，在第6时间段快速拉高，5分钟涨速大于5，拉升幅度超过3%，属于典型的造图行为，为下一个交易日的放量打压拉出空间。

第二，如果尾盘大幅度拉升，盘口呈现为攻击波形，量峰结构厚实，量价结构健康，表明主力操盘即将变频，短暂的洗盘之后，将迅速进入下一阶段的主升行情。

第三，如果尾盘拉升时，盘口波形呈现为假升波，量价结构不健康，表明主力此时有诱多嫌疑，预示着比较猛烈的洗盘震仓即将展开。

【滚动操盘策略】

面对拉升初期的大幅度拉高收盘，投资者需要根据盘口的量峰结构是否健康作出操盘决策，稳健的做法是在尾盘以次高价位减仓止赢，回笼资金，提防主力的猛力洗盘。

对于以假升波形式出现的大幅度拉高收盘，中小投资者可以直接出局，大资金则可以适当减仓，在洗盘结束后再接回抛出的筹码。

第二种，大幅度压低收盘

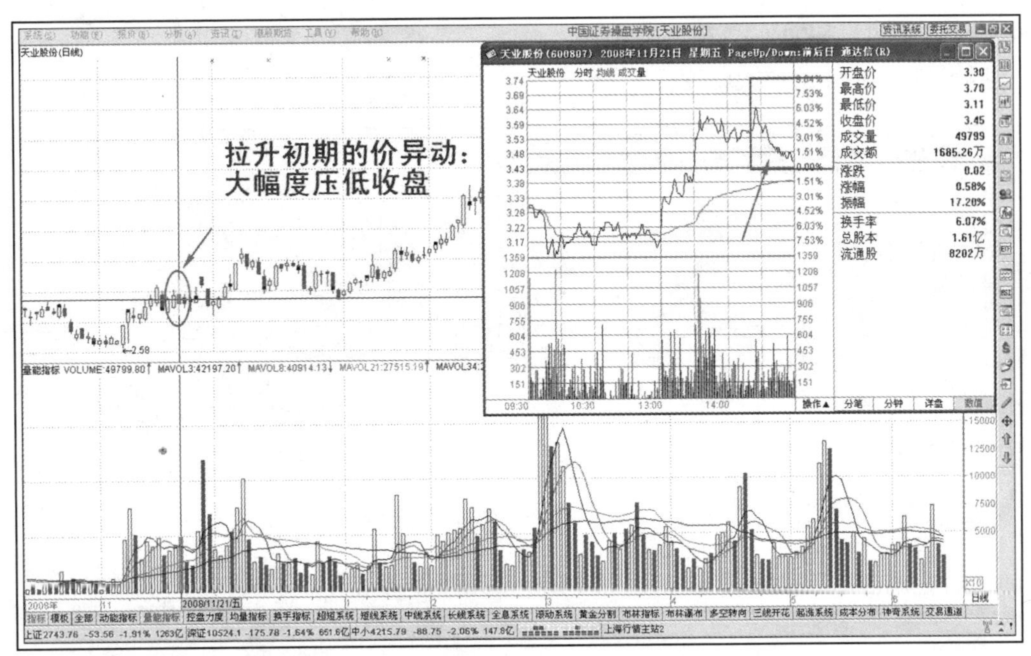

图【32】拉升初期的价异动：大幅度压低收盘示意图

【盘面技术特征】

第一，股价拉升初期的大幅度压低收盘，主要目的是制造恐慌，为进一步洗盘震仓做好铺垫。这一点首先要明确认识。

第二，盘口通常表现为尾盘快速放量打压，成交量急剧放大，价跌量增。目的在于制造恐慌，诱发投资者抛售，而主力则悉数照单接收，通吃不误。

第三，在接下来的近期交易日，股价表现为非常抗跌，则为强势整理，横盘的走势表明了主力的操盘意图。如果是先放量下跌，在不断缩量，则表明做空的动能不断衰竭，此时需要耐心等待地量结构出现。如果先是缩量下跌，最后才是放量，则表明背后可能隐藏着不为人知的重大利空，主力不得不先行出局。

【滚动操盘策略】

大幅度的压低收盘总叫人和主力出货联想在一起。事实上，洗盘也是另一种方式的阶段性出货，只不过是拉升的幅度不大，出货空间狭小，出货力度有限而已。正是因为这些缘故，主力才会在洗到一定程度之后，继续拉升，拉够出货空间。因此，我们的对策是，主力大幅度压低收盘的时候，可以在尾盘最后 5 分钟选择盘面低点狙击，第二天在盘中选择高点抛出。

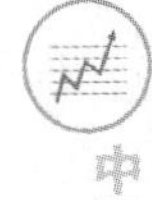

3. 拉升中期的价异动

（1）早盘价异动

第一种，向下跳空大幅度低开

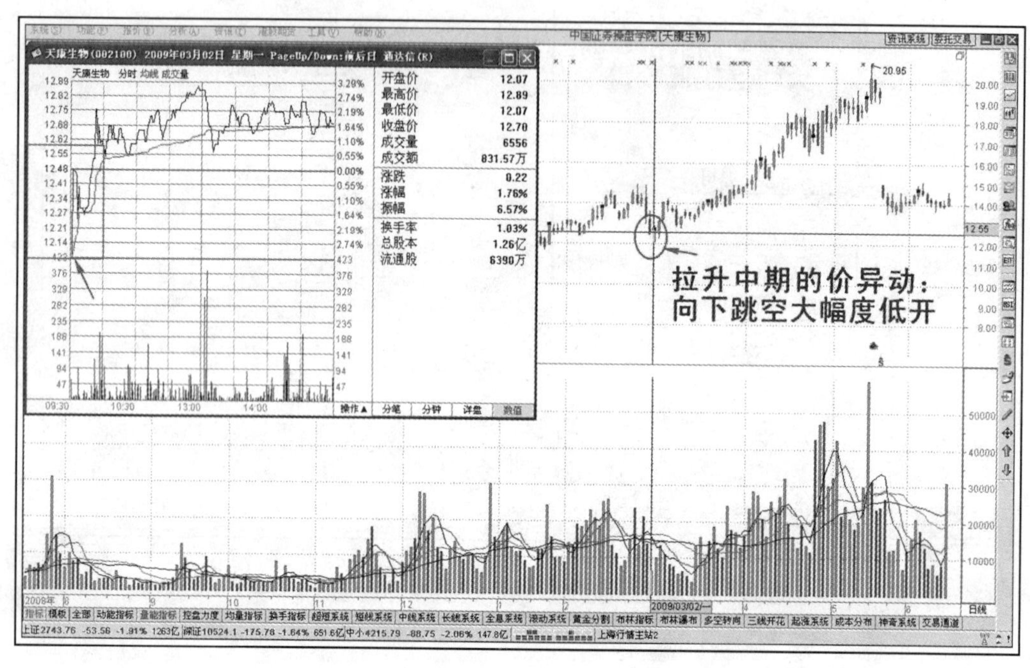

图【33】拉升中期的价异动：向下跳空大幅度低开示意图

【盘面技术特征】

第一，股价经过一轮拉升之后，波段升幅在50%～80%之间，可以定义为拉升中期。拉升中期的向下跳空大幅度低开，低开的幅度超过3%，需要引起高度重视。

第二，盘面上呈现为超短系统均线已经死叉，滚动线，攻击线压制着股价上行，但财运线、起航线、生命线和循环线并没有改变原来的运行趋势，依然处于多头行情之中。

第三，向下大幅度跳空低开，如果不是因为出现重大利空，那么就是主力的刻意所为，是主力诱空计划的真实写照，目的在于制造恐慌，迫使中小投资者在阶段性低位抛出筹码，而主力则照单接收，向上通吃。

【滚动操盘策略】

在日K线图上，如果向下跳空大幅度低开的前几个交易日已经出现过比较大幅度的调整，调整的幅度超过15%，甚至高达20%以上，那么此时的大幅度低开很有可能是空头的阶段性竭尽性宣泄。在操作上，假设低开的幅度是3%，那么已经空仓的投资者可以分三仓狙击，在集合竞价时买进第一仓，仓位为5%，在跌幅7%处埋伏第二仓，仓位为10%，在跌停板处埋伏第三仓，仓位为15%。特别提醒：本操作方案仅适用于生命线、循环线保持多头排列的上升趋势，请认真辨别，切勿滥用。

第二种，向上跳空大幅度高开

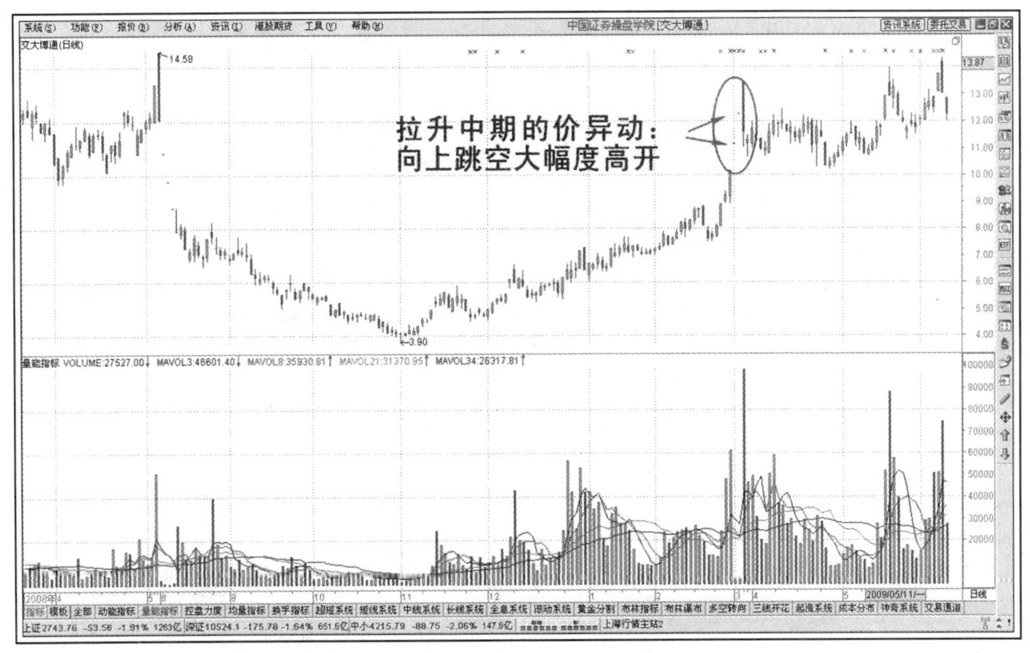

图【34】拉升中期的价异动：向上跳空大幅度高开示意图

【盘面技术特征】

第一，如果向上跳空大幅度高开出现在整理结束之后的拉升中期的开局阶段，此时属于阶段性低点的启动行情，属于新一轮波段行情的起点，预示着主力即将发动猛烈的攻势。

第二，如果向上跳空大幅度高开出现在拉升中期的中途阶段，此时从本次波段行情的起点算起来已经有超过20%的升幅，黄金分割点处于0.5或者0.618的位置，那么早盘的向上跳空大幅度高开基本上属于上升中继高开行情，留下的缺口属于中继缺口。如果没有重大的利空干扰，行情将出现加速拉升。

第三，如果向上跳空大幅度高开出现在拉升中期的末端阶段，高开的幅度超过了7%，甚至是涨停式高开，那么这种高开属于竭尽性高开，是本轮行情的见顶信号，预示着即将步入较大幅度的整理阶段。

【滚动操盘策略】

在操作上，投资者要根据高开的具体情况采取相应的对策，如果属于新一轮行情的起点，则重仓参与，如果是属于上升中继，则适当参与，如果是竭尽性高开，则逢高止赢。

（2）**盘中价异动**

第一种，盘中瞬间大幅度拉高

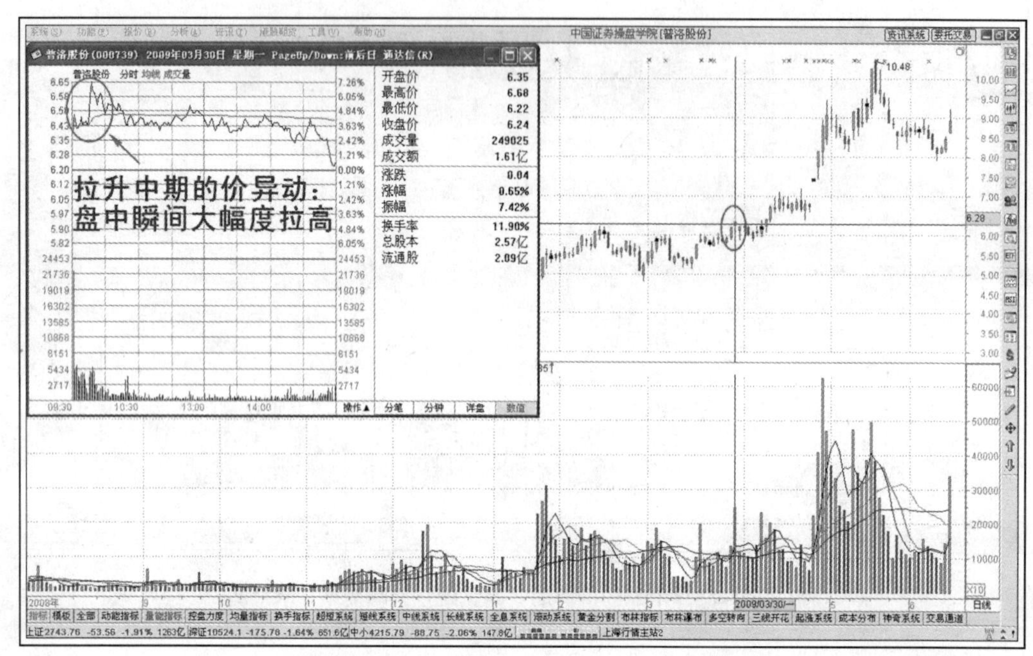

图【35】拉升中期的价异动：盘中瞬间大幅度拉高示意图

【盘面技术特征】

第一，股价已经处于拉升的中期，累计升幅巨大，盘面上表现为抛压沉重，拉升乏力，上升的动能明显不足，动能指标表现为萎缩趋势，表明主力继续拉高的意愿不强，因此需要清洗，才有利于进一步拉升。

第二，盘口显示出跟风不足，博弈的双方明显都处于观望之中，集合竞价开盘通常表现为平开，小幅度高开或者低开，量比很小，换手不足，一副疲沓样子。显然需要刺激和提振，才能抖擞精神。

第三，如果盘中瞬间大幅度拉高的时间出现在早盘第一时间段，瞬间拉高的幅度超过3%，甚至高达7%以上，说明主力正在为洗盘或者震仓打压腾出足够的空间，接下来将是猛烈的掼压摔打，或者一泻千里式漂流而下。

【滚动操盘策略】

在操作上，可以即时利用闪电下单在回落后二次反抽时迅速出局，也可以在量能不济，无力再创出当日新高时果断出局，实在来不及反应的投资者，至少应该在击穿均价线后无力重新站上均价线时减仓，或者止赢。

第二种，盘中瞬间大幅度打压

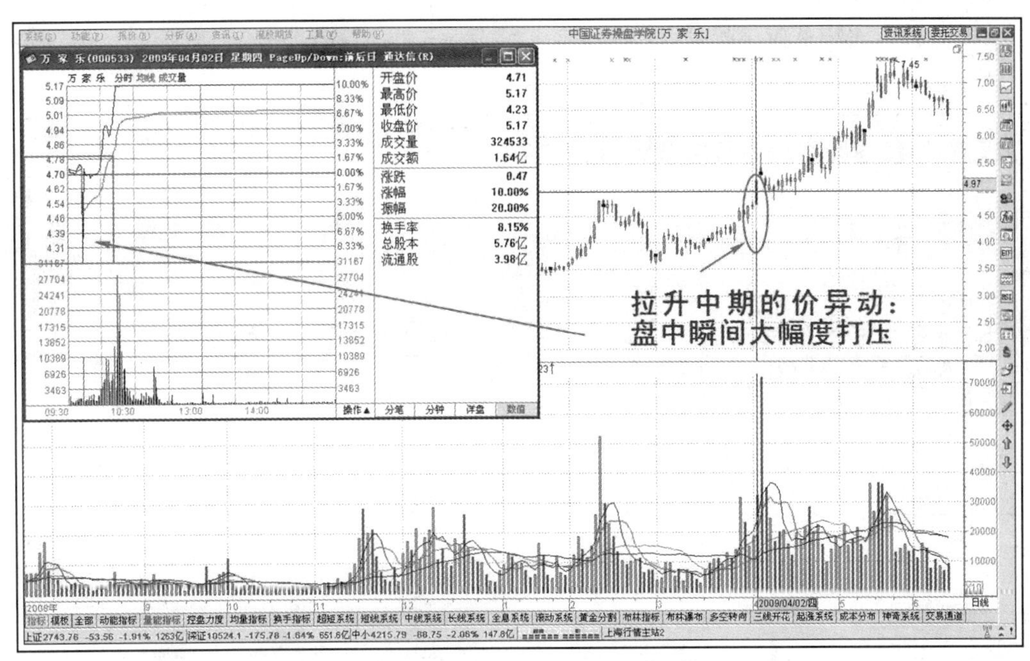

图【36】拉升中期的价异动：盘中瞬间大幅度打压示意图

【盘面技术特征】

第一，拉升中期，股价已经运行在明确的上升趋势之中，随时有可能加速上涨，均线系统中的中长期系统也开始呈现为多头排列，牛市的特征明显。除非有什么突发性的重大利空或者系统风险，否则，上升的趋势已经不可逆转。

第二，盘面走势平稳，瞬间出现大幅度的打压，打压幅度超过3%，甚至更大。

第三，主力在盘中瞬间大幅度打压的意图很明显，而且，使用这种方式完成洗盘或者震仓，效率更高，效果更佳。如果是在拉升中期的起涨阶段，这种瞬间打压也可能是主力发动强大攻势之前的公关行为。

【滚动操盘策略】

从主力思维的角度来说，拉升中期瞬间大幅度打压是不得已而为之的操盘行为，因为这将会直接导致损失筹码。因此，如果遇到这样的盘口，投资者第一反应是立即行动，不能有任何犹豫。强悍的主力往往在瞬间大幅度打压之后迅速飙升，直奔涨停板而去。

在操作上，中小投资者在瞬间大幅度打压出现时，可以立即利用闪电下单功能，直接挂单，即时买进，享受主力抬轿的乐趣。

(3) **尾盘价异动**

第一种，大幅度拉高收盘

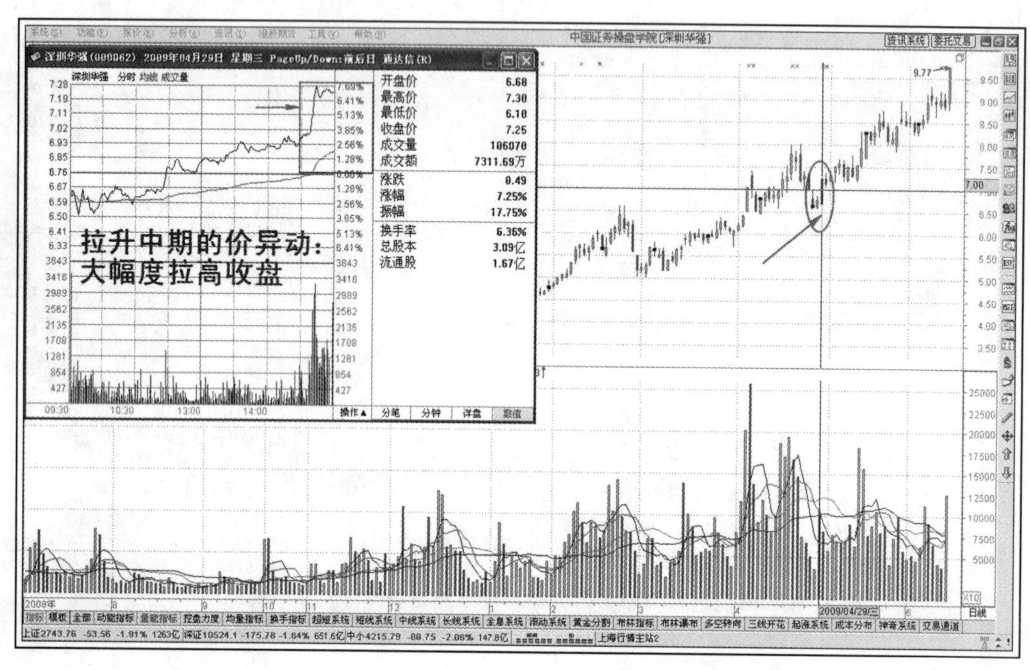

图【37】拉升中期的价异动：大幅度拉高收盘示意图

【盘面技术特征】

第一，拉升中期的大幅度拉高收盘通常出现在本轮行情的末端，或者受突发性利好消息刺激之时。拉高收盘的目的很明显，如果受突发性利好消息刺激而大幅度拉高收盘，量价齐升，量价结构健康，攻击波形流畅，是典型的抢筹行为。如果是普通的大幅度拉高收盘，往往表现为假升波，属于虚假性拉高收盘。

第二，如果是盘面表现为虚假性拉高收盘，表明主力已经不再愿意投入更多的资金来操作，而更愿意运用技巧来做盘，画出漂亮的图形。

第三，这种虚假性拉高收盘具有极大的欺骗性，主力的虚伪和奸诈，已经跃然纸上，在盘面淋漓尽致地表现出来，投资者需要百倍警惕。

【滚动操盘策略】

如果是受突发性利好消息刺激而出现的大幅度拉高收盘，投资者可以及时重仓参与。如果是普通行情，应当逢高止赢，降低仓位，以防不测。

第二种，大幅度压低收盘

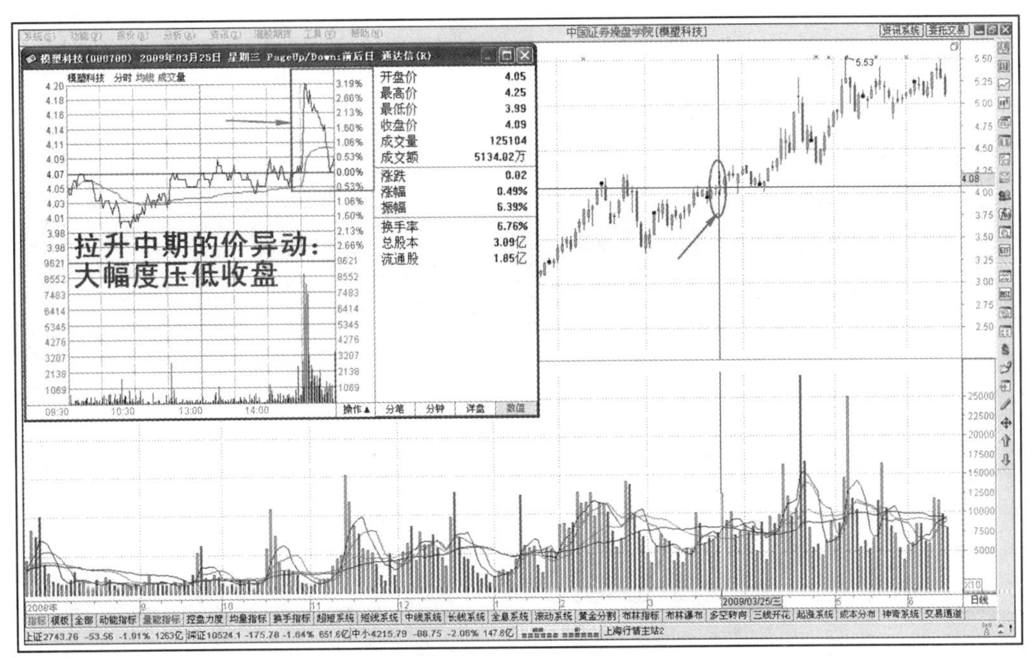

图【38】拉升中期的价异动：大幅度压低收盘示意图

【盘面技术特征】

第一，拉升中期的大幅度压低收盘，通常是主力技巧性做盘的需要，是主力刻意所为，目的在于清洗浮筹。经过几个小时的战斗，在第六时间，投资者已经精疲力尽，注意力也开始分散。这是主力下手的最好时机。

第二，盘面上表现为主力瞬间大量对倒，成交量急剧放大，价跌量升，好恐怖啊！

第三，直到收盘前2、3分钟时，主力才住手，最后时刻稍作轻轻拉回一点，表明操盘的态度。主力这种动作预示着第二天还将低开打压，迫使投资者乖乖交出手中的筹码。

【滚动操盘策略】

拉升中期的大幅度压低收盘具有非常浓厚的诱空意味，在操作上，可以在尾盘最后1、2分钟买进第一仓，在第二天早盘快速打压的过程中，选择低点狙击，买进第二仓。如果第二天开盘后主力垂直下打，贴边式疯狂洗盘，则是绝佳狙击机会。

要注意熟练运用分时图上的尖刀底买入法，头肩底买入法，双底买入法和多重底买入法。这是超短线是滚动操盘的暴利机会，如果运用得当，当日暴利幅度可达到20%！

4. 拉升末期的价异动

（1）早盘价异动

第一种，向下跳空大幅度低开

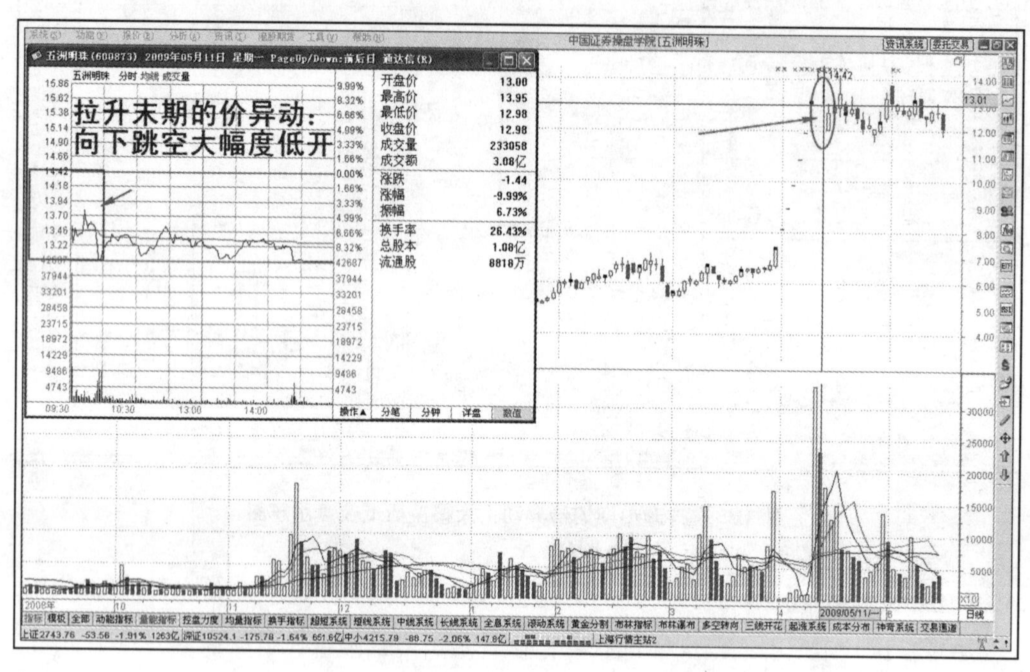

图【39】拉升末期的价异动：向下跳空大幅度低开示意图

【盘面技术特征】

第一，股价经过比较长时间的拉升，涨幅已经巨大，从行情启动点计算，大波段升幅已经接近或者超过100%，中间滚动操盘的循环小波段已经完成了它的历史使命，主力整个操作周期进入了尾声，呈现为拉升末期特征。

第二，如果在主升浪启动的初期出现向下跳空大幅度低开，则是主力最后的诱空动作，属于装模作样的打压，因为操盘时间周期的紧迫，即使是震仓整理，通常也会在盘中完成，尾盘急速拉回的动作已经暴露了主力的心思。

第三，如果是主升浪的中后期出现向下跳空大幅度低开，则是主力主力出货的明显信号，低开低走说明主力已经无心恋战，如果配以杀跌波形，表明主力已经在甩货。如果低开高走，说明主力正在琢磨实施边拉边出的操盘计划，股价即将进入盘头阶段。

【滚动操盘策略】

在操作上，如果是低开低走，则停止滚动操作，盘中逢高分批止赢，如果是低开高走，则逢高出局，保留底仓，小仓位滚动。一旦滚动线拐头折返，则止赢出局。

第二种，向上跳空大幅度高开

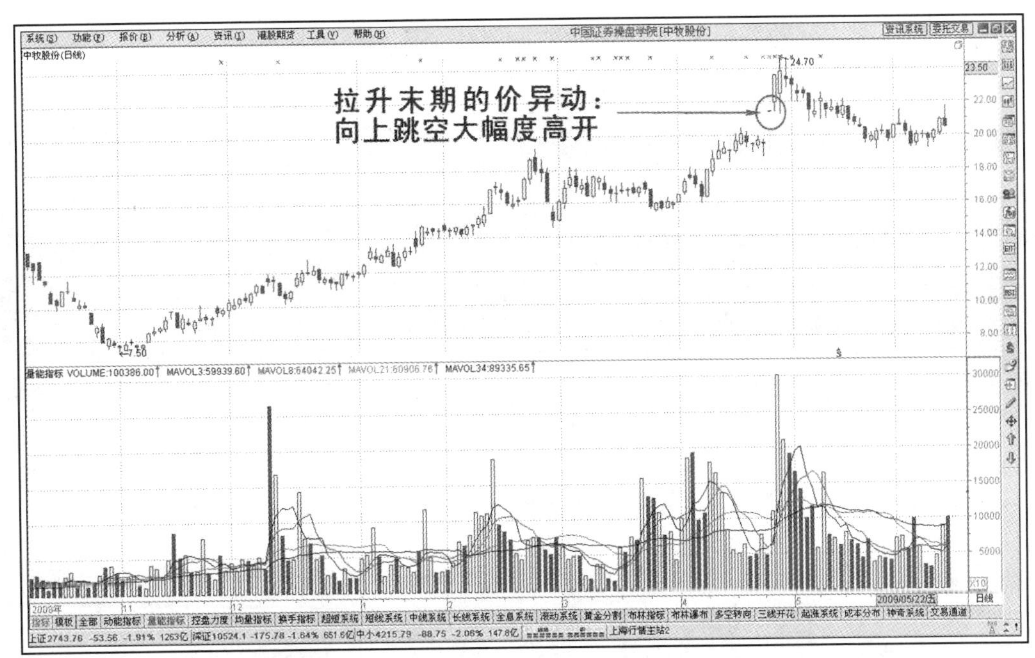

图【40】拉升末期的价异动：向上跳空大幅度高开示意图

【盘面技术特征】

第一，拉升末期的每一次向上跳空，都是典型的引诱动作，是主力为了出货而在作秀。在最后的主升浪里，第一次跳空向上大幅度高开，属于最后的突破，行情即将急剧加速拉升，第二次跳空向上大幅度高开，属于空中加油，属于行情中继，除非出现突发性重大利空，否则行情还将继续向纵深发展，第三次跳空向上大幅度高开，属于竭尽缺口，所谓股价跳三空，气数已尽，说的就是这个意思。如果此时放出历史天量，则是见顶信号无疑！

第二，如果向上跳空高开的幅度超过3%，极限高开甚至直奔涨停板而去，然后反复开板，一路震荡盘跌，盘中几乎毫无抵抗。则是主力出货心切的写真。

第三，如果向上跳空高开的幅度超过了7%，开盘后快速涨停，然后反复开板，全天均价线坚挺有力，盘中主动性卖单不断涌出，有规律的间隔性大单或者特大单对敲拉抬，说明主力利用技巧做盘，耐心出货。是谓操盘老辣独到！

【滚动操盘策略】

在操作上，如果是以涨停板开盘，只要无法封住涨停，则直接出局，不再滚动，如果是盘中反复开板，均价线却异常坚挺，则逢高止赢，保留部分仓位，继续搏杀即将到来的盘头行情，有风驶尽帆，搏杀到最后，榨干最后一滴血！

（2）**盘中价异动**

第一种，盘中瞬间大幅度拉高

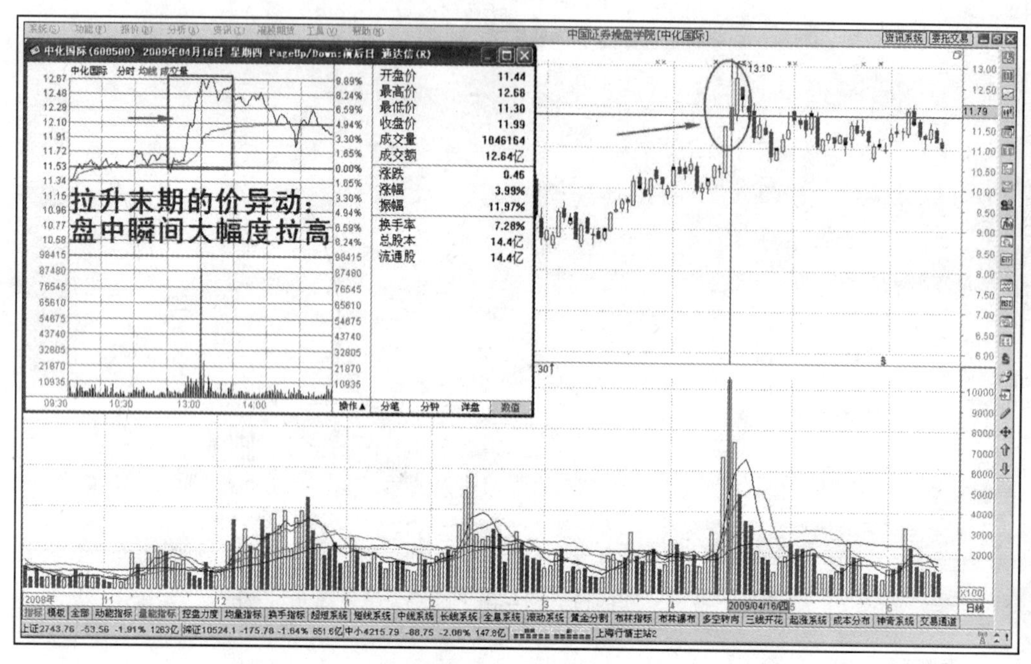

图【41】拉升末期的价异动：盘中瞬间大幅度拉高示意图

【盘面技术特征】

第一，股价到了拉升末期，主力已无心恋战。此时如何兑现账面利润就成了最主要的操盘计划。如何制造差价，吸引跟风盘呢？盘中瞬间大幅度拉高！这个动作表明主力正在研究注意力经济学，实施吸引眼球手法。

第二，盘面上表现为推高的速度奇快，5 分钟涨速达到 5 左右，赫然出现在涨速榜前列。

第三，量峰结构单一，对敲迹象很明显，特别费解的是盘中瞬间拉高之后，在高位停留的时间很长，不符合常理。这说明主力在等待什么，一旦出现比较大的自然买盘，空中飞单立即以最快的速度奔驰而来，说明主力正在实施出货计划。

【滚动操盘策略】

根据盘面表现出来的主力出货艰难特征，在操作上可以逢高分批止赢，因为主力并没有办法全身而退，还将继续主持工作，因而可以继续保留部分底仓，滚动操作。一旦出现异常放量，立即清空，离场休息。

第二种，盘中瞬间大幅度打压

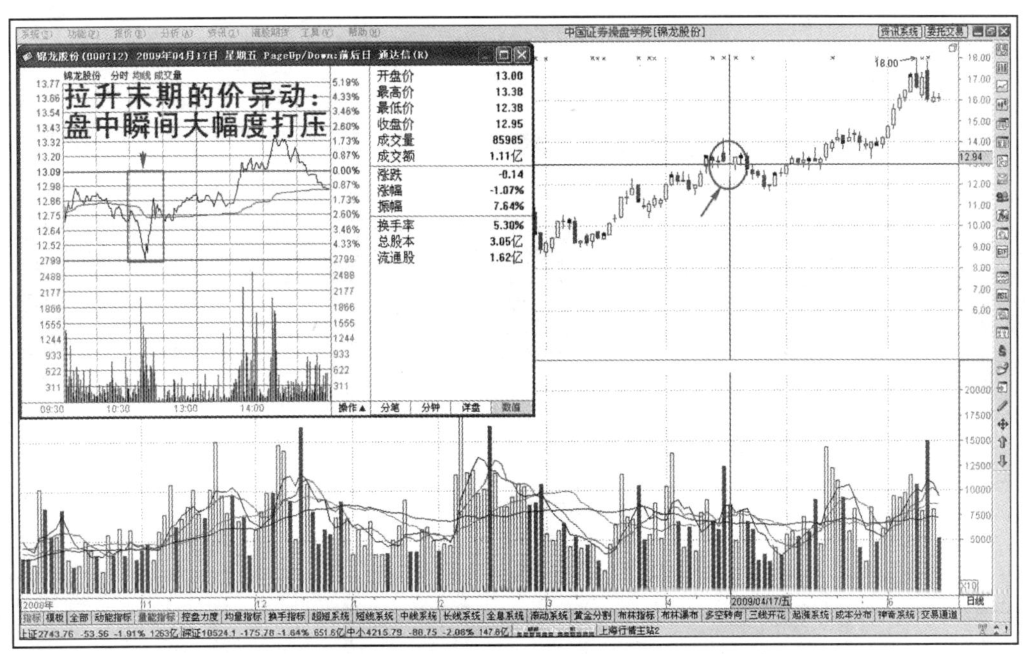

图【42】拉升末期的价异动：盘中瞬间大幅度打压示意图

【盘面技术特征】

第一，拉升末期的盘中瞬间大幅度打压，是主力测试筹码是否已经松动的手段之一，瞬间的放量打压，刻意制造主力要出货的恐慌氛围，一方面表明主力已经萌生去意，另一方面又表明此时离主力大去之期还有一段时间。

第二，盘中瞬间大幅度打压又迅速拉回，之后的交易日反复重复这一动作，表明主力开始制造规律性走势，为下一步出货计划做前期铺垫。

第三，如果瞬间大幅度打压后的拉升盘口的量峰结构呈现出萎缩特征，表明跟风不足，主力将继续拉高股价，同时对倒造量，进一步制造赚钱效应。一旦跟风踊跃，主力则反手做空，翻云覆雨，只在瞬间完成！

【滚动操盘策略】

在操作上，此时需要沉着冷静，不要被主力的诡谲怪异操盘手法所戏弄，而是要坚持以我为主的原则，敌动则我动，敌不动则我亦不动，顺势而为。则主力也奈何不了我。

（3）尾盘价异动

第一种，大幅度拉高收盘

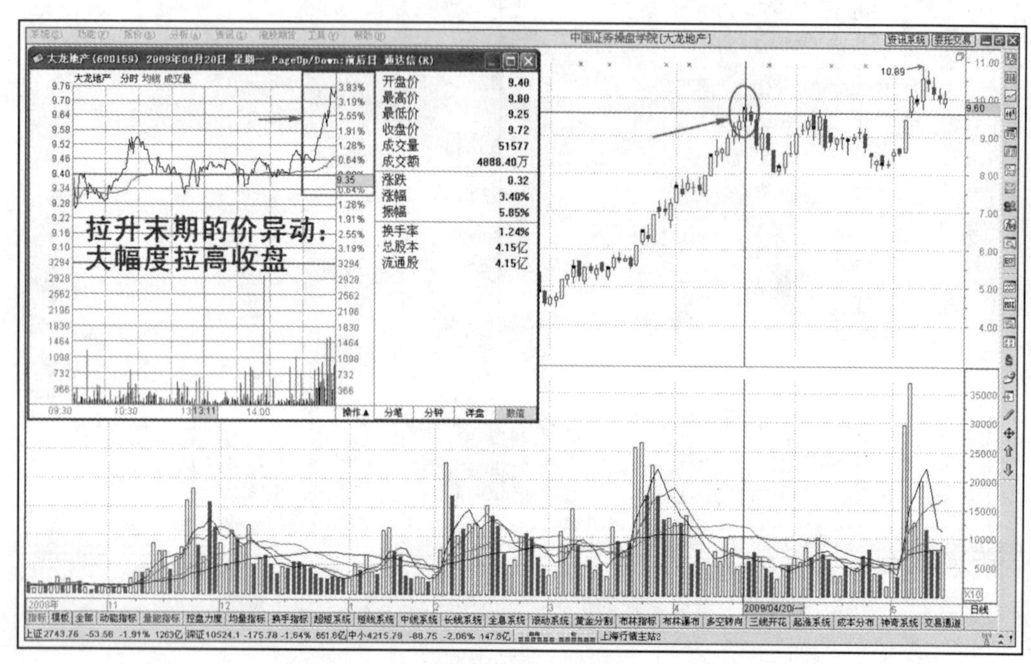

图【43】拉升末期的价异动：大幅度拉高收盘示意图

【盘面技术特征】

第一，拉升末期的大幅度拉高收盘，是主力实施出货计划的一部分，是典型的画图动作，无论主力如何变换手法，最终出货的目的不会改变。

第二，盘面上，第一时间段至第五时间段，走势基本平稳，围绕均价线上下震荡，量峰结构凌乱无序，如果表现为杂草丛生形状，则更需要提高警惕。

第三，尾盘大幅度拉高时，愚蠢的主力往往使用对敲的方式，单一的量峰结构将主力的操盘意图暴露无遗，狡猾的主力则采用对倒的方式拉抬，留下更具欺骗性的盘口图形，主力的行为也更具有隐蔽性。但是，再狡猾的狐狸也透不过猎人的火眼金睛！

【滚动操盘策略】

在操作上，此时不需要有什么犹豫，可以在收盘前最后 5 分钟分批逢高卖出！不可恋战，更不可心存幻想，以为树会长到天上去。不会的，太阳终是要下山的，落袋为安，方为上策。

再一次提醒你，朋友，多少人亏损累累，究其原因，大多数都是因为贪婪所致！

第二种，大幅度压低收盘

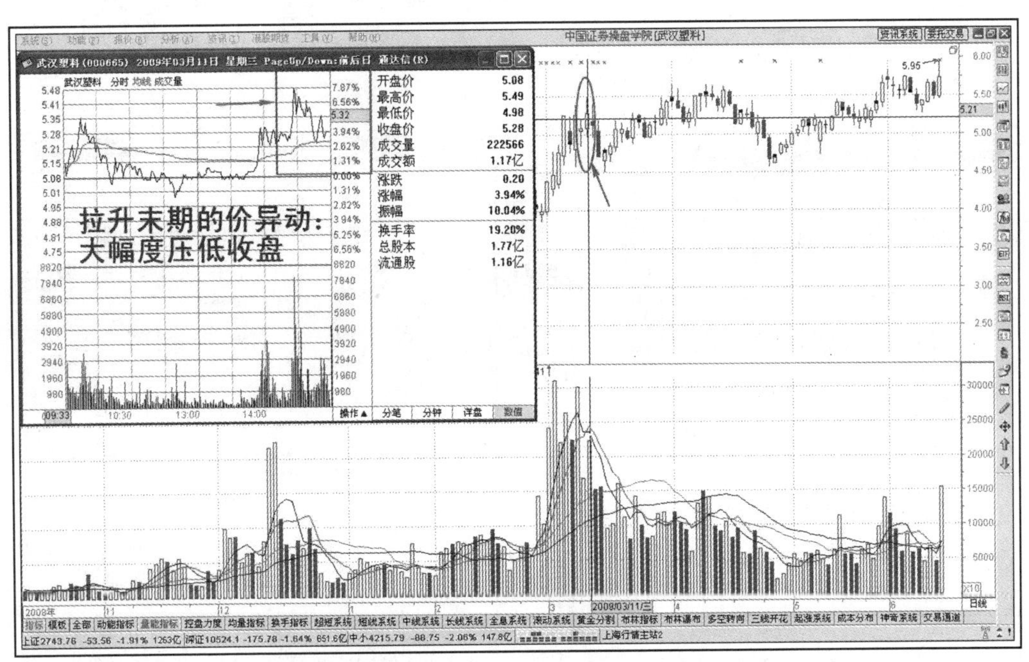

图【44】拉升末期的价异动：大幅度压低收盘示意图

【盘面技术特征】

第一，拉升末期的大幅度压低收盘，是主力利用尾盘出货所致，是典型的拙劣的出货手法。因为时间短暂，出货的数量也很有限。这种操盘手法决定了主力不得不在接下来的日子里反复盘头，反复震荡。

第二，在盘面上，主力经常对敲性拉抬股价，然后反手做空，表现在量峰结构上，厚而不实，呈现为虚胖态势，给人留下了可乘之机。这种拙劣的操盘手法为我们提供了很好的套利机会，不要错过。

第三，拉升末期的大幅度压低收盘，一旦超短系统中的滚动线出现拐头向下，有效击穿攻击线，要注意防范风险，暂时停止滚动。

【滚动操盘策略】

在操作上，如果属于拉升末期的第一次压低收盘，压低的幅度超过5%，甚至大于7%，可以考虑在尾盘最后5分钟买进第一仓，隔夜滚动，如果压低的幅度小于5%，则在第二天早盘利用尖底形态狙击，仓位控制在20%左右为宜。

5. 盘头阶段的价异动

（1）早盘价异动

第一种，向下跳空大幅度低开

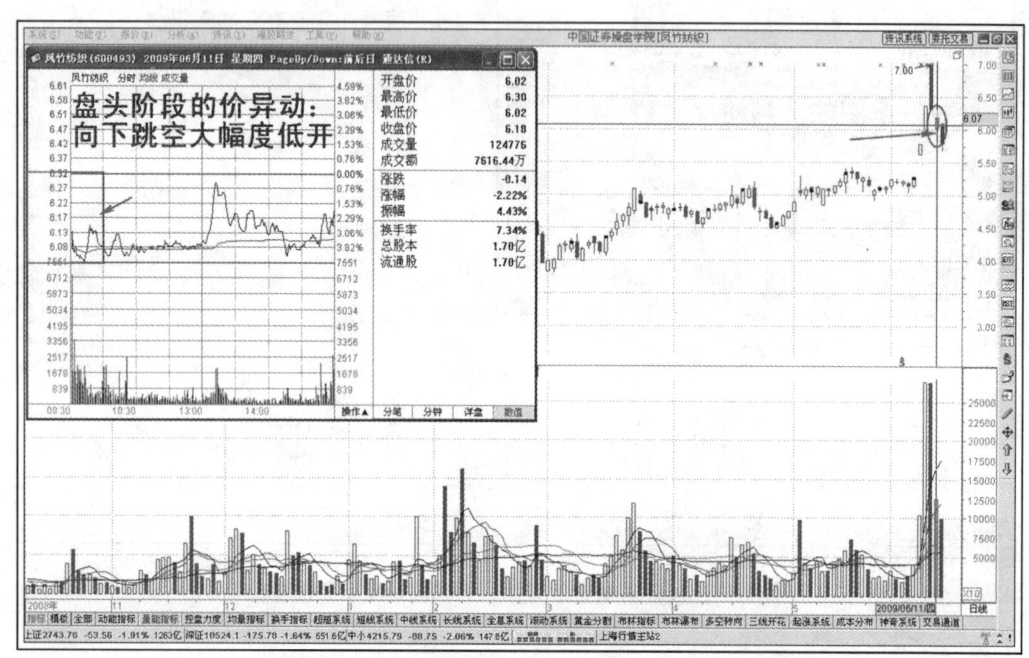

图【45】盘头阶段的价异动：向下跳空大幅度低开示意图

【盘面技术特征】

第一，股价进入盘头阶段后，头部的特征已经很明显。主力每一次低开，都是为了出货。如果此时滚动系统中的财运线、起航钱和生命线还处于多头趋势，循环线还坚挺向上，则属于盘头阶段的初期，如果财运线已经呈现为走平，或者拐头向下之中，而起航钱，生命线，循环线还暂时处于多头排列，表明此时已经进入盘头阶段的中期，如果起航钱开始拐头向下，生命线，循环线也开始走平，或者呈现拐头向下迹象，表明股价已经进入盘头阶段末期。

第二，盘面上，向下跳空大幅度低开，低开的幅度超过3%，属于盘头阶段的强势低开，如果是第一次出现，属于主力大规模出货的初期，如果低开的幅度超过7%，属于弱势低开，当天拉出长阳线的可能性极大，如果直接以跌停开盘，而且是盘头阶段的第一次，则当天出现极端走势的概率很大！

第三，关注量能的变化，盘面上表现为诱多型量峰，说明主力正在不断派发之中……

【滚动操盘策略】

在操作上，以逢高分批止赢为主，技术高手可以小仓位滚动，依托滚动线操盘，逢分时阴K线的下影线买进，逢分时阳K线的上影线卖出。激进的投资者也可以利用即时图或者多日分时图来滚动操盘。

第二种，向上跳空大幅度高开

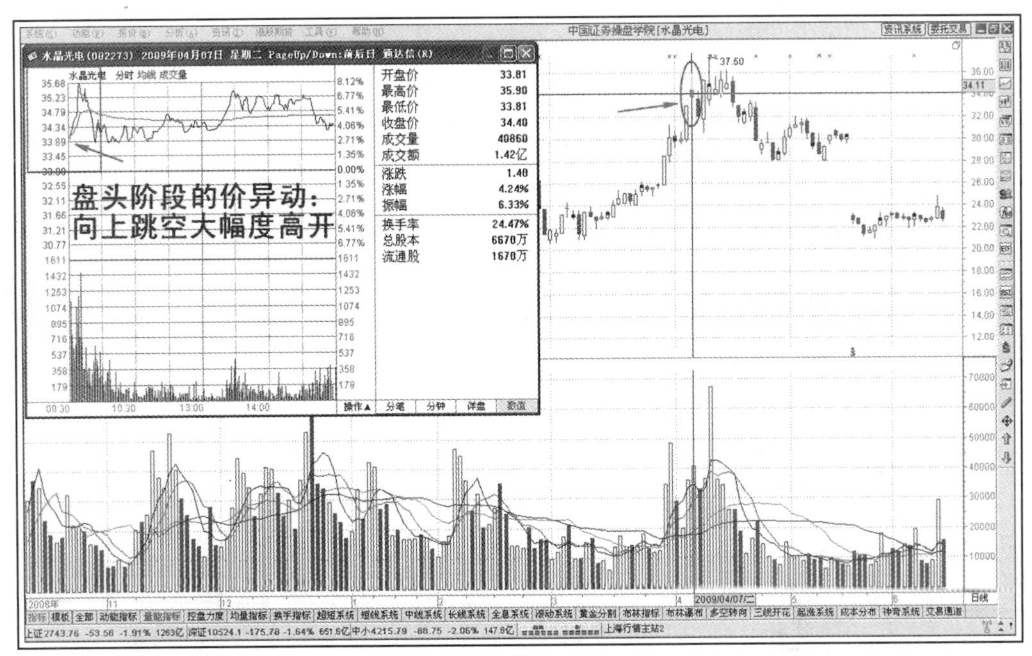

图【46】盘头阶段的价异动：向上跳空大幅度高开示意图

【盘面技术特征】

第一，盘头阶段的向上跳空大幅度高开，是典型的诱多行为。主力利用集合竞价向上跳空大幅度高开，营造一种向上突破的态势，吸引跟风资金进场接盘，从而达到出货的目的。

第二，盘面上，表现为虚假性的跳空高开，如果高开的幅度超过1%，小于3%，开盘量比小于10倍，属于一般跳空高开，高开幅度大于3%，小于7%，开盘量比小于15倍，虚假的成分更多，如果高开的幅度超过7%，开盘量比小于20倍，那么可以定性为诱多型跳空高开，主力的操盘意图昭然若揭。

第三，盘面上量价背离的迹象显著，呈现为典型的诱多型量峰结构来，盘口挂单显示买盘堆积，踊跃积极，而空中成交的卖盘无数，这一现象值得深思。实际上是主力通过盘中大单或者特大单空中对敲，拉抬股价，托住均价线，稳住阵脚，而他们自己却在利用隐性卖盘积极派发筹码。

【滚动操盘策略】

在操作上，如果向上跳空高开的幅度超过7%，可以在集合竞价时间直接卖出第一仓，在早盘瞬间拉高的时候，卖出第二仓，分批止赢。

（2）**盘中价异动**

第一种，盘中瞬间大幅度拉高

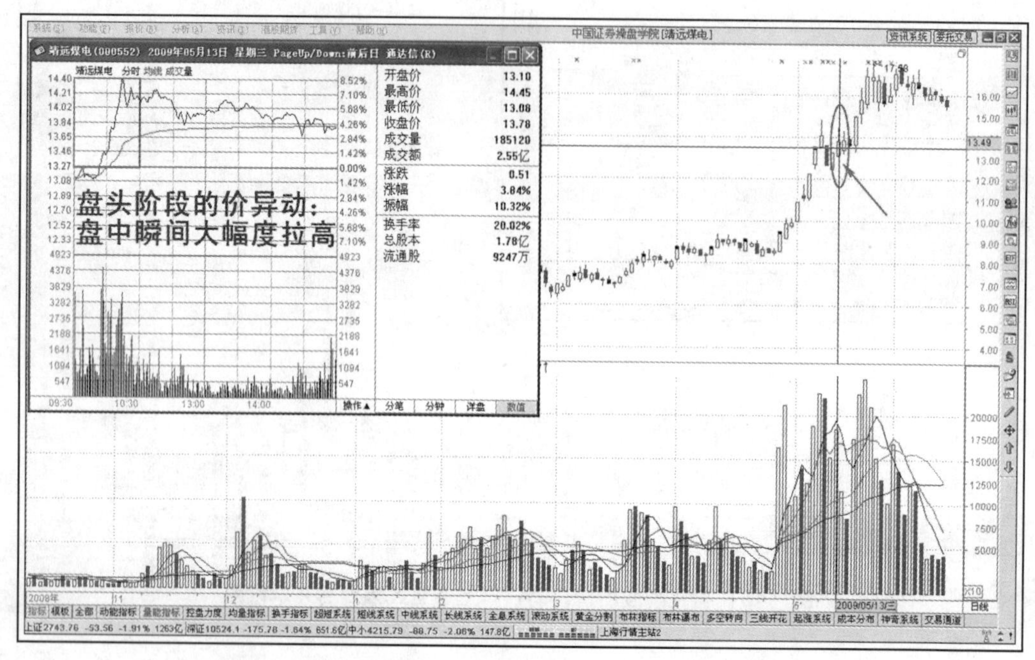

图【47】盘头阶段的价异动：盘中瞬间大幅度拉高示意图

【盘面技术特征】

第一，盘头阶段的初期，主力手中的筹码还比较多，出货艰难，需要反复变换操盘手法，折磨投资者，引诱投资者，让他们无法读懂主力的心思。最有效的方式之一，就是在盘中忽上忽下，瞬间拉高，瞬间压低，宽幅震荡，如摆秋千。

第二，主力在盘中瞬间大幅度拉高股价，目的在于为后续出货腾出空间。

第三，盘面上对倒的迹象很明显，量峰结构怪异，量价组合不健康，盘口波形呈现为假升波，或者钓鱼波，如果是盘头阶段的末期，主力不计成本摔尾货，还会出现杀跌波。

【滚动操盘策略】

盘头阶段的滚动是技术高手的娱乐游戏，不适宜广大投资者参与。这里是高手的天堂，却是新手的地狱，高手可以利用股价的宽幅震荡反复滚动套利，大赚特赚，新手就只能保持观望，稍安勿躁啦。但是，即使是技术高手，也要把好脉，踩准主力的操盘节奏，控制好仓位，分配好资金，严格执行操盘纪律。一旦股价有效击穿生命线，要坚决清仓，不可犹豫。

第二种，盘中瞬间大幅度打压

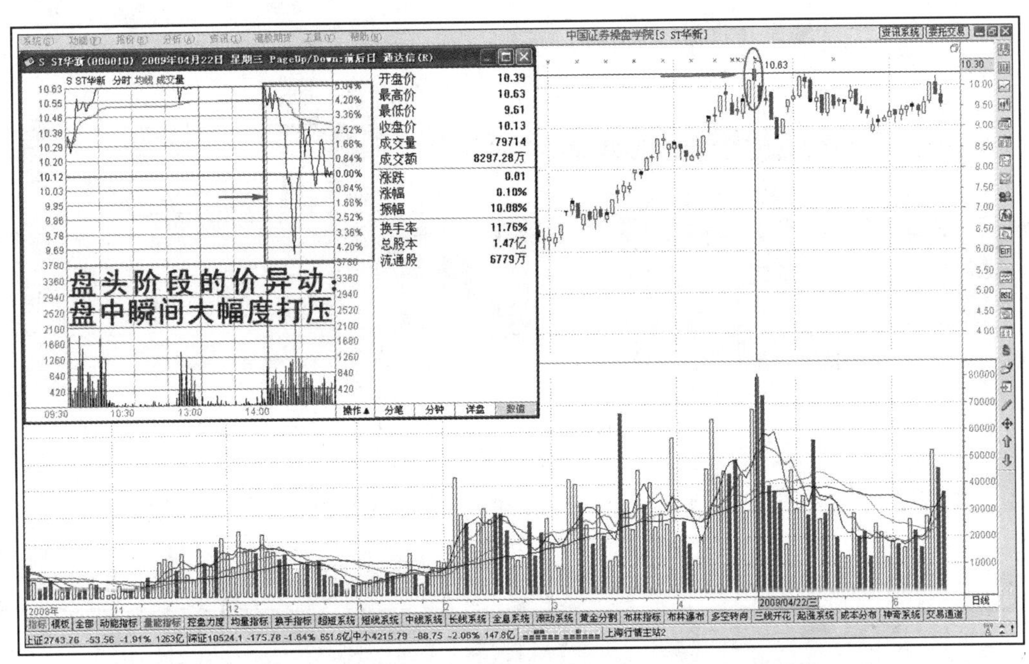

图【48】盘头阶段的价异动：盘中瞬间大幅度打压示意图

【盘面技术特征】

第一，盘头阶段的盘中瞬间大幅度打压，同样也是主力为了顺利出货而设计的操盘动作，目的在于瞬间制造巨大的价差，造成巨大的赚钱效应，吸引短线客进场抢盘，跟风追捧，从而达到出货的目的。

第二，盘中瞬间打压的幅度超过3%，甚至超过7%或者干脆打到跌停，开闸放水你跟谁？如果不明就里，就很容易上当受骗。尤其是在盘头阶段的末期，主力为了加大出货力度，更是喜欢利用涨停开板的方式，盘中瞬间大幅度打压，开闸，放水，出货！

第三，如果主力瞬间打压的时候，盘面上呈现为瀑布波形，后续下跌的空间巨大。

【滚动操盘策略】

在操作上，投资者此时应当立即清仓，绝不犹豫。尤其是在盘头阶段的末期，滚动线，攻击线已经向下死叉，财运线拐头向下迹象显著的时候，表明财运已经飘离，你又何必恋恋不舍？立即停止滚动操作，出局吧。否则，即使是庭种栖凤竹，池养化龙鱼。可惜，那里的主人不是你！

（3）**尾盘价异动**

第一种，大幅度拉高收盘

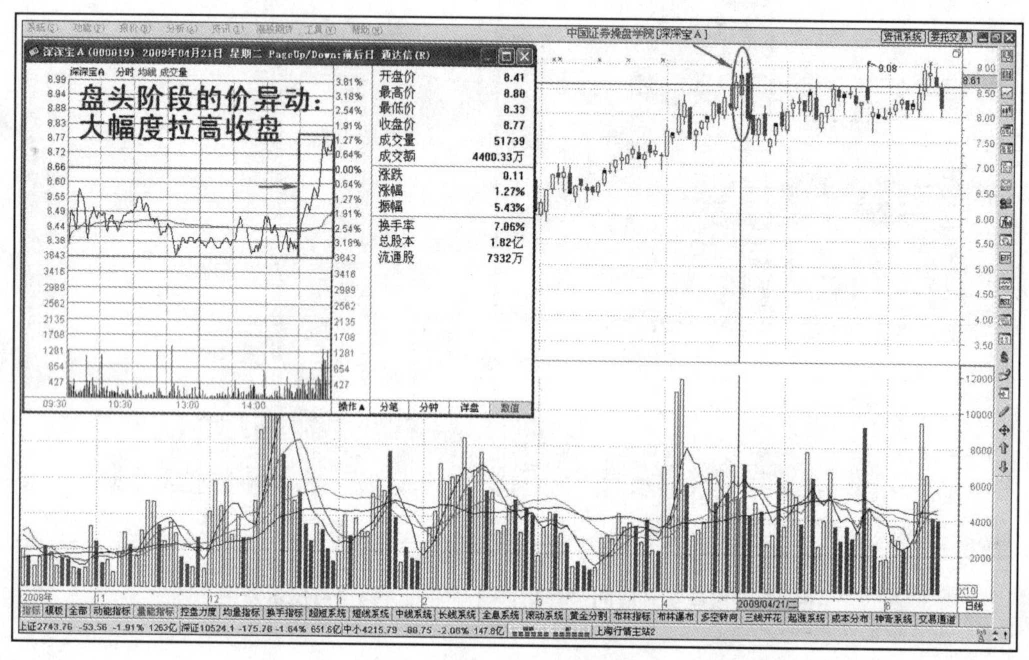

图【49】盘头阶段的价异动：大幅度拉高收盘示意图

【盘面技术特征】

第一，盘头阶段的大幅度拉高收盘同样属于技巧性做盘的结果，股价全天基本上运行的前一个交易日的收盘价之下，围绕着均价线上下震荡，每到即时图的低点便有大单成交，盘口呈现为小单拉升大单卖出，属于典型的压低出货。

第二，尾盘阶段，主力实施突袭性攻击拉升，对倒放量，营造价升量涨的假象，吸引跟风盘进场抢筹，在顿挫的瞬间开闸放水，大量派发。主力的奸诈本色现了原形。

第三，盘中筹码松动的迹象显著。表明主力已经不再愿意继续拉升股价，而是挖空心思如何顺利地完成派发。

【滚动操盘策略】

在操作上，可以在尾盘大幅度拉高的瞬间利用闪电下单功能即时卖出。接下来耐心等待下一波反弹机会。如果主力的仓位比较重，接下来还会不断重复前边的操盘手法。可以依托滚动线继续和主力周旋，反弹的第一波买进，仓位以30%为佳。

第二种，大幅度压低收盘

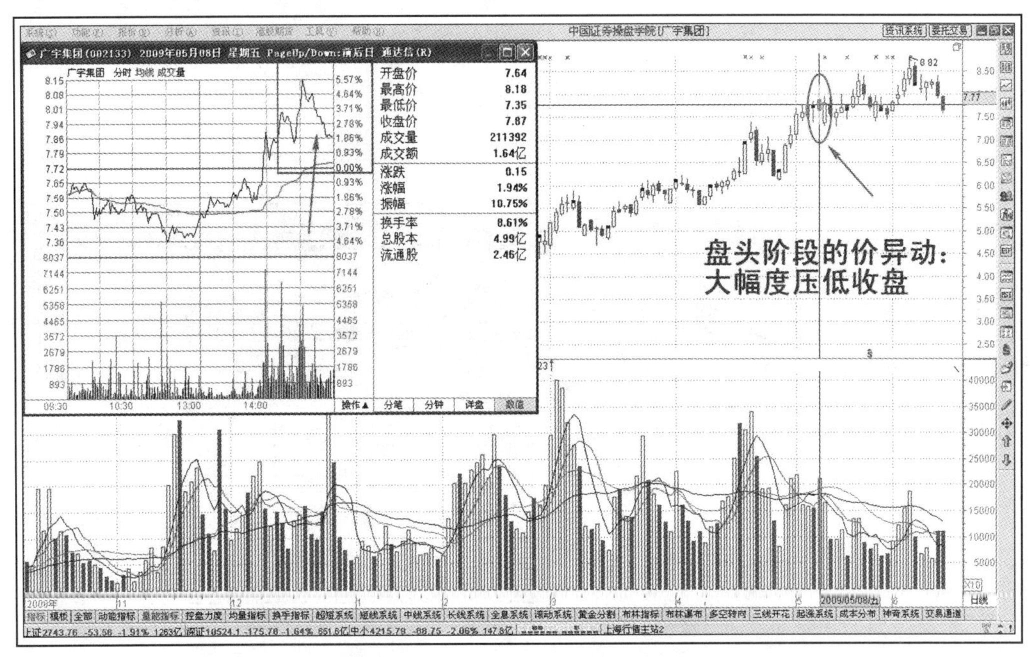

图【50】盘头阶段的价异动：大幅度压低收盘示意图

【盘面技术特征】

第一，盘头阶段的大幅度压低收盘是主力主动出货的结果，是主力盘头出货计划的有机组成部分。尾盘的刻意大幅度压低收盘，主要目的在于调控过高的指标值，以利于后续的派发操作。这是主力积极投入资金加大操盘力度的结果。

第二，盘面上表现为早盘平开或者小幅度低开，第一时间段至第四时间段股价基本运行在当天的均价线之下，以盘跌为主，上升无量，下跌有量，量价结构健康。表明主力在抓紧时间出货，力度越来越大。

第三，第五时间段，主力腾空而起发动攻击，盘口呈现为虚假性的攻击波，量价背离严重。说明主力并不是真正想拉升股价，而是为下一交易日大幅度低开创造条件。

【滚动操盘策略】

在操作上，可以利用主力的操盘特点进行有效的日内滚动操作。在早盘阶段，可以在主力营造的低点买进第一仓，利用原有的底仓滚动，在第五时间段出现假升波时卖出。第二天，在早盘集合竞价大幅度低开时果断买进第一仓，在盘中出现瞬间快速拉升时卖出，完成日内滚动操作。余此类推。

6. 下跌初期的价异动

（1）早盘价异动

第一种，向下跳空大幅度低开

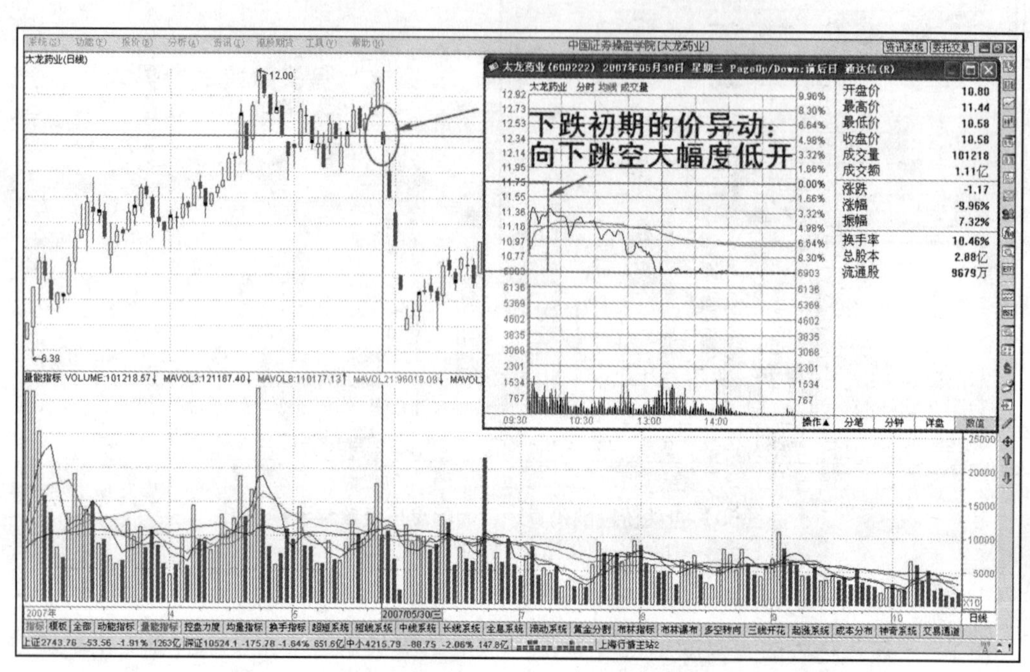

图【51】下跌初期的价异动：向下跳空大幅度低开示意图

【盘面技术特征】

第一，股价经过盘头阶段之后进入下跌周期，股价已经有效跌穿起航线，滚动线与攻击线向下死叉，滚动线、攻击线、财运线形成空头排列，起航线，生命线，循环线呈现向下拐头趋势，股价运行的空头趋势已经确立，一旦股价有效击穿循环线，则宣告中级调整已经不可避免。

第二，下跌的初期，许多投资者还蒙在鼓里，心存幻想，以为仅仅是强势回调，舍不得止损出局。因而出现典型的量价背离，即使向下大幅度跳空低开，成交量也没有有效放大。

第三，盘面上呈现为一泻千里的漂流波形，或者呈现为飞流直下的瀑布波形，盘中多方毫无还手之力，盘面一片哀鸿遍野的景象。

【滚动操盘策略】

在操作上，下跌的初期根本不具备操作性，尚未出局的投资者应当果断清仓，已经出局的投资者要坚守操盘纪律，坚决持币观望。

第二种，向上跳空大幅度高开

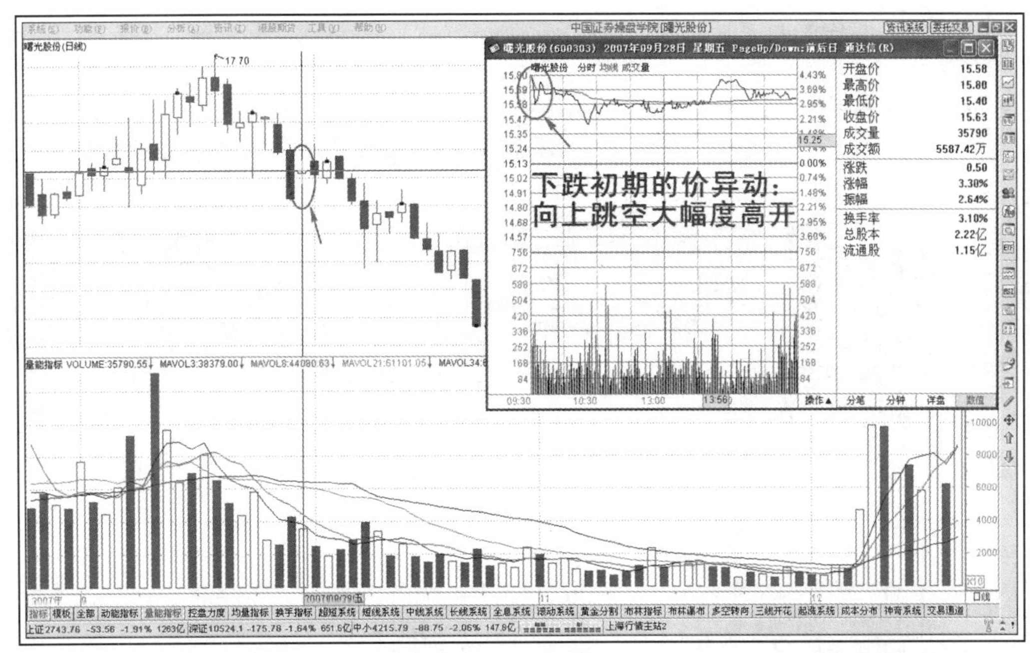

图【52】下跌初期的价异动：向上跳空大幅度高开示意图

【盘面技术特征】

第一，下跌初期的向上大幅度跳空高开，属于典型的下跌中继诱多行为，此时整个滚动系统呈现为空头排列，下跌趋势已经很明确，下跌动能充沛，跌势汹汹，偶尔的向上跳空大幅度高开，根本无法改变已经成型的下跌趋势，只能是引发更多的抛盘涌出。可谓螳臂挡车，徒劳无功，不自量力。

第二，盘面上呈现为反弹无力，全天基本受制于均价线压迫，拉升艰难。

第三，盘口呈现为量峰杂乱，毫无韵律，一盘散沙，活脱脱一副失控的样子。表明主力已经放弃了控制盘面的定价权，任它东西南北风，吹到哪里算哪里。

【滚动操盘策略】

下跌初期的向上大幅度高开根本不具备操作性，投资者应保持理性，不为眼前小利所动，继续持币观望为上策。

(2) **盘中价异动**

第一种，盘中瞬间大幅度拉高

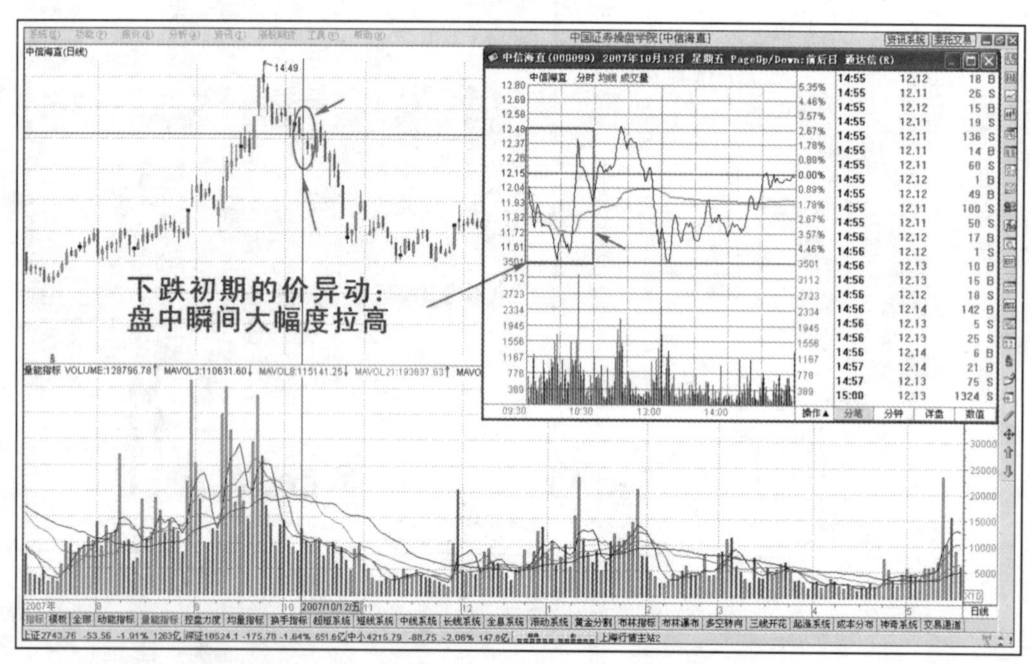

图【53】下跌初期的价异动：盘中瞬间大幅度拉高示意图

【盘面技术特征】

第一，下跌初期的盘中瞬间大幅度拉高，属于主力诱多的惯常手法，瞬间拉升的幅度超过3%，甚至超过7%，给人无限的遐想，目的在于制造多头行情氛围，引诱跟风盘追捧，一旦跟风者众，主力随即反手做空，开始大甩卖。

第二，盘面上，早盘下跌有量，量价结构健康，瞬间拉升时，小单对敲为主，一旦出现比较大的买盘，主力立即飞出巨量大单，急速甩卖的心思暴露无遗。

第三，盘口显示出量峰凌乱，瞬间大幅度拉升后，随即转向，反手做空，回头波，杀跌波，瀑布波交替混合使用，表明主力为了加大出货力度，无所不用其极！

【滚动操盘策略】

在操作上，继续保持观望为主。因为这样的瞬间大幅度拉升行情缺乏持续性，不具备可操作性，所以千万不可冲动，否则，一失足成千古恨，再想补救就晚了。

第二种，盘中瞬间大幅度打压

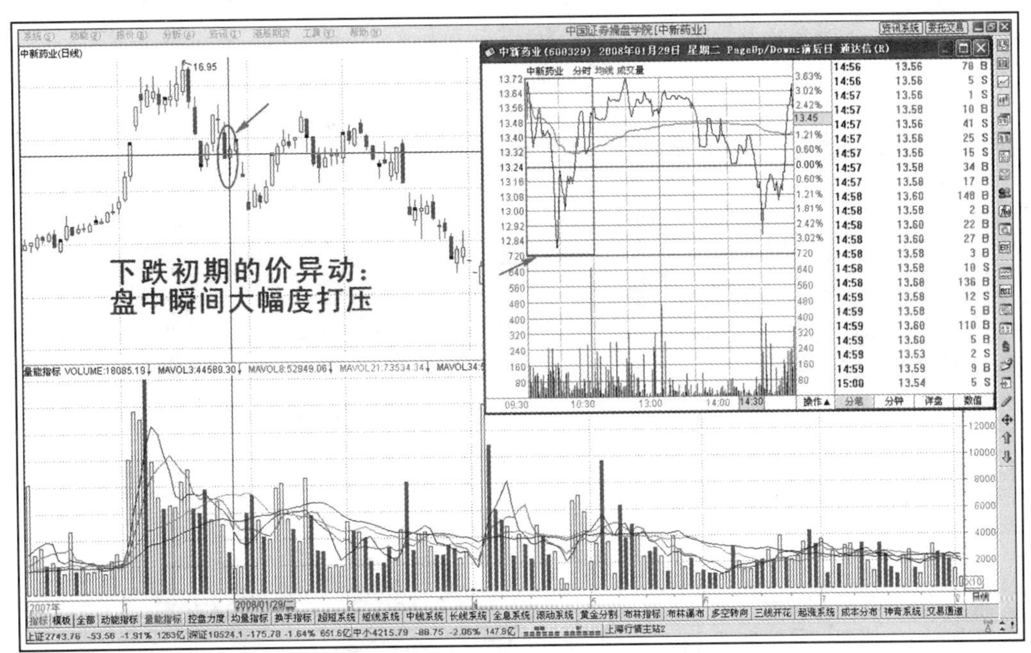

图【54】下跌初期的价异动：盘中瞬间大幅度打压示意图

【盘面技术特征】

第一，下跌初期的盘中瞬间大幅度打压，同样也属于主力的刻意诱多行为，是主力为了完成出货而设计的指定动作，甚至是电脑程式交易的有机构成。

第二，早盘通常以小幅度高开为主，稍微拉高后，随即向下掼压，一波或者多波向下带量攻击，如同瀑布飞流直下。

第三，盘口显示出下跌有量，反弹无力，量峰结构单一，呈现为萎缩性非健康量峰结构，而在掼压的时候，量柱有高度没宽度，表明主力仍在急促出货之中。

【滚动操盘策略】

在操作上继续保持观望为主，技术高手可以小仓位参与反弹，但不宜滚动操作。因为此时的底仓毫无安全感可言，已经不适合滚动，而是刀口舔血，快进快出，万一失手，要立即止损，不可迟疑。

（3）尾盘价异动

第一种，大幅度拉高收盘

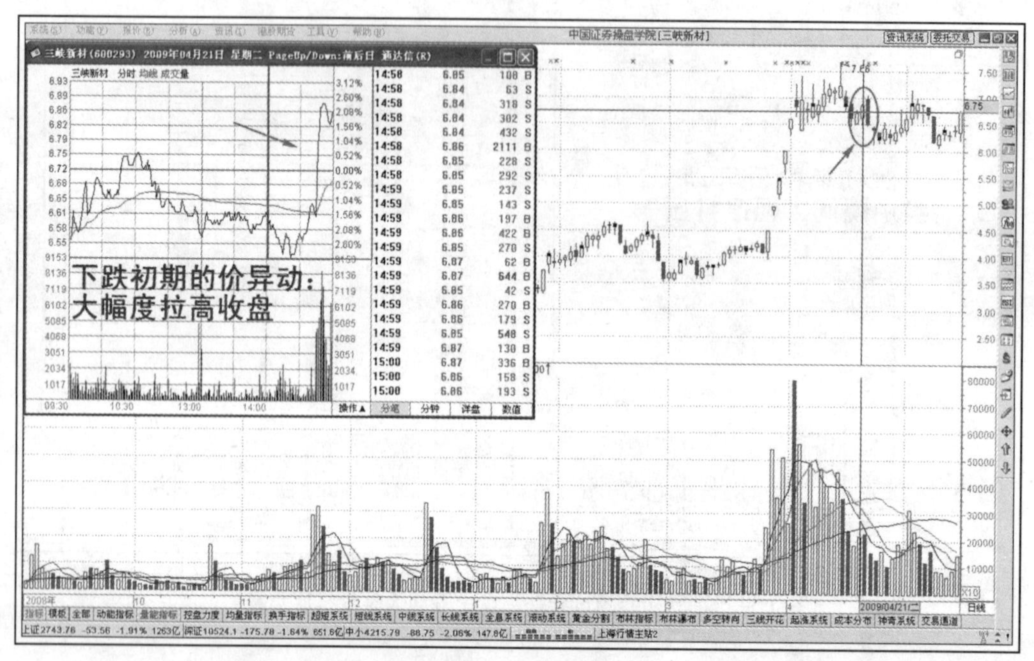

图【55】下跌初期的价异动：大幅度拉高收盘示意图

【盘面技术特征】

第一，下跌初期的大幅度拉高收盘，是非常典型的技巧性操盘动作，其意图非常明显，为下一个交易日顺势高开做好铺垫。

第二，盘面上呈现为拉升急速，5 分钟的涨速超过 5，即时图形呈现为垂直拉升形状，如此快速拉抬，一方面表明主力还在其中，另一方面也说明主力不愿意吃进更多的筹码，所以采取尾盘偷袭的方式，不给套牢者抛出机会。

第三，盘口显示出主力对倒造量的迹象非常明显，表明主力刻意营造价升量增的假象，以蒙骗跟风资金接盘。日 K 线图上，留下了貌似可爱的带量阳线，欺骗性十足。主力做盘的阴线和奸诈，由此可见一斑。

【滚动操盘策略】

操作上，以观望为宜。技术高手可以考虑在启动的第一时间跟进，也可以在即时图上依据量峰结构买进法则轻仓狙击，仓位控制在 10% 以内，次日顺势高开时，在第一时间段直接卖出，不必滚动操作。

第二种，大幅度压低收盘

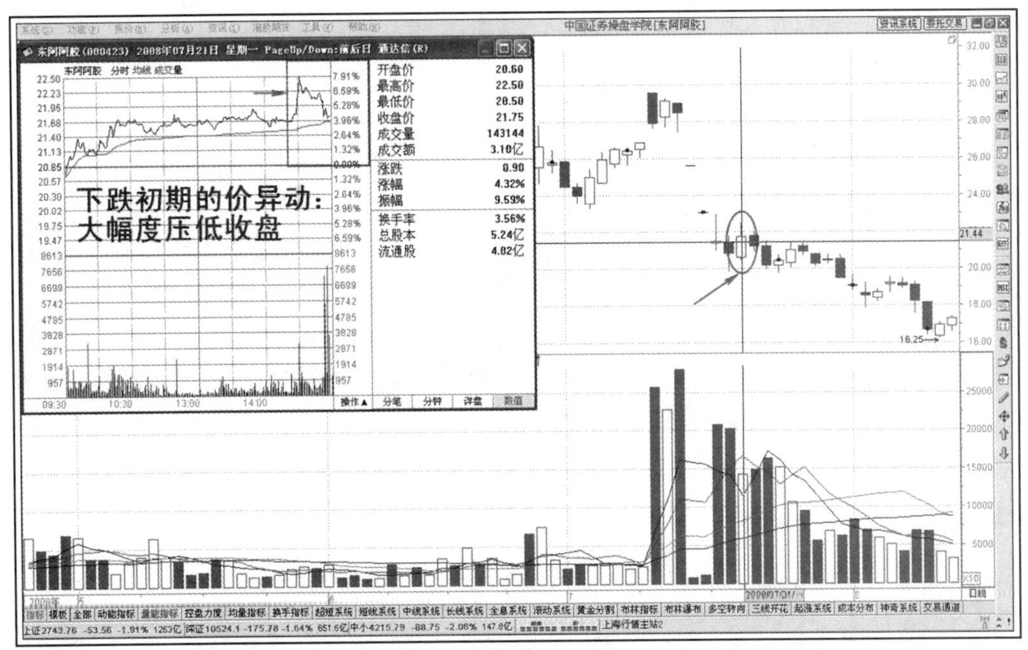

图【56】下跌初期的价异动：大幅度压低收盘示意图

【盘面技术特征】

第一，下跌初期的大幅度压低收盘是主力利用尾盘出货的结果。此时滚动系统的均线组合呈现为空头排列，根本不具备反转上攻的前提条件，从指标上来看，做空动能非常强大，多头根本无力还击。

第二，盘面上，早盘出现的大幅度低开已经表明了主力的诱多意图，低开高走出现在下跌初期，是经典的出货定式之一，不容怀疑。

第三，盘口呈现为对敲拉升，技巧性做盘，萎缩性量峰已经昭示着多头前景不妙。盘中的对敲无非是主力托住均价线的诡计，以便保持股价运行在均价线之上，有利于继续出货。尾盘的掼压式打低收盘，是加速出货的表现。

【滚动操盘策略】

在操作上，坚决保持持币观望，绝对不可以进场。因为此时尾盘大幅度压低收盘的结果是第二天顺势低开，继续下跌，根本无法操作，更遑论滚动操盘了。观望吧！

7. 下跌中期的价异动

(1) 早盘价异动

第一种，向下跳空大幅度低开

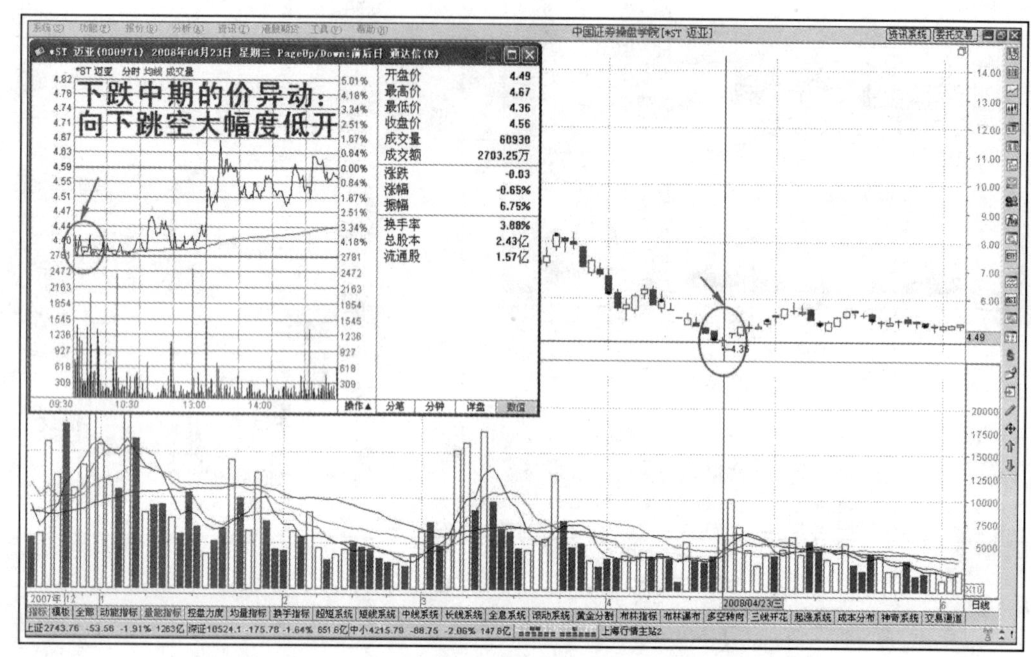

图【57】下跌中期的价异动：向下跳空大幅度低开示意图

【盘面技术特征】

第一，股价经过一轮大跌之后，下跌的幅度超过了30%，开始进入下跌中期。此时滚动交易系统的循环线、生命线和起航钱依旧呈现为空头排列，但滚动线和攻击线有走平的迹象，表明短期将会出现小反弹，如果财运线也同时走平，反弹的概率将会加大。

第二，盘面显示，股价下跌的做空动能已经阶段性衰减到比较大的水平，小反弹将一触即发，如果稍有重大利好配合，将会产生比较大级别的反弹。

第三，动能指标在0轴线下已经呈现金叉的趋势，如果此时早盘股价突然向下跳空大幅度低开，除非有突发性重大利空，否则就是空方阶段性竭尽式宣泄的表现，根据物极必反的原理，股价将会触发比较强劲的反弹。

【滚动操盘策略】

在操作上，只适合小周期滚动。如果低开的幅度超过3%，小于5%，激进的投资者可以在集合竞价时间买进第一仓，仓位控制在5%以内，也可以保持观望，静待机会。如果低开的幅度超过7%，甚至直接跌停开盘，可在集合竞价买进第一仓，仓位控制在10%以内。

第二种，向上跳空大幅度高开

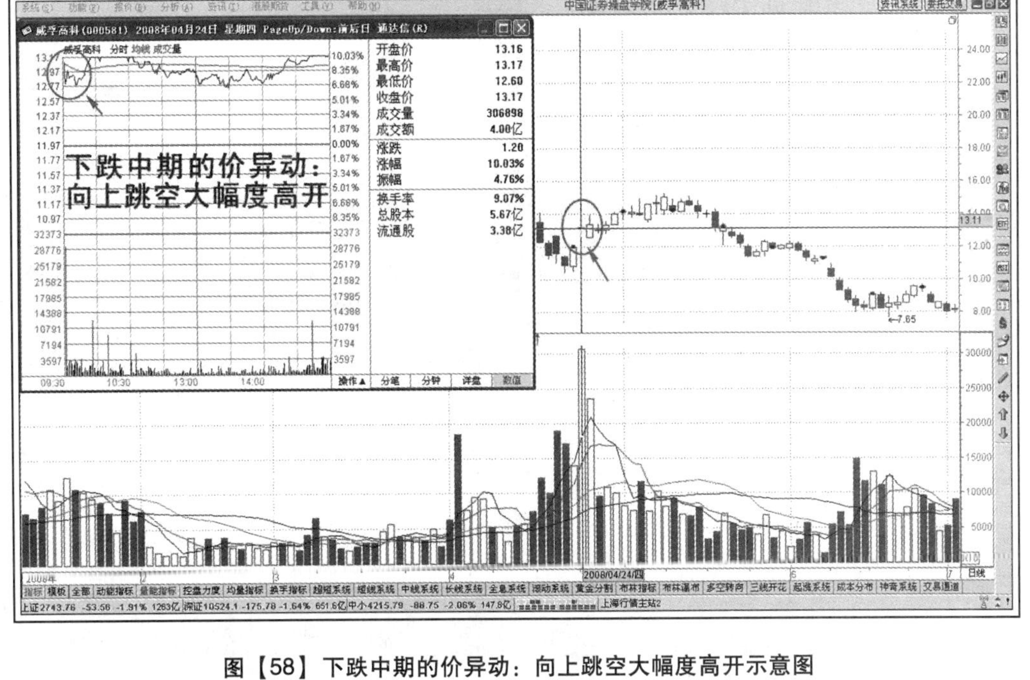

图【58】下跌中期的价异动：向上跳空大幅度高开示意图

【盘面技术特征】

第一，下跌中期的向上跳空大幅度高开，要区别对待。除非是重大利好消息刺激引发的，否则它的强势持续性将会很短暂。

第二，如果属于连阴之后的向上跳空大幅度高开，可能是多头的垂死挣扎，反弹的高度有限，力度也不会很强。此时中长期均线系统还处于空头趋势之中，短期均线系统也没有形成多头排列，反弹之后，股价还将继续沿着原来的趋势运行。而且，还将创出新低！

第三，盘面上，如果向上跳空的幅度超过3%，小于5%，属于一般强势，如果向上跳空的幅度超过7%，甚至直接涨停，属于极度强势。如果开盘量比超过100倍，属于极限强势，反弹的力度较大。

【滚动操盘策略】

在操作上，可以根据高开的幅度和开盘量比决定是否介入。如果开盘量比大于100倍，高开的幅度超过7%，而且是下跌中期的第一次向上跳空，可以积极参与，仓位控制在20%以内，可以在集合竞价买进第一仓，确保上车，仓位控制在10%，在第一时间段关键技术点买进第二仓，仓位控制在5%，在其他时间段合理买点买进第三仓，仓位不超过5%。

(2) **盘中价异动**

第一种，盘中瞬间大幅度拉高

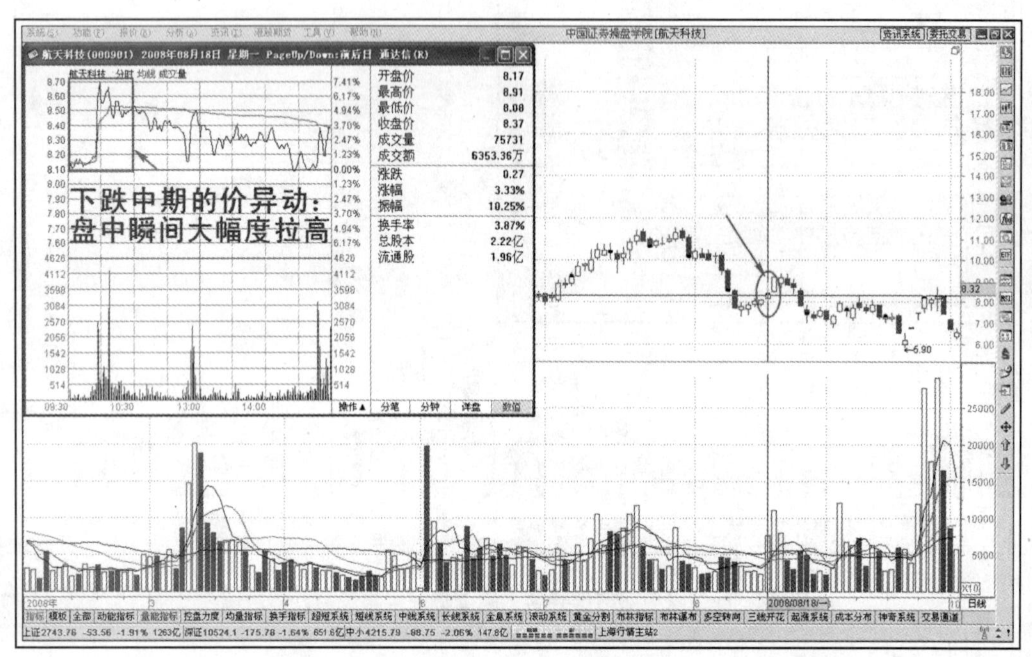

图【59】下跌中期的价异动：盘中瞬间大幅度拉高示意图

【盘面技术特征】

第一，下跌中期的盘中瞬间拉高，不管发生在什么时间段，都是主力的刻意诱多行为，非奸即盗，不容置疑。如果出现盘中瞬间大幅度拉高之前的数个交易日已经连续反弹，反弹的幅度已经超过20%，那么此时诱多的意图更加明显。

第二，盘中瞬间大幅度拉高时，量峰结构单一，量价背离明显。

第三，盘面上，对敲的迹象很显著，主力盘中实施突袭的目的，在于突击拉高股价，为进一步出货腾出空间。如果接下来盘口呈现为钓鱼波，则预示着随后将会出现更加猛烈的杀跌式甩货动作。

【滚动操盘策略】

在操作上，下跌中期的盘中瞬间大幅度拉高因为欺骗性很强，虚假成分太多，根本不具备操作性。此时投资者只能持币观望。

第二种，盘中瞬间大幅度打压

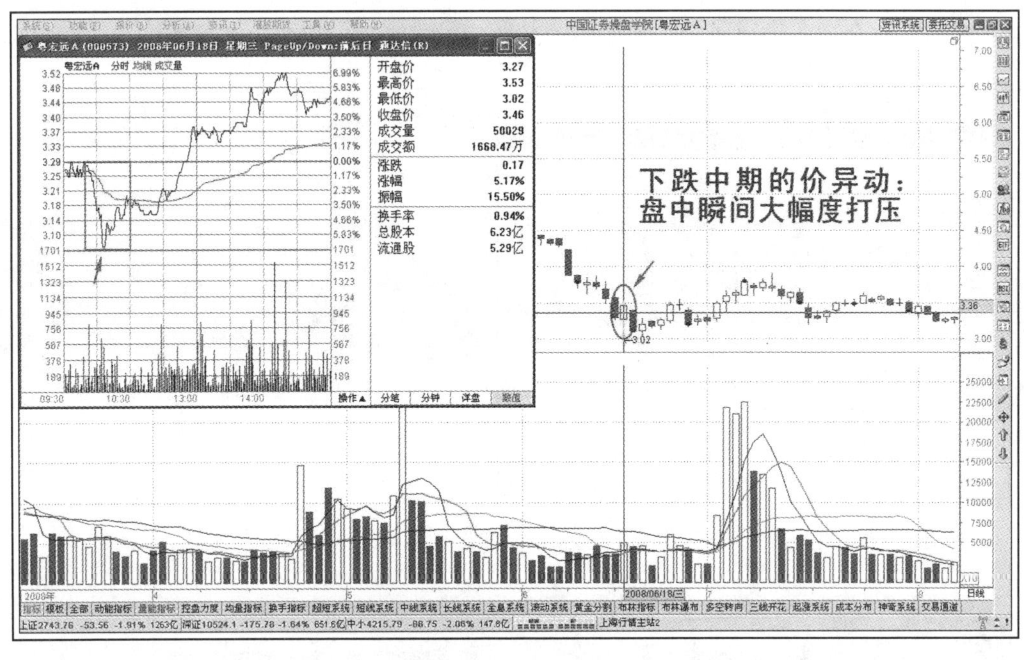

图【60】下跌中期的价异动：盘中瞬间大幅度打压示意图

【盘面技术特征】

第一，下跌中期的盘中瞬间大幅度打压，如果出现在本下跌周期的末段，之前已经有连续的阴跌走势，或者连续的急跌走势，那么此时的盘中瞬间大幅度打压，就极具有空头做空动能即将竭尽的味道。表明短期内将有阶段性反弹行情，力度较大。

第二，主力盘中大幅度打压的意图很明显，属于阶段性诱空，诱使投资者割肉，抛出更多的廉价筹码，而主力此时却照单接收。

第三，盘口呈现为急速下跌，瞬间杀跌的波形很长，即时图形态显示为尖刀型，瀑布波，价跌量增，量价结构健康。

【滚动操盘策略】

在操作上，如果杀跌的幅度不超过3%，此时可以暂且保持观望，如果杀跌的幅度超过5%，小于7%，可以即时买进第一仓，仓位控制在10%以内，如果杀跌的幅度超过7%，甚至直奔跌停板而去，可以直接现价买进，仓位控制在20%以内。

（3）尾盘价异动

第一种，大幅度拉高收盘

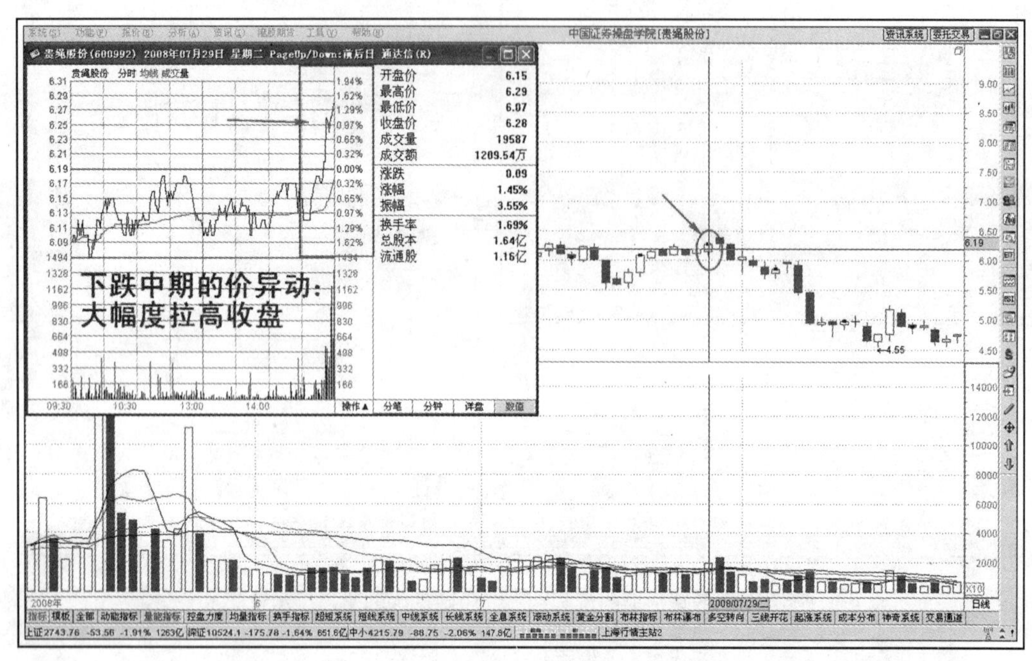

图【61】下跌中期的价异动：大幅度拉高收盘示意图

【盘面技术特征】

第一，下跌中期的大幅度拉高收盘同样是一种投机取巧的操盘行为，利用尾盘做高收盘价的目的很明显，就是为第二天继续出货腾出空间。

第二，除非出现突发性的重大利好消息，否则，尾盘的所谓抢盘就值得怀疑。

第三，盘面上，全天前面五个时间段都呈现为拉升无量、下跌有量的出货态势，主力压低出货的迹象显著，操盘手法上，小单拉升，大单掼甩，尾盘对倒，几乎是主力早就设定好的操盘定式。盘口的波形属于诱多性质。

【滚动操盘策略】

在操作上，下跌中期的大幅度拉高收盘基本上不具备可操作性，应该保持观望。奸诈的主力第二天直接低开低走，不给投资者任何获利出逃的机会。此时，明智的做法是冷眼看螃蟹，看你横行到几时？不可冲动，冲动是要受惩罚的！

第二种，大幅度压低收盘

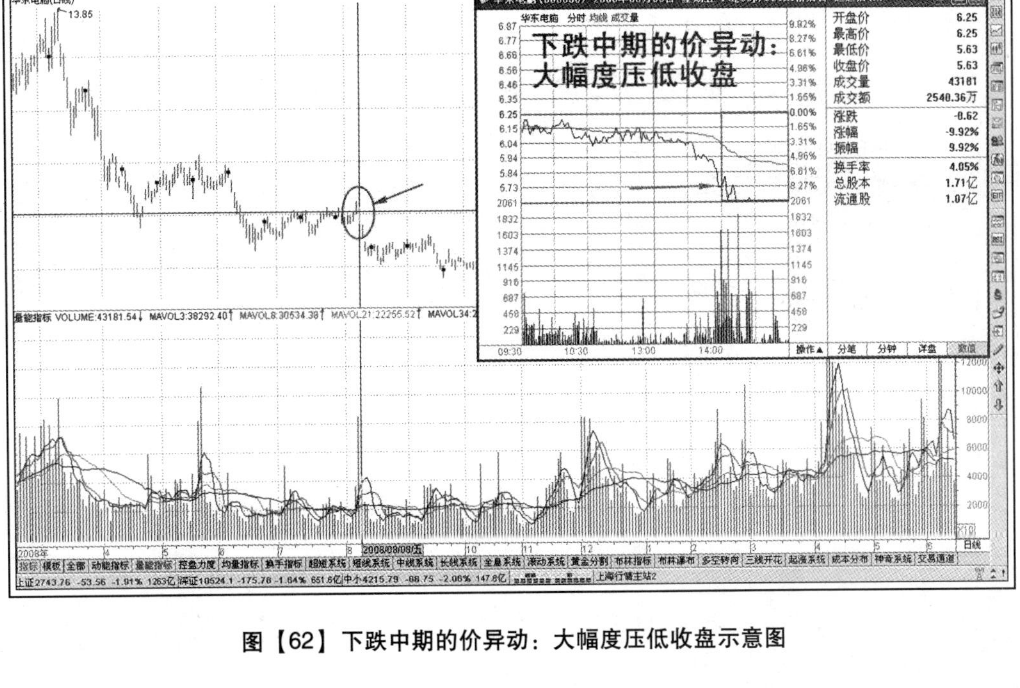

图【62】下跌中期的价异动：大幅度压低收盘示意图

【盘面技术特征】

第一，下跌中期的大幅度压低收盘，通常出现在本阶段反弹行情的末期。

第二，经过短暂的回光返照式反弹之后，短命的行情将宣告结束。凶悍的主力直接采取最极端的出货手法，杀跌甩货！哀鸿遍野，一片惨不忍睹的景象。

第三，盘面上，早盘小幅度高开或者干脆低开，全天受制于前一交易日收盘价反压，上攻乏力。盘口显示为萎缩性量峰。第六时间段，主力放量杀跌，牢牢钉死在跌停板上！

【滚动操盘策略】

在操作上，此时务必严格遵守操盘纪律，坚决持币观望，不得有任何进场的冲动！好汉不吃眼前亏，正在跌落的飞刀，即使你身怀绝技，也不要去接，耐心等它咣当一声落地滚几滚之后，再去慢慢捡起来也不迟。切记！

8. 下跌末期的价异动

（1）早盘价异动

第一种，向下跳空大幅度低开

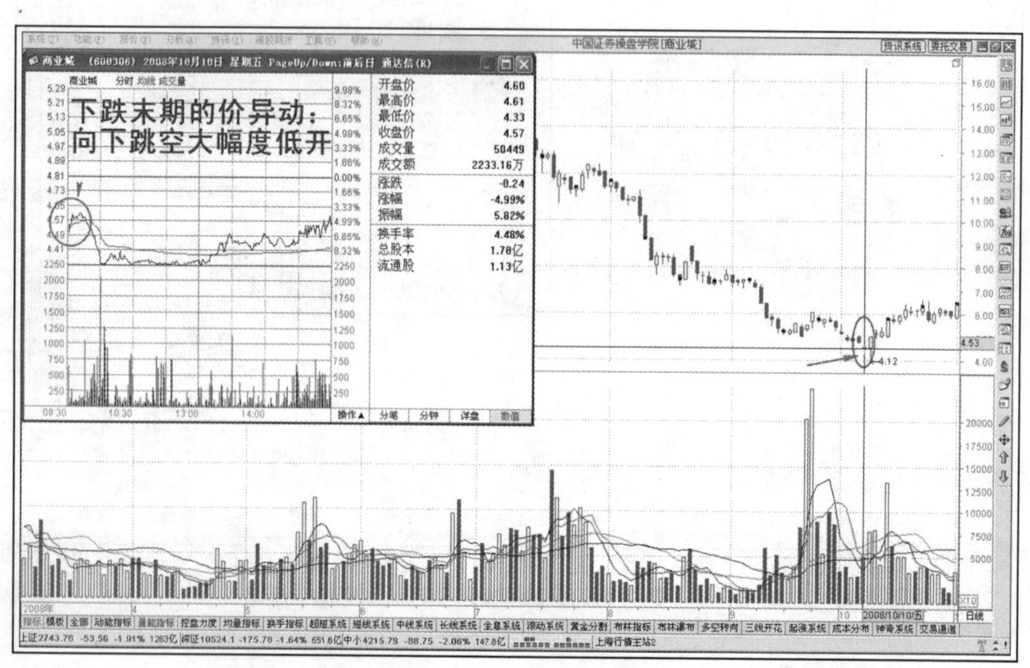

图【63】下跌末期的价异动：向下跳空大幅度低开示意图

【盘面技术特征】

第一，股价经过漫长的阴跌，或者短时间大幅度暴跌之后，做空的动能已经得到了非常充分的宣泄，短期均线系统已经走平或者拐头向上，中期均线循环线也跌势趋缓，表明市场正在孕育做多动能，即将进入盘底阶段。

第二，盘面上，每日交投清淡，成交稀少，成交量极度萎缩，处于地量结构阶段。地量见地价，说明即使还有下跌，幅度也很有限了，已经离底部区域不远。黎明将至，曙光就在前头。但是，黎明前的黑暗也是最难以忍受的，最折磨人的！

第三，盘口显示出卖盘稀少，却经常出现巨量大单自杀式卖出。如果向下跳空的幅度超过3%，已经造成恐慌。如果低开超过7%，盘中稍有反弹，将会引发无数抛盘。已经是惊弓之鸟的投资者唯恐新一轮暴跌来临，纷纷割肉。

【滚动操盘策略】

在操作上，此时我们需要有一点反向博弈思维，有一点点我不下地狱谁下地狱的勇气。如果盘中出现杀跌波，可以在跌停板即时买进第一仓，仓位控制在5%以内，此举属于试探性买进。如果跌停板被打开，可以在打开跌停板的瞬间再买进第二仓，仓位不超过10%。

第二种，向上跳空大幅度高开

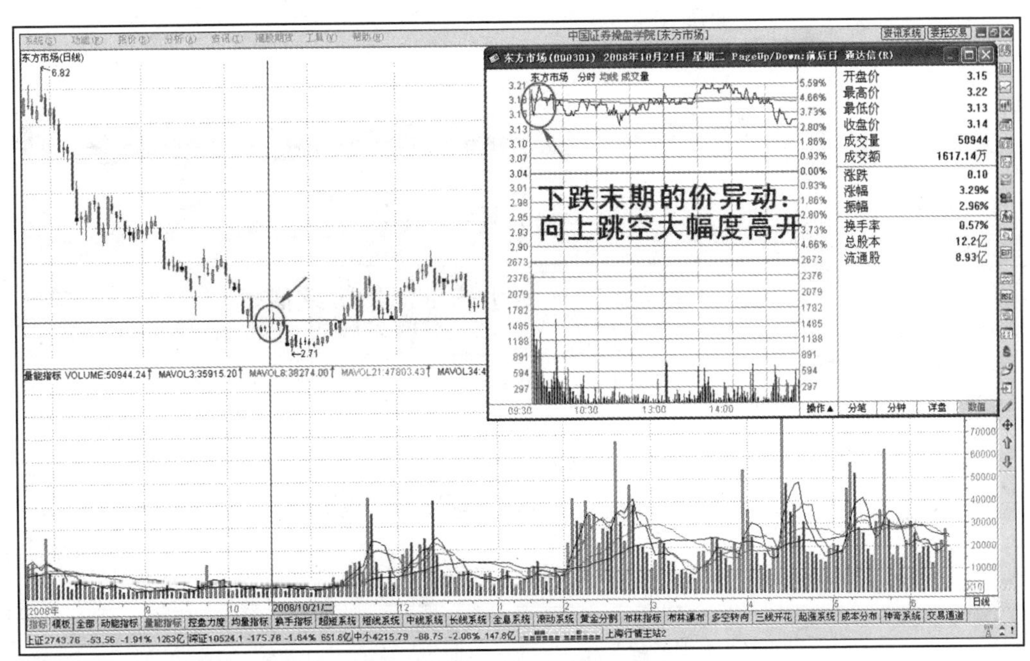

图【64】下跌末期的价异动：向上跳空大幅度高开示意图

【盘面技术特征】

第一，下跌末期的向上跳空大幅度高开，通常具有欺骗性，表明真正的底部还没到来。除非有重大的利好消息出现，否则，这种向上跳空高开出现之后，还将有最后一跌在后头。

第二，盘面上，如果高开的幅度小于3%，开盘量比小于10倍，表明攻击的力度很弱，如果跳空高开的幅度超过大于5%，小于7%，开盘量比大于50倍，表明攻击力度强劲。如果跳空高开的幅度超过7%，甚至直接涨停，开盘量比大于100倍，则属于极限强势，攻击态势凶悍猛烈，豪气干云！

第三，盘口显示出量价背离，预示着外强中干，貌似强大的攻击不过是主力虚晃一枪。

【滚动操盘策略】

在操作上，此时稍安勿躁，下跌末期并不适合追高，只能买跌，买在下影线，买在阴线。而向上跳空的大幅度高开，除非有重大利好消息配合，否则保持观望。

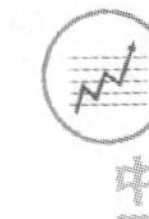

(2) **盘中价异动**

第一种，盘中瞬间大幅度拉高

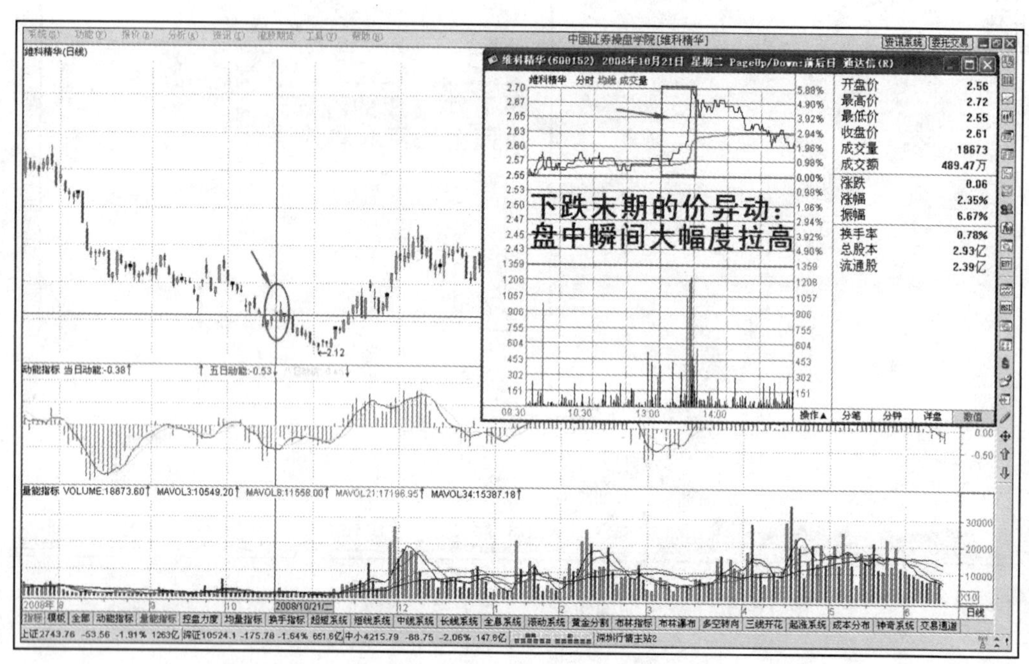

图【65】下跌末期的价异动：盘中瞬间大幅度拉高示意图

【盘面技术特征】

第一，下跌末期的盘中瞬间大幅度拉高，是主力有计划的操盘行为。股价经过漫长的下跌，或者大幅度的下跌之后，已经初步具备了投机价值，引起了大资金进场建仓的兴趣。先知先觉的主力慢慢收集了一定的筹码之后，为了进一步扩大操盘动作，于是在盘中频频出没。

第二，盘中瞬间大幅度拉升，拉升的幅度超过 7%，直接触及前期的成交密集区，刺激套牢筹码，主力的意图十分明显。

第三，盘面上，主力瞬间大幅度拉升之后，很快又沉寂下来，归于平静。在日 K 线图上，留下非常刺眼的极长的上影线，似乎在向世人宣告什么。究竟要宣告什么呢？

【滚动操盘策略】

下跌末期的盘中瞬间大幅度拉高，是非常经典的试盘套路，目的在于测试筹码的稳定性。在操作上，不必急于进场，可以密切跟踪分析，也可以逢阴线的下影线买进第一仓，仓位控制在 10% 以内。滚动操作。

第二种，盘中瞬间大幅度打压

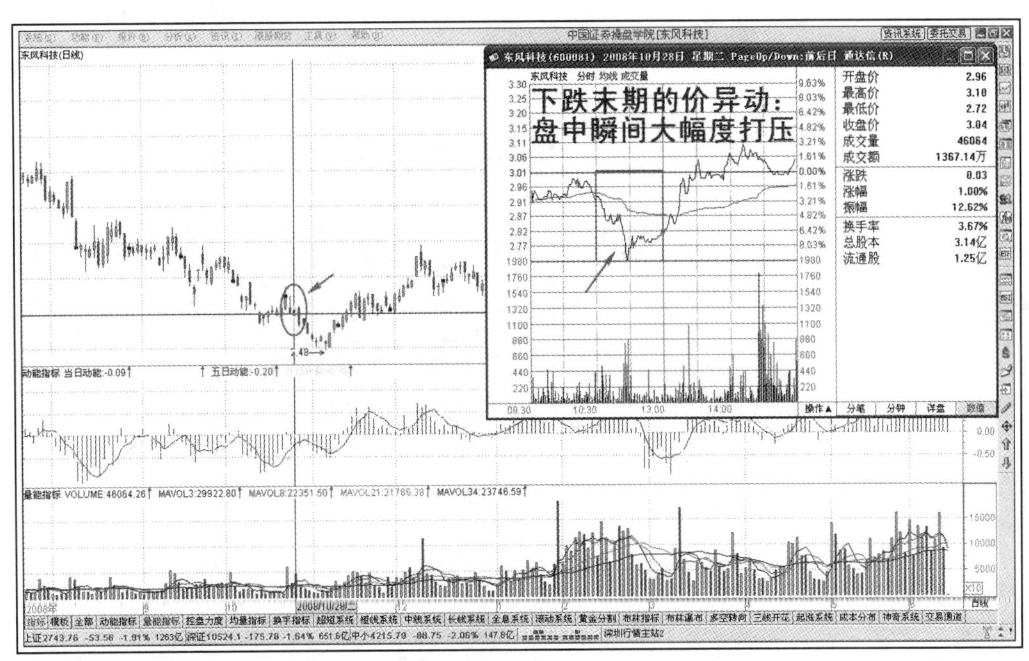

图【66】下跌末期的价异动：盘中瞬间大幅度打压示意图

【盘面技术特征】

第一，下跌末期的盘中瞬间大幅度打压也是主力有计划的操盘行为，是主力为了进一步建仓而测试筹码分布情况的结果。

第二，下跌末期的盘中出现瞬间大幅度打压，一方面表明主力此时已经完成了建仓计划的第一步，仓位大约在10%～30%之间，此前小阴小阳的K线组合形态已经表明了这一点。另一方面也说明，主力现在心中没谱，还没有决定是否继续操作这个项目，需要通过进一步测试才能拍板决策。

第三，盘面上显示出在毫无征兆的情况下突发式放量下跌，这是主力有计划的攻击性操盘行为，量价结构健康，而在反手拉升的时候，呈现为冲击波形，则说明主力在加大建仓力度，抓紧完成建仓计划。

【滚动操盘策略】

在操作上，此时应该保持观望为佳。激进的大户型投资者也可以选择阴线的下影线买进第一仓，作为底仓，仓位控制在5%以内。而中小投资者则不必在此时急于进场。

(3) **尾盘价异动**

第一种，大幅度拉高收盘

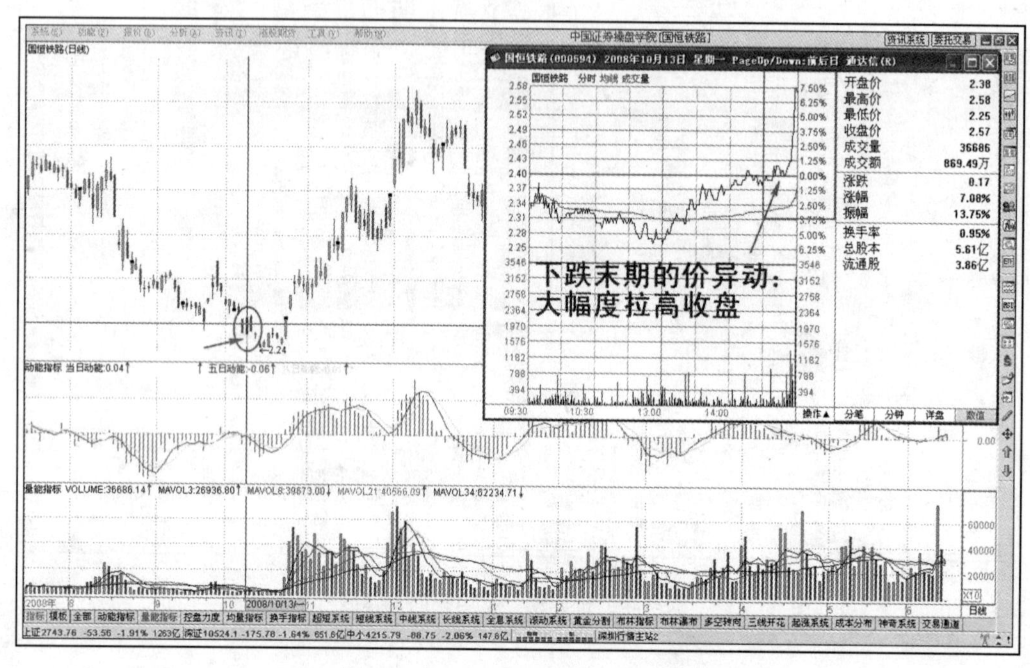

图【67】下跌末期的价异动：大幅度拉高收盘示意图

【盘面技术特征】

第一，下跌末期的大幅度拉高收盘属于典型的抢筹动作。说明主力此时正在加快建仓步伐，表明建仓时间紧迫，似乎暗示着什么。究竟是暗示什么，天知道！

第二，盘面上，下跌无量，上升有量，量价结构健康。

第三，盘口显示出冲击波形多多，如果冲击波出现的间隔时间比较长，可能是交投清淡的缘故，也可能是主力耐心吸筹的结果。如果冲击波出现密度很高，表明主力建仓心切，尾盘的大幅度拉高就更暴露了主力的抢筹意图。

【滚动操盘策略】

在操作上，可以根据盘口波形的性质制定操盘对策。激进的大户型投资者可以在盘中利用量峰买进法则分批建仓，第一仓仓位控制在10%以内，分批买进为宜。中小投资者则应该耐心等待起涨大阳线出现后，再行进场。

第二种，大幅度压低收盘

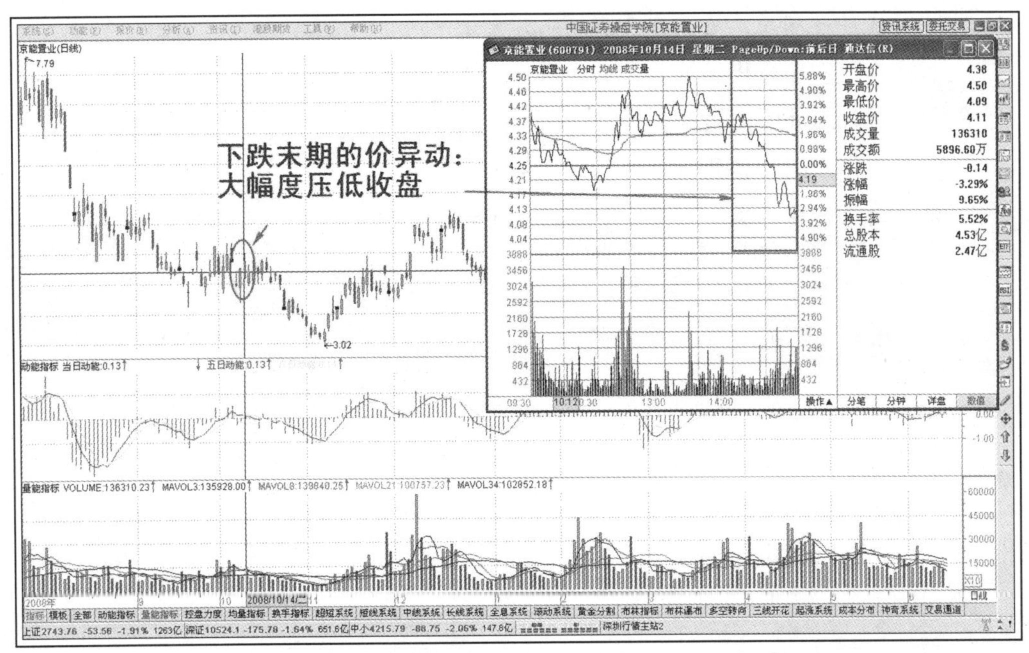

图【68】下跌末期的价异动：大幅度压低收盘示意图

【盘面技术特征】

第一，下跌末期的大幅度压低收盘，是主力有计划的操盘行为，是压低股价建仓的结果。此举表明主力已经不再愿意为其他人抬轿，而希望以更低的价格建仓，预示着股价还将再下一城，更加血腥的加速急跌将很快到来。

第二，盘面上显示出抢筹者众多，各路神仙纷纷露脸，不规则的冲击性操盘行为呈现出协同并未达成，为了进一步比拼实力，股价继续下跌不可避免。

第三，盘口呈现出低位承接有力，尾盘的杀跌波诱发了恐慌性抛售，却被有心的机构暗中吸纳。表明接下来的走势将更加复杂，争夺将更加激烈。鹿死谁手，尚无定论。

【滚动操盘策略】

神仙打架，小鬼遭殃。在操作上，保持观望吧。在局势尚未明朗之前，不宜介入。

关于异动定式的更多解读，请参见《异动操盘技术》一书，里面有更加翔实的讲解。

【思考与练习题】

1. 什么是盘口异动？简述盘口异动的基本类型。
2. 为什么说底部区域的量异动最具有分析意义？
3. 怎样分辨拉升阶段的量异动？请举例说明。
4. 怎样分辨下跌阶段的量异动？请举例说明。
5. 价异动有哪些类型？在实战中如何看待价异动？

第三章

滚动操盘买入定式

【本章学习要点】

1. 了解买点选择的基本原则，掌握买点选择的基本类型。
2. 掌握分时交易系统买入法的技术要领，并在实战中熟练运用。
3. 掌握日线交易系统买入法的技术要领，并在实战中熟练运用。
4. 掌握特定交易系统买入法的技术要领，并在实战中熟练运用。

第一节 滚动操盘买入定式概述

1. 选择买点的基本原则

（1）稳健至上原则

资本市场是高风险的市场，它有很多不确定性的因素，有人为的，也有非人为的。每一种细微的因素，都有可能影响标的物的运行方向。进入市场，我们首先要明白，这里没有绝对确定性的东西，一切都在变，一切随时都在变，变化是永恒的，绝对的，合理的。一切都是动态的，而非固态的，非恒定的。但是，人性因为惰性作怪偏偏喜欢追求不变，追求确定，追求静态，追求恒定。二者之间的矛盾很难调和，更很难对立统一。这就是资本市场很多人亏钱的深层次原因所在。如何使自己能在变化中找到不变，在不确定中找到确定，如何能够以不变应万变，稳定盈利，稳操胜券，把市场化为自己的提款机，这是我十几年来反复思考的课题。经历了无数次操盘，无数次亏损、再亏损之后，我终于明白，原来，市场就是这样的，当你跳出市场看市场的时候，一切都是那么真切，那么明了，那么简单。股道至简！所言极是。佛云，万法归一。道曰，天下万物生于有，有生于无。道生于一，一生二，二生三，三生万物，万物负阴而抱阳，冲气为和。我就是从这里的“一”悟到了操盘的真谛。从“一”开始，从“一”而终。锁定目标，滚动操作，才是稳健制胜的根本原则，才能在市场上以不变应万变，才能从容不迫，稳定盈利。稍微扯远了。总而言之，在选择买点的时候，我们要遵循的第一个原则就是稳健至上，从自己最熟悉的品种开始，每个账户每一个操作周期坚持只操作一个品种，这是稳健至上的前提，也是滚动操盘技术实践者务必恪守的铁律！如果你做不到这一条，请你立即扔掉这本书，不必再往下看了，还是干点别的什么去吧！

（2）紧跟主流原则

第一种方法，关注涨幅排名榜

紧跟主流的方法很多，最简单也是最直接的方法，就是及时积极关注涨幅排名榜。包括每月的、每周的、每日的、每半天的，以及每小时、每半小时、每十分钟和每五分钟的。这是职业投资者的基本功，也是滚动操盘的基本功。通过关注不同时段的涨幅排名榜，我们可以及时了解到主流资金的最新流向，及时修正我们的操盘对策。

关注的方法，如图【69】所示，将看盘的界面设定为【主流板块】，再将个股按流通盘的大小分为大盘股、中盘股和小盘股，分类观察。表头栏目设定为涨幅、现量、现价三种。

中国证券操盘学院[主流板块]

	代码	名称	涨幅%	现量	现价
1	000031	中粮地产	3.29	28514	9.43
2	600320	振华重工	1.96	65	13.52
3	600037	歌华有线	1.49	291	11.57
4	600868	ST梅雁	0.91	12	3.33
5	600048	保利地产	0.68	45	23.57
6	000002	万 科A	0.64	11208	10.96
7	600886	国投电力	0.58	65	10.36
8	600030	中信证券	0.33	113	27.24
9	601601	XD中国太	0.25	710	19.97
10	601600	中国铝业	0.08	23	12.19
11	601318	中国平安	—	0	—
12	600591	*ST上航	—	0	—
13	000898	鞍钢股份	—	0	—
14	000063	中兴通讯	0.00	967	27.51
15	000001	深发展A	—	0	—
16	000983	西山煤电	-0.46	4810	26.24
17	000629	攀钢钢钒	-0.49	1106	8.13
18	000069	华侨城A	-0.49	1171	18.12
19	601009	南京银行	-0.52	73	15.24
20	600837	海通证券	-0.61	718	16.39
21	600104	上海汽车	-0.72	10	13.75
22	601168	西部矿业	-0.75	10	14.59
23	600383	金地集团	-0.82	6	13.32
24	601588	北辰实业	-0.92	22	5.40
25	000402	金 融 街	-0.92	8946	10.78
26	600642	申能股份	-1.04	2	9.52
27	601766	中国南车	-1.06	2082	4.67
28	600016	民生银行	-1.08	435	7.32
29	600631	百联股份	-1.23	13	12.85
30	600027	华电国际	-1.25	4	4.75

大盘股

	代码	名称	涨幅%	现量	现价
1	002030	达安基因	10.01	865	13.52
2	000062	深圳华强	9.91	7027	9.76
3	600760	东安黑豹	8.15	5	7.30
4	002007	华兰生物	7.64	2423	31.85
5	600475	华光股份	7.05	99	15.63
6	600209	罗顿发展	6.41	135	5.98
7	000150	宜华地产	6.36	6315	6.69
8	600686	金龙汽车	5.89	111	9.89
9	600731	湖南海利	5.80	20	6.20
10	000739	普洛股份	5.42	5341	8.94
11	600778	友好集团	5.35	22	6.30
12	600161	天坛生物	5.24	34	21.09
13	600448	华纺股份	5.14	3092	4.91
14	600146	大元股份	5.10	22	9.68
15	600155	*ST宝硕	5.10	8	4.33
16	000856	*ST 唐陶	5.07	70	7.67
17	600698	ST轻骑	5.06	50	5.40
18	600751	S*ST天海	5.05	30	9.36
19	000656	ST 东 源	5.03	14	7.51
20	600604	*ST二纺	5.03	107	6.89
21	600871	S仪化	5.01	100	7.55
22	000892	ST星美	5.00	243	9.87
23	600656	ST方源	4.97	5	5.49
24	600579	ST黄海	4.97	641	6.13
25	600462	ST石岘	4.94	30	4.46
26	600180	*ST九发	4.94	2	4.25
27	600190	锦州港	4.91	4	7.69
28	000975	科 学 城	4.75	7178	5.95
29	600688	S上石化	4.65	61	8.78
30	000882	华联股份	4.59	928	7.52

中盘股

	代码	名称	涨幅%	现量	现价
1	002166	莱茵生物	10.02	425	23.93
2	002193	山东如意	10.00	257	10.34
3	000803	金宇车城	6.18	1806	7.22
4	002209	达 意 隆	5.75	3129	13.06
5	600984	ST建机	5.06	80	8.09
6	600733	S前锋	5.02	10	21.56
7	002145	ST钛白	5.00	136	8.82
8	600876	ST洛玻	5.00	2	5.04
9	600753	东方银星	4.50	132	7.89
10	002002	*ST琼花	4.22	1220	7.17
11	002144	宏达经编	4.00	2415	10.67
12	000523	广州浪奇	3.83	1588	7.04
13	002054	德美化工	3.72	1061	14.78
14	600706	ST长信	3.36	64	10.16
15	000669	领先科技	3.12	739	8.60
16	600297	美罗药业	3.09	117	6.33
17	600184	新华光	3.09	72	21.35
18	002150	江苏通润	2.99	1448	13.80
19	002093	国脉科技	2.91	1365	15.90
20	002176	江特电机	2.91	1018	12.03
21	002034	美 欣 达	2.87	7205	9.32
22	000018	*ST中冠A	2.81	337	7.32
23	002100	天康生物	2.79	710	14.35
24	600419	ST天宏	2.74	1	8.62
25	600436	片仔癀	2.48	35	25.99
26	002127	新民科技	2.40	2093	10.22
27	002266	浙富股份	2.24	416	30.58
28	002158	汉钟精机	2.12	1118	13.00
29	000035	ST 科 健	2.09	884	5.86
30	002180	万 力 达	1.96	1462	14.56

小盘股

上证2743.76 -53.56 -1.91% 1263亿 深证10524.1 -175.78 -1.64% 651.6亿 中小4215.79 -88.75 -2.06% 147.8亿 深圳行情主站2

图【69】捕捉主流热点的基本方法1：关注涨幅排名榜

第二种方法，关注量比排名榜

中国证券操盘学院[主流板块]

	代码	名称	量比	现量	现价	买入价
1	600868	ST梅雁	2.62	12	3.33	3.33
2	600320	振华重工	1.67	65	13.52	13.52
3	000031	中粮地产	1.64	28514	9.43	9.42
4	600037	歌华有线	1.56	291	11.57	11.57
5	000539	粤电力A	1.41	940	6.94	6.94
6	600649	城投控股	1.38	10	12.40	12.39
7	601857	中国石油	1.31	1	13.89	13.90
8	600895	张江高科	1.31	60	13.91	13.91
9	600832	东方明珠	1.24	6	10.50	10.49
10	000651	格力电器	1.22	2639	18.33	18.32
11	600098	XD广州控	1.22	15	6.48	6.47
12	000793	华闻传媒	1.17	1640	4.88	4.87
13	000767	漳泽电力	1.12	1277	4.19	4.19
14	600220	江苏阳光	1.12	139	6.10	6.09
15	000527	美的电器	1.11	3701	12.54	12.54
16	601166	兴业银行	1.10	562	30.21	30.17
17	600839	四川长虹	1.09	5	4.60	4.60
18	000897	津滨发展	1.08	5394	5.39	5.39
19	601088	中国神华	1.07	46	26.24	26.25
20	600601	方正科技	1.06	130	4.15	4.15
21	000725	京东方A	1.05	7363	5.33	5.32
22	600029	南方航空	1.04	1543	5.11	5.10
23	000063	中兴通讯	1.02	967	27.51	27.50
24	600008	首创股份	1.00	164	6.37	6.36
25	000652	泰达股份	0.99	5439	7.32	7.32
26	000036	*ST华控	0.99	1261	4.67	4.67
27	600048	保利地产	0.98	45	23.57	23.60
28	600837	海通证券	0.96	718	16.39	16.38
29	600001	邯郸钢铁	0.96	125	5.01	5.01
30	600598	XD北大荒	0.96	51	12.67	12.68

大盘股

	代码	名称	量比	现量	现价
1	600602	广电电子	8.92	6	5.23
2	002222	福晶科技	6.54	880	9.15
3	600760	东安黑豹	5.06	5	7.30
4	600637	广电信息	4.65	2	5.45
5	000760	博盈投资	4.52	33348	9.98
6	600731	湖南海利	4.36	20	6.20
7	600571	信雅达	4.36	389	7.50
8	002030	达安基因	3.98	865	13.52
9	600579	ST黄海	3.63	641	6.13
10	002022	科华生物	3.50	2303	17.83
11	000975	科 学 城	3.46	7178	5.95
12	600462	ST石岘	3.39	30	4.46
13	000973	佛塑股份	3.15	8278	7.68
14	000739	普洛股份	2.93	5341	8.94
15	600475	华光股份	2.90	99	15.63
16	000592	中福实业	2.87	3478	5.14
17	000882	华联股份	2.84	928	7.52
18	600608	ST沪科	2.80	270	4.78
19	000665	武汉塑料	2.71	3357	5.73
20	600796	钱江生化	2.68	92	6.70
21	600275	*ST昌鱼	2.67	50	4.70
22	600332	广州药业	2.66	50	7.79
23	600778	友好集团	2.66	22	6.30
24	000955	*ST欣龙	2.64	2299	5.08
25	600250	南纺股份	2.58	7	7.20
26	600594	益佰制药	2.56	20	11.57
27	600222	太龙药业	2.52	72	7.06
28	600058	XD五矿发	2.43	6	19.20
29	000557	ST银广夏	2.41	694	5.33
30	600871	S仪化	2.40	100	7.55

中盘股

	代码	名称	量比	现量	现价
1	002193	山东如意	8.62	257	10.34
2	002209	达 意 隆	4.78	3129	13.06
3	002176	江特电机	4.32	1018	12.03
4	002054	德美化工	3.90	1061	14.78
5	002100	天康生物	3.61	710	14.35
6	000669	领先科技	3.42	739	8.60
7	002156	通富微电	3.05	704	7.97
8	600876	ST洛玻	3.04	2	5.04
9	002116	中国海诚	2.92	363	14.76
10	002166	莱茵生物	2.90	425	23.93
11	600297	美罗药业	2.88	117	6.33
12	000923	河北宣工	2.76	2956	7.29
13	600691	ST东碳	2.71	5	8.61
14	002197	证通电子	2.67	267	29.22
15	600513	联环药业	2.53	8	10.79
16	600733	S前锋	2.44	10	21.56
17	002158	汉钟精机	2.38	1118	13.00
18	002068	黑猫股份	2.38	1293	8.32
19	000536	闽闽东	2.36	1729	14.71
20	000523	广州浪奇	2.36	1588	7.04
21	600187	ST国中	2.34	1	7.48
22	002103	广博股份	2.29	616	7.68
23	600892	*ST湖科	2.20	38	10.79
24	000803	金宇车城	2.17	1806	7.22
25	002150	江苏通润	2.04	1448	13.80
26	000008	ST宝利来	2.03	167	8.69
27	002093	国脉科技	1.96	1365	15.90
28	002144	宏达经编	1.91	2415	10.67
29	002266	浙富股份	1.89	416	30.58
30	002145	ST钛白	1.88	136	8.82

小盘股

上证2743.76 -53.56 -1.91% 1263亿 深证10524.1 -175.78 -1.64% 651.6亿 中小4215.79 -88.75 -2.06% 147.8亿 深圳行情主站2

图【70】捕捉主流热点的基本方法2：关注量比排名榜

量比排名榜反映了主力即时投入资金操盘的力度，利用量比排名榜，可以及时跟踪到主力操盘计划的细微变化，把握住主力的最新动向，从而及时修正我们的操作对策。

关注的方法，如图【70】所示，利用行情分析软件定制表头的功能，将量比提到最前端，便于观察分析。同时，为了更好地跟踪主力的资金流向，事前定制好【主流量比】界面，方便切换，也可以直接利用上边的【主流板块】版面，按鼠标右键即时切换。

第三种方法，关注换手排名榜

换手排名榜反映了股票的活跃程度，反映出市场关注的焦点所在，也反映出主力操盘计划的实施情况。换手率的高低对我们滚动操作至关重要，应当高度重视。如果我们所筛选的候选品种换手率异常，就需要重新考量，修正操盘计划。

关注的方法，如图【71】所示，利用行情分析软件定制表头的功能，将换手率提到最前端，便于观察分析。同时，为了更好地分析个股的活跃程度，可以事先定制好【换手排名】界面，方便切换，当然也可以直接利用上边的【主流板块】版面，按鼠标右键即时切换。

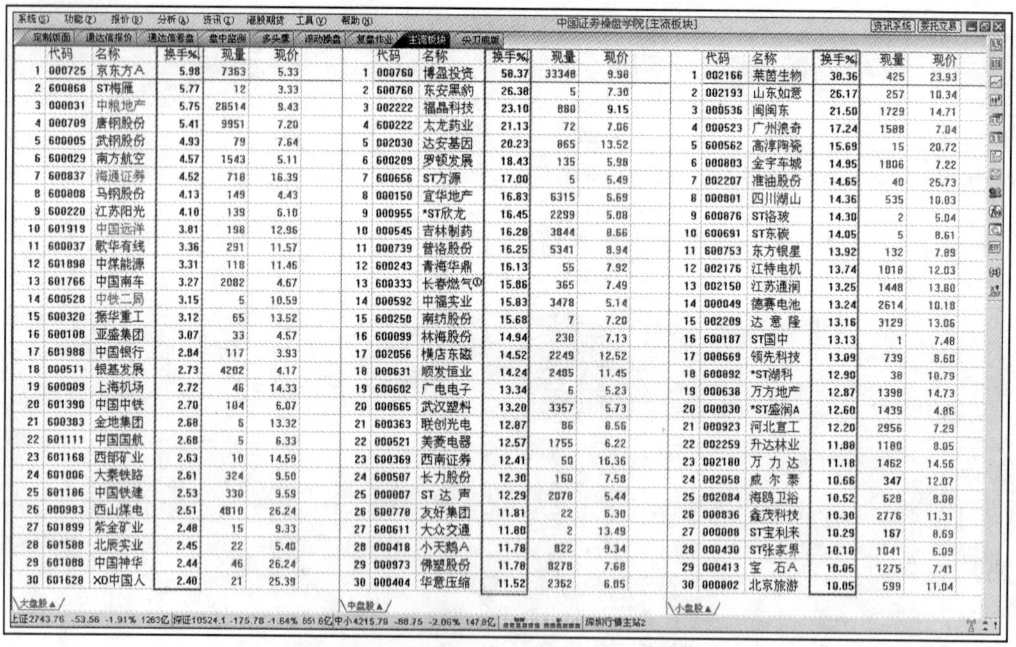

系统(S) 功能(F) 报价(B) 分析(A) 资讯(I) 港股期货 工具(V) 帮助(H) 中国证券操盘学院[主流板块] 资讯系统 委托交易

定制版面 | 通达信报价 | 通达信看盘 | 盘中监测 | 多头票 | 滚动操盘 | 复盘作业 | 主流板块 | 尖刀底部

大盘股

	代码	名称	换手%	现量	现价
1	000725	京东方A	5.98	7363	5.33
2	600868	ST梅雁	5.77	12	3.33
3	000031	中粮地产	5.75	28514	9.43
4	000709	唐钢股份	5.41	9951	7.20
5	600005	武钢股份	4.93	79	7.64
6	600029	南方航空	4.57	1543	5.11
7	600837	海通证券	4.52	718	16.39
8	600808	马钢股份	4.13	149	4.43
9	600220	江苏阳光	4.10	139	6.10
10	601919	中国远洋	3.81	198	12.96
11	600037	歌华有线	3.36	291	11.57
12	601898	中煤能源	3.31	118	11.46
13	601766	中国南车	3.27	2082	4.67
14	600528	中铁二局	3.15	5	10.59
15	600320	振华重工	3.12	65	13.52
16	600108	亚盛集团	3.07	33	4.57
17	601988	中国银行	2.84	117	3.93
18	000511	银基发展	2.73	4202	4.17
19	600009	上海机场	2.72	46	14.33
20	601390	中国中铁	2.70	104	6.07
21	600383	金地集团	2.68	6	13.32
22	601111	中国国航	2.68	5	6.33
23	601168	西部矿业	2.63	10	14.59
24	601006	大秦铁路	2.61	324	9.50
25	601186	中国铁建	2.53	330	9.59
26	000983	西山煤电	2.51	4810	26.24
27	601899	紫金矿业	2.48	15	9.33
28	601588	北辰实业	2.45	22	5.40
29	601088	中国神华	2.44	46	26.24
30	601628	XD中国人	2.40	21	25.39

中盘股

	代码	名称	换手%	现量	现价
1	000760	博盈投资	58.37	33348	9.98
2	600760	东安黑豹	26.38	5	7.30
3	002222	福晶科技	23.10	880	9.15
4	600222	太龙药业	21.13	72	7.06
5	002030	达安基因	20.23	865	13.52
6	600209	罗顿发展	18.43	135	5.98
7	600656	ST方源	17.00	5	5.49
8	000150	宜华地产	16.83	6315	6.69
9	000955	*ST欣龙	16.45	2299	5.08
10	000545	吉林制药	16.28	3844	8.66
11	000739	普洛股份	16.25	5341	8.94
12	600243	青海华鼎	16.13	55	7.92
13	600333	长春燃气①	15.86	365	7.49
14	000592	中福实业	15.83	3478	5.14
15	600250	南纺股份	15.68	7	7.20
16	600099	林海股份	14.94	230	7.13
17	002056	横店东磁	14.52	2249	12.52
18	000631	顺发恒业	14.24	2485	11.45
19	600602	广电电子	13.34	6	5.23
20	000665	武汉塑料	13.20	3357	5.73
21	600363	联创光电	12.87	86	8.56
22	000521	美菱电器	12.57	1755	6.22
23	600369	西南证券	12.41	50	16.36
24	600507	长力股份	12.30	160	7.58
25	000007	ST 达 声	12.29	2078	5.44
26	600778	友好集团	11.81	22	6.30
27	600611	大众交通	11.80	2	13.49
28	000418	小天鹅A	11.78	822	9.34
29	000973	佛塑股份	11.78	8278	7.68
30	000404	华意压缩	11.52	2362	6.05

小盘股

	代码	名称	换手%	现量	现价
1	002166	莱茵生物	30.36	425	23.93
2	002193	山东如意	26.17	257	10.34
3	000536	闽闽东	21.50	1729	14.71
4	000523	广州浪奇	17.24	1588	7.04
5	600562	高淳陶瓷	15.69	15	20.72
6	000803	金宇车城	14.95	1806	7.22
7	002207	准油股份	14.65	40	25.73
8	000801	四川湖山	14.36	535	10.03
9	600876	ST洛玻	14.30	2	5.04
10	600691	ST东碳	14.05	5	8.61
11	600753	东方银星	13.92	132	7.89
12	002176	江特电机	13.74	1018	12.03
13	002150	江苏通润	13.25	1448	13.80
14	000049	德赛电池	13.24	2614	10.18
15	002209	达 意 隆	13.16	3129	13.06
16	600187	ST国中	13.13	1	7.48
17	000669	领先科技	13.09	739	8.60
18	600892	*ST湖科	12.90	38	10.79
19	000638	万方地产	12.87	1398	14.73
20	000030	*ST盛润A	12.60	1439	4.86
21	000923	河北宣工	12.20	2956	7.29
22	002259	升达林业	11.88	1180	8.05
23	002180	万 力 达	11.18	1462	14.56
24	002058	威 尔 泰	10.66	347	12.07
25	002084	海鸥卫浴	10.52	628	8.08
26	000836	鑫茂科技	10.30	2776	11.31
27	000008	ST宝利来	10.29	167	8.69
28	000430	ST张家界	10.10	1041	6.09
29	000413	宝 石A	10.05	1275	7.41
30	000802	北京旅游	10.05	599	11.04

上证2743.76 -53.56 -1.91% 1263亿 深证10524.1 -175.78 -1.64% 851.6亿 中小4215.79 -88.75 -2.06% 147.8亿 深圳行情主站2

图【71】捕捉主流热点的基本方法3：关注换手排名榜

（3）分批进场原则

滚动操盘技术倡导的原则是分批进出，滚动操作，稳健盈利。分批进出的原则在建仓阶段可以解读为分批买进，如图【72】所示，以上海电气（601727）为例，解读如下：

第一仓

601727 上海电气经过整合之后，于2008 年12 月5 日挂牌上市。上市之前，我们已经对它的基本面做了深入细致的研究，并制定了可执行的操盘对策。集合竞价时间，开出了6 元的价位，比我们评估的价位要低出25%，也就是说，当前价为买进，至少短期内具有25%的盈利空间！这实在是太诱人啦。于是，我们当即挂单，即时买进第一仓。

实际情况比我们的预计还要理想，开盘后，股价快速下打，最低价居然打到了5.68 元！天哪，真是鸿运逼人来，云开日就到，财来自有方。我们的挂单悉数成交，均价比开盘价还低出好些钱呢。后续的走势在2008 年12 月9 日创出8.12 元的高点，即时图上呈现出典型的卖出信号，根据操盘指令，我们安全撤离，顺利完成了第一仓的操作。其中详细的滚动流程，我们将在后边的实战案例中加以解读，此处从略。

第二仓

经过整整一个月的整理之后，601727 上海电气又回到了上市时的开盘价位附近。整理期间，股价虽然一路盘跌，但始终没有创出新低，表明6 元附近具有强有力的支撑。一旦放量启动，将是买进第二仓的机会。

2009 年1 月6 日，机会终于来了。集合竞价时间，以5.96 元开盘，第一时间段向下轻微击穿了开盘价，最低价打到5.90 元，然后围绕均价线上下震荡，第二时间段再次击穿均价线，但不再创出新低，量能也没有放大。盘中不时出现尖角状的冲击波，表明主力在压制股价，暗中吸筹。此时，我们已经整装待发，利用闪电下单功能，早就填好了委托单，只等放量启动那一瞬间到来。

10 点16 分开始，激动人心的时刻开始到来，主力开始发起了持续的攻击性操盘动作，盘面攻击性波形非常流畅，量峰结构健康，三波拉升，直接攻击到了涨停板。而我们团队的挂单，也在攻击的过程中如愿成交了。其中详细的操作过程，将在今后的特训中加以解读。

第三仓

2009 年2 月3 日，春节过后，601727 上海电气在第一时间段至第四时间段的走势很沉闷，盘口显示为萎缩性量峰，整理态势明显。如此走势，怪异！主力究竟要干什么呢?

研究盘面发现，原来平静的海面下居然暗流涌动！盘中不时出现冲击性大单，频频向上吃进筹码，主买大单远远大于主卖大单。从第一时间段至第四时间段的成交明细看到，四位数的大买单屡次出现！好家伙，原来如此。

第四时间段，13 点41 分，盘口突然出现了3108 手向上打高2 分钱的大买单！量异动开始了，说明主力正准备做点什么。但盘面很快又恢复了平静。机会总是留给有心人。透过蛛丝马迹可以找到主力的身影。此时需要做好随时出击的准备，不可懈怠。

第五时间段开始不久，主力终于发起攻击，第一波攻击力度强大，价量齐升，量峰结构健康，即时图的起爆点就是最佳买入点。但是，第一波攻击结束后，停顿时间过长，预示着后边的第二波攻击时将会出现背离现象，第三仓买进后，此时应立即停止操作，静观其变。

第四仓

2009 年 4 月 10 日，经过一个多月的整理之后，601727 上海电气再次出现买入信号。于是买入第四仓，从 2008 年 12 月 5 日至 2009 年 4 月 10 日，历时大约 3 个月，完成长线建仓的布局。基础仓架构至此彻底完成。

总结 601727 上海电气的建仓过程，有以下几点可供各位投资者借鉴：

> 第一，坚定不移的执行分批买进原则
> 第二，坚定不移的执行技术性买进原则
> 第三，坚定不移的执行量峰结构买进原则
> 第四，坚定不移的执行临盘因敌制胜买进原则

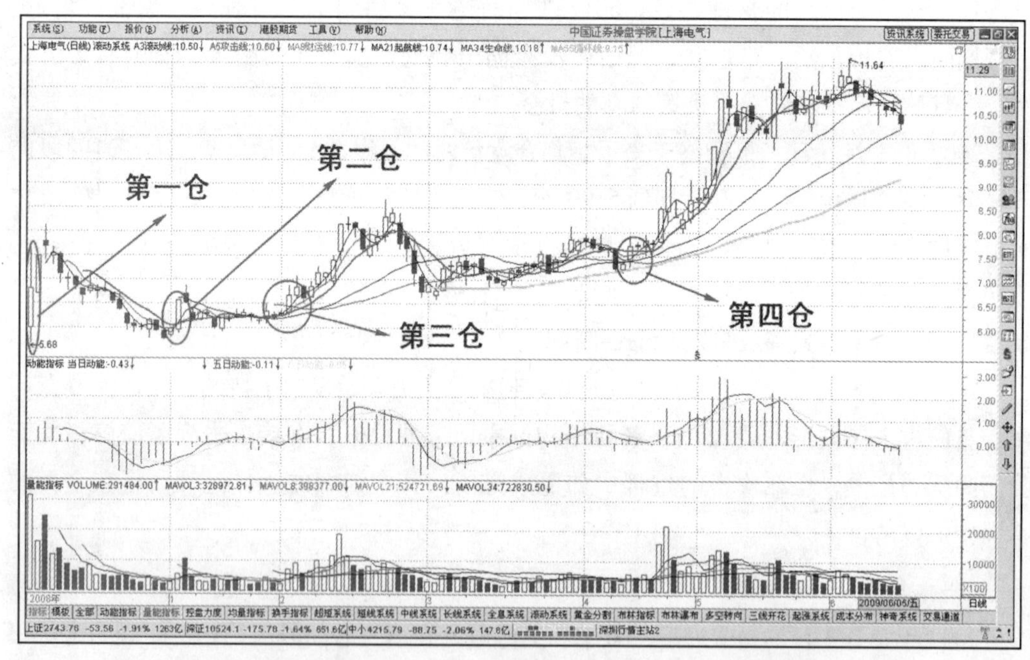

图【72】分批进场示意图：长线布局 601727 上海电气的建仓方法

2. 买点选择的基本类型

买点选择的基本类型，根据趋势交易的原则，可以分为两大类，一类是上升趋势已经确立的顺势交易型，另一类是下跌趋势已经确立的逆势交易型。不同的类型，买入的法则完全不同，不可混淆。

（1）上升趋势已经确立

第一类是上升趋势已经确立的顺势交易型。这种类型的特点是短期均线系统和中期均线系统都已经呈现为多头排列，滚动线，攻击线，财运线等三线组合呈明显的向上发散，斜率较大，表明攻击力度较强。起航线，生命线，循环线等三线组合呈现为多头趋势，标志着中级大行情的循环线已经显示为多头趋势。如图【73】所示。

上升趋势确立后，如果没有重大的利空干扰，多头行情不会轻易停止下来。因此，每一次小波段的回调，都是很好的买入点，每一根阴线的下影线，都是很好的日内滚动操盘买进良机。如何选择精确的买点，我们将在后边详细讲解。

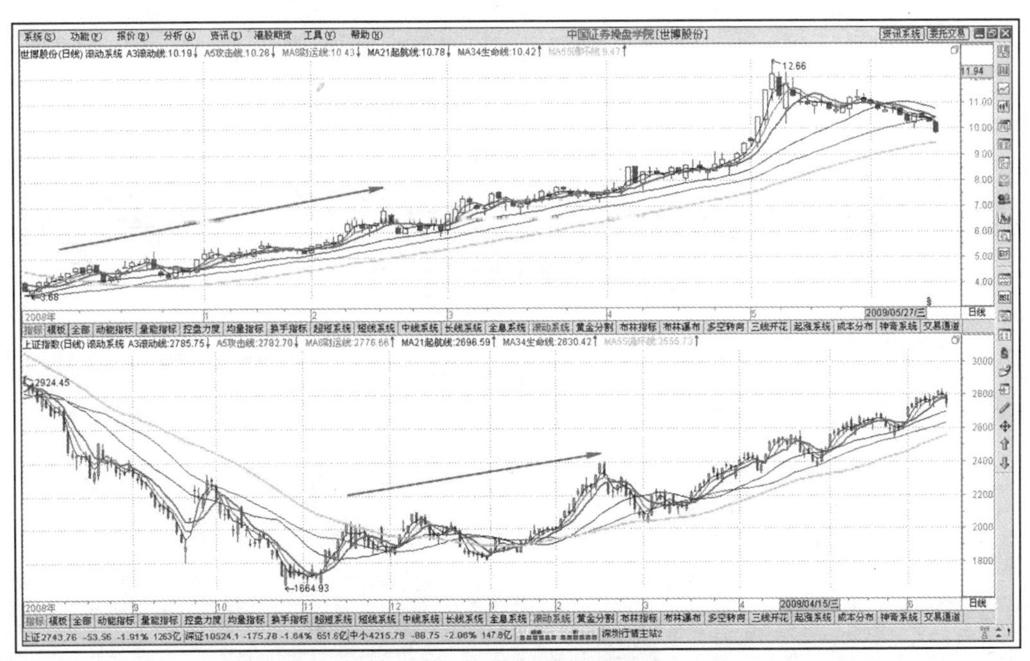

图【73】上升趋势确立示意图

（2）下跌趋势已经确立

第二类是下跌趋势已经确立的逆势交易型。这种类型的特点是短期均线系统，中期均线系统和长期均线系统都已经呈现为空头排列，股价受制于长期趋势的反压，即使短期内偶尔有小反弹，也改变不了股价运行的趋势，反而是反弹之后再创新低。新低之后还有新低，跌跌不休，了无生机。如图【74】所示。

下跌趋势已经确立后，如果没有强大的外力作用，原来的趋势是很难改变的。因此，在操作上，原则上以观望为宜。即使有小反弹，也只能是小仓位参与，超短线快进快出为主，滚动操作的机会不多，即使有，也只是小周期的滚动。可以参见前边的叙述。

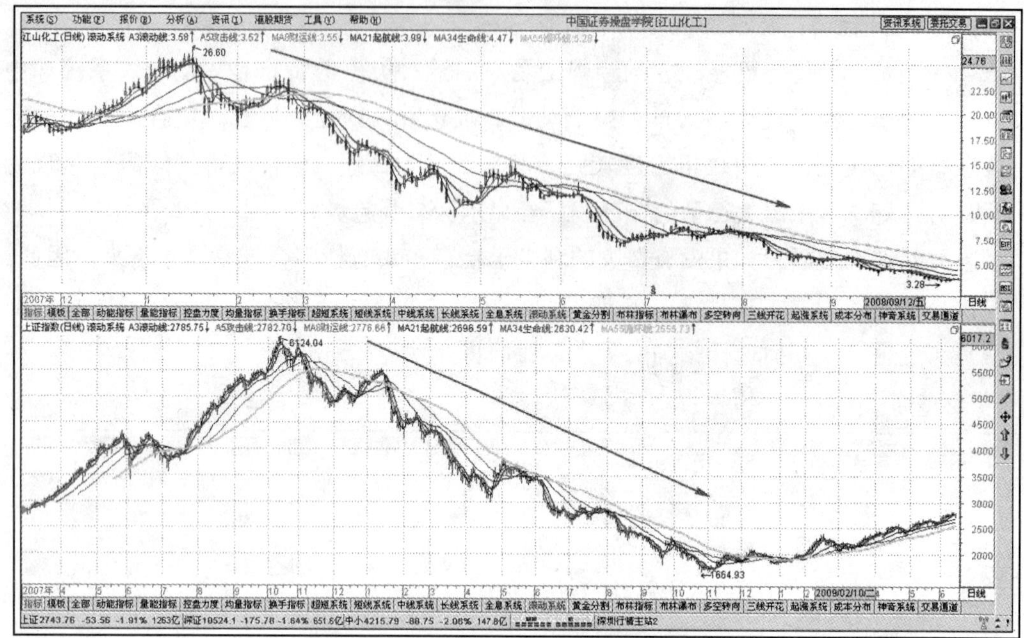

图【74】下跌趋势确立示意图

第二节　买点选择实战指引

1. 分时交易系统买入法

分时交易系统买入法是滚动操盘技术中最激进的买入方法，是根据分时交易系统中的K线结构、均线结构、动能指标和量能指标的信号提示做出的买进行为。这是严谨的技术性买进原则，在运用的时候，务必严格遵守有关操盘纪律。根据踩点时间周期的不同，在操作上，可以分为1分钟交易系统买入法、5分钟交易系统买入法、15分钟交易系统买入法、30分钟交易系统买入法和60分钟交易系统买入法。在下边的讲解中，为了避免重复，每一种分时交易系统买入法都只举出5个例子，而且尽可能各不相同。各种例子列举的买入法则，原理是相通的，适用于不同的时间周期，请各位读者朋友融会贯通。

（1）1分钟交易系统买入法

第一种，巨量高开买入法

【盘面技术特征】

第一，在一分钟交易系统上，大周期的均线系统在启动之前已经呈现为粘合态势，或者显示为明显的多头排列，而中小周期的均线系统更是十分陡峭，仿佛直指蓝天。表明向上攻击的基础十分牢固，短线做多的意愿十分强烈。如图【75】所示。

第二，集合竞价阶段，反复出现在涨幅榜排名的前列，十分抢眼。同时有重大利好消息支持或者属于主流热点板块的焦点，一呼百应，具有领涨的王者风范。

第三，开盘量比巨大，在50倍以上，甚至超过100倍，表明主力做多的决心非常坚决，如果高开的幅度超过7%，形成巨大的跳空缺口，更是气势非凡，强势特征尽显。

【滚动操盘策略】

在操作上，如果有重大题材配合，并且属于启动以来的第一次巨量高开，股价阶段性位置处于低位，大盘背景健康，则可以重仓参与，仓位可以控制在70%左右。如果没有重大题材配合，纯属于主力的计划中操盘动作，则仓位控制在50%左右。如果在第一时间段一波拉升直奔涨停板而去，可在盘中开板洗盘时继续买进第二仓，第二仓的仓位控制在20%。

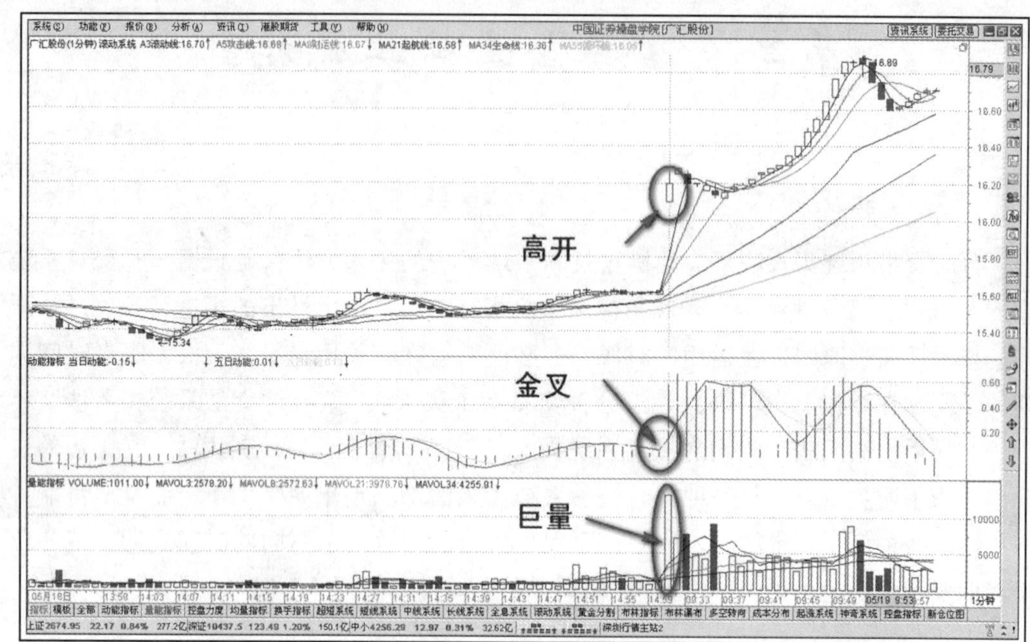

图【75】600256 广汇股份 2009 年 5 月 19 日巨量高开买入法示意图

第二种，芙蓉出水买入法

【盘面技术特征】

第一，芙蓉出水是非常经典的买入技术信号。在 1 分钟交易系统上，可以分为嫩芽初绽的小芙蓉和艳丽夺目的大芙蓉。前者处于短期均线滚动线、攻击线和财运线粘合的胶着区域，图形呈现为小阳 K 线，后者处于短期均线系统和中长期均线系统的交汇区，图形显示为大阳 K 线。均属于主力攻击性操盘信号。如图【76】所示。

第二，盘面上动能指标显示出拉升动能充足，强劲有力。预示着新高可期。

第三，量价结构健康，攻击量柱高度理想，分钟成交笔数超过 11，区间统计显示主动性小买单占据上风，表明中小投资者跟风踊跃，主动性大买单绝对领先于主动性大卖单，表明主力盘面控制有力，引导盘使用得当。

【滚动操盘策略】

在操作上，可以在嫩芽初绽小芙蓉成立时买进第一仓，仓位控制在 10% 以内，在艳丽夺目的大芙蓉成立时，买进第二仓，仓位控制在 5% 以内。如果没有底仓，则可以加大买进力度，第一仓仓位放大至 15%，第二仓仓位放大至 10%。如果大盘背景不健康，则放弃操作，保持观望，静待机会。

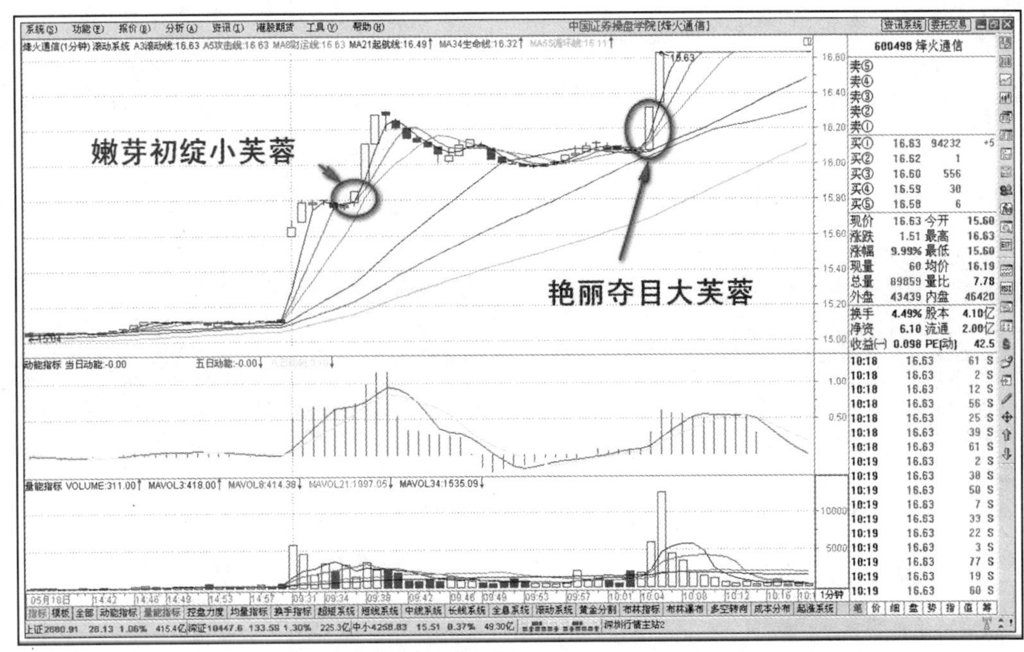

图【76】600498 烽火通信 2009 年 5 月 19 日芙蓉出水买入法示意图

第三种，旭日东升买入法

【盘面技术特征】

第一，滚动系统的循环线、生命线和起航线形成多头排列，处于明显的上升趋势，股价依托着滚动线稳步上升，攻击线和财运线贴身跟随，偏离值很小。滚动线陡峭，角度大于 45 度，表明攻击力度强劲。旭日东升属于加速形态，如图【77】所示。

第二，1 分钟 K 线呈现为连续小阳线，显示为蚂蚁上树图形。偶有下影线，但居间几乎没有阴 K 线。表明主力连续投入资金攻击性操盘，行情的持续性良好。

第三，成交量配合近乎完美，量价结构非常健康。连续小阳线后的大阳线，呈现为加速攻击性拉升态势，表明主力做高股价的心情迫切，企图迅速脱离成本区。

【滚动操盘策略】

在操作上，可以在第一次出现旭日东升大阳 K 线的瞬间买进第一仓，在第二次出现旭日东升大阳 K 线的时候买进第二仓。如果股价的阶段性位置处于历史大底区域，第一次出现分时系统旭日东升大阳 K 线技术形态，属于分时系统股价加速拉升的初期，可以重仓参与，仓位可以控制在 50% 左右。

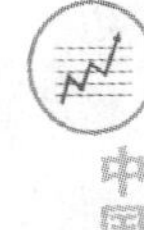

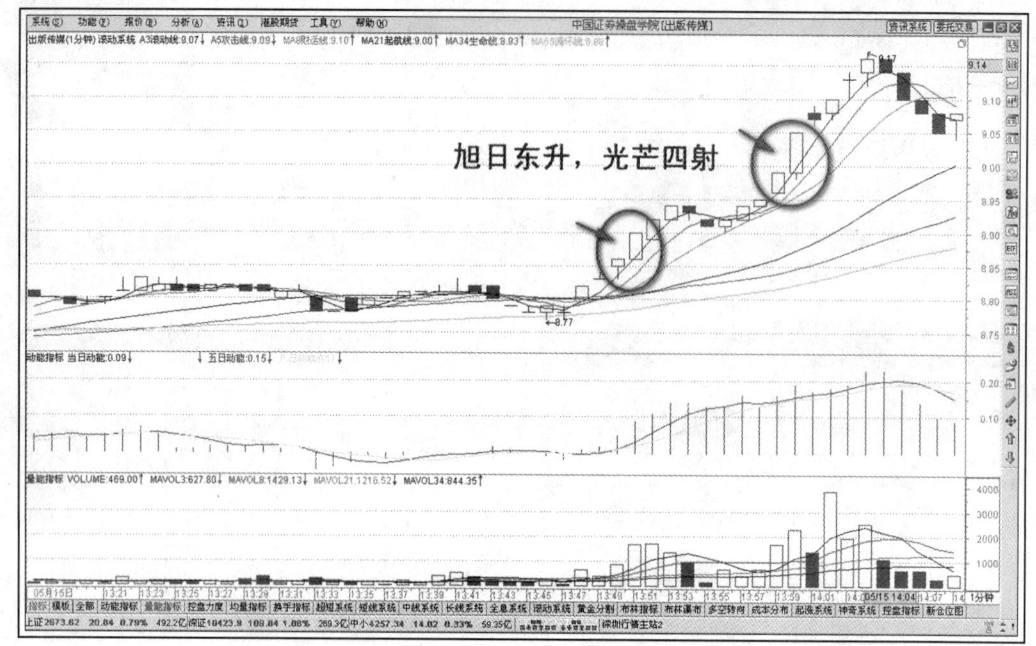

图【77】601999 出版传媒 2009 年 5 月 15 日旭日东升买入法示意图

第四种，海底捞月买入法

【盘面技术特征】

第一，日线系统的大周期均线处于多头排列，表明股价处于上升趋势之中。分时均线系统呈现为空头排列，滚动交易系统全部均线都处于空头排列。此时属于典型的日线均线系统与分时均线系统背离，是主力洗盘的经典图形。如图【78】所示。

第二，1 分钟均线系统上，股价沿着起航线一路盘跌，即使偶有反弹，也受制于起航线，无力穿越，表明短期内空头过于强大。

第三，盘面上在某一时间段，股价突然向下大幅度跳空，跳空的幅度超过 3%，甚至超过 7%，瞬间直奔跌停板，又迅速拉回，1 分钟 K 线留下很长的下影线。说明此时做空动能得到了非常充分的宣泄。这个缺口称为空头竭尽缺口，是洗盘结束的典型信号。

【滚动操盘策略】

在操作上，激进的投资者可以在主力急剧跳空下打的瞬间利用闪电下单功能迅速买进第一仓，在拉出阳线的时候再加码买进。稳健的投资者可以耐心等待股价盘出小底的时候再出手买进。或者在盘口出现芙蓉出水 K 线形态时买进。

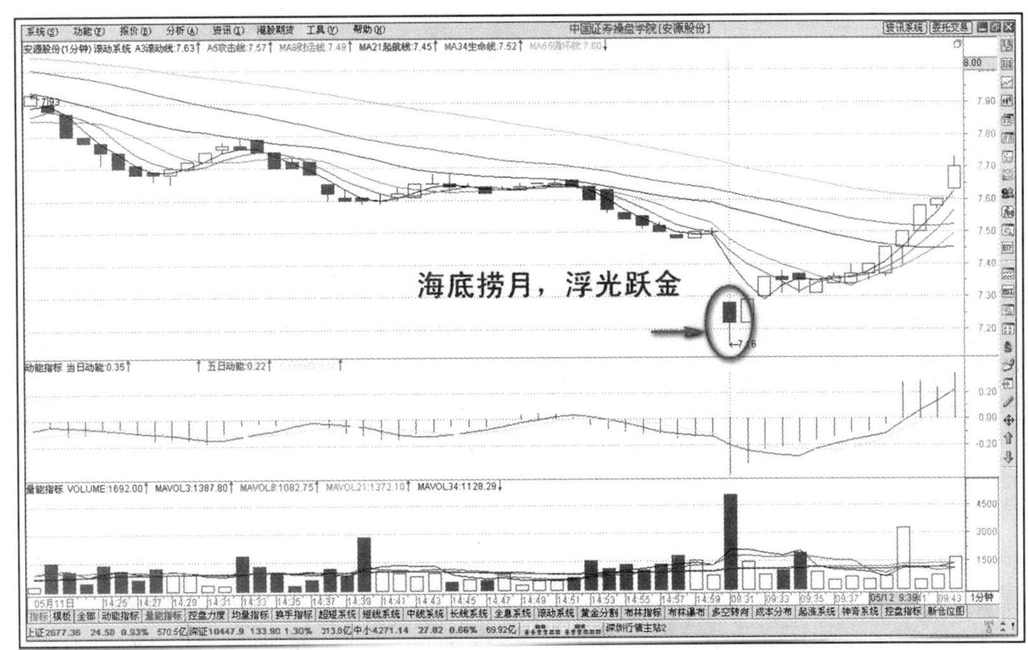

图【78】600397 安源股份 2009 年 5 月 12 日海底捞月买入法示意图

第五种，顶天立地买入法

【盘面技术特征】

第一，盘面上股价走势平稳，中短期均线系统窄幅运行，逐渐呈现为粘合态势，股价围绕着滚动系统上下震荡，但幅度不大。如图【79】所示。

第二，成交量处于地量结构阶段，极度萎缩，盘口显示出交投清淡，成交稀少，换手率较低，每分钟成交笔数小于 10，表明此时属于明显的缩量盘整态势。

第三，在某一时点上，股价突然大幅度杀跌，杀跌的幅度超过 5%，甚至大于 7%，还没等市场反映过来，股价已经迅速拉回。盘面上留下了一根红彤彤的大阳 K 线，如擎天大柱，正好顶住粘合的滚动系统。好一幅英雄出世，顶天立地的景象。

【滚动操盘策略】

一柱擎天的走势是主力盘中结束盘整的信号，但并不是最佳的起涨点，在操作上，可以耐心等待放量启动的信号出现，不必过早介入。当然也可以即时买入，耐心等待主力抬轿。

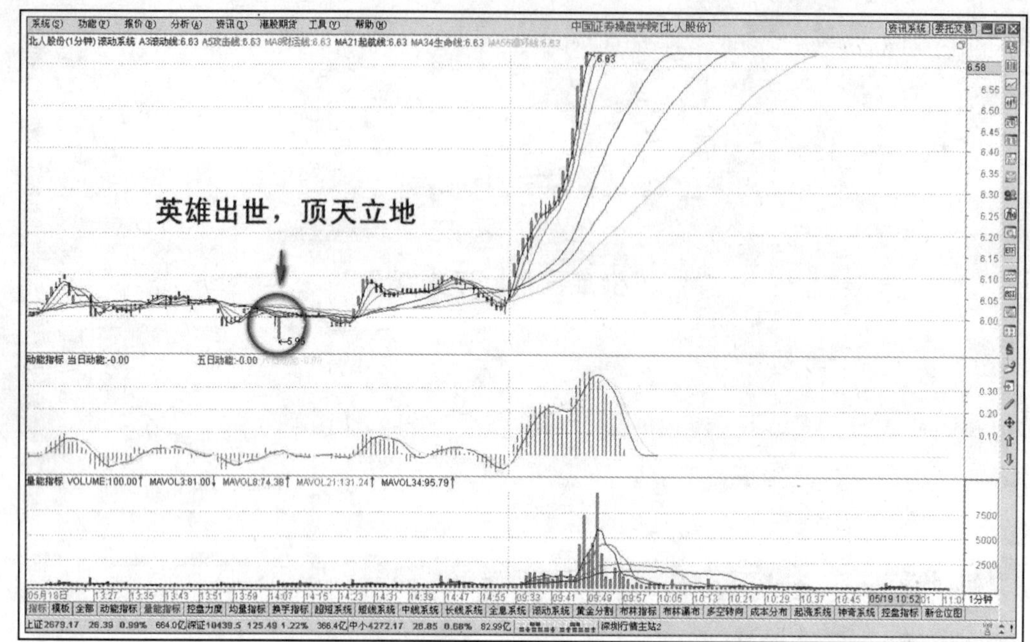

图【79】600860 北人股份 2009 年 5 月 18 日顶天立地买入法示意图

（2）5 分钟交易系统买入法

第一种，绝代双骄买入法

【盘面技术特征】

第一，绝代双骄图形是分时系统上典型的二次探底图形，是标准的分时系统小双底形态。股价经过一轮大跌之后，滚动系统的短期均线滚动线、攻击线开始第一次金叉，显示出初步企稳迹象，但很快又被残存的空头势力再次打破，股价再次下行。但此时空头已是强弩之末，无力再创出新低。很快多头势力展开反攻，拉出带量的中阳线。

第二，盘面上显示出上升有量，下跌无量，量价结构健康。如图【80】所示。

第三，盘口显示出分时系统的动能指标绿柱开始缩短，3 日动能均线开始上穿 0 轴，预示着做多的能量开始不断积聚，主力已经开始发动攻击性操盘行为。分时均量线也开始渐次上翘，表明多方随时可能发起攻击。

【滚动操盘策略】

在操作上，可以在分时小双底的右侧股价不再创新低时试探性买进第一仓，仓位控制在 10% 以内。如果股价处于阶段性底部区域，并且是第一次出现分时小双底，则可以大胆买进，仓位控制在 20% 以内。

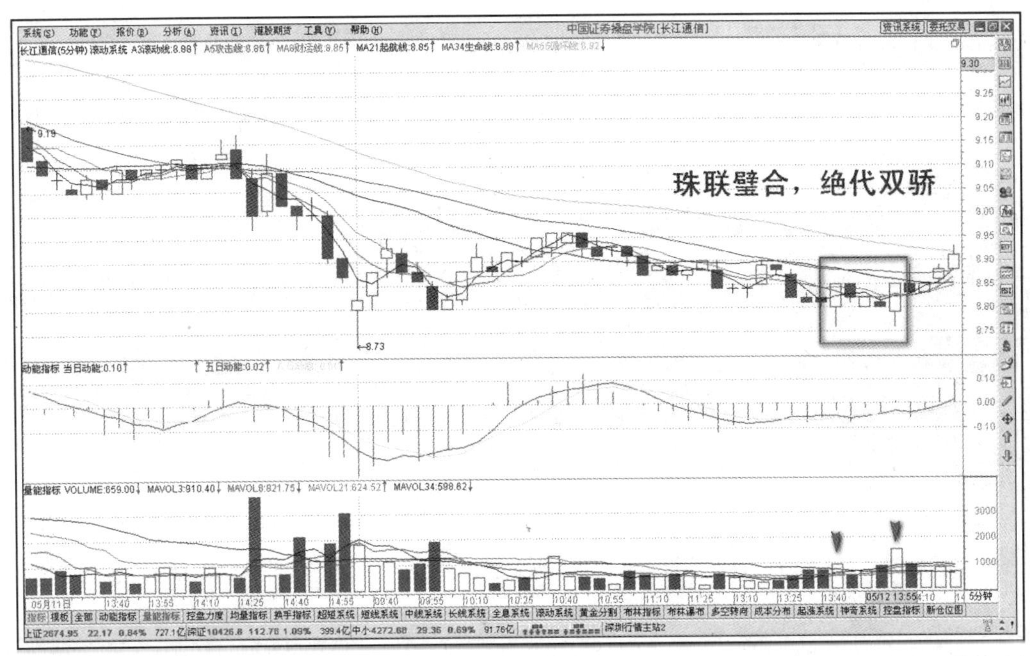

图【80】600345 长江通信 2009 年 5 月 12 日绝代双骄买入法示意图

第二种，金鸡独立买入法

【盘面技术特征】

第一，金鸡独立图形是分时系统上最典型的见底止跌图形之一。股价经过先是缩量下跌，再次放量下跌的一轮大跌之后，做空的动能得到了充分的释放。股价在关键的技术位获得支撑，盘中多方发动强劲有力的反击，击溃空方的喧嚣，K 线图上留下了长长的下影线，表明跌势将止，这很长的下影线酷似黎明报晓的金鸡，宣告多头行情即将到来。如图【81】所示。

第二，金鸡独立信号出现后，跌势将止，股价进入短暂的平衡状态，盘面上显示为盘底阶段，阴阳交错的小 K 线组合表明主力在这里回补筹码，即时图上，不时显示出冲击波形，彻底暴露了主力的操盘意图。

第三，最重要的是此时虽然多空胶着，难分胜负，但股价已经不再创出新低。成交重心渐次上移，表明多头已经开始占据上风，发动攻击性操盘行为只是时间问题。

【滚动操盘策略】

在操作上，激进的投资者可以在金鸡独立信号出现后即时买进第一仓，仓位控制在 10% 以内，稳健的投资者则应耐心等待分时起涨信号的出现再行介入。

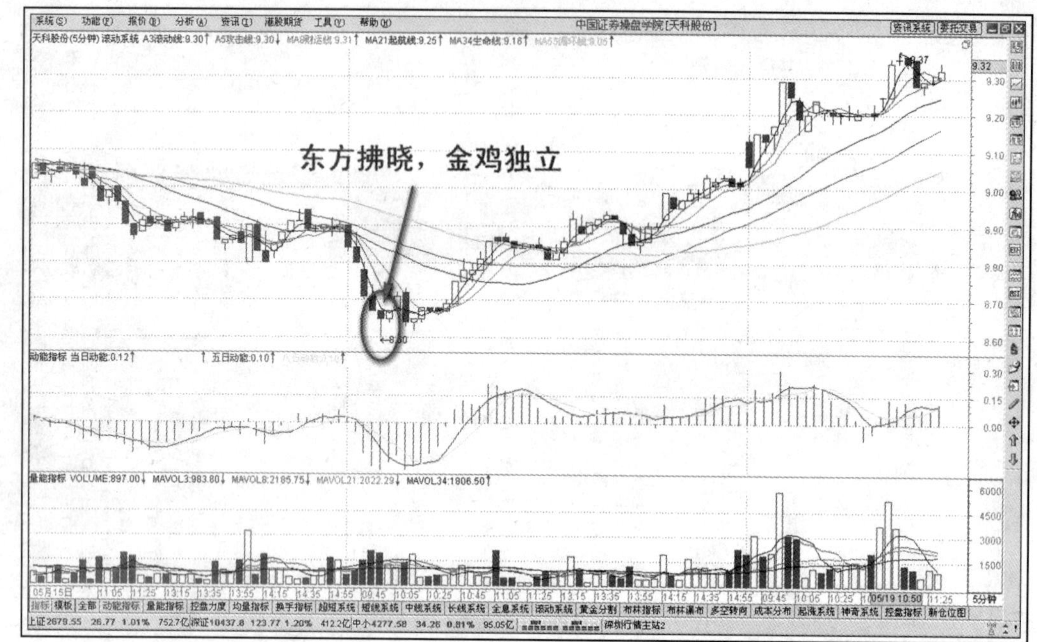

图【81】600378 天科股份 2009 年 5 月 18 日金鸡独立买入法示意图

第三种，鱼跃龙门买入法

【盘面技术特征】

第一，鱼跃龙门是典型的向上突破信号。出现这一信号之前，短中期均线系统已经呈现为明确的多头排列，上升趋势明朗。K 线形态显示为三角形整理，震荡的幅度越来越窄，短期均线系统开始粘合，中期均线系统朝上向短期均线系统靠拢，预示着三角形整理即将结束，股价将选择运行方向。

第二，成交量极度萎缩，盘面显示为地量结构，盘口成交稀少，交投清淡。

第三，股价运行到三角形末端，突然出现向上跳空，跳空的幅度大于 3%，甚至超过 5%，如果超过 7%，则更为理想。盘中瞬间拉高之后，迅速走低，抛盘蜂拥而出，主力则借机大幅度对敲打压，盘面上留下一根上影线很长的带量大阴线。表明主力盘中洗盘达到预期目的，股价距离拉升已经不远。

【滚动操盘策略】

在操作上，激进的投资者可以在带量大阴线的末端试探性买进第一仓，仓位控制在 10%，如果股价不再创出新低，则在第二根 K 线的收盘价买进第二仓，或者逢阴 K 线买进，仓位总体上控制在 20% 以内。

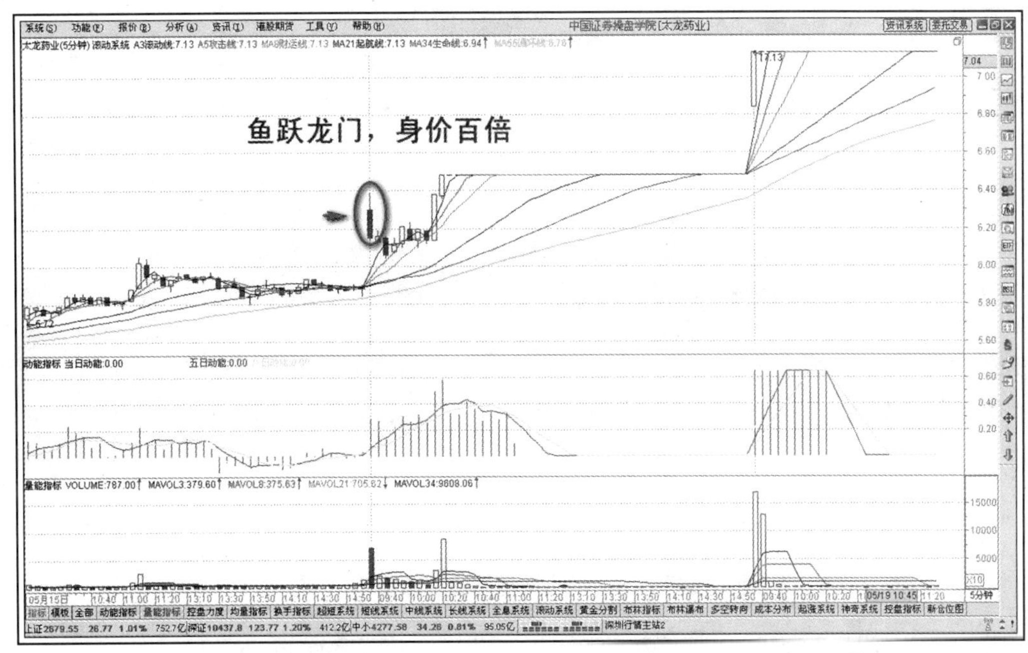

图【82】600222 太龙药业 2009 年 5 月 18 日鱼跃龙门买入法示意图

第四种，比肩接踵买入法

【盘面技术特征】

第一，比肩接踵也叫双阴并列，是分时系统上常见的见底止跌信号。股价经过缩量下跌，再放量下跌之后，空方的动能衰竭，虽然还在垂死挣扎，但是多头的抵抗十分顽强，连续两根长下影线的中阴线，表明多头已经积蓄了不少能量，后一根中阴线的高点高于前一根中阴线的高点，低点也高于前一根中阴线的低点，表明多头已经暗中发力。如图【83】所示。

第二，三日动能线在 0 轴下迅速折返走平，拐头向上，表明多头正在酝酿反击。

第三，盘面上显示出滚动线急剧拐头向上，滚动线和攻击线开始金叉，说明多方攻击型的操盘计划正在实施，更猛烈的攻击即将到来。

【滚动操盘策略】

在操作上，激进的投资者可以在第二根不再创出新低的阴 K 线的下阴线附近试探性买进第一仓，仓位控制在 5%，在滚动线与攻击线金叉是买进第二仓，仓位控制在 10% 以内。

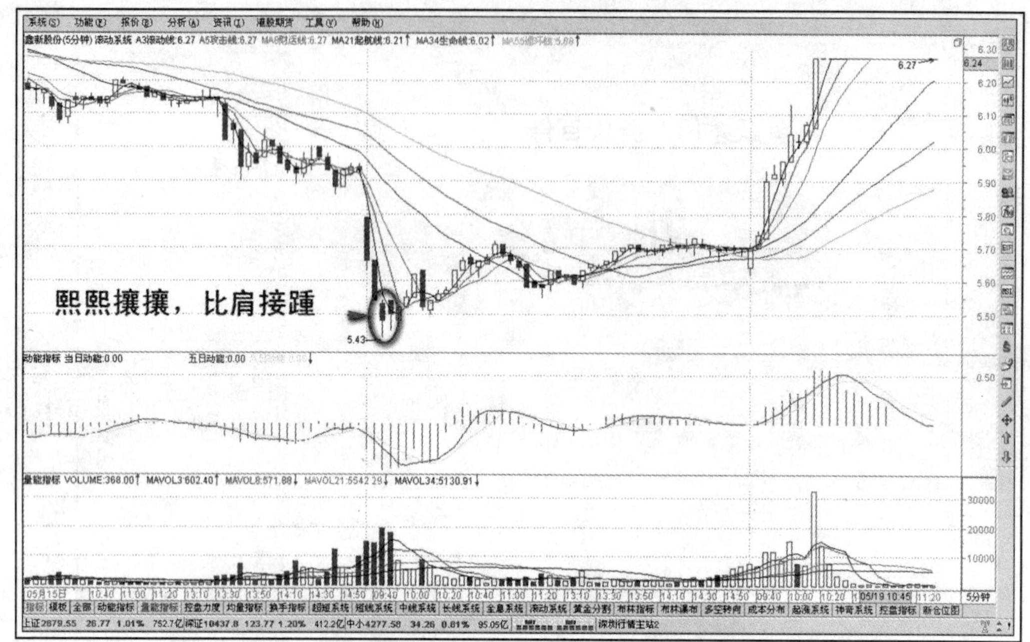

图【83】600373 鑫新股份 2009 年 5 月 18 日比肩接踵买入法示意图

第五种，双龙出海买入法

【盘面技术特征】

第一，双龙出海也叫连珠炮，是常见的分时系统突破信号。此时滚动系统的短中期均线呈现为粘合趋势或者多头排列，股价围绕着均线系统上窜下跳，显示为小箱体震荡格局。

第二，在某一时间段，股价小幅度向下跳空，然后迅速拉升，收出一根带上影线的中阳线，接下来的第二根 K 线的开盘价等于或略高于前一根 K 线的收盘价，实体部分大致相等，带上影线，这两根中阳线基本一致，如孪生兄弟。

第三，量价结构健康，第二根中阳线的成交量是前一根的一倍以上，说明主力攻击的力度明显加大，行情即将发生质的变化。

【滚动操盘策略】

在操作上，激进的投资者可以在第一根中阳线的收盘价附近买进第一仓，或者在第二根中阳线的开盘价即时买进第一仓，仓位控制在 20% 以内。

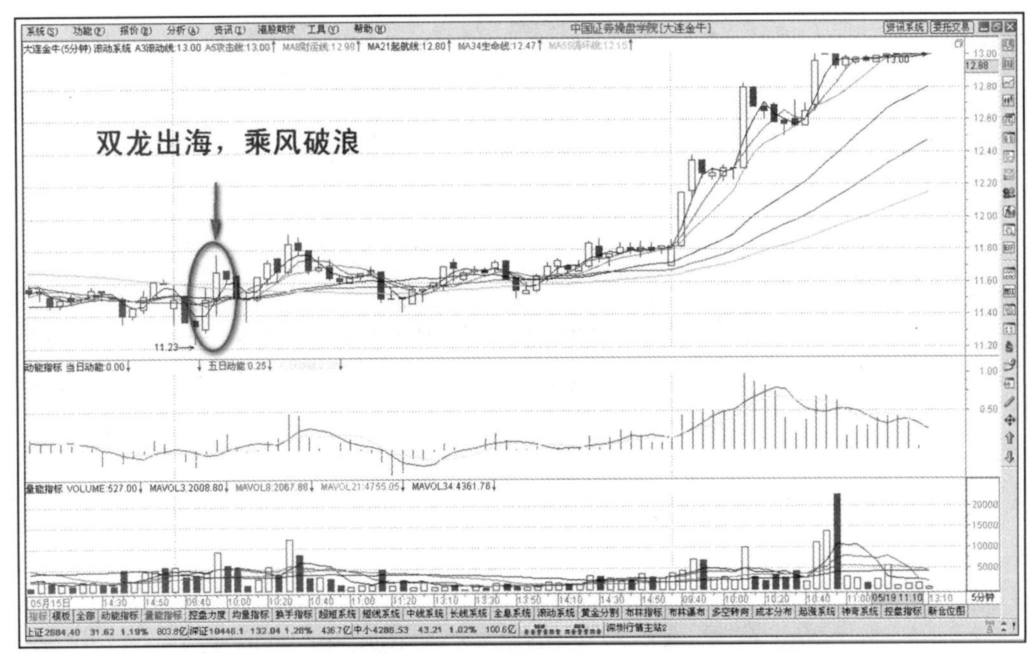

图【84】000961 大连金牛 2009 年 5 月 18 日双龙出海买入法示意图

（3）15 分钟交易系统买入法

第一种，平台突破买入法

【盘面技术特征】

第一，平台突破是非常经典的短线买入信号。此信号出现之前，滚动系统的短中期均线呈现为逐步粘合状态，渐次拐头向上，K 线图显示为小阴小阳交替反复，总体震荡幅度不大，而且每日高低点大致相等，呈现为整理性小平台。

第二，成交量极度萎缩，地量结构出现出现的时间比较长，表明空头做空的动能已经趋于衰竭，同时也说明主力在静待攻击的时机。

第三，从动能指标不断泛红的现象来看，主力虽然刻意压制自己的冲动，但盘面已经揭示了他们的真实意图。这种怪异的盘面极具欺骗性，它的实质表明，整理性平台一旦突破，攻击的力度将是惊人的。

【滚动操盘策略】

在操作上，可以紧紧盯住盘面量能的变化，因敌制胜。最佳的买点可以选择在主力放量攻击的瞬间，突破点就是起涨点，就是最佳买入点。第一仓仓位可以控制在 20% 以内，第二仓仓位控制在 10% 以内。总体仓位不超过 30% 为佳。

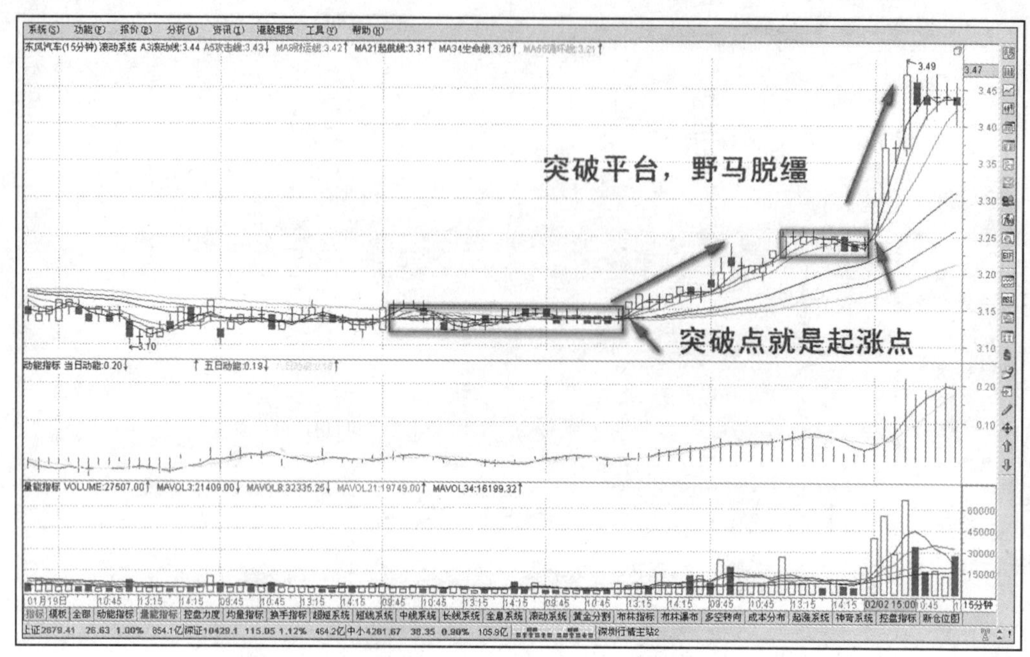

图【85】600006 东风汽车 2009 年 2 月 3 日平台突破买入法示意图

第二种，好友反攻买入法

【盘面技术特征】

第一，好友反攻是最经典的买入信号之一。盘面上，原先平稳的走势突然风起云涌，股价以急跌或者暴跌的形式迅速完成洗盘震仓动作，短期内跌幅巨大。虽然短期均线系统呈现为空头排列，但是中长期均线系统向上的趋势并没有改变，因而对股价构成了强大的向上牵引力，预示着多方即将发动激烈的报复性攻击。如图【86】所示。

第二，盘面上，急速暴跌的最后一根大阴线成交量最大，是前边的一倍以上，表明做空动能得到了非常彻底的宣泄，接下来将是多头的天下。

第三，盘口显示出攻击性大阳 K 线出现时量能并没有急剧放大，却能轻松收复失地。这个怪异的现象表明先前的暴跌不过是控盘主力把持的洗盘动作。

【滚动操盘策略】

在操作上，激进的投资者可以在带量大阴线的下影线附近（通常是跌停板）试探性买进第一仓，仓位控制在 5% 以内，在大阳线的收盘价附近买进第二仓，仓位控制在 10% 以内，在滚动线和攻击线发生金叉时买进第三仓，仓位控制在 15% 以内。

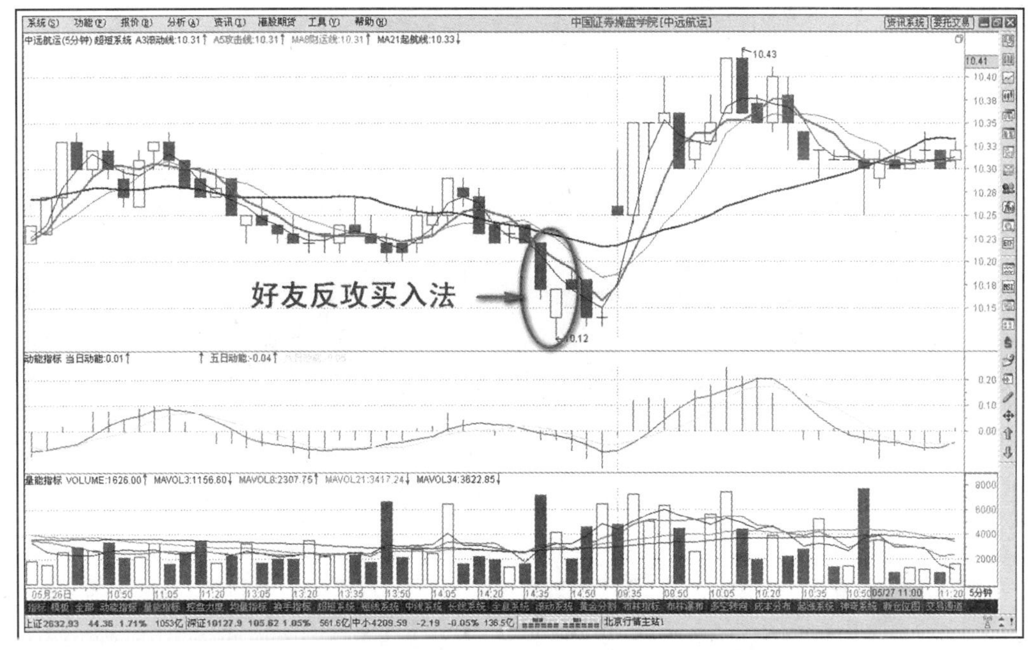

图【86】600428 中远航运 2009 年 5 月 26 日好友反攻买入法示意图

第三种，绝地反击买入法

【盘面技术特征】

第一，绝地反击是非常经典的买入信号。狡猾的主力在发动攻击之前，总是喜欢诱骗广大中小投资者先行出局，最惯常的也是最有效的方法，就是挖坑，玩坑中坑把戏。此信号出现之前，短中期的均线系统已经呈现为明显的多头趋势，主力为了达到自己的目的，采取凶悍血腥的方式，疾风暴雨般掼压股价，迅速挖坑！再挖坑!!

第二，盘面上，出现连环式的乌鸦满天 K 线形态，阴森恐怖，但是，实际上股价下跌的幅度却很小，属于气势汹汹，吓人而已。

第三，成交量极度萎缩，地量结构非常明显。经过反复打压之后，该跑的早就跑了，不该跑的也跑了，剩下的全是死猪不怕开水烫的坚定持筹者，一心吃定主力的!

【滚动操盘策略】

在操作上，不必心急，可以耐心等待绝地反击买入信号的出现。一旦放量启动，立即利用闪电下单功能，第一时间买进第一仓，如果大盘背景健康，仓位可以控制在 50% 左右，接下来利用量峰买入法则买进第二仓，仓位控制在 20% 以内。

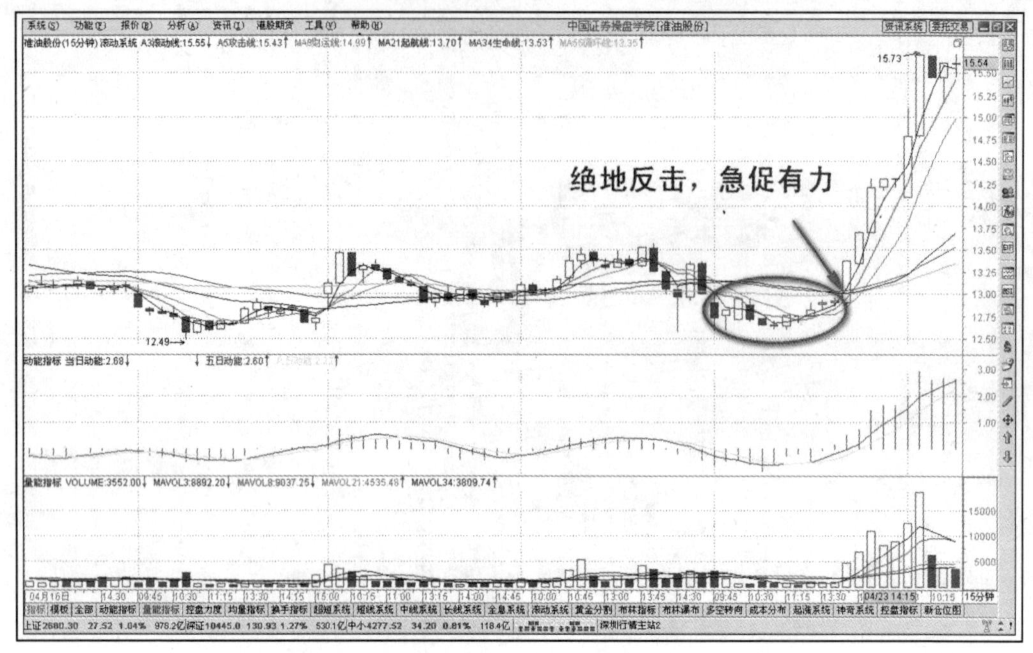

图【87】002207 准油股份 2009 年 4 月 23 日绝地反击买入法示意图

第四种，弯弓射雕买入法

【盘面技术特征】

第一，弯弓射雕是典型的形态买入信号。此信号出现之前，K 线形态显示为非常标准的弓形态势，慢慢爬升的小阳小阴 K 线交替出现，组成了完美的弓形，表明是长线主力在慢慢的耐心的主持工作，说明主力志存高远，后市升幅可观。

第二，盘面上，信号出现时如果短期均线系统显示为多头排列，而中长期均线系统处于空头趋势的话，说明此时主力正在耐心吸筹，如果短中期均线呈现为多头排列，则表明攻击性操盘随时可能发生。

第三，弯弓射雕的信号分为初始信号和终极信号，初始信号出现时，量价背离，终极信号出现时，量价结构健康。

【滚动操盘策略】

在操作上，可以在初始信号出现时首先买进第一仓，仓位控制在 10% 以内，在终极信号出现时买进第二仓，仓位控制在 20% 以内。

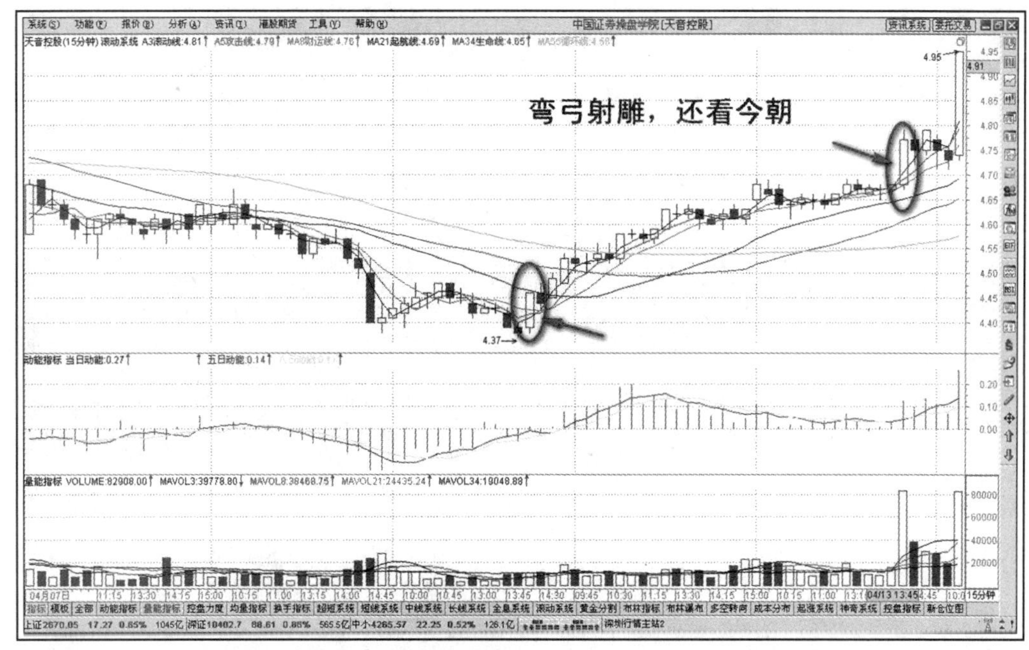

图【88】000829 天音控股 2009 年 4 月 9 日弯弓射雕买入法示意图

第五种，蚂蚁上树买入法

【盘面技术特征】

第一，蚂蚁上树也叫小连阳，是最经典的买入信号之一。此信号出现时，短中期均线系统多头排列，股价的上升趋势很明显，但是拉升的幅度并不大，呈现为碎步爬升状态。这是典型的长线主力耐心吸筹特征。预示着后市将会有可观的升幅。

第二，盘面上，动能指标连续运行在 0 轴之上，即使偶有打压，也很少出现向下穿越 0 轴的现象。表明主力一直潜伏其中，悄悄吃货。

第三，成交量稳步温和放大，量价结构非常健康。

【滚动操盘策略】

在操作上，要非常具有耐心陪主力慢慢玩。可以首先以小仓位实施日内滚动操盘，不断降低持仓成本。在短中期均线粘合的第一时间买进第一仓，仓位控制在 20% 以内，以后逐步增加仓位，最终底仓控制在 50% 左右为佳。

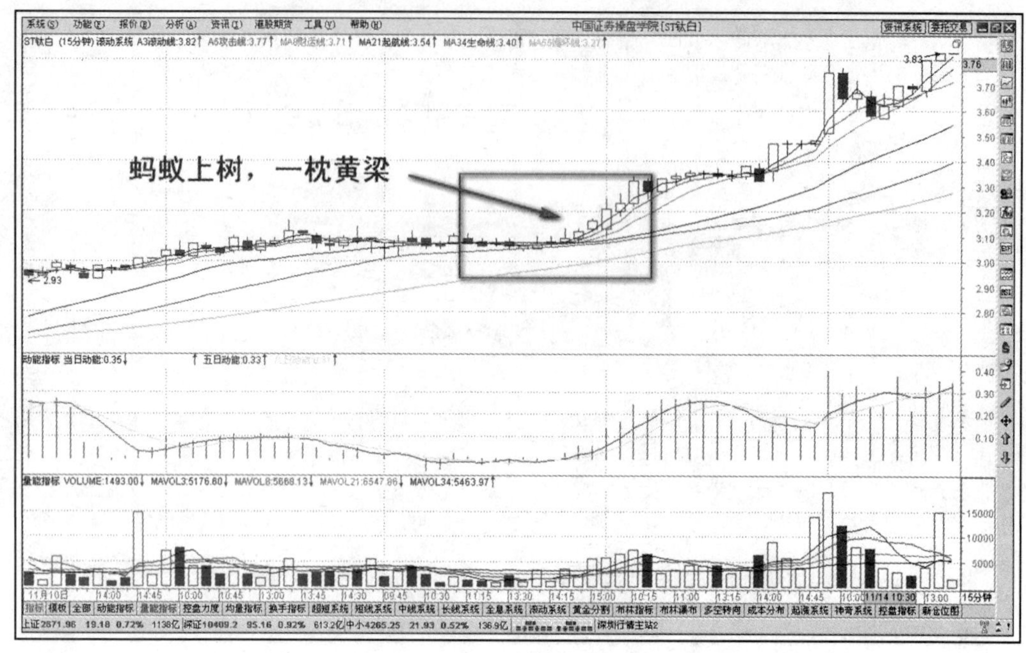

图【89】002145 中核钛白 2008 年 11 月 12 日蚂蚁上树买入法示意图

（4）30 分钟交易系统买入法

第一种，横刀立马买入法

【盘面技术特征】

第一，横刀立马也叫一阳穿三线、一阳穿五线等，是典型的突破信号。股价经过一轮大跌之后，在阶段性底部反复盘整，短中期均线系统渐次走平，呈现为粘合态势，拐头向上迹象明显，预示着疾风暴雨式的突破即将来临。

第二，横刀立马信号出现之前，成交量极度萎缩，地量结构非常明显。动能指标已经连续泛红，稳定运行在 0 轴之上，表明做空动能衰竭，多头占据上风。

第三，某一日的某个时间段，股价先是诱空，巨量低开，彻底清除最后的空头，之后一路上攻，多波攻击，连穿数条短中期均线，横刀立马，气势非凡，如图【90】所示。

【滚动操盘策略】

在操作上，激进的投资者可以在向下跳空低开，低开的幅度超过 7% 时率先买进第一仓，仓位控制在 10% 以内，在回抽不破均价线时买进第二仓，仓位控制在 10% 左右，在收盘前最后 5 分钟选择低点买进第三仓，仓位控制在 5% 以内。

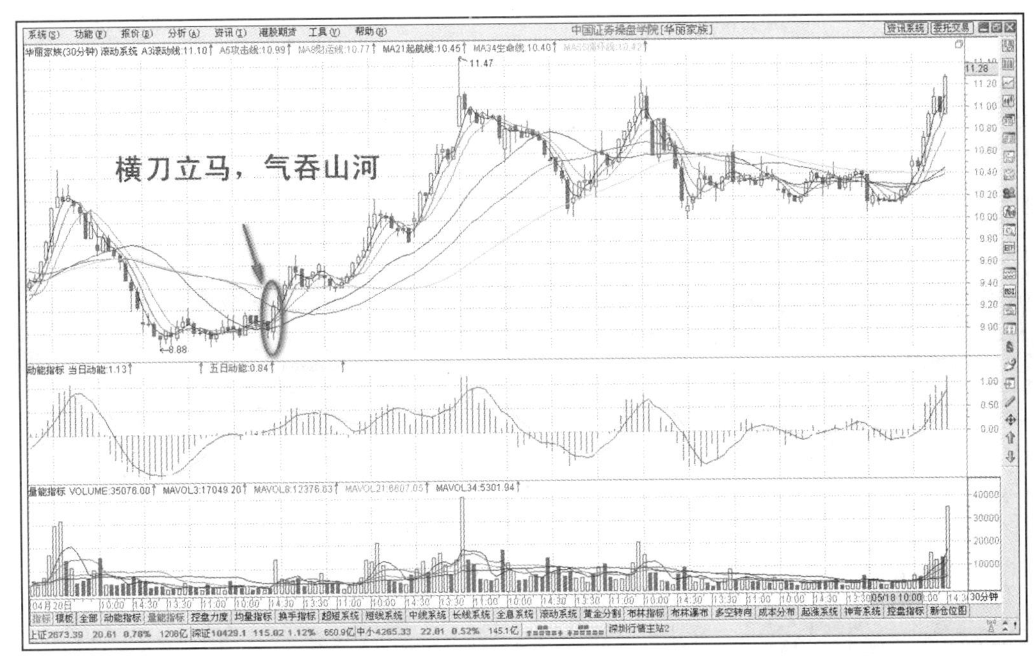

图【90】600503 华丽家族 2009 年 4 月 27 日横刀立马买入法示意图

第二种，投怀送抱买入法

【盘面技术特征】

第一，投怀送抱也叫怀抱线，是典型的买入信号。股价经过大幅度的下跌之后，短期均线系统已经跌势趋缓，K 线图显示为小阳线、小阴线、小星线或者锤头线，表明下跌动能接近衰竭。如果出现很长的带量下影线，说明下档承接有力。

第二，第二天，股价大幅度跳空低开，低开的幅度超过 3%，甚至大于 7%，最好是跌停开盘，然后反手做多，一路上攻，最终收出实体部分大于7%的大阳 K 线，将昨天的 K 线全部吞没，紧紧搂在怀里。如图【91】所示。

第三，成交量并没有异常放大，表明却能轻松收出大阳线，表明前期的下跌是原先的老主力刻意所为，同时也表明股价经过短暂的洗盘之后，将会有大幅的拉升。

【滚动操盘策略】

在操作上，激进的投资者可以在大幅度低开的当天，集合竞价时间买进第一仓，仓位控制在 5%，在盘中选择低点买进第二仓，仓位控制在 10% 以内。

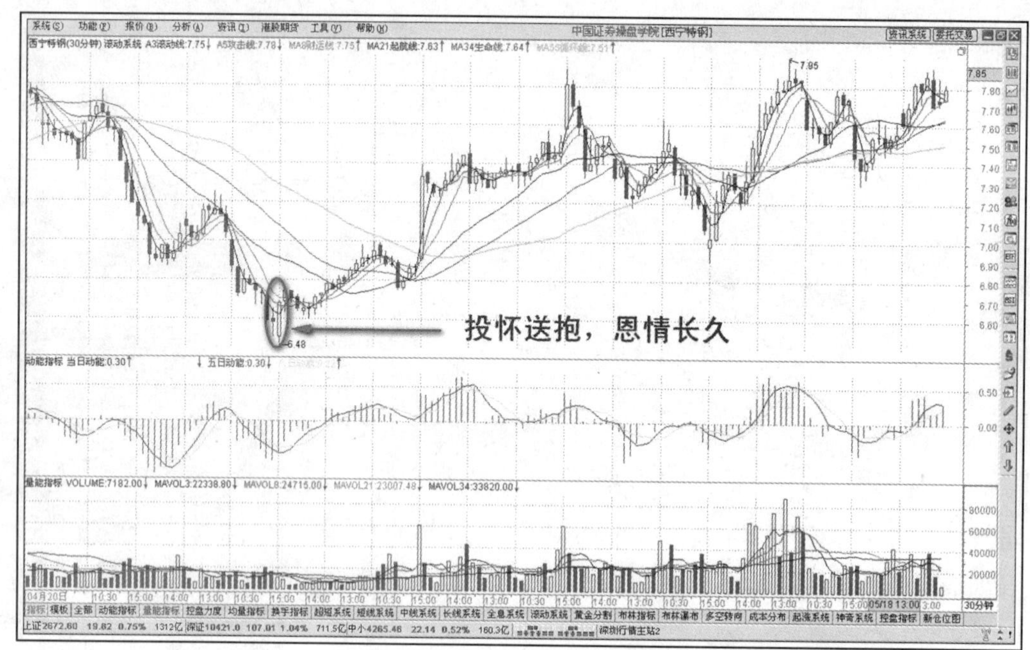

图【91】600117 西宁特钢 2009 年 4 月 28 日投怀送抱买入法示意图

第三种，曙光初现买入法

【盘面技术特征】

第一，曙光初现也叫雏燕双飞，是经典的买入信号。股价经过漫长的下跌之后，短期均线系统开始走平，呈现粘合态势，中长期均线系统跌势趋缓，表明已经有资金在吸筹。

第二，动能指标的绿柱开始缩短，呈现出向上靠拢的态势。K 线图上，股价走出了连续的两根中阳线，实体部分彼此不重叠，前一根 K 线的上影线和后一根 K 线的下影线成犄角呼应之势，仿佛在呼唤多头行情到来。

第三，成交量有规律的温和放大，表明主力在不紧不慢的建仓。或者前期主力在低位开始回补，进行自我解救。

【滚动操盘策略】

在操作上，稳健的投资者并不需要急于介入，而是耐心等待回调的机会出现。第一仓仓位控制在 10% 以内，在滚动线带量向上金叉攻击线时买进第二仓，仓位控制在 20% 以内。

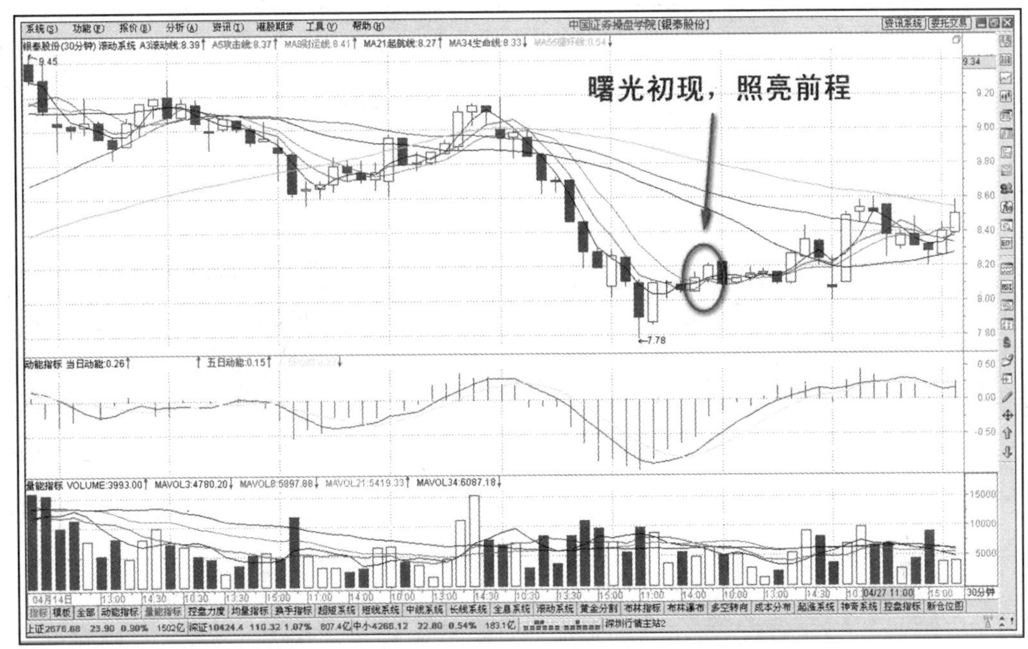

图【92】600683 银泰股份 2009 年 4 月 23 日曙光初现买入法示意图

第四种，有缘相会买入法

【盘面技术特征】

第一，有缘相会也叫千里相逢，或者叫相逢线，是常见的买入信号。此信号出现之前，股价的中长期均线系统呈现为多头趋势，超短期均线系统呈现为空头排列，表明主力正在激烈的洗盘震仓，为后续拉升做准备。

第二，连续阴线之后的某一天，股价小幅度低开后急速上冲，但很快就败阵下来，一路盘跌，最后收出一根实体部分超过 7% 的大阴 K 线，盘面肃杀，阴森怕人。如图【93】所示。

第三，第二天，股价大幅度跳空低开，低开幅度超过 7% 甚至直接跌停，之后一路震荡盘升，多波攻击，盘中瞬间大幅度拉升至涨停板附近，然后有所回落，压低收盘，收出一根实体部分超过 7% 的大阳 K 线，与前一根大阴 K 线正好迎面相逢。

【滚动操盘策略】

在操作上，激进的投资者在集合竞价跳空跌停低开的第一时间果断买进第一仓，仓位控制在 20% 以内，如果不是跌停开盘，则保持观望，静待盘中快速下打的时候出现尖刀底的时候果断买进第一仓，仓位控制在 30% 以内。

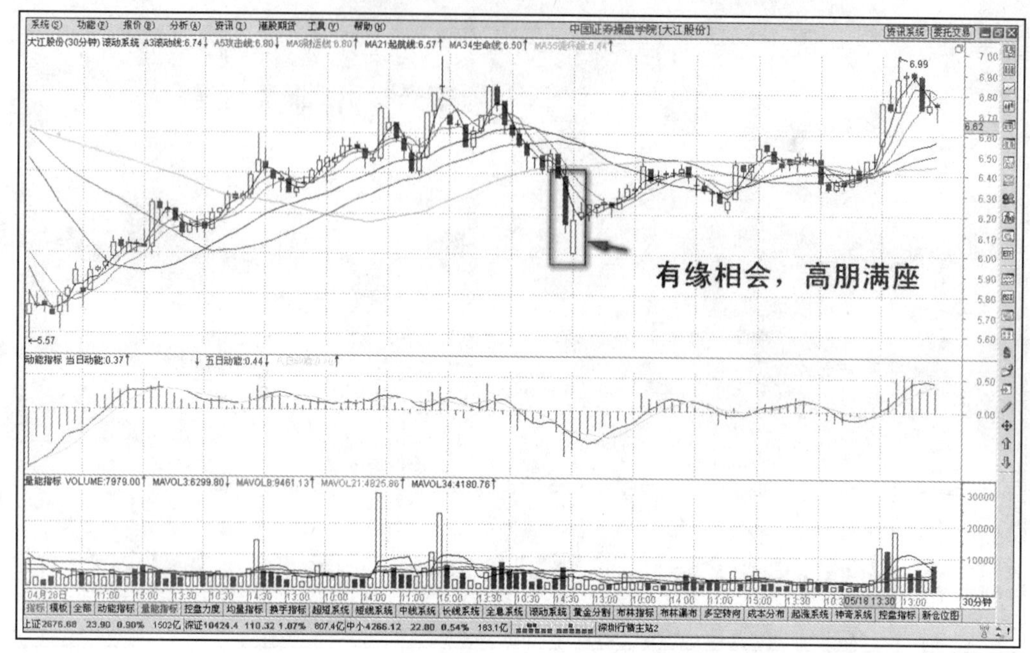

图【93】600695 大江股份 2009 年 5 月 12 日有缘相会买入法示意图

第五种，单刀赴会买入法

【盘面技术特征】

第一，单刀赴会也叫单针探底，是常见的短期见底买入信号。股价经过一轮大跌之后，处于阶段性底部区域，短期均线系统已经趋于平缓，滚动线有拐头折返向上迹象，表明下跌动能已经衰竭，多头随时可能反攻。如图【94】所示。

第二，成交量极度萎缩，地量结构明显，短期均量线显示为粘合态势。

第三，盘面上显示出成交稀少，盘中瞬间大幅度打压，打压幅度超过 7%，说明主力在测试盘口，但下档承接有力，股价被迅速拉回到起跌点，表明场内有人开始抢筹，股价已经不会再大幅度下跌。

【滚动操盘策略】

在操作上，激进的投资者可以直接在盘中瞬间大幅度打压的时候买进第一仓，仓位控制在 5% 以内，在迅速拉回到起跌点的时候买进第二仓，仓位控制在 10% 以内。稳健的投资者可以在滚动线和攻击线金叉的时候买进第一仓，仓位控制在 30% 以内。

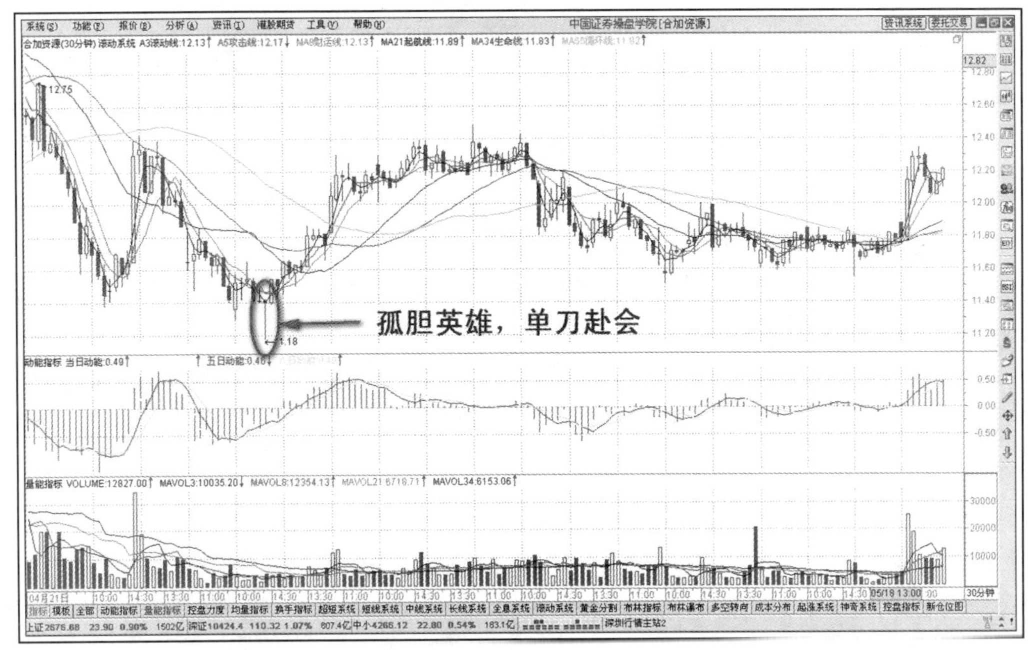

图【94】000826 合加资源 2009 年 4 月 28 日单刀赴会买入法示意图

（5）60 分钟交易系统买入法

第一种，长虹贯日买入法

【盘面技术特征】

第一，长虹贯日也叫底部长阳，是很经典的启动信号。股价经过一轮大跌之后，短期均线系统呈现为拐头向上趋势，中长期均线系统跌势趋缓，滚动线、攻击线、财运线呈现多头排列，长虹贯日信号出现之前，已经出现了明确的起涨信号，K 线图显示为小阳线。

第二，盘面上显示出股价已经连续探底，而且不再创出新低，说明短期内此处具有比较强的支撑，而滚动线和攻击线的金叉态势，则预示着多方将随时发动攻击。

第三，盘口显示出 3 日动能指标线与 5 日动能指标线发生金叉，向上攻击已经呼之欲出。成交量急剧放大 1 倍以上，量价配合理想。如图【95】所示。

【滚动操盘策略】

在操作上，由于股价还受到中长期均线的压制，短期内还会出现反复盘底态势，稳健的投资者可以保持观望，激进的投资者可以利用量峰买入法则，在盘中选择低点买进第一仓，仓位控制在 5% 以内，并严守操盘纪律。

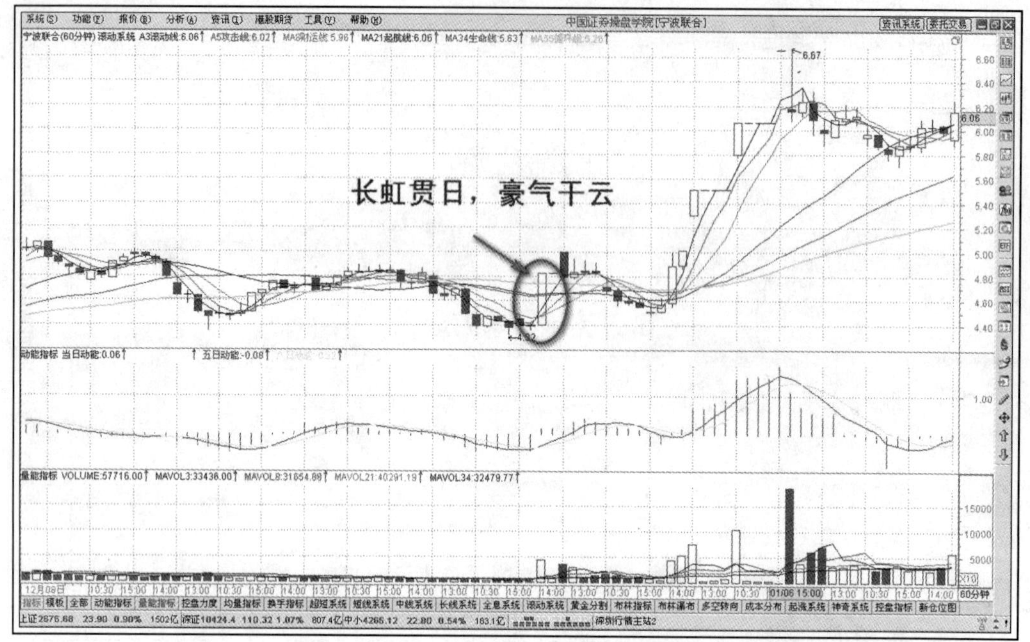

图【95】600051 宁波联合 2008 年 12 月 25 日长虹贯日买入法示意图

第二种，长阴杀跌买入法

【盘面技术特征】

第一，长阴杀跌是主力最常用的洗盘手法之一。股价的短中期均线系统已经呈现为明确的上升趋势，生命线、循环线坚挺向上，表明多头行情不会轻易停止下来。短期均线滚动线和攻击线死叉向下，也不会改变股价运行的大趋势。

第二，盘面上出现双飞乌鸦的 K 线组合，或者三只乌鸦的 K 线组合，表明主力正在利用技术图形恐吓中小投资者，达到洗盘震仓的目的。如图【96】所示。

第三，成交量呈现为极度萎缩状态，大阴线之后更是出现了典型的地量结构，预示着主力洗盘即将结束，股价将重新回到原来的上升轨道中来。

【滚动操盘策略】

在操作上，激进的投资者可以在大阴线击穿循环线的瞬间积极买进第一仓，仓位控制在 10% 以内，在滚动线和攻击线金叉时买进第二仓，仓位控制在 20% 以内。

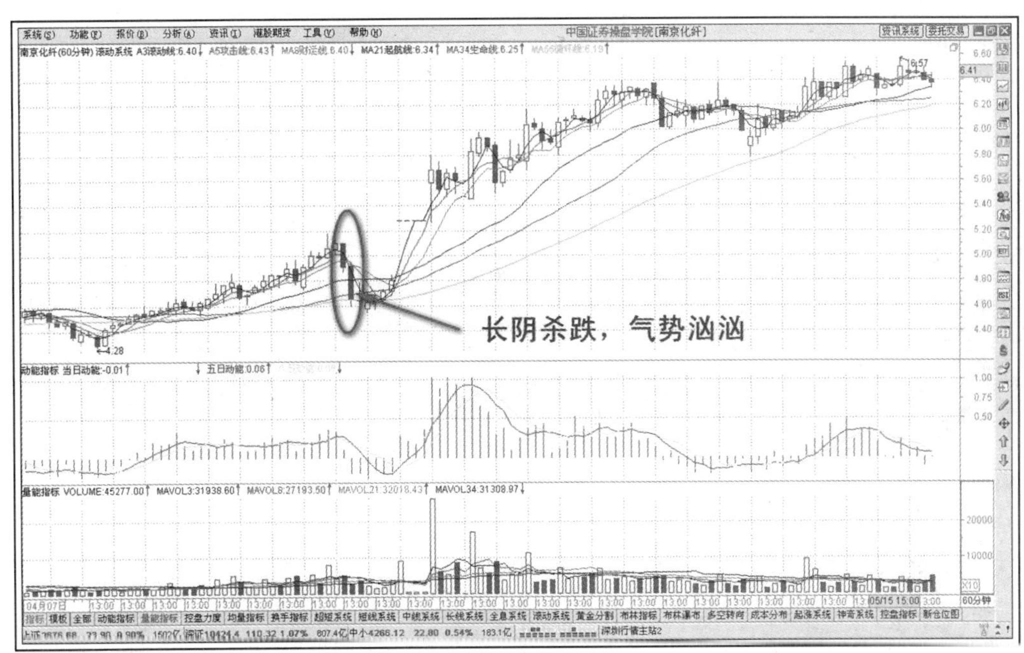

图【96】600889 南京化纤 2009 年 4 月 22 日长阴杀跌买入法示意图

第三种，百步穿杨买入法

【盘面技术特征】

第一，百步穿杨是股价上升途中洗盘结束的信号。此时短中期均线系统呈现为多头排列，股价上升到循环线附近，遇到压力，沿着循环线顺势整理，并在循环线下方结束调整，重拾升势，拉出一根带量的大阳 K 线来。如图【97】所示。

第二，盘面上，动能指标线显示出正在朝上加速，预示着股价将进入加速拉升阶段。

第三，盘口呈现为非常流畅的攻击波，说明主力正在投入资金，有计划的做高股价，后市可以看高一线，一旦出现回头波，则说明攻击计划完成，行情开始切换。

【滚动操盘策略】

在操作上，如果没有底仓，则保持观望。如果持有底仓，则在股价下行至循环线下方缩量站稳时买进滚动仓，仓位控制在 5% 以内，并在当天利用日内滚动操盘法则完成操作。

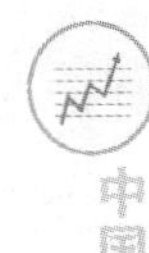

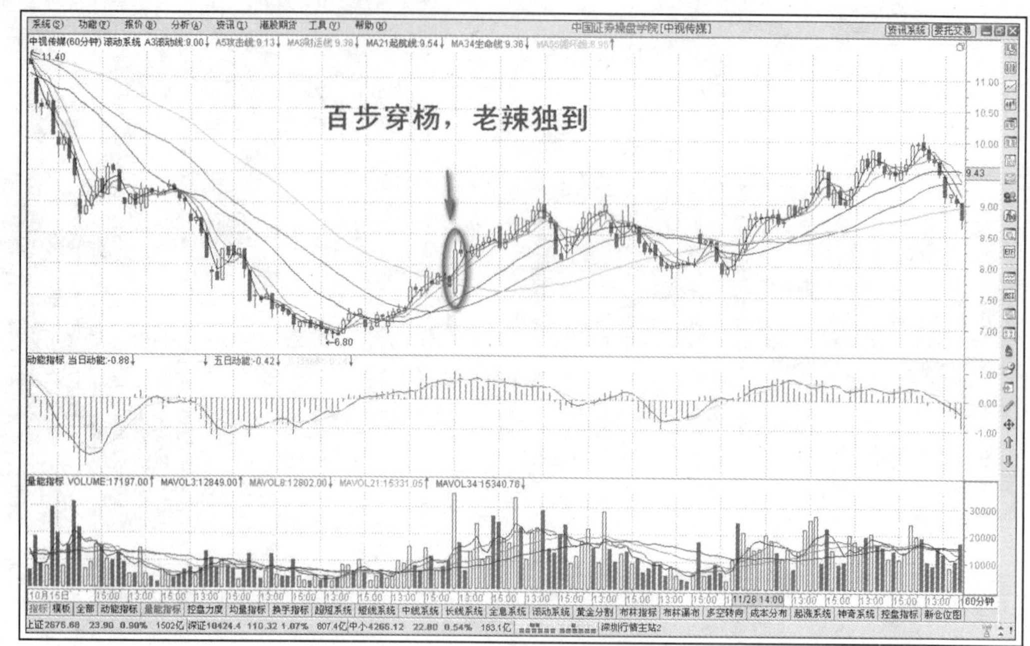

图【97】600088 中视传媒 2008 年 11 月 12 日百步穿杨买入法示意图

第四种，碎步连阳买入法

【盘面技术特征】

第一，碎步连阳也叫凌波微步，出现在底部区域或者阶段性底部区域，是常见的吸筹形态。股价经过大跌之后进入筑底阶段，由于主力的不断吸筹，底部不断抬高，分时均线系统渐次呈现为多头排列，由于主力的深度介入，预示着将来股价空间广阔。

第二，盘面上，碎步连阳的 K 线形态抬高到一定程度，主力有刻意打压，回到起点附近，这样的动作反复出现多次，主力已经无法拿到更多的筹码，只好再拉升一段，到更高的价位上建仓。如图【98】所示。

第三，成交量呈现出有规律的间歇性温和放大，主力的身影若隐若现。

【滚动操盘策略】

在操作上，可以依托财运线进行滚动操作，并在股价盘中击穿循环线诱空的瞬间买进第一仓，仓位控制在 10% 以内，在滚动线和攻击线金叉的时候买进第二仓，仓位控制在 20% 以内，如果大盘背景欠佳，则停止买进。

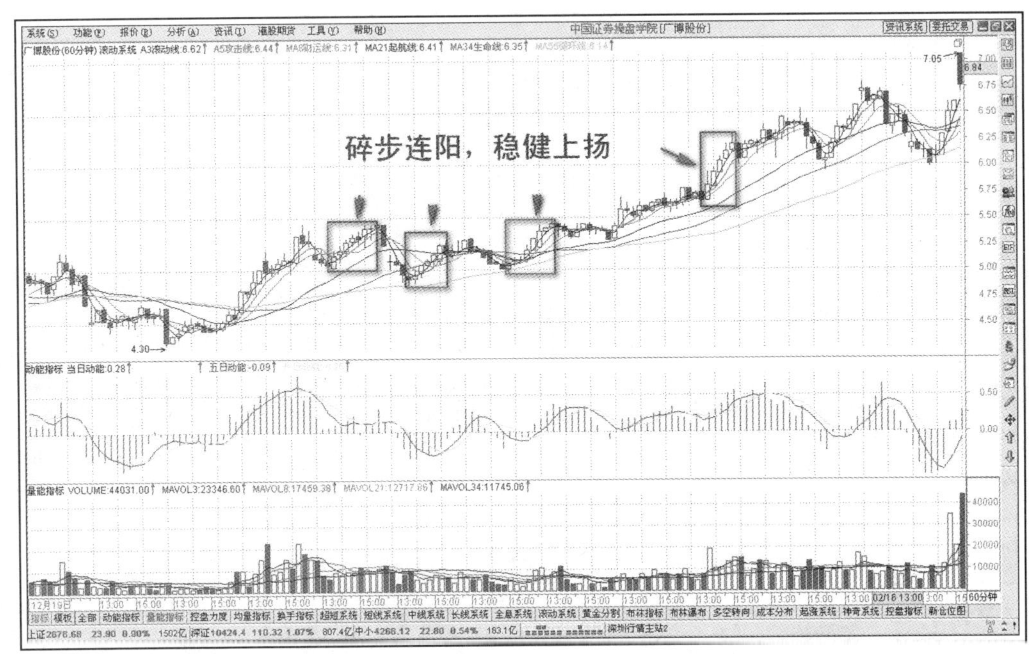

图【98】002103 广博股份 2009 年 1 月 14 日碎步连阳买入法示意图

第五种，刺天长针买入法

【盘面技术特征】

第一，刺天长针也叫指天为誓，是很经典的向上试盘信号。目的在于测试筹码的稳定性，在前期成交密集区则是测试抛压。股价经过小幅度的拉升，升幅在 30% 左右，此时出现这样的信号，预示着主力即将展开洗盘震仓动作。

第二，盘面上，主力瞬间大幅度拉升之后，快速向下对倒打压，放出巨量，制造主力弃庄出逃的假象，如图【99】所示。

第三，盘口显示出典型的回头波，下跌带量，量峰结构健康，成交量异常放大，是近期的巨量或者天量。

【滚动操盘策略】

在操作上，可以在盘中利用量峰买进法则操作，如果刺天长针的信号出现在第一第二时间段，那么可以在第六时间段盘中寻找低点买进第一仓，仓位控制在 10% 以内，也可以暂时保持观望，在第二天早盘出现尖刀底时买进。

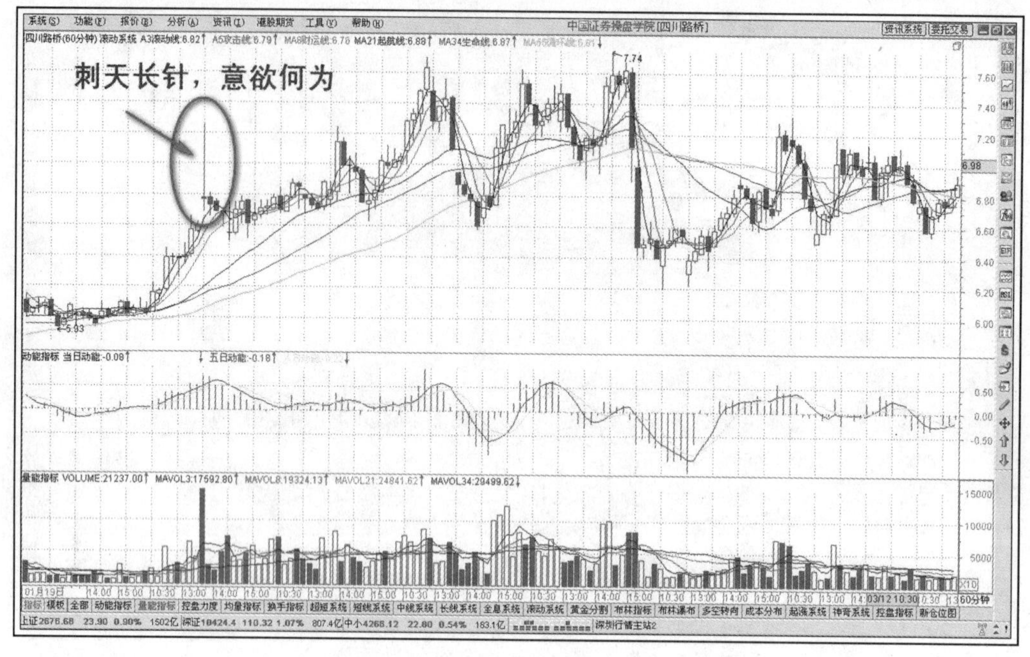

图【99】600039 四川路桥 2009 年 2 月 4 日刺天长针买入法示意图

2. 日线交易系统买入法

(1) 上升通道阴线买入法

【盘面技术特征】

第一，股价运行在明确的短中期均线系统多头趋势之中，起航线，生命线，循环线呈现为多头排列，并且生命线于循环线已经金叉，表明中期做多已经成为定局，除非有非常重大的系统性风险出现，否则上升的趋势难以改变。

第二，股价沿着滚动线大涨小回，稳步攀升，滚动线，攻击线，财运线三线构成了进二退一的摇曳小波段，韵律节拍如阳关三叠，回肠荡气。如图【100】所示。

第三，成交量呈现为上升有量，下跌缩量，节奏分明，富有规律。表明主力已经完全控盘，而且拿捏得体，舒展自如，操盘手法老到，沉稳。

【滚动操盘策略】

在操作上，可以依托滚动线顺势而为，踩准主力的节拍，用小波段滚动的法则买进，或者逢大阴线的下影线买进。也可以利用动能指标线买入法则买进，或者运用量能买入法则买进。请参考后边的讲解。

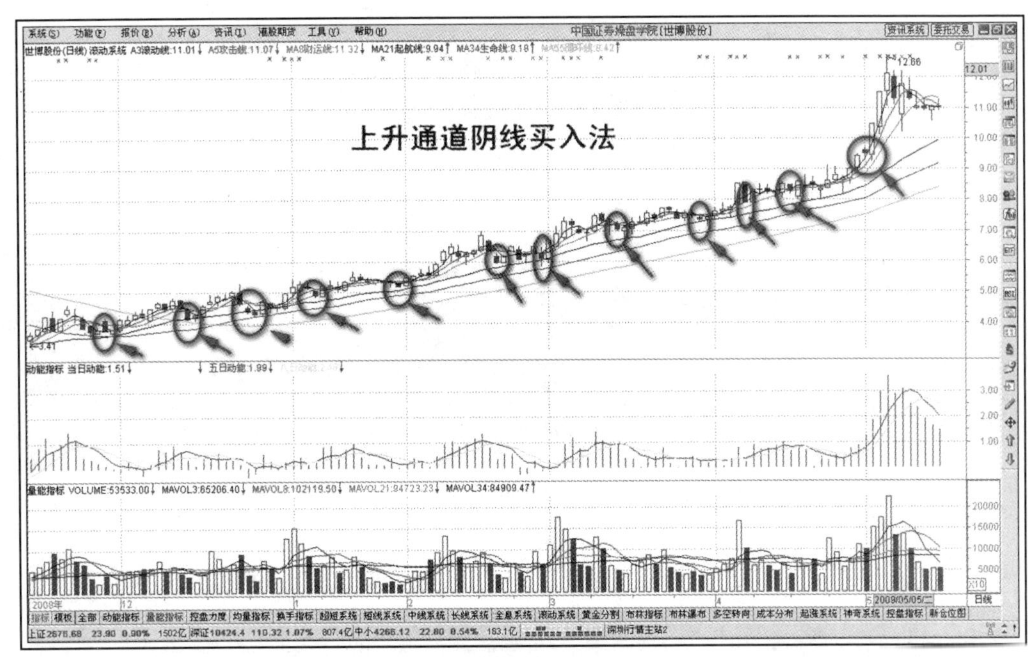

图【100】002059 世博股份上升通道买入法示意图

（2）箱体震荡下影线买入法

【盘面技术特征】

第一，横盘震荡的平衡市况最适合滚动操盘，箱体震荡的股票最适合滚动操作。可以这样说，凡是大箱体运行的股票，都是滚动操盘的首选对象。如图【101】所示。

第二，箱体震荡的股票，显示为各个小波段的低点大致相当，高点也相差不远，易于辨认，易于确认，这样的股票，本身就是控盘主力在反复滚动套利。

第三，成交量方面，显示为每个波段低点基本上都是极度缩量的，说明主力此时几乎已经把跟进的中小投资者赶尽杀绝，接下来，新的循环又将开始。

【滚动操盘策略】

在操作上，箱体震荡的股票极易于操作，可以逢波段低点出现长下影线的时候买进，在盘中出现瞬间大幅度打压的时候，就是绝佳的买进时机。每次买进第一仓的仓位可以控制在30%以内。

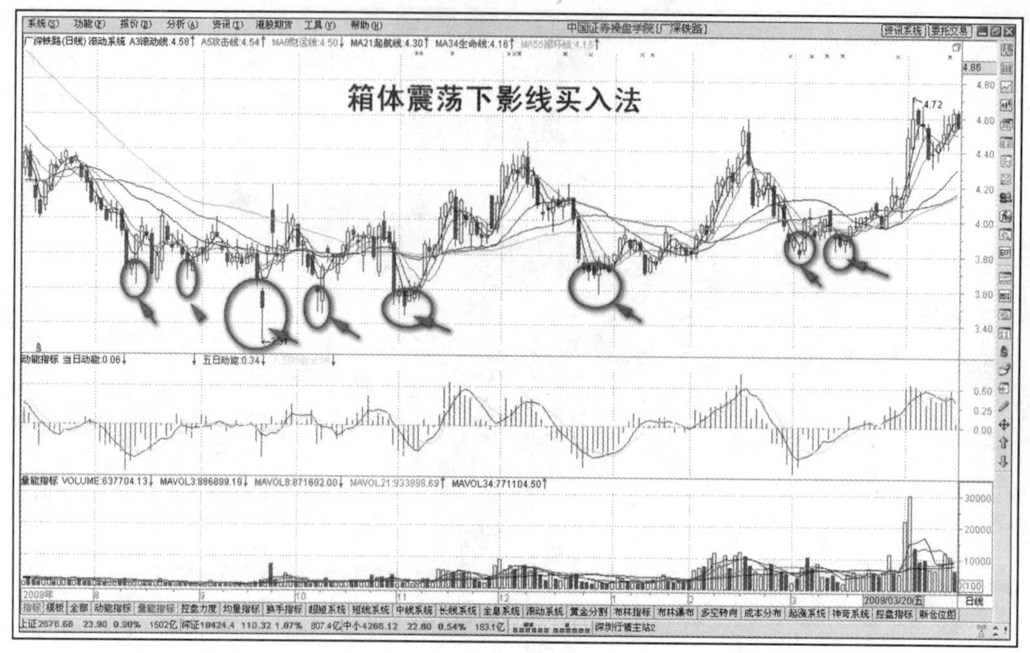

图【101】601333 广深铁路箱体震荡下影线买入法示意图

（3）底部区域 K 线形态买入法

第一种，突破平底买入法

【盘面技术特征】

第一，股价经过一轮大跌之后，进入筑底阶段，一段时间内，股价的低点相等或者相近，就是所谓的平底。是主力刻意压制股价建仓的常见图形。平底停留的时间越长，主力吸筹就越充分，未来上涨的空间就越可观。如图【102】所示。

第二，盘面上，K 线组合以小阴小阳为主，随着时间的推移，短期均线系统趋于粘合状态，成交量也呈现为极度萎缩的地量结构。

第三，在某一天，股价突然放量突破起航钱的压制，3 日动能指标线向上金叉 5 日动能指标线，表明主力基本上完成了底部建仓，攻击性拉升拉开序幕。

【滚动操盘策略】

在操作上，投资者应耐心等待突破信号的出现，不必过早介入，参与盘整，浪费时间。放量启动的瞬间，买进第一仓，仓位控制在 50% 以内。

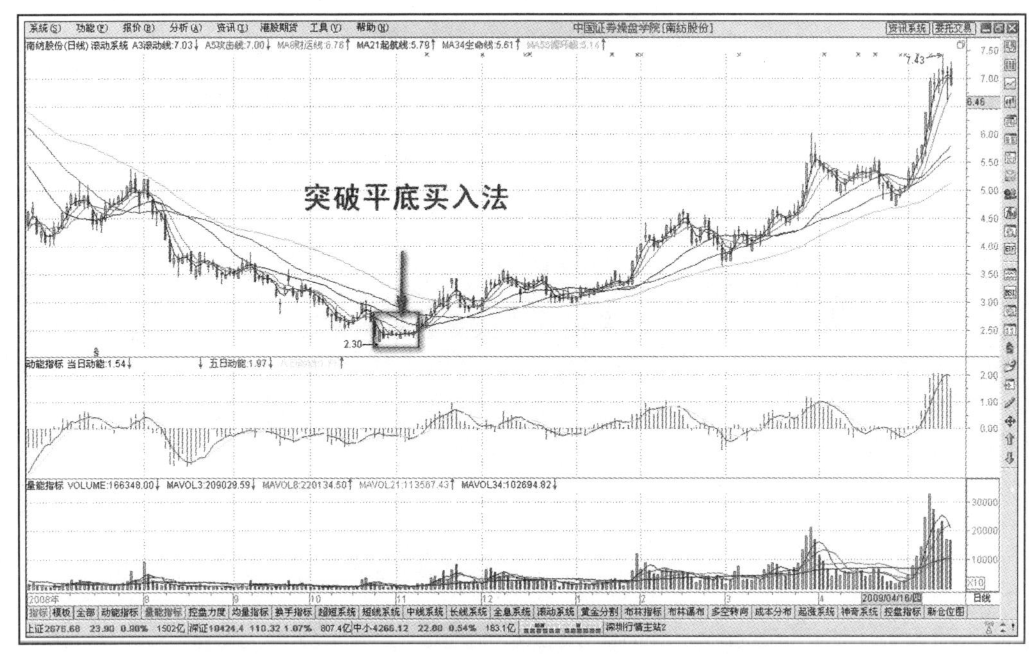

图【102】600250 突破平底买入法示意图

第二种，突破头肩底颈线位买入法

【盘面技术特征】

第一，头肩底是常见的筑底形态，突破颈线是很经典的形态买入信号。在运用的时候，首先要注意滚动系统的财运线和起航钱是否已经金叉，如果没有，这样的突破通常是假突破，是失败的形态。如图【103】所示。

第二，要注意股价突破颈线的时候，成交量是否有效放大，如果没有成交量的有效配合，这样的突破往往是假突破。

第三，要注意动能指标是否提前发出了攻击信号。动能指标是明显的领先指标，能揭示主力的攻击信号是否已经发出。如果股价显示为已经突破颈线位，但是动能指标没有同步发出信号，则突破的有效性值得怀疑。

【滚动操盘策略】

在操作上，头肩底突破颈线是比较好的买入点，如果是有效突破，激进的投资者可以即时买进第一仓，仓位控制在 20% 以内，也可以耐心等在突破回抽确认之后，再买进。

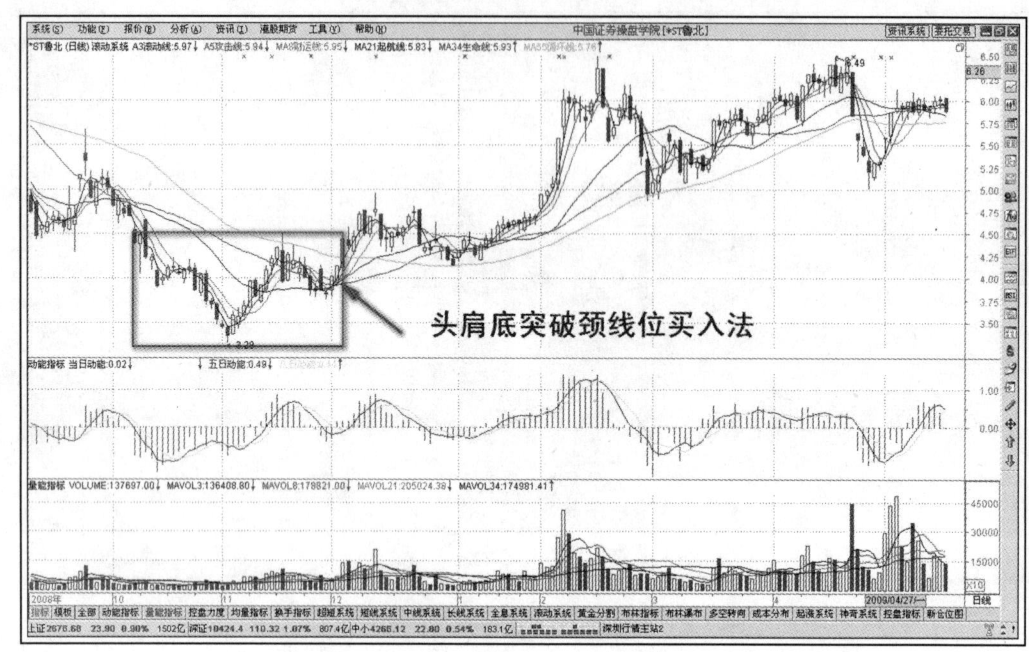

图【103】600727 鲁北化工突破头肩底颈线位买入法示意图

第三种，二次探底不创新低买入法

【盘面技术特征】

第一，二次探底不创新低是最经典的买入信号之一，股价经过一轮大跌之后，经过筑底，初步企稳，由于主力洗盘或者突发性利空的冲击，股价再次探底，但不再创出新低，说明短期内做空的动能已经基本上释放，接下来将是多头行情为主。

第二，二次探底时，成交量渐次萎缩，量价结构健康。如图【104】所示。

第三，盘面上，如果不时出现呆滞型的脉冲波，说明此时主力已经控盘，如果此时出现攻击型的冲击波，说明主力还处在建仓过程之中。

【滚动操盘策略】

在操作上，投资者可以在股价无法有效击穿起航线时买进第一仓，仓位控制在10%以内，如果股价击穿起航线当天就迅速收回，重新站稳在起航线之上，激进的投资者可以在尾盘选择低点买进第一仓，仓位控制在20%以内。

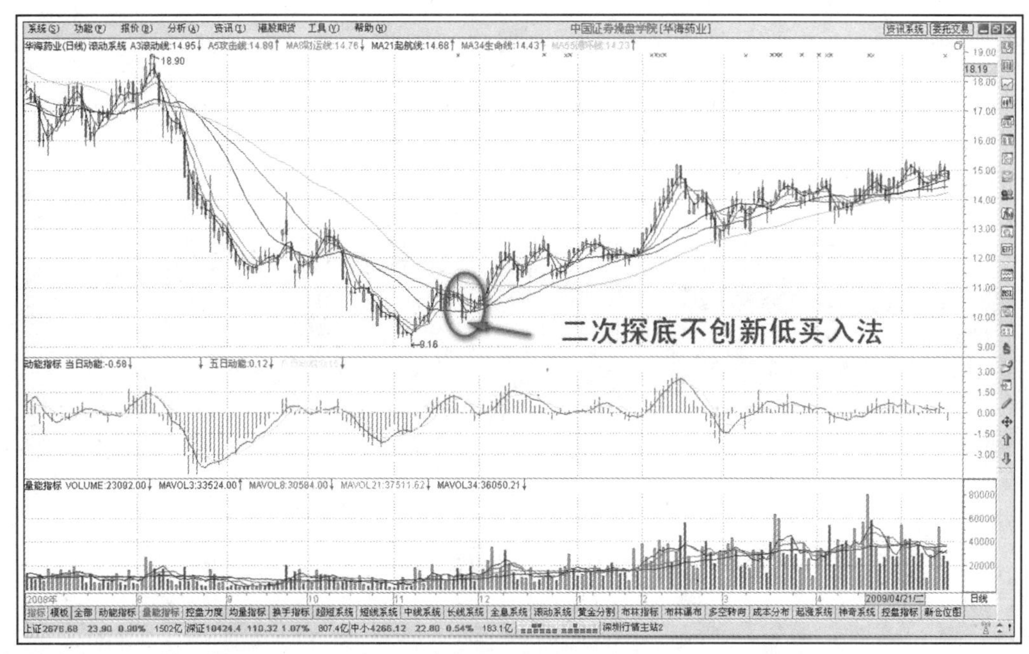

图【104】600521 华海药业二次探底不创新低买入法示意图

3. 特定交易系统买入法

（1）根据滚动交易系统选择买点

【盘面技术特征】

第一，滚动交易系统是滚动操盘技术最核心的分析系统，是由滚动线、攻击线、财运线、起航线、生命线和循环线组成的。每一条均线都具有特殊的含义，需要好好领会。

第二，滚动交易系统可以分为两组均线，一组是超短系统，是由滚动线、攻击线和财运线组成的，适合于日内滚动操盘，周内滚动操盘，小周期滚动操盘使用。另一组是短中期系统，是由起航线、生命线和循环线组成的，适合于分析行情的趋势，决定资金投入力度，也可以用于大周期滚动操盘。

第三，如果滚动交易系统全部均线都呈现多头排列，那么行情的持续性就很可靠，行情的力度和深度都无需怀疑。如果短期系统和短中期系统呈现为背离状态，那么行情就会跌宕反复，操作上容易出错。

【滚动操盘策略】

在操作上，可以先看短中期系统的趋势属于哪种类型趋势，再决定是否买入。如图【105】所示，图上数字所标注的点位，都是极好的买入点。

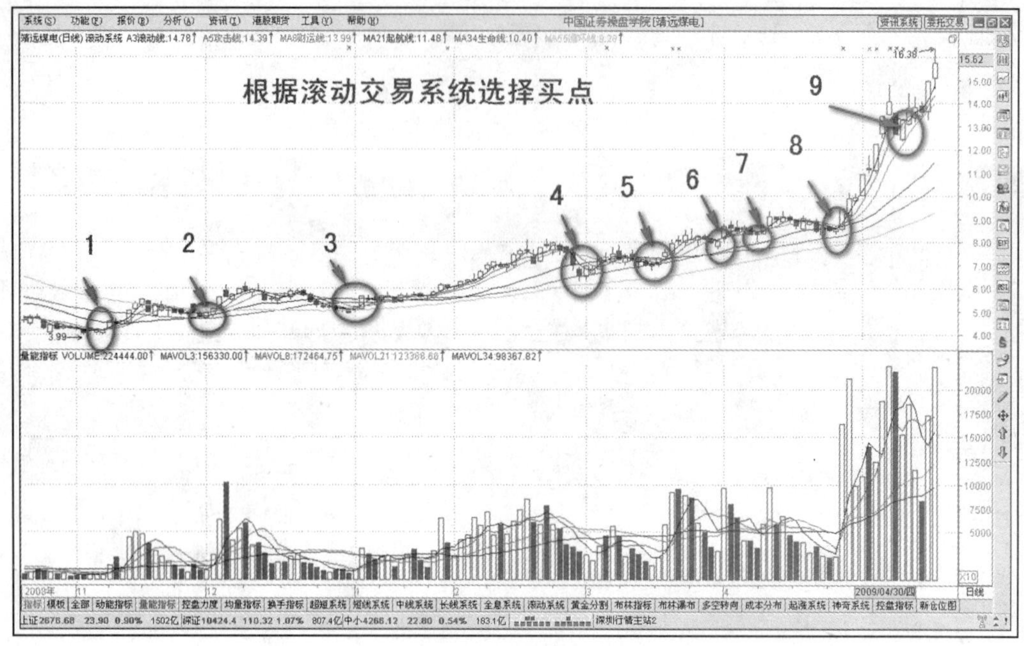

图【105】根据滚动交易系统选择买点示意图

（2）根据动能交易系统选择买点

【盘面技术特征】

第一，动能指标是滚动操盘技术最核心的附图指标之一，是用来研判股价运行趋势的领先指标，它可以提前研判出主力攻击性操盘的时机，提前告知我们设计应对策略。

第二，动能指标由当日动能、3 日动能、5 日动能和 8 日动能几个元素组成，各自都有自己的技术含义。我们将在本书的下册对它的使用方法做详细的解读。

第三，动能指标可以单独使用，研判主力的操盘布局，也可以配合主图的滚动交易系统使用，或者配合附图的量能指标使用。如图【106】所示。

【滚动操盘策略】

在操作上，建议投资者把主图的滚动交易系统，和附图的动能指标结合起来，对照使用，效果更好。在使用时，要特别注意股价的阶段性位置，相应配置资金，控制好仓位。

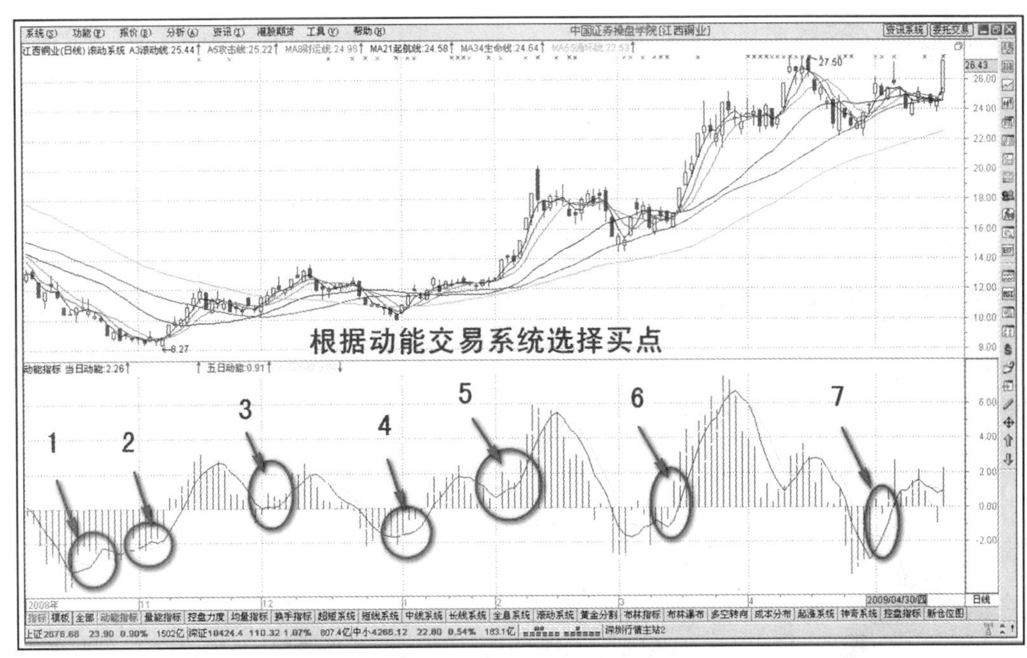

图【106】根据动能交易系统选择买点示意图

（3）根据量能交易系统选择买点

【盘面技术特征】

第一，量能指标是滚动操盘技术的核心指标，是分析研判主力操盘意图的主要依据。

第二，量能指标由成交量和均量线构成。均量线由 3 日均量线、8 日均量线、21 日均量线和 34 日均量线组成，各自代表不同的技术意义。

第三，运用量能指标的时候，需要结合滚动交易系统来分析，要特别注意均量线的金叉死叉，低位走平和粘合，成交量柱的高低和宽度，它们都有各自的技术含义。在后边的章节中，我们将逐步解读。

【滚动操盘策略】

在操作上，投资者可以重点留意成交量与估价的配合情形，留意放量与缩量的时段与股价涨跌的关系，从中总结出买卖的点位。如图【107】所示。

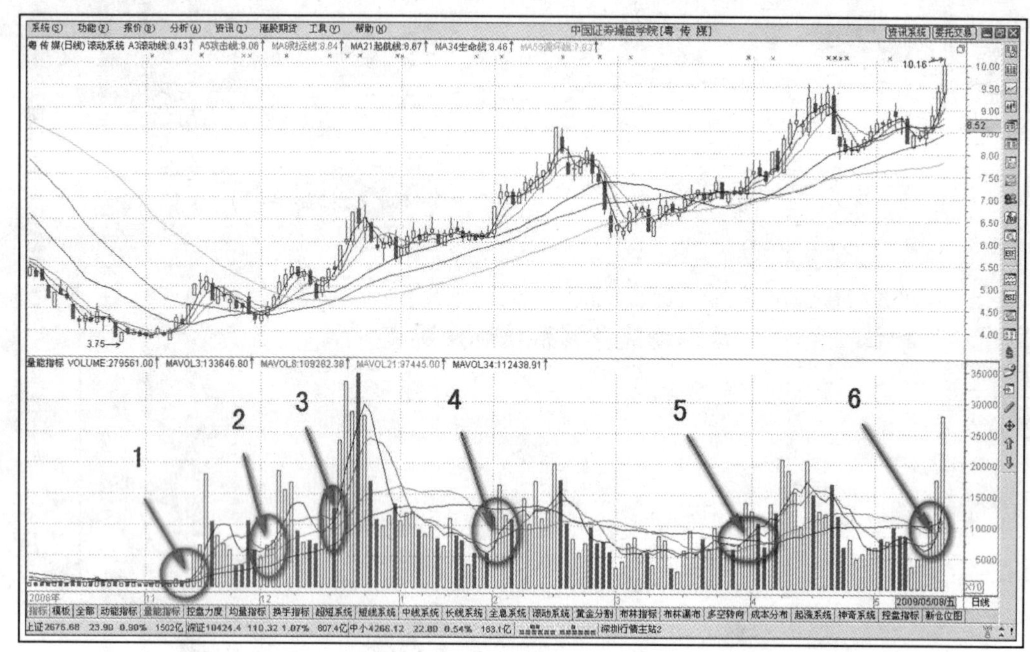

图【107】根据量能交易系统选择买点示意图

更多的滚动操盘买入技术，将在《滚动操盘技术》下册和有关特训班做详细的讲解。

【思考与练习题】

1. 举例说明买点选择的基本原则。
2. 举例说明买点选择的基本类型。
3. 如何正确运用分时交易系统买入法？请举例说明。
4. 如何正确运用日线交易系统买入法？请举例说明。
5. 如何正确运用特定交易系统买入法？请举例说明。

第四章

滚动操盘卖出定式

【本章学习要点】

1. 了解卖点选择的基本原则，掌握卖点选择的基本类型。
2. 掌握分时交易系统卖出法的技术要领，并在实战中熟练运用。
3. 掌握日线交易系统卖出法的技术要领，并在实战中熟练运用。
4. 掌握特定交易系统卖出法的技术要领，并在实战中熟练运用。

第一节　滚动操盘卖出定式概述

1. 选择卖点的基本原则

（1）现金为王原则

资本市场每日热钱滚滚而来，滚滚而去，热浪扑面，似乎唾手可得，似乎可以瞬间暴富，多少人为之痴迷，为之沉醉，为之孜孜以求，为之彻夜难眠，但是，千万别忘记，资本市场的风险无时不在，无处不在，好像达摩克利斯之剑，时时刻刻沉甸甸、明晃晃悬挂于头上，它的利刃，它的锋芒提醒我们，资本市场随时杀机密布，陷阱无数，收益与风险并存。股市有风险，操作需谨慎。这并不是一句套话，而是蕴含了多少诚心善意的警世良言，多少苦口婆心的警示劝诫，每次操作的时候，投资者都应当叨念三遍，然后才动手。

资本市场是逐利的场所，这里没有刀光剑影，没有血腥残杀，没有鬼哭狼嚎，却每天都有人捶胸顿足，有人欲哭无泪，有人家破人亡！这不是危言耸听，而是要告诫各位，请大家务必记住：第一，现金为王，第二，现金为王，第三，请参照第一第二条执行。这是我们必须清醒的认识的铁律。从事滚动操盘，一定要严守操盘纪律，面对盘面各种诱惑，一定要笃定，专注，归一，心无旁骛，把持住自己。该盈利出局，落袋为安的时候，不要有任何非分之想，企图筹码拿的更久，赚得更多，这样的做法绝对是不允许的！该止赢的时候，要坚决止赢，哪怕你卖出之后连拉 100 个涨停板，也不必后悔。你严格执行操盘纪律，就是正确的。如果你觉得自己制定的操盘纪律值得斟酌，那么收盘后再修正吧。总而言之，一句话，资本市场是逐利的场所，钱是永远也赚不完的，但你的本钱很快就可以亏完，亏的精光！现金为王，该止赢的时候，落袋为安吧！各位读者朋友千万记住！

（2）顺势而为原则

高山滚石，锐不可当。滚石之势，顺势者昌，逆势者亡。识时势方为英雄，滚动操盘技术倡导的是顺势而为，势有利于我，则为之，势不利于我，则避之。任何时候，都不要逆势而动。在操作上，要先看清大趋势，再看个股走势，比照操作，不可埋头于个股而忘记了大盘背景是否健康，是否稳定，是否有利于操盘。主力也是人，不是神仙，也会顺势而为，敢于逆势的只是极少数。而广大中小投资者，根本没有定价权，顺势而为是唯一的生存法则。大势良好，操作环境安全，才去操作，否则，就休息吧。

（3）分批止赢原则

滚动操盘技术追求的是稳定的、稳健的、持续的和持久的盈利，而不是一时半会的暴利，不是大起大落的坐过山车。因此，在操作方案设计上，偏重于稳字当头，无论是资金配置还是仓位管理，都特别强调留足储备，分批使用，多次进出的原则。在具体的卖出操作上，强调阶段性分批止赢，包括每日的分时操作逢高点止赢，每周的小波段操作逢高点止赢等等。总而言之，不管是哪一种类型的滚动操作，都特别强调分批止赢。请各位投资者牢记于心。

2. 卖点选择的基本类型

（1）下跌趋势已经确立

当滚动交易系统的均线下跌趋势确立后，每一次逢高卖出都是正确的选择。滚动交易系统的每一条均线都具有特定的卖出含义，滚动线拐头向下，意味着日内滚动操盘获利了结时机已到，需要立即止赢。攻击线拐头向下，意味着周内滚动操盘获利了结时机已到，应当立即停止滚动，阶段性止赢。财运线拐头向下，意味着小波段滚动操盘计划已经完成了它的历史使命，休息的时候到了。起航线拐头向下，意味着大波段滚动操盘需要立即停止，不容犹豫。而生命线拐头向下，标志着大周期滚动必须结束，清空底仓，离场观望。当循环线开始拐头向下的时候，整个大趋势已经彻底变坏，空头占据了绝对上风，短期内基本上不具备滚动操盘价值，该干吗就干吗去吧，别再恋恋不舍，不肯离开。如图【108】所示。

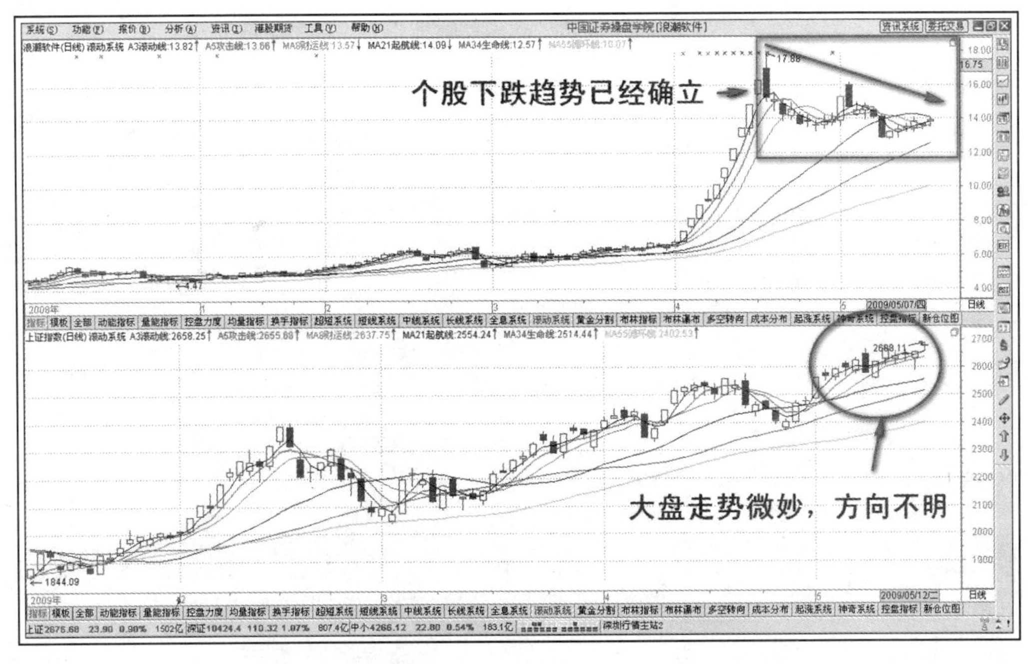

图【108】600756 浪潮软件短期头部已经确认，下跌趋势已经确立

（2）**上升趋势已经确立**

当滚动交易系统呈现为明显的多头排列的时候，市场显示为牛市特征，此时持股待涨是正确的，也是大多数人应有的选择。但是，持股待涨并不是一味的死死捂住不动，为了达到本金盈利的最大化，投资者可以在保持底仓不变的情况下，利用有效的高效的资金管理技术和仓位管理技术，积极进行滚动操作，这样既可以不断降低持仓成本，又可以反复套利，实现本金盈利的最大化。如图【109】所示。每一次波段高点，都是极好的卖出点，是滚动操盘的卖点，是阶段性分批止赢的绝佳点位。

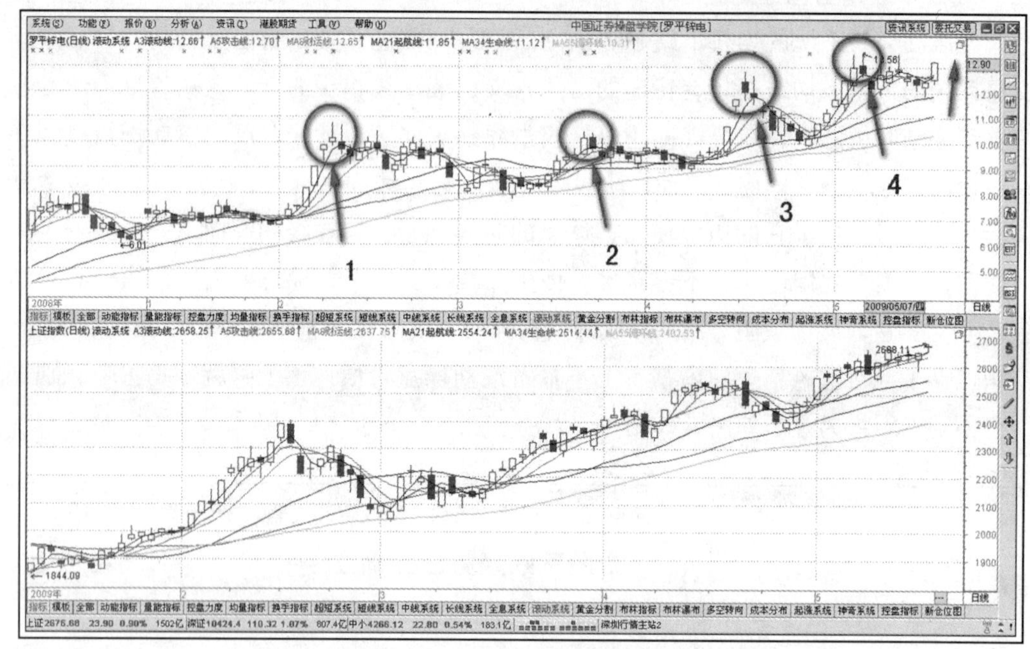

图【109】002114 罗平锌电上升趋势已经确立，滚动操作

第二节　卖点选择实战指引

1. 分时交易系统卖出法

分时交易系统卖出法是滚动操盘技术中最及时的卖出方法，是根据分时交易系统中的K线结构、均线结构、动能指标和量能指标的信号提示做出的卖出行为。这是相当严谨的技术性卖出原则，在运用的时候，务必严格遵守有关操盘纪律。根据踩点时间周期的不同，在操作上，可以分为1分钟交易系统卖出法、5分钟交易系统卖出法、15分钟交易系统卖出法、30分钟交易系统卖出法和60分钟交易系统卖出法。在下边的讲解中，为了避免重复，每一种分时交易系统卖出法都只举出5个例子，而且尽可能各不相同。各种例子列举的卖出法则，原理是相通的，适用于不同的时间周期，请各位读者朋友融会贯通。

（1）1分钟交易系统卖出法

第一种，乌云盖顶卖出法

【盘面技术特征】

第一，乌云盖顶是最经典的卖出技术信号之一，也是最常见的、最常用的卖出技术信号。股价经过连续的拉升之后，在高位出现这样的技术信号，预示着股价短期已经明确见顶，后续走势将是回落，别无选择。如图【110】所示。

第二，乌云盖顶属于典型的多头能量竭尽信号，股价瞬间的大幅度高开，跳空的幅度越大，就越能表明主力的操作意图。如果向上跳空的幅度超过7%甚至更多，然后一路下行，说明这是多头即时最后的诱多，多头行情将嘎然而止。

第三，盘面上，量价结构健康，价跌量升的盘口表明主力出逃心切，开闸放水，筹码松动，预示着股价还将继续下跌。

【滚动操盘策略】

在操作上，最成功最及时的操作是在股价大幅度向上跳空的时候，即时卖出。如果跳空的幅度超过3%，小于5%，可以首先卖出30%滚动仓，如果跳空的幅度超过5%，小于7%，可以直接卖出50%滚动仓，如果跳空的幅度超过7%甚至直接跳至涨停板附近，可以直接卖出80%滚动仓，剩余的滚动仓，可在有效跌穿财运线反抽时清空。

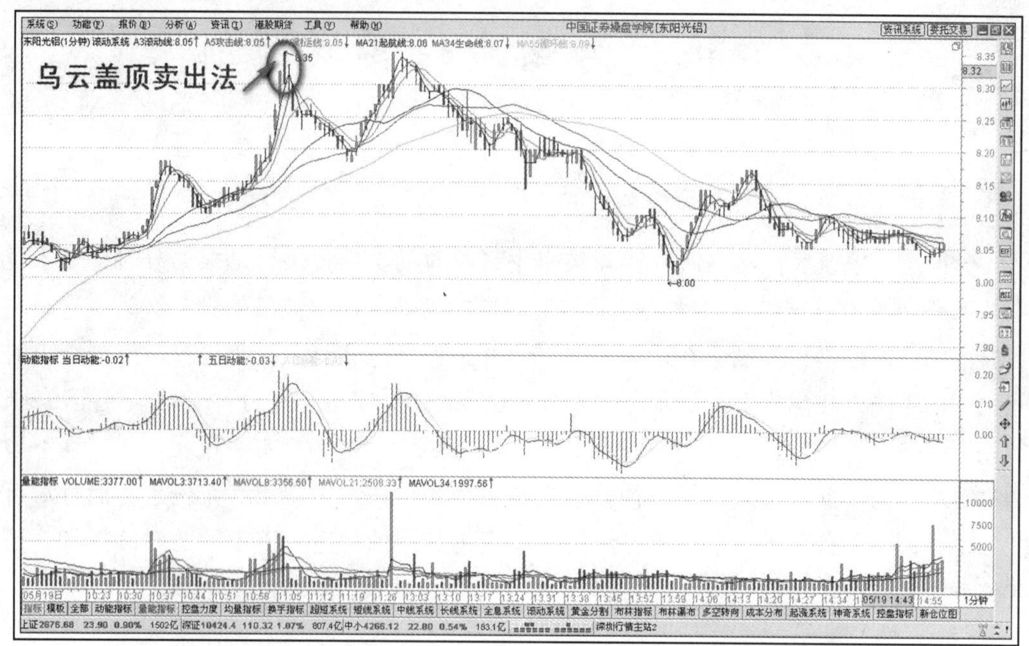

图【110】600673 东阳光铝 2009 年 5 月 19 日乌云盖顶卖出法示意图

第二种，巨量连阴卖出法

【盘面技术特征】

第一，高位巨量连阴是典型的卖出信号。股价从分时起涨点算起，拉升至黄金分割位的时候，引发获利抛盘，或者主力自身主动性卖出，滚动套利，于是盘面上出现经典的高位巨量连阴卖出图形。如图【111】所示。

第二，盘面上显示，出现高位巨量连阴信号之前，短期内股价已经升幅巨大，盘中多次出现向上跳空，高开低走，带量下行，价跌量升，量价结构健康。

第三，分时均线系统显示出死叉，滚动线、攻击线和财运线呈现为空头排列。

【滚动操盘策略】

在操作上，盘中大幅度向上跳空后折返下行是最佳的卖出时段，可以立即卖出滚动仓。出现第一根阴线的时候，可以首先卖出 30% 滚动仓，出现第二根跳空阴线的时候，应果断卖出 50% 滚动仓，出现怀孕线形态的中阴线时，要立即卖出 80% 滚动仓，当滚动线拐头向下时，立即把剩余的滚动仓清空，然后保持观望。

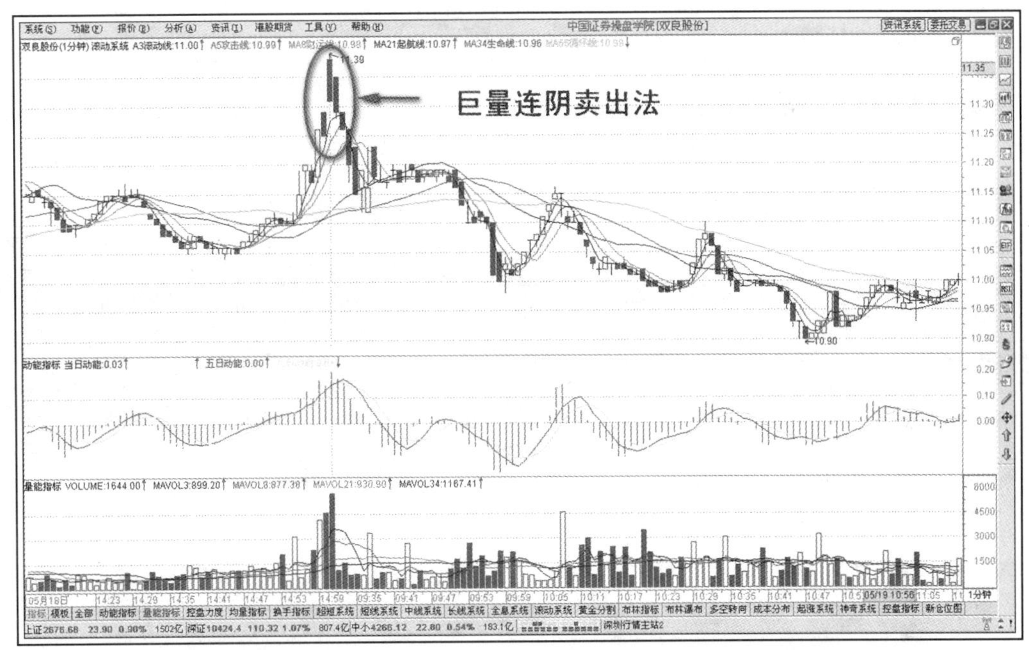

图【111】600481 双良股份 2009 年 5 月 19 日巨量连阴卖出法示意图

第三种，吊颈长阴卖出法

【盘面技术特征】

第一，吊颈长阴是最经典的卖出信号之一。此信号出现之前，股价已经有不少的升幅，阶段性位置已经处于高位，短线已经具备了出货空间。

第二，盘面显示股价高开低走，盘中瞬间大幅度带量打压至跌停板附近，然后缩量快速拉起，分钟成交笔数超过 11，表明恐慌抛盘竞相涌出。

第三，成交量急剧放大，价跌量升，典型的出货形态。如图【112】所示。

【滚动操盘策略】

在操作上，敏捷的投资者可以在盘中瞬间大幅度打压时利用闪电下单功能即时卖出。下单的时候，直接以跌停价挂出，以确保成交。也可以在快速反抽的时候，直接以跌停价挂出。来不及快速反应的投资者可以选择跌穿滚动线反抽时，立即卖出。因为主力的操盘手法凶悍无比，跌势汹汹，卖出时所有的滚动仓可以一次性清空。

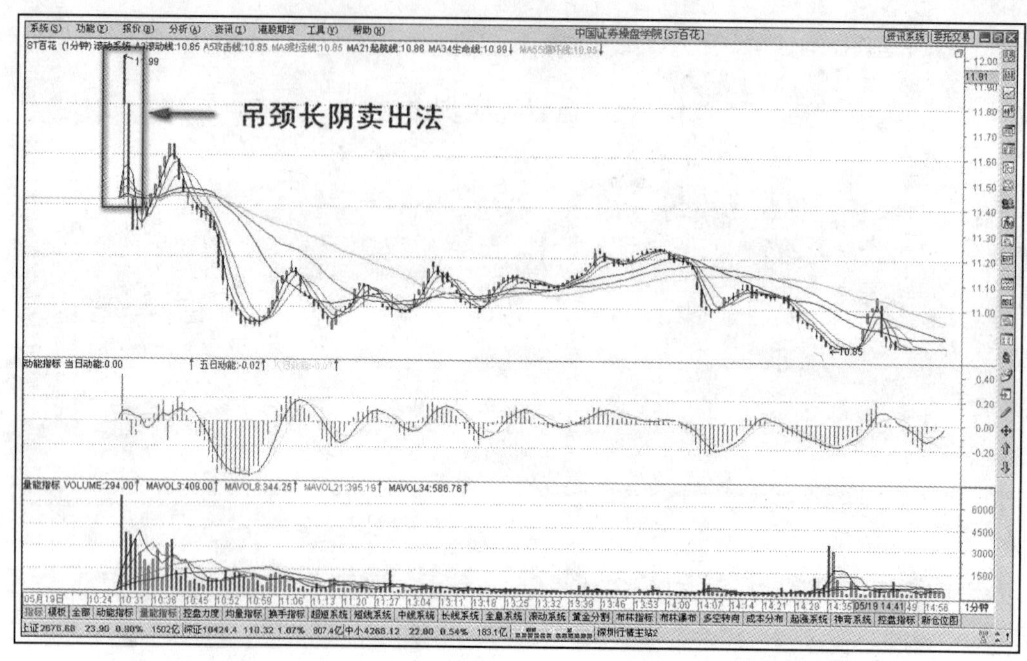

图【112】600721ST 百花 2009 年 5 月 19 日吊颈长阴卖出法示意图

第四种，一泻千里卖出法

【盘面技术特征】

第一，一泻千里也叫有去无回，是常见的卖出信号。股价在早盘巨量大幅度跳空高开，一般以涨停价开盘，之后一路震荡下行，多头反攻无力，短中期均线系统呈现为明显的空头排列，表明空头过于强大，跌势难止。如图【113】所示。

第二，盘面上显示出卖盘远远大于买盘，连续性大卖单间隔性出现，盘中还不时在关键技术位出现特大型卖单砸盘，表明主力出货的力度很大。

第三，下跌有量，反弹缩量，反攻乏力，量价结构不健康。

【滚动操盘策略】

在操作上，在早盘集合竞价时间段应立即全部清空。如果来不及反应，可以在盘中每逢反弹至高点时减仓，高点的判断以滚动线为依据，只要滚动线拐头向下，就立即卖出，绝对不要犹豫。也可以利用动能指标泛红的时候分批卖出。

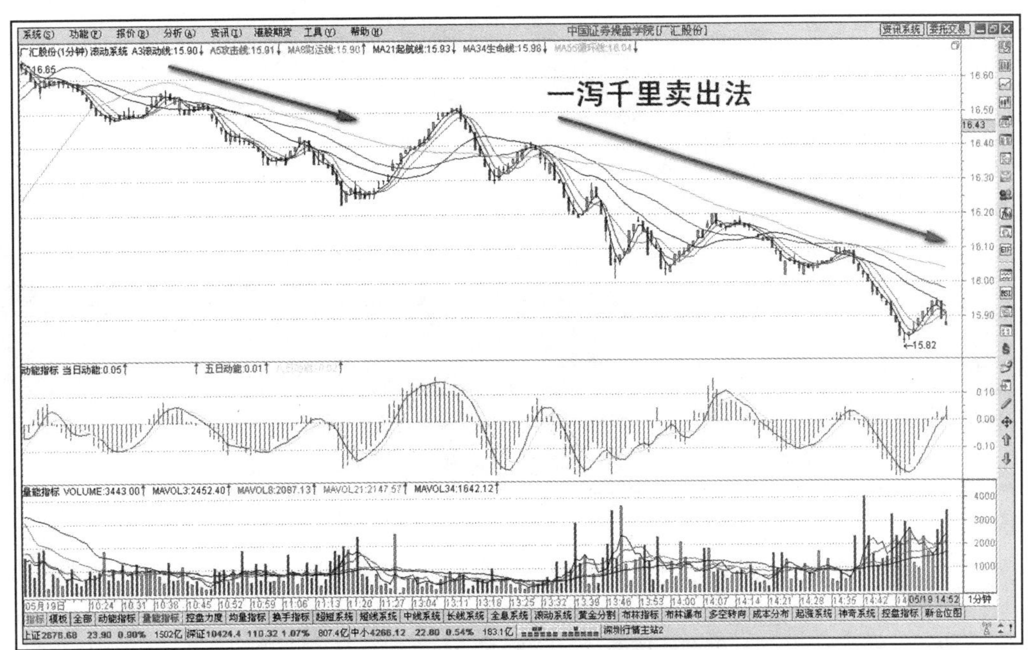

图【113】600256 广汇股份 2009 年 5 月 19 日一泻千里卖出法示意图

第五种，黄昏之星卖出法

【盘面技术特征】

第一，黄昏之星是典型的卖出信号。股价经过比较大幅度的拉升之后，在高位或者相对高位出现滞涨迹象，之后再出现黄昏之星，表明股价已经阶段性见顶。

第二，黄昏之星信号出现的时候，星线带量，而且是近期的巨量或者天量，信号的可信程度极高，如果盘中反复宽幅震荡，即时图下档带量，表明主力在压低出货。

第三，成交量急剧放大，量价结构健康，说明后市还将继续下跌。如图【114】所示。

【滚动操盘策略】

在操作上，当大阳 K 线之后出现大幅度的向上跳空缺口的时候，应当立即分批止赢。投资者可以在出现黄昏之星第一时间卖出 50% 滚动仓，在后边的低开大阴 K 线出现时寻找高点卖出剩余的滚动仓。如果股价直接在盘中击穿生命线，可以卖掉 30% 的基础仓，如果击穿循环线，可以卖掉 50% 基础仓。

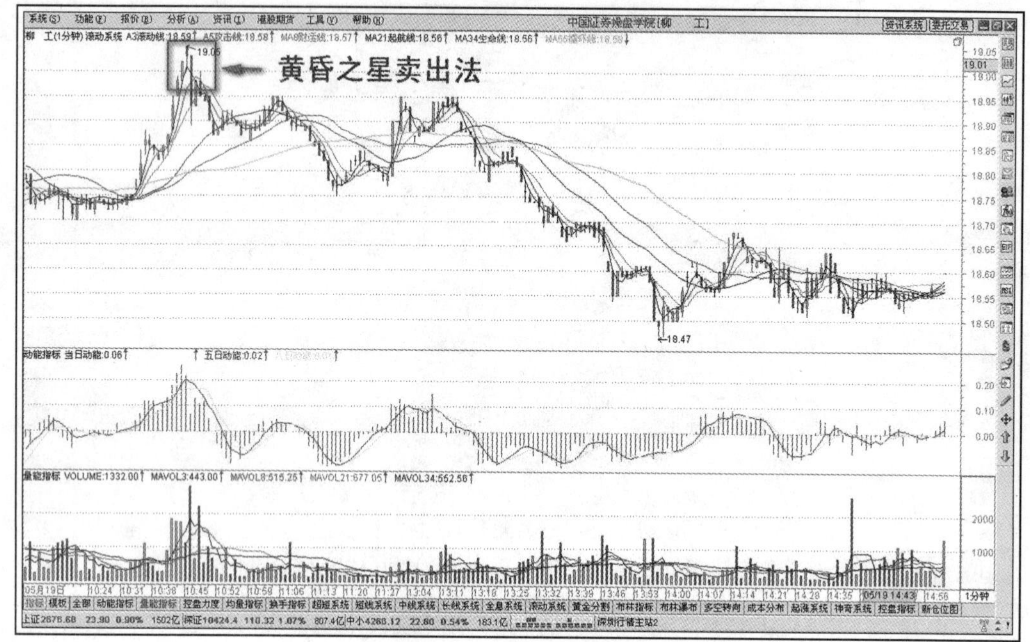

图【114】000528 柳工 2009 年 5 月 19 日黄昏之星卖出法示意图

(2) 5 分钟交易系统卖出法

第一种，射击之星卖出法

【盘面技术特征】

第一，射击之星是很经典的卖出信号。股价经过大幅度的拉升之后，出现射击之星，表明做多的能量释放殆尽，后续将难以为继，预示着股价将见顶回落。

第二，盘面上显示出射击之星的小星线上影线很长，而且带量，说明抛盘众多，抛压沉重，多头不堪重负，只好选择下跌。如图【115】所示。

第三，成交量急剧放大，动能指标线呈现出背离迹象，表明拉升动能已经不足。

【滚动操盘策略】

在操作上，当射击之星出现的时候，投资者可以在股价冲高回落时果断卖出所有滚动仓。也可以在股价击穿滚动线时卖出 50% 滚动仓，在击穿攻击线时卖出剩下的 50% 滚动仓。如果股价有效击穿财运线，可以卖出 30% 的基础仓，在尾盘选择低点回补。

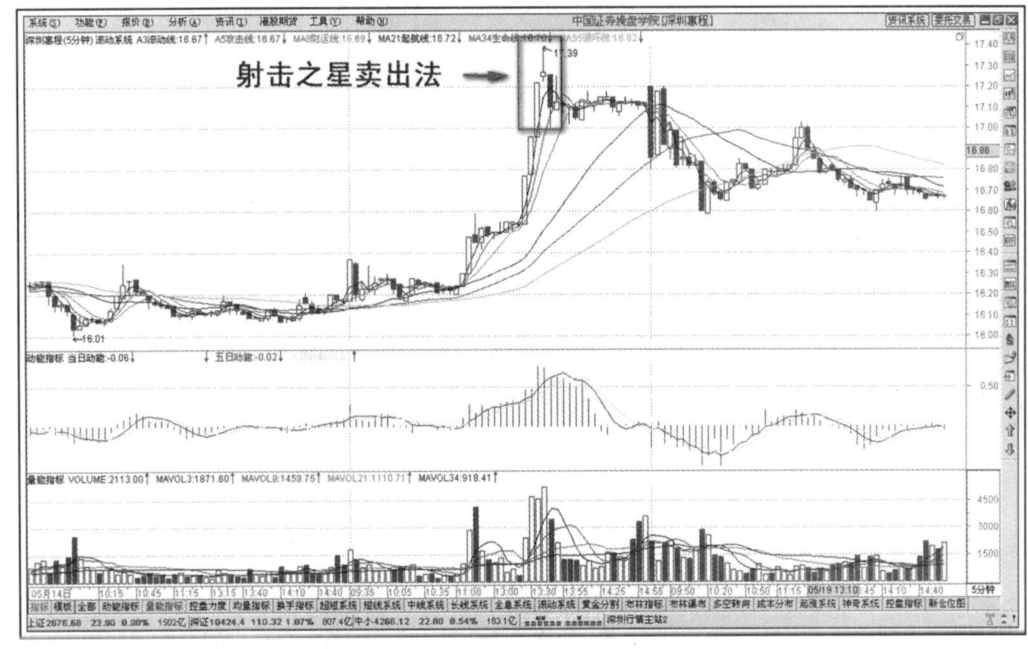

图【115】002168 深圳惠程 2009 年 5 月 18 日射击之星卖出法示意图

第二种，长阴贯顶卖出法

【盘面技术特征】

第一，长阴贯顶是最经典的卖出信号。此信号出现之前，股价处于明显的上升趋势之中，一路震荡盘升，给人以无限遐想。如图【116】所示。

第二，盘中瞬间突然大幅度向上跳空拉高，跳空的幅度大于 7%，甚至直奔涨停板，然后一路放量下跌，跌势汹汹，毫无抵抗，留下一根光头光脚的大阴 K 线，十分刺眼。

第三，滚动线迅速拐头向下，3 日动能指标线死叉。表明下跌动能强大无比，短期内难以重拾升势。

【滚动操盘策略】

在操作上，敏捷的投资者可以在大幅度向上跳空的时候，首先分批止赢，卖出 30% 滚动仓，在震荡下跌的反抽时选择机会卖出 80% 滚动仓，如果三次反弹都无法站稳在均价线之上，立即清空所有的滚动仓。

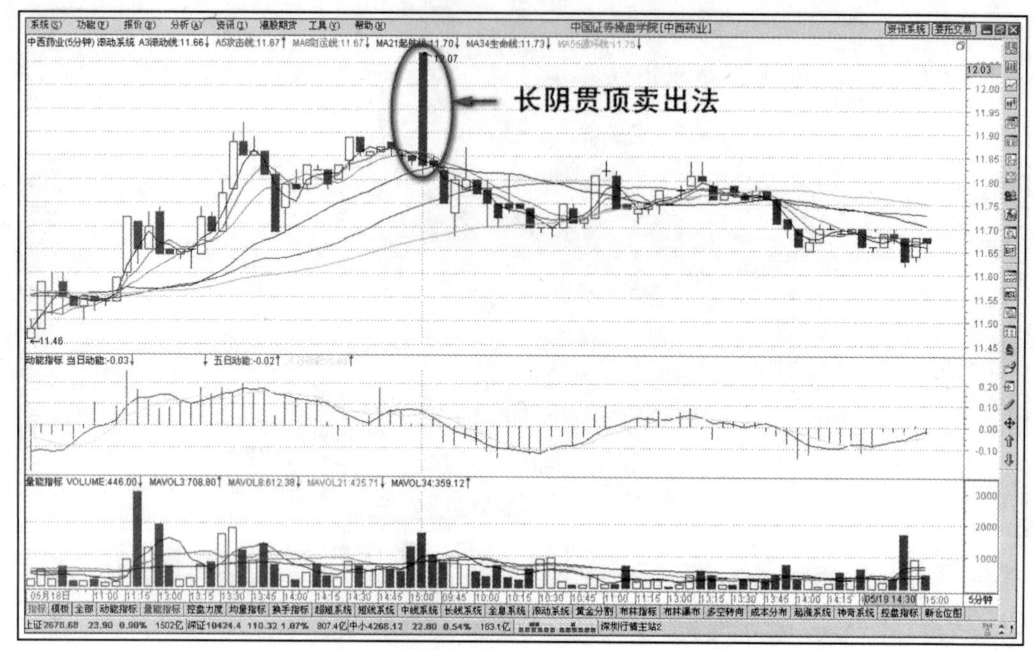

图【116】600842 中西药业 2009 年 5 月 19 日长阴贯顶卖出法示意图

第三种，淡友反攻卖出法

【盘面技术特征】

第一，淡友反攻是常见的卖出信号。股价运行到相对的高位后，突然跳空高开，跳空的幅度超过 7%，然后一路震荡下行，收出一根实体部分超过 5% 的大阴 K 线，收盘价与上一根大阳 K 线的收盘价基本接近或者相等。如图【117】所示。

第二，盘面上，成交量比上一根大阳线有所萎缩，量价结构基本健康。

第三，盘口显示为宽幅震荡态势，量峰结构凌乱，说明此时主力已经无心控盘，阶段性出货已经是主要的操盘计划。

【滚动操盘策略】

淡友反攻卖出信号是主力出货的预演，带有试探性质。在操作上，可以在宽幅震荡的过程中逢高分批止赢，敏捷的投资者可以在瞬间大幅度跳空高开的时候利用势能原理立即卖出，稳健的投资者可以在下影线拉回的时候，直接卖出滚动仓，也可以在股价返回到前一大阳线的收盘价附近时卖出滚动仓，或者滚动线死叉时清空滚动仓。

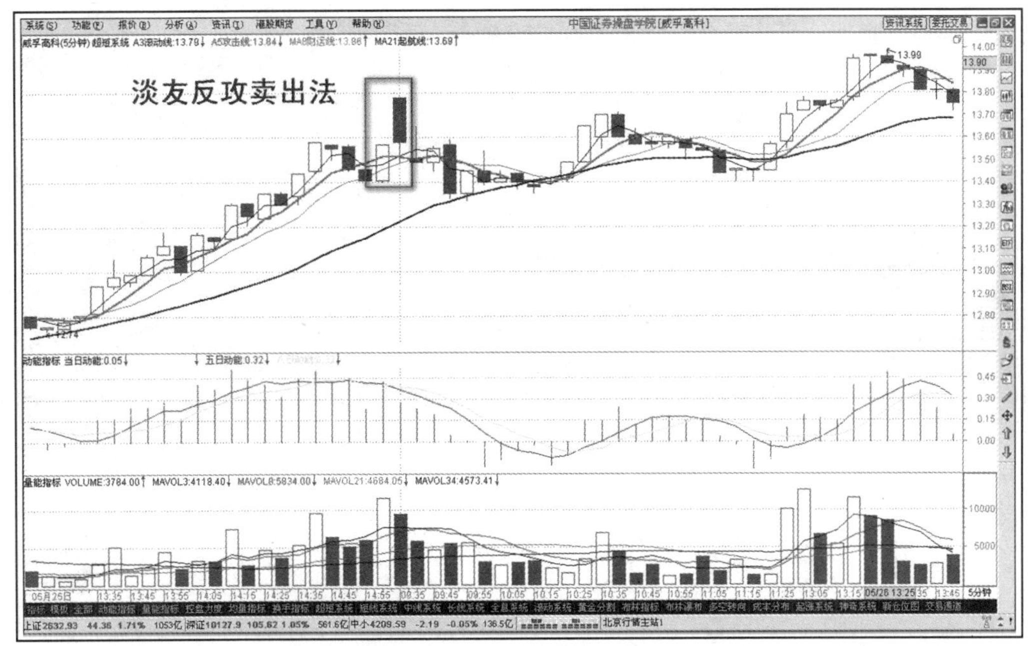

图【117】000581 威孚高科 2009 年 5 月 26 日淡友反攻卖出法示意图

第四种，穿头破脚卖出法

【盘面技术特征】

第一，穿头破脚是典型的转势信号，如果出现在上涨趋势的末端，是常见的卖出信号。如果此时股价向上跳空然后下行，跳空的幅度超过 3%，阴线的实体部分将前一根 K 线的实体部分全部吃掉，说明做空的动能强大，股价还将继续下跌。

第二，成交量方面，如果下跌时量能急剧放大，超过了前一 K 线成交量一倍以上，说明下跌的趋势凶猛，后边下跌的幅度将比较大，如果下跌时的成交量呈现为萎缩态势，表明主力此时态度不明朗，处于犹豫之中。如图【118】所示。

第三，如果穿头破脚的大阴线出现时没有击穿滚动线，表明接下来将出现连阴走势，如果大阴线直接击穿了滚动线，表明弱势反弹即将出现。

【滚动操盘策略】

在操作上，可以在向上跳空的时候率先卖出 30% 的滚动仓，在震荡下行的时候，盘中选择高点卖出 50% 滚动仓，如果击穿滚动线，可耐心等待反抽出现时清空滚动仓。

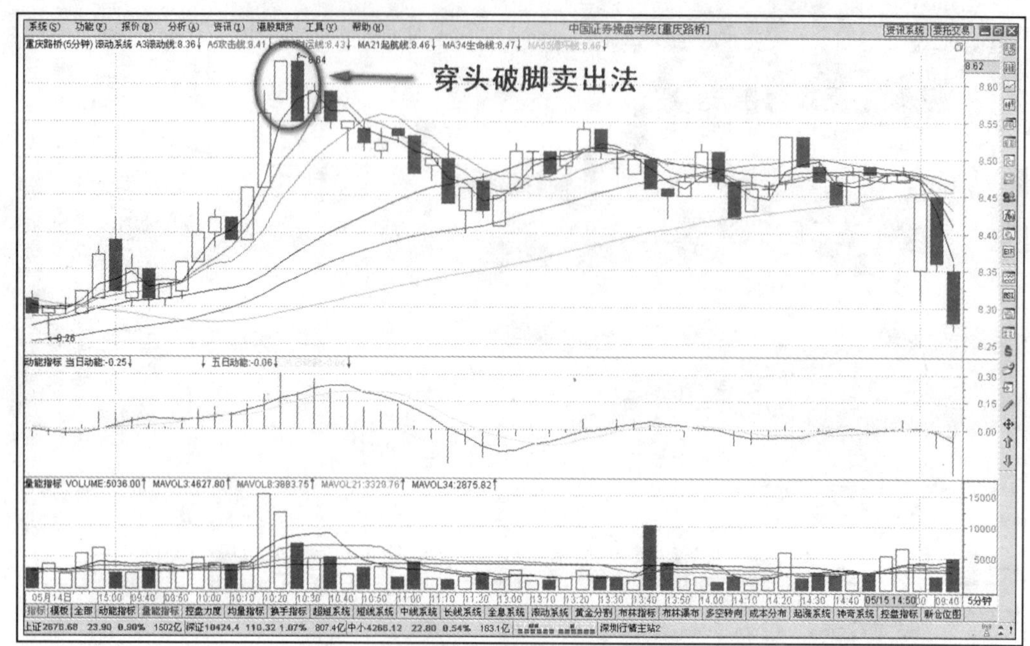

图【118】600106 重庆路桥 2009 年 5 月 15 日穿头破脚卖出法示意图

第五种，直捣黄龙卖出法

【盘面技术特征】

第一，直捣黄龙也叫醉入花丛，是经典的出货定式之一。此时股价运行于高位三角形整理的末端，需要选择方向。短期均线系统基本粘合，态度暧昧。股价出现大幅度的跳空高开，酷似向上突破，给人以无限希望，旋即直线下行，直奔跌停板而去，将多头的幻梦完全彻底打碎，表明主力去意已决。

第二，盘面上，在跌停板附近产生大量成交单，如果之后反复开板，反复上冲，属于典型的诱多行为，狡猾的主力将股价瞬间大幅度拉高收盘，留下很长的下影线，酷似下档支撑强劲有力。如图【119】所示。

第三，滚动线死叉，攻击线死叉，财运线向下，大阴线击穿滚动系统所有均线。

【滚动操盘策略】

这是典型的假突破。在操作上，在高开低走的时候，直接卖出所有滚动仓。如果来不及反应，可以在股价反抽时，迅速卖出。如果股价当天不能站稳在循环线之上收盘，则在尾盘卖出 50% 基础仓，然后静观其变。

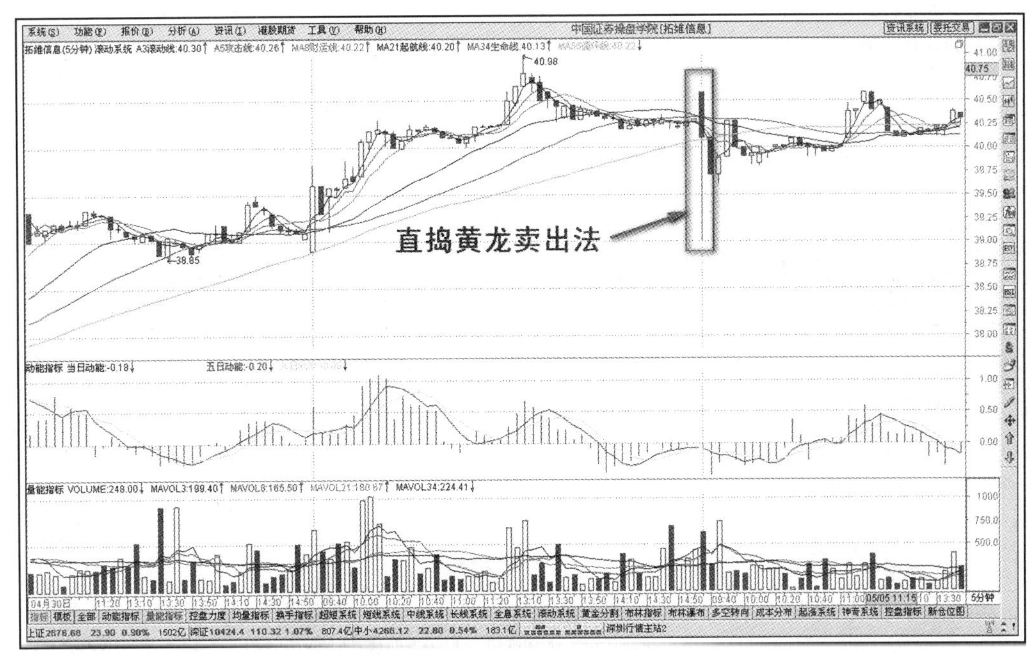

图【119】002261 拓维信息 2009 年 5 月 5 日直捣黄龙卖出法示意图

（3）15 分钟交易系统卖出法

第一种，十字墓碑卖出法

【盘面技术特征】

第一，十字墓碑也叫高位十字线，是典型的卖出信号。股价经过阶段性的拉升之后，短期的上升幅度已达到或者超过 30%，短线具备了出货空间。此时股价在高位盘整，主力在等待下档的接盘，出货的意图十分明显。

第二，盘面上，即时图显示出主力在高位区域反复震荡，小单拉升，大单卖出。拉升缩量，下跌放量，量价背离显著。

第三，主力在高位出货充分，不再托盘，股价迅速滑落，留下了很长的上影线，酷似十字墓碑，宣告阶段性行情到此结束。如图【120】所示。

【滚动操盘策略】

十字墓碑是典型的见顶信号，在操作上，应当及时积极卖出所有滚动仓，停止滚动操作。如果股价有效击穿财运线，短期均线系统呈现空头排列，表明股价已经阶段性见顶，小资金小周期滚动的投资者可以直接清空基础仓，换股操作。

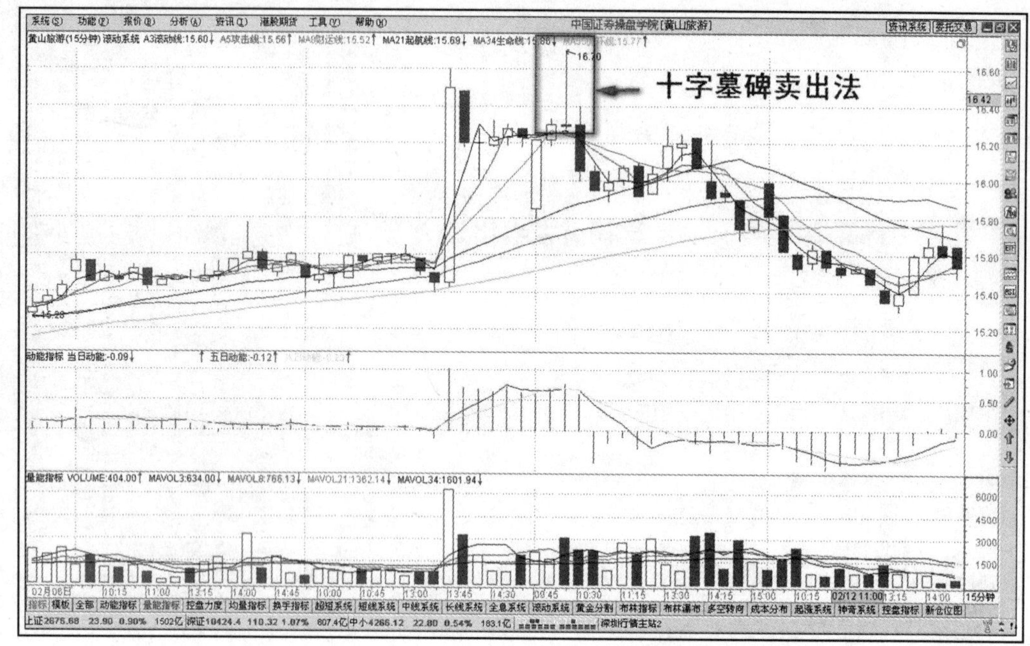

图【120】600054 黄山旅游 2009 年 2 月 11 日十字墓碑卖出法示意图

第二种，断头铡刀卖出法

【盘面技术特征】

第一，断头铡刀根据下穿均线的条数也叫一阴断三线，一阴断四线，一阴断五线。是典型的卖出信号，预示着股价破位下跌，阶段性行情结束。如图【121】所示。

第二，盘面显示为短期均线系统已经空头排列，滚动线死叉，生命线呈现出拐头迹象。

第三，如果此时放出巨量，表明主力已经大规模出货，如果成交量萎缩，表明下档无人接盘，主力将继续对倒打压，连下数城，直奔支撑位，并在关键技术点位短暂整固，作出企稳模样，诱使投资者接盘。

【滚动操盘策略】

断头铡刀是经典的出货定式，信号的可靠程度很高。在操作上，应当立即坚决清空所有筹码，持币观望。如果来不及卖出，可以在下一根 K 线的盘中高点择机出局。

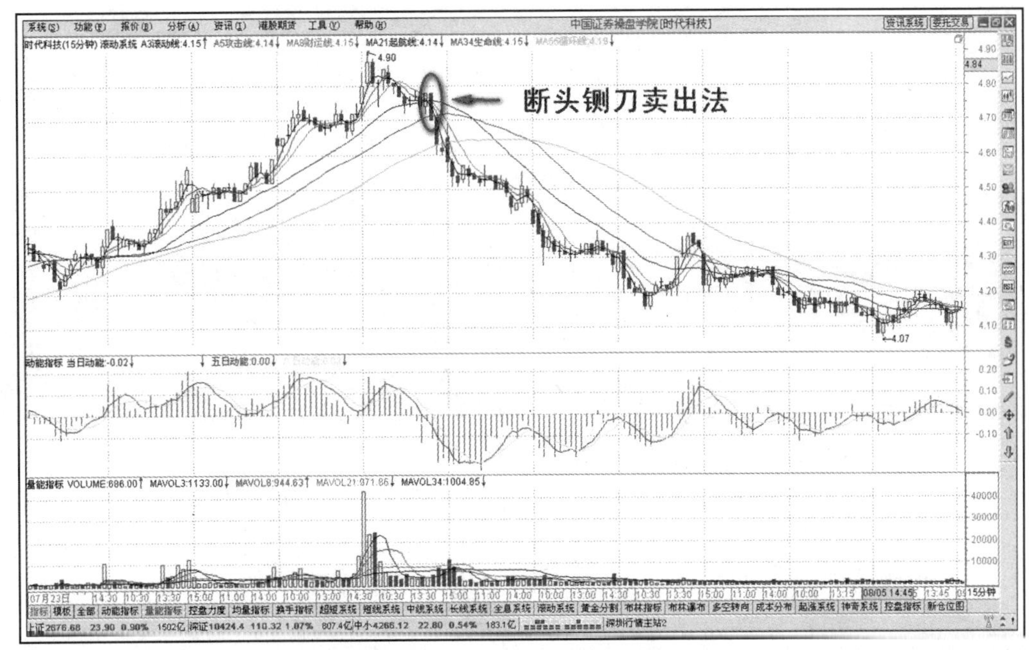

图【121】000611 时代科技 2007 年 7 月 29 日断头铡刀卖出法示意图

第三种，青龙过海卖出法

【盘面技术特征】

第一，青龙过海是常见的卖出信号。在拉升的途中突然大幅度打高，幅度超过 5%甚至超过 7%，然后做出涨停突破的样子，诱使投资者在涨停板附近大量接盘，主力却利用反复开板的手法暗中大肆出货。

第二，盘面上显示为成交量急剧放大，为近期的天量水平。如图【122】所示。

第三，盘口显示出明显的回头波，钓鱼波或者瀑布波，但股价在回落到滚动线或者攻击线附近时，戛然而止，表明主力还将继续拉升，不过后边已经是出货行情。

【滚动操盘策略】

在操作上，可以顺势而为，在涨停板附近清空所有筹码，也可以在出现回头波的时候迅速卖出，实在来不及卖出的，可以在后续的反弹中逢高止赢。

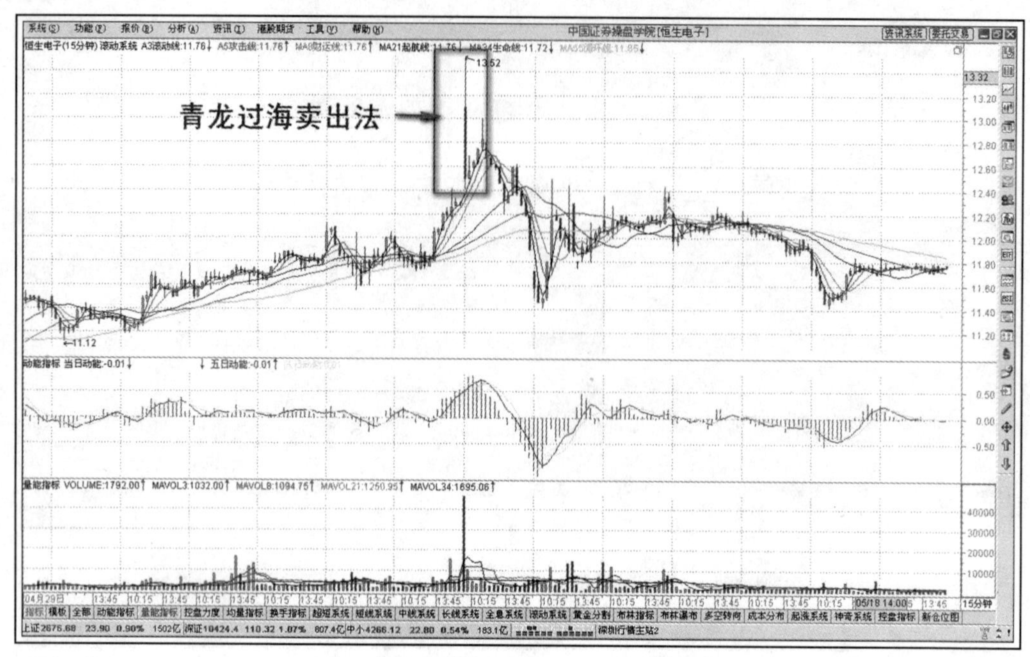

图【122】600570 恒生电子 2009 年 5 月 11 日青龙过海卖出法示意图

第四种，双飞乌鸦卖出法

【盘面技术特征】

第一，双飞乌鸦有很多组合形态，是常见的卖出信号。如果出现在股价急速拉升的末期，意味着行情已经结束，如果出现在高位整理的末端，说明主力已经成功利用平台出货，股价即将开始破位下行。如图【123】所示。

第二，双飞乌鸦的两根阴线如果都出现上影线，相互之间出现跳空缺口，可信程度更高。

第三，滚动系统的短期均线组合已经呈现为空头排列，动能指标线死叉，均量指标线死叉，表明主力已经无心恋战，股价向下破位已经不可避免。

【滚动操盘策略】

在操作上，投资者应该坚决卖出所有筹码，持币观望。如果双飞乌鸦的第二根大阴线向下击穿生命线，说明多头已经短期内彻底放弃防守，应该立即卖出，不容犹豫。

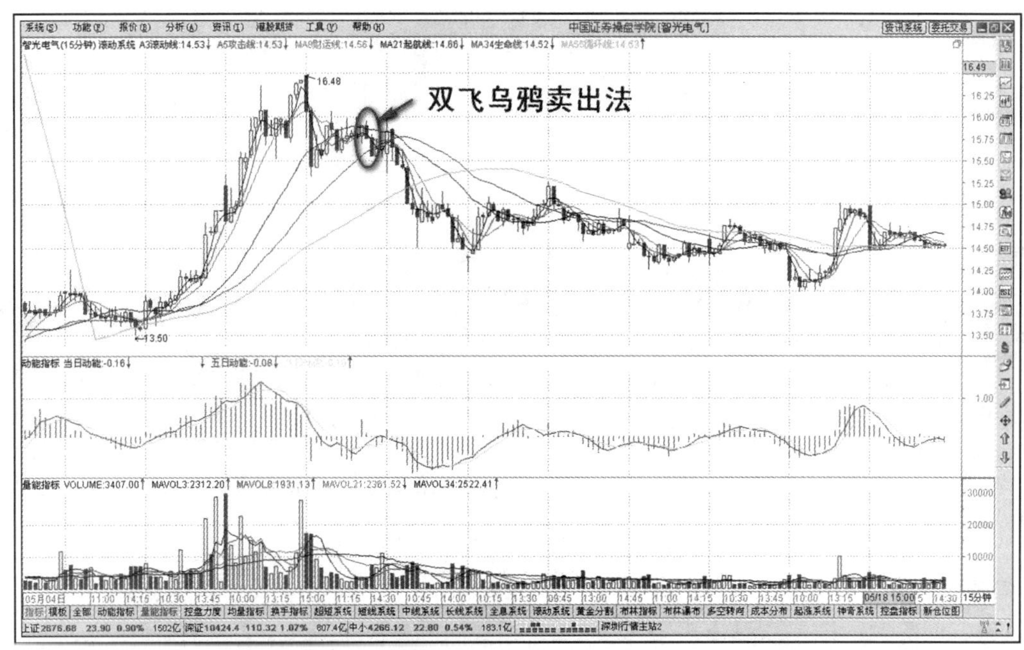

图【123】002169 智光电气 2009 年 5 月 8 日双飞乌鸦卖出法示意图

第五种，三只乌鸦卖出法

【盘面技术特征】

第一，三只乌鸦是经典的卖出信号，也可能是主力的洗盘信号。三只乌鸦的技术含义和双飞乌鸦的技术含义大致相同，但信号的强度更高，内涵更丰富。

第二，如果三只乌鸦出现在拉升的途中，每一根阴线实体的长度都超过 5%，还带有带量的下影线，说明是主力的洗盘动作，洗盘之后，股价还将拉升。如果三只乌鸦出现在阶段性拉升的末期，每一阴线之间出现向下的跳空缺口，低位带量，实体部分超过 7%，预示着阶段行情可能已经结束。如图【124】所示。

第三，成交量渐次萎缩，说明下档接盘无力，股价在短暂反弹之后，还将继续下跌。

【滚动操盘策略】

在操作上，无论三只乌鸦是洗盘信号还是见顶信号，投资者都应该即时卖出滚动仓。稳健的投资者可以在出现第一根阴线的时候，卖出 30% 滚动仓，在出现第二根阴线的时候卖出 50% 滚动仓，在出现第三根阴线的时候，清空滚动仓。

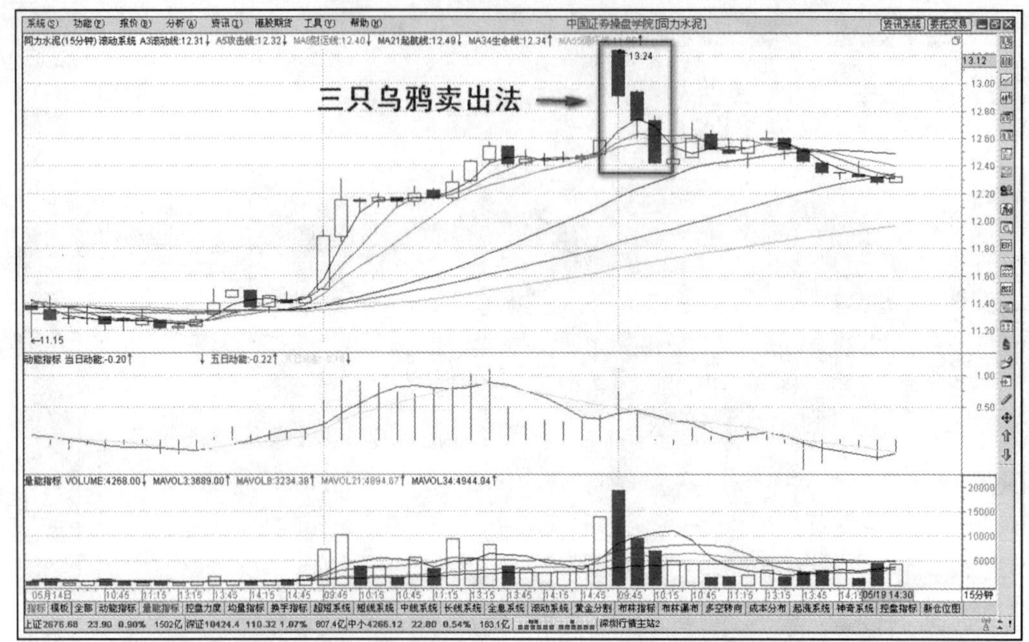

图【124】000885 同力水泥 2009 年 5 月 19 日三只乌鸦卖出法示意图

（4）30 分钟交易系统卖出法

第一种，饿虎扑食卖出法

【盘面技术特征】

第一，饿虎扑食也叫饿虎出笼，是典型的卖出信号。股价在高位以连续阴线的形式向下掼压，马不停蹄向下击穿滚动交易系统所有均线，空头动作快速，急剧，连贯，直捣黄龙，不给多方任何喘息机会。如图【125】所示。

第二，盘面上显示出量能失控，表明主力已经去意坚决，阶段性出货的操盘意图十分明显，已经成为主要操作计划。

第三，成交量变化异常，凌乱，无序，量价结构非常不健康。动能指标线死叉，表明做多动能短期内消耗过大，阶段性调整已经不可避免。

【滚动操盘策略】

在操作上，投资者可以在滚动线拐头向下的时候卖出第一仓，在股价有效击穿循环线的时候直接清仓，不再滚动。

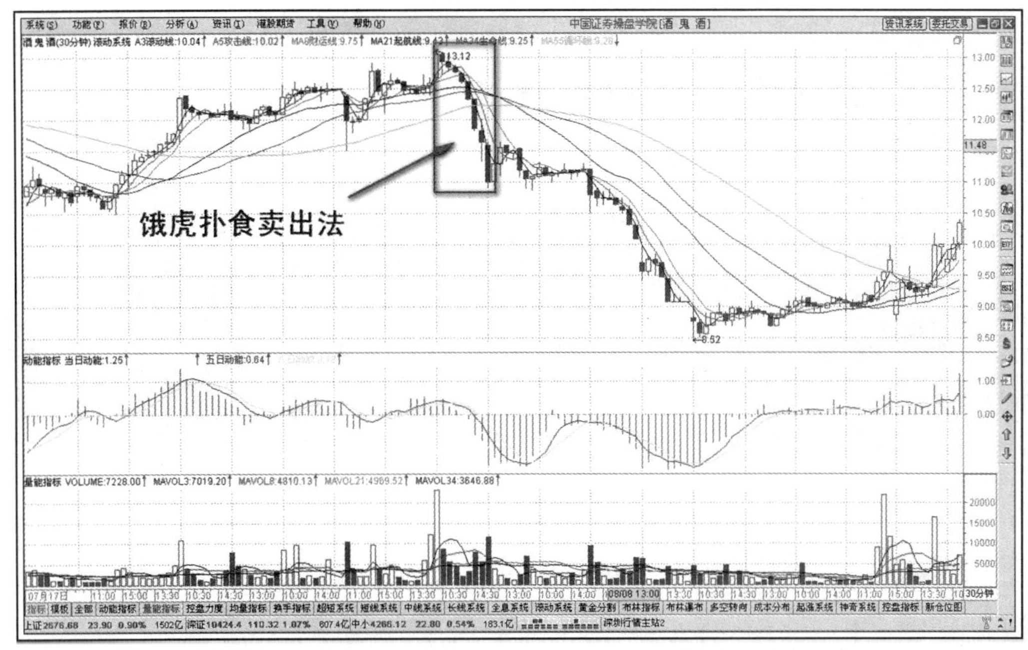

图【125】000799 酒鬼酒 2008 年 5 月 10 日饿虎扑食卖出法示意图

第二种，海上孤岛卖出法

【盘面技术特征】

第一，海上孤岛也叫岛型反转，是非常经典的转势信号。本信号可以出现在底部区域，也可以出现在顶部区域，各自的技术含义截然相反，需要仔细甄别。

第二，股价经过阶段性的拉升之后，短期内升幅较大，此时出现的向上跳空，属于多头的竭尽态势，表明做多的能量开始进入最后的释放阶段。如图【126】所示。

第三，跳空之后股价在高位横盘，连续出现带量长上影线，筹码松动迹象明显。随后出现的向下跳空大阴线宣告主力基本完成短期出货动作，海上孤岛形成。

【滚动操盘策略】

在操作上，可以在连续出现的带量长上影线位置分批止赢。敏捷的投资者可以依据滚动线操作，在滚动线死叉时卖出所有滚动仓，在岛型反转 K 线组合架构完成时彻底清仓。

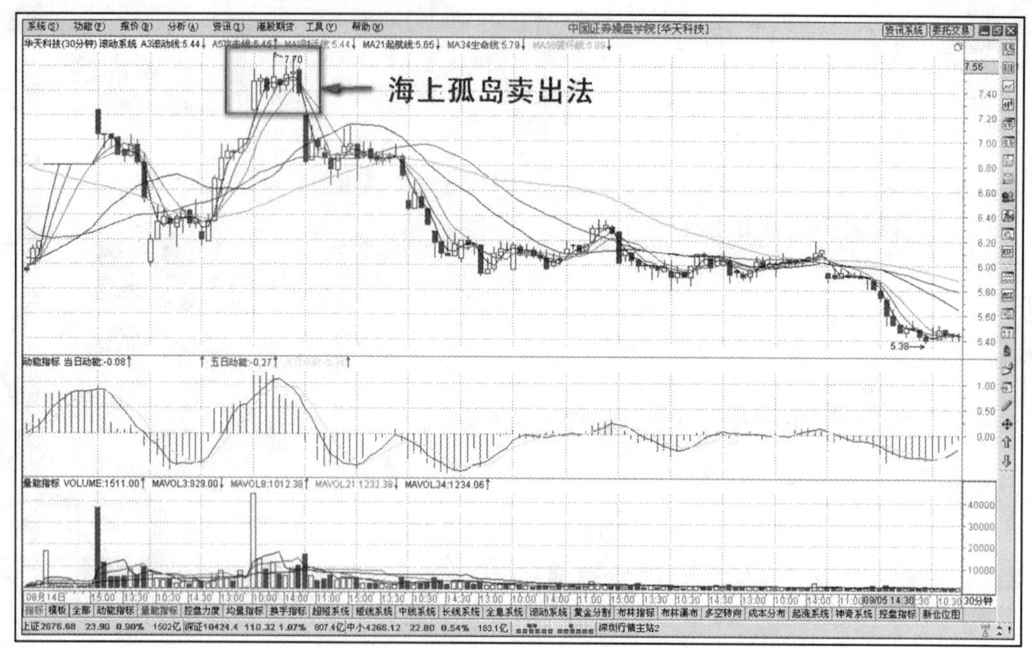

图【126】002185 华天科技 2008 年 8 月 21 日海上孤岛卖出法示意图

第三种，推窗望月卖出法

【盘面技术特征】

第一，推窗望月也叫隔岸观火，或者叫隔海相望，隔山卖牛，属于标准的双顶形态，是典型的卖出信号。如图【127】所示。

第二，从 K 线组合形态来看，第一个高点和第二个高点大致相当，都有带量的上影线，第一个高点的 K 线是大阳线，第二个高点的 K 线正好相反，是大阴线。二者相隔不远，成对望之势，状似两扇打开的窗户，阴风扑面而来。

第三，从成交量来看，后一高点的成交量大于前一高点的成交量，表明主力正在利用高开低走的盘跌走势疯狂派发筹码，股价还将继续下跌。

【滚动操盘策略】

在操作上，如果大幅度跳空高开不能形成有效的突破，投资者可以及时卖出滚动仓。股价击穿滚动线时，实施战略性撤退，卖出 30% 基础仓。如果股价继续击穿攻击线，卖出 50% 基础仓。尾盘如果股价站稳在生命线之上，则回补基础仓，否则等待第二天盘中出现低点时回补基础仓。如果第二天直接击穿循环线，则清空基础仓，换股操作。

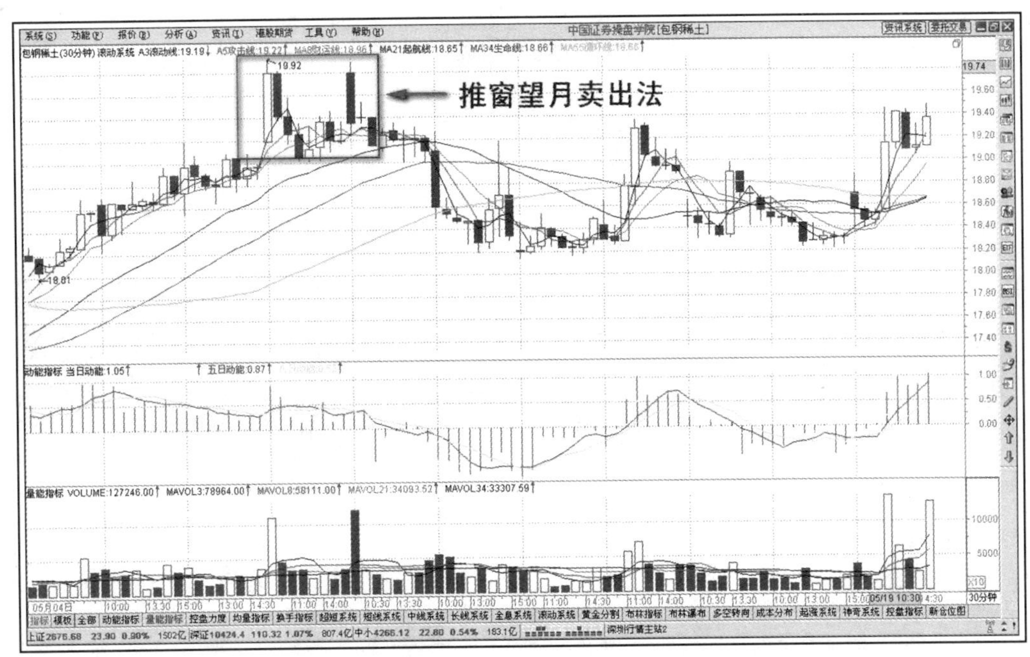

图【127】600111 包钢稀土 2009 年 5 月 8 日推窗望月卖出法示意图

第四种，翻江倒海卖出法

【盘面技术特征】

第一，翻江倒海是典型的止损卖出信号，是失败的芙蓉出水信号。此信号出现时，滚动交易系统所有的均线都已经呈现为空头排列，表明做空的能量充沛，多头短期内难有作为。

第二，盘面上显示出多头企图以退为进，发起攻击。股价大幅度向下跳空，在远离空方的某个价位发动攻击，一路反攻到循环线附近，遭到了空方的扑杀，多头无功而返，留下比较长的带量上影线，表明抛压沉重，股价还将继续下跌。如图【128】所示。

第三，盘口呈现为典型的假升波，说明此时主力属于诱多，目的在于利用反弹继续出货。

【滚动操盘策略】

在操作上，此时应该空仓，持币观望。如果此时投资者还持有底仓，尚未出局，应该利用反弹的机会，即时卖出所有筹码。可以在股价反弹至循环线附近时首先卖出 50% 基础仓，在第二次攻击循环线失败时，彻底清仓。

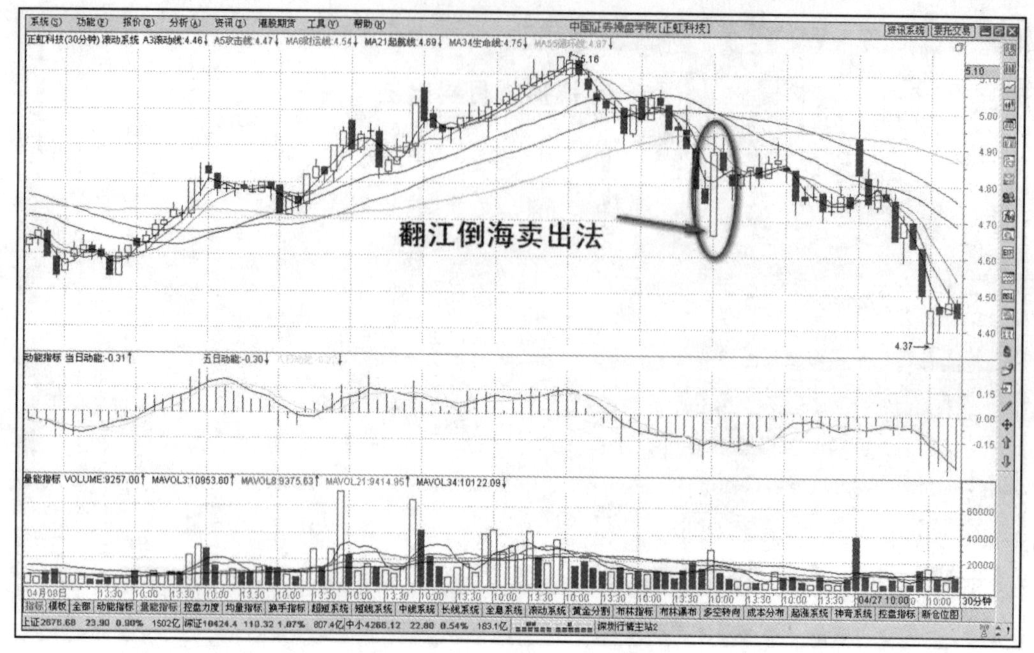

图【128】000702 正虹科技 2009 年 4 月 23 日翻江倒海卖出法示意图

第五种，垂死挣扎卖出法

【盘面技术特征】

第一，垂死挣扎是典型的卖出信号。股价将过阶段性的拉升之后，向上跳空，企图突破，跳空的幅度超过3%，然后发起攻击性操盘行为，但是在涨停板附近遭到空头的围剿，败阵下来，留下很长的带量上影线。如图【129】所示。

第二，成交量急剧放大，呈现为近期的天量。表明抛压沉重，主力将采取以退为进的操盘策略，洗盘整理。洗盘之后，还将继续拉升。

第三，盘面上显示出短期均线系统开始走弱，滚动线死叉，但是循环线的趋势并没有发生改变，量能也呈现为渐次萎缩。

【滚动操盘策略】

在操作上，激进的投资者可以在向上跳空时选择高点卖出滚动仓，也可以在回落后的整理小平台选择高点卖出。稳健的投资者可以在股价有效击穿财运线时卖出滚动仓，在股价击穿起航线时卖出50%基础仓，等待股价在循环线附近站稳后再回补。

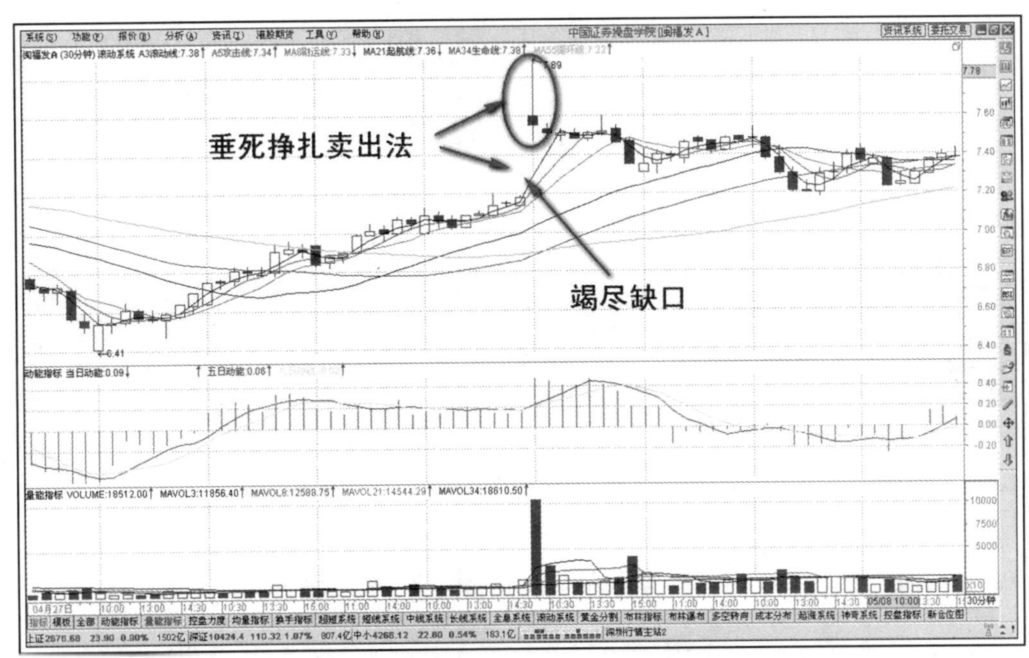

图【129】000547 闽福发 2009 年 5 月 5 日垂死挣扎卖出法示意图

（5）60 分钟交易系统卖出法

第一种，杂草丛生卖出法

【盘面技术特征】

第一，杂草丛生是典型的卖出信号。所谓杂草丛生，就是指近期的每一根 K 线都带有影线，参差不齐，一副乱七八糟的杂乱景象，如同丛生的杂草，乱而无序。这是典型的主力出货迹象。如图【130】所示。

第二，盘面上显示出主力虽然屡次上攻，但每一次都是无功而返，每一次攻击至前期高点时，就有无数抛盘蜂拥而出，抛压沉重，收出长长的上影线。

第三，盘口显示出对敲的迹象明显，量价背离，预示着多头衰败之势即将到来，上升行情难以持久，一旦空方得手，占据上风，大幅度下跌不可避免。

【滚动操盘策略】

在操作上，投资者可以在每一次出现上影线时分批卖出滚动仓，如果股价击穿滚动线，立即卖出所有滚动仓。如果股价有效击穿循环线，清仓出局，换股操作。

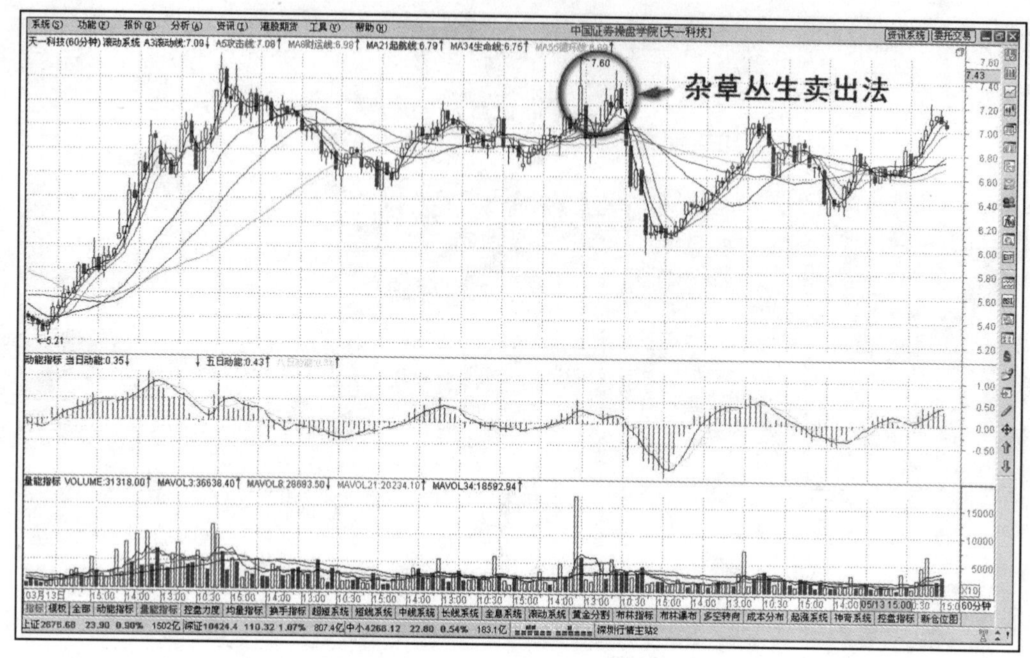

图【130】000908 天一科技 2009 年 4 月 24 日杂草丛生卖出法示意图

第二种，三顾茅庐卖出法

【盘面技术特征】

第一，三顾茅庐也叫三进山城，或者叫三打祝家庄，是典型的卖出信号。主力第一次发起攻击，股价创出历史新高，遭到空头拦截，回撤整理后，再次发起攻击，无力再创出新高，第二次回调蓄势后，发起第三次攻击，依然无法创出新高。所谓一鼓作气，再而衰，三而竭。事不过三，过三必反。预示着股价即将下跌。如图【131】所示。

第二，从成交量来看，第二次上攻时量能萎缩，成交量明显小于第一次，第三次上攻时，成交量还是不能有效放大，表明多头已经量能衰竭，股价下跌不可避免。

第三，动能指标线反复死叉，表明做多动能严重匮乏，空头已经占据上风。

【滚动操盘策略】

在操作上，第一次创出历史新高时，可以立即卖掉滚动仓，第二次无法创出新高时，卖出 50% 基础仓，第三次攻击无法创出新高时，阶段性清仓，持币观望。

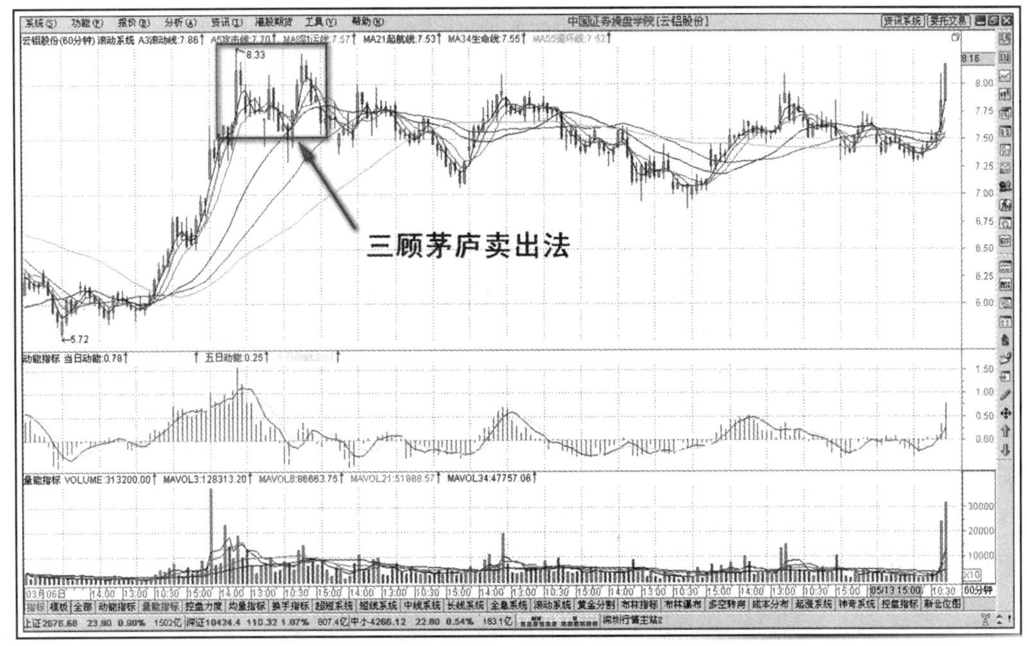

图【131】000807 云铝股份 2009 年 3 月 27 日三顾茅庐卖出法示意图

第三种，十月怀胎卖出法

【盘面技术特征】

第一，十月怀胎也叫孕出线，是比较常见的卖出信号。股价经过阶段性拉升之后，盘面出现十月怀胎信号，表明多头的攻击力度减弱，预示着股价可能下跌。

第二，十月怀胎分为阳线怀胎和阴线怀胎，阳线怀胎表明多头能量释放过快，后市看淡，阴线怀胎表明雪上加霜，空头已经占据上风，股价即将大幅度下跌。

第三，如果股价当日有效击穿起航线，表明本周期滚动操作已经结束。

【滚动操盘策略】

在操作上，如果是阳线怀胎，可以先卖出滚动仓，继续持有底仓谨慎观望。如果是阴线怀胎，可以直接清空筹码，不再滚动，出局观望，或者换股操作。

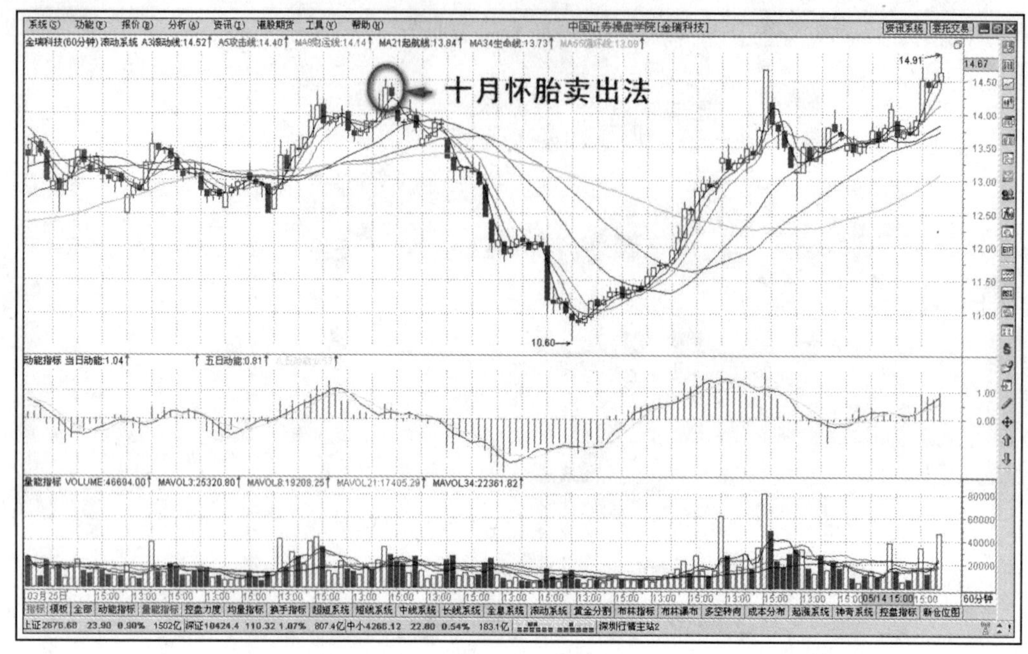

图【132】600390 金瑞科技 2009 年 4 月 15 日十月怀胎卖出法示意图

第四种，铁扇公主卖出法

【盘面技术特征】

第一，铁扇公主卖出法也叫阴阳相隔卖出法，是经典的卖出信号。在盘头阶段，股价高开低走，盘中瞬间大幅度打低，跌幅超过 7%，主力在低位大肆出货，然后尾盘瞬间大幅度拉升，收出很长的下影线。之后高开，一波或者多波上攻，拉至涨停板附近，反复出货，尾盘大幅度压低收盘，留下很长的上影线。这两根 K 线形状酷似铁扇公主上下挥舞芭蕉扇，故名为铁扇公主卖出法。如图【133】所示。

第二，成交量急剧放大，盘口显示出大部分成交量发生在上影线区域。

第三，如果股价随后放量击穿滚动交易系统的短期均线系统，尾盘出现杀跌波，说明主力已经开始摔尾货，出货即将完成。

【滚动操盘策略】

在操作上，可以在阴线出现长下影线的时候，卖出滚动仓。在随后的阳线上攻时，逢高即时卖出，降低基础仓。在盘中出现杀跌波的时候，直接清空筹码，持币观望。

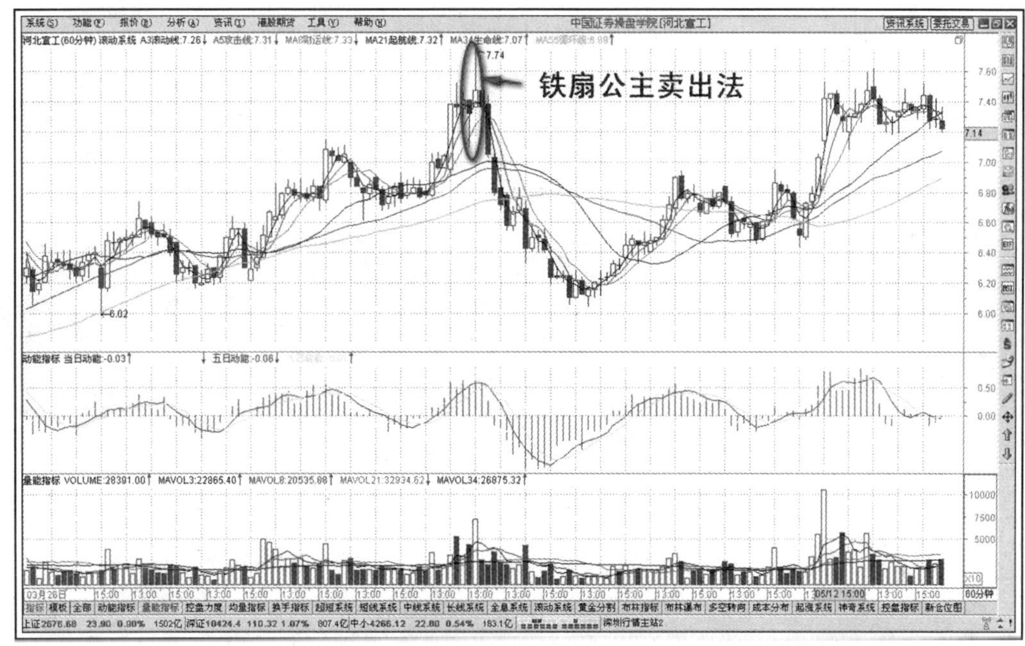

图【133】000923 河北宣工 2009 年 4 月 22 日铁扇公主卖出法示意图

第五种，星星点灯卖出法

【盘面技术特征】

第一，星星点灯也叫众星拱月，是典型的卖出信号。股价在盘头阶段，反复出现长上影线的小星线，酷似天空中的流星，星光点点。如图【134】所示。

第二，小星线的上影线区域，反复放量，表明主力不断出货。

第三，小星线的高点不断下移，低点也不断下移，说明主力此时且战且退，一旦出货基本完成，将直接杀跌大甩卖，后市不容乐观。星星点灯，照亮前程。原来说的是主力自己啊。

【滚动操盘策略】

在操作上，可以在上影线区域逢高止赢，分批卖出。如果股价有效击穿起航线，则彻底清仓，耐心等待下一波行情。如果股价在循环线附近获得支撑站稳，可以再次进场。

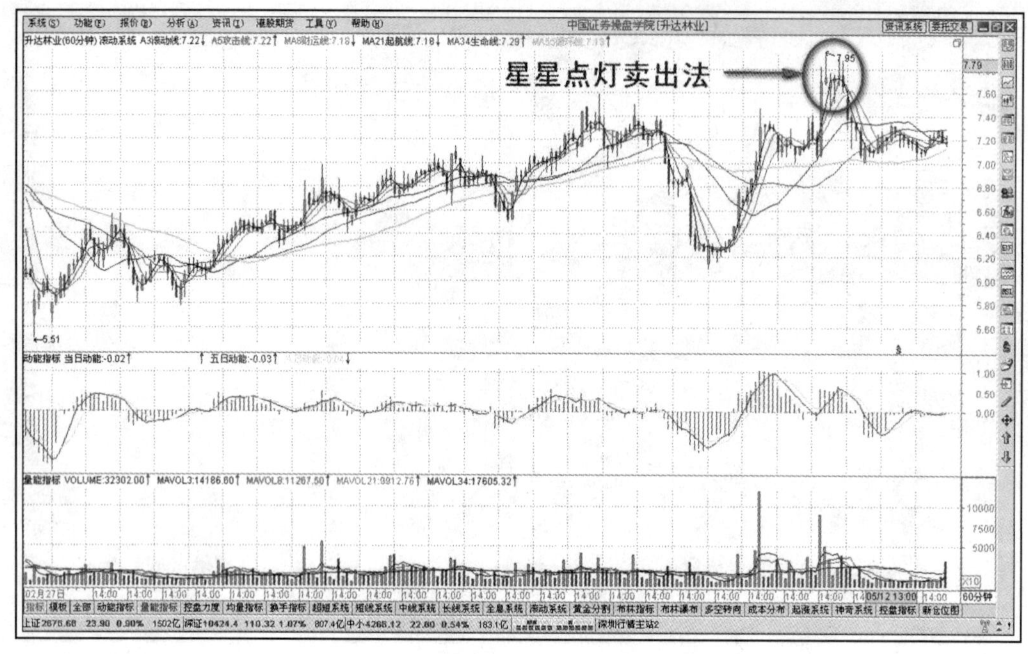

图【134】002259 升达林业 2009 年 5 月 8 日星星点灯卖出法示意图

2. 日线交易系统卖出法

(1) 上升通道阳线卖出法

【盘面技术特征】

第一，上升通道明显确立后，股价以波段攀升的方式不断推高，每次拉出大阳线之后，强势整理，之后继续拉升。如图【135】所示。

第二，盘面显示出缩量拉升态势，盘口很轻，说明筹码锁定性良好，此时主力已经高度控盘，并无大规模出货迹象。这是理想的滚动操作对象。

第三，每次拉出大阳线之后，缩量回调，量价结构健康。说明主力志存高远，后市前途无量，空间广阔。

【滚动操盘策略】

在操作上，可以逢大阳线卖出，逢阴线的下影线买进，滚动操作，提高资金收益率。需要注意的是，凡是在上升通道滚动操作，必须确保基础仓不受损失，正确的做法是依托滚动线高抛低吸，如果拉升的时候滚动线的斜率保持在 45°以上，看盘功夫不过硬的投资者可以停止滚动，持股待涨。

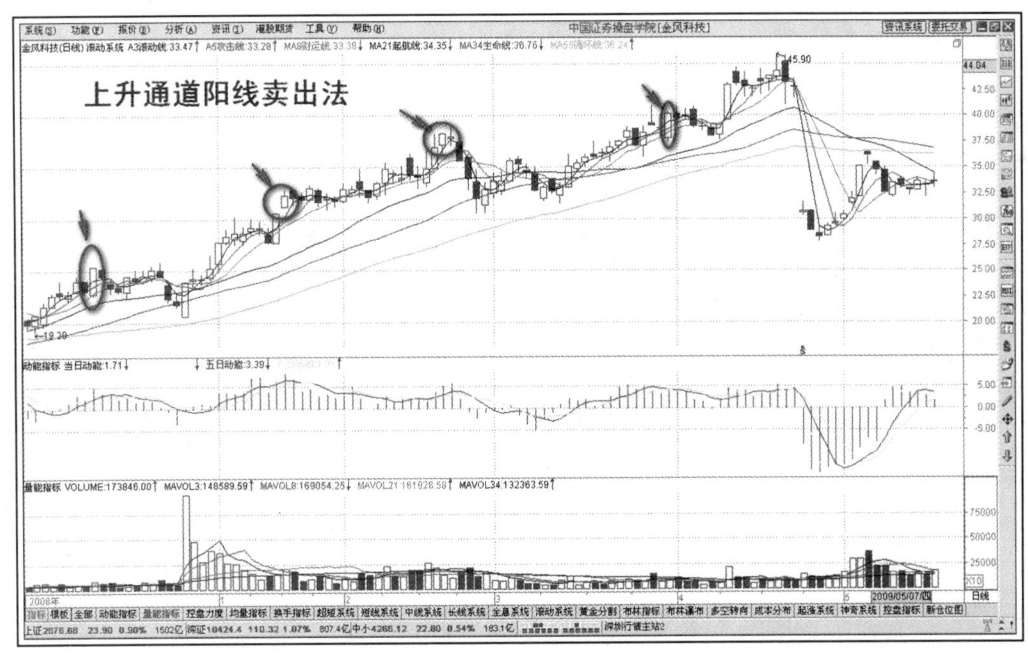

图【135】上升通道阳线卖出法示意图

（2）箱体震荡上影线卖出法

【盘面技术特征】

第一，股价的波段高点和波段低点大致接近，呈现为箱体震荡走势。此时属于理想的滚动操作对象，操作也相对容易把握，失误率比较低。

第二，滚动系统的短期均线系统呈现为小波段态势，各个波谷和波峰的价位接近或者相等，或者随时间的推移，低点略有抬高，高点稍有上移，但幅度不大。

第三，成交量呈现为均衡态势，或者呈现为温和放大。如图【136】所示。

【滚动操盘策略】

在操作上，每逢股价运行到箱体的上沿，逢上影线卖出，小周期滚动。底仓仓位可以控制在50%以内，滚动仓占50%左右。如果生命线已经走平，或者循环线开始走平，生命线和循环线呈现粘合态势，此时表明主力正在利用箱体震荡的方式加大建仓力度，股价随时有可能破顶而出，腾空而去，在操作上，务必保留50%基础仓，避免踏空。

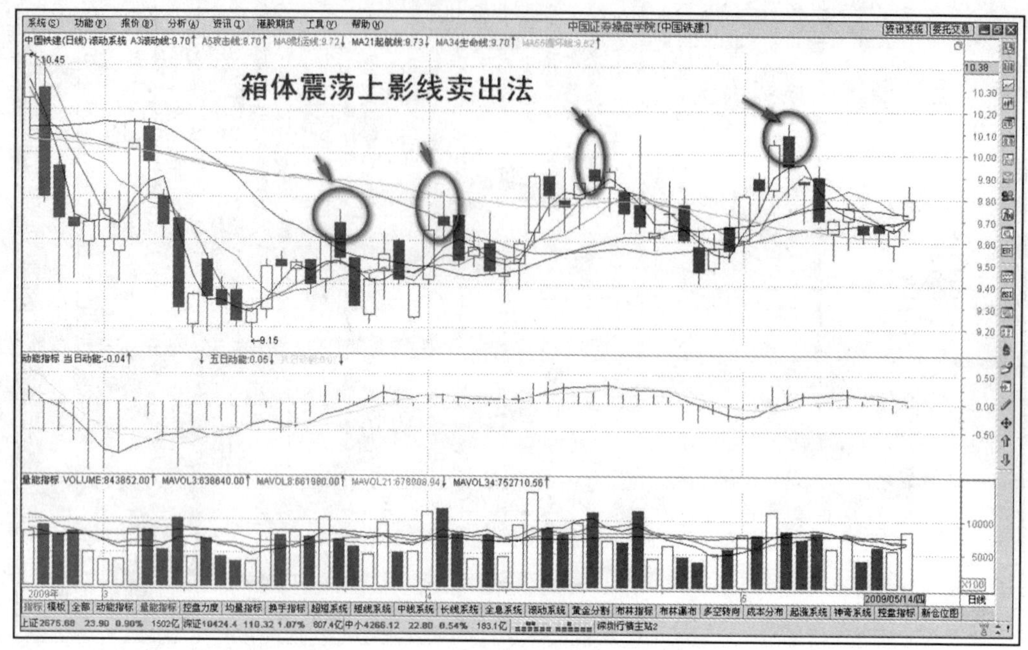

图【136】箱体震荡上影线卖出法示意图

（3）盘头阶段 K 线形态卖出法

第一种，经典头肩顶卖出法

【盘面技术特征】

第一，头肩顶是经典的卖出信号。股价经过大幅度的拉升之后，构筑头肩顶形态，表明主力正在出货，需要提高警惕。如图【137】所示。

第二，注意成交量变化的情形。如果天量出现在左肩，头部量价背离的迹象显著，表明行情主力已经完成大规模出货，接下来将逐级盘低，慢慢阴跌。

第三，如果股价有效击穿颈线位，表明头肩顶架构完毕，宣告本轮上升行情结束。

【滚动操盘策略】

在操作上，在构筑头部的时候，可以选择上影线分批卖出滚动仓。在股价击穿滚动线时，卖出 50% 基础仓，在股价击穿颈线位的时候，彻底清仓，换股操作。

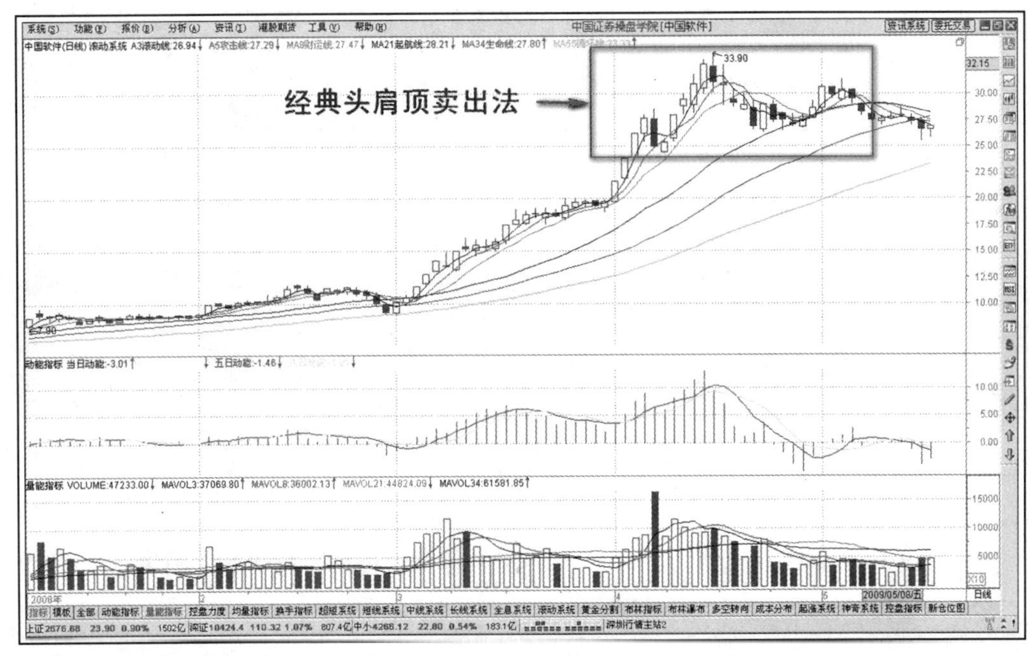

图【137】经典头肩顶卖出法示意图

第二种，经典双顶卖出法

【盘面技术特征】

第一，双顶是典型的卖出信号，股价在创出历史新高之后，放量滞涨，回落整理，蓄势之后再次上攻，无法创出新高，在前边的高点附近戛然而止，构筑成明显的双顶。

第二，股价创出历史新高的时候，放出天量，或者放出近期巨量，而后边的次高点放量滞涨，表明主力已经加大出货力度，后市不容乐观。

第三，次高点出现时，3 日动能指标线死叉，预示着多头已经溃败，后市看空。

【滚动操盘策略】

在操作上，创出历史新高时，卖出所有的滚动仓。在次高点卖出 80% 基础仓，如果股价有效击穿颈线位，彻底清仓，换股操作。

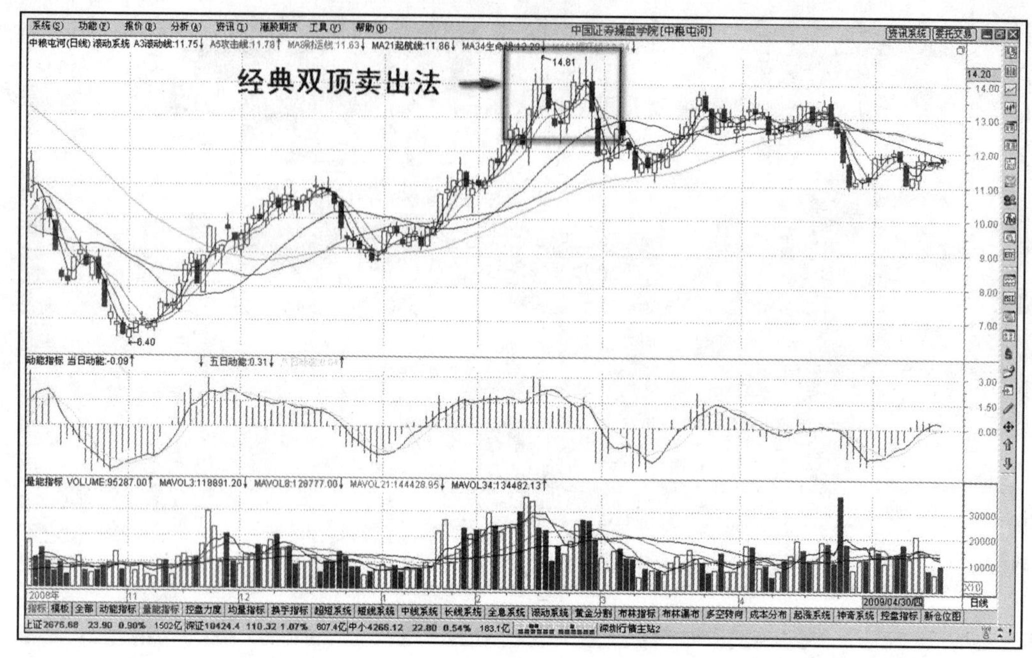

图【138】经典双顶卖出法示意图

第三种，经典长十字卖出法

【盘面技术特征】

第一，盘头阶段的长十字线是经典的卖出信号。股价经过大幅度拉升之后，在高位出现这样的信号，表明主力已经开始出货，需提高警惕。如图【139】所示。

第二，盘口显示为量价背离，量峰结构凌乱，说明主力已经不再愿意把守关口。

第三，滚动线拐头向下迹象明显，预示着攻击力度变弱。动能指标线拐头向下迹象明显，更表明主力去意已决，后市看空。

【滚动操盘策略】

在操作上，逢高卖出。可以在十字线的上影线区域找高点卖出滚动仓。如果股价接下来向上跳空高开，可以直接卖出30%基础仓。如果向下跳空，低开高走，说明主力正在盘头出货，可以直接狙击，继续滚动操作，并在盘中高点卖出50%基础仓。

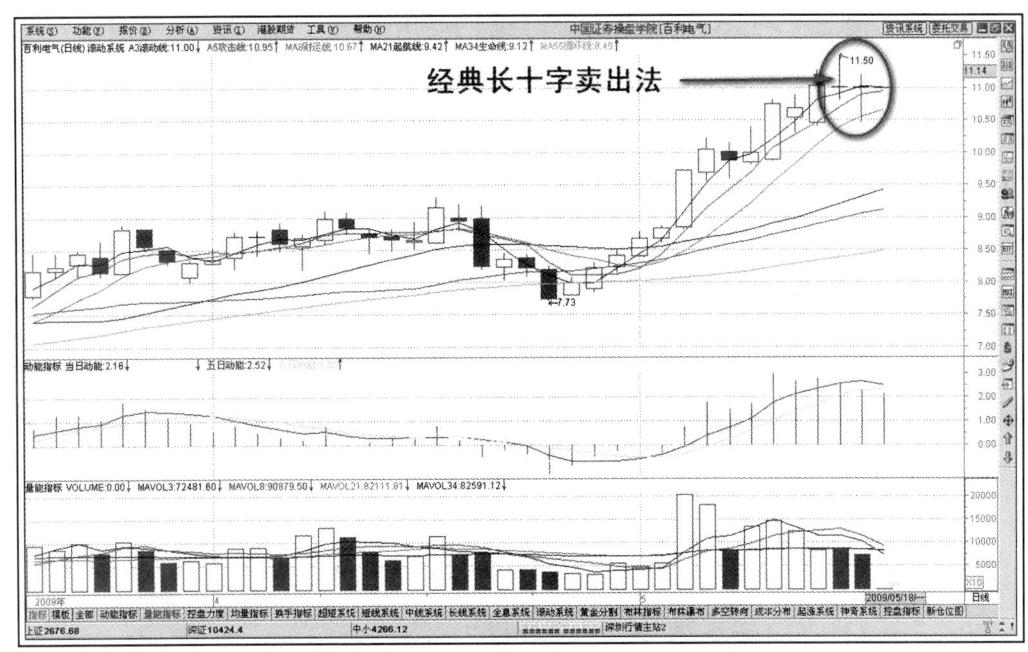

图【139】经典长十字卖出法示意图

3. 特定交易系统卖出法

(1)**根据滚动交易系统选择卖点**

【盘面技术特征】

第一，滚动交易系统是以滚动线为操作指引的均线系统，滚动线的走平，金叉，向上拐头和向下拐头，分别代表主力的攻击方向和攻击力度。

第二，当滚动交易系统的生命线和循环线处于多头排列的时候，表明股价处于上升趋势之中，可以放心滚动操作。如图【140】所示。

第三，成交量有规律放大缩小，量价结构健康。

【滚动操盘策略】

在操作上，依托滚动线做小周期滚动，每逢滚动线向下拐头的时候，卖出。也可以选择滚动线死叉攻击线的时候，卖出 30% 基础仓，在股价运行到生命线或循环线附近的时候买回来，做大周期滚动。

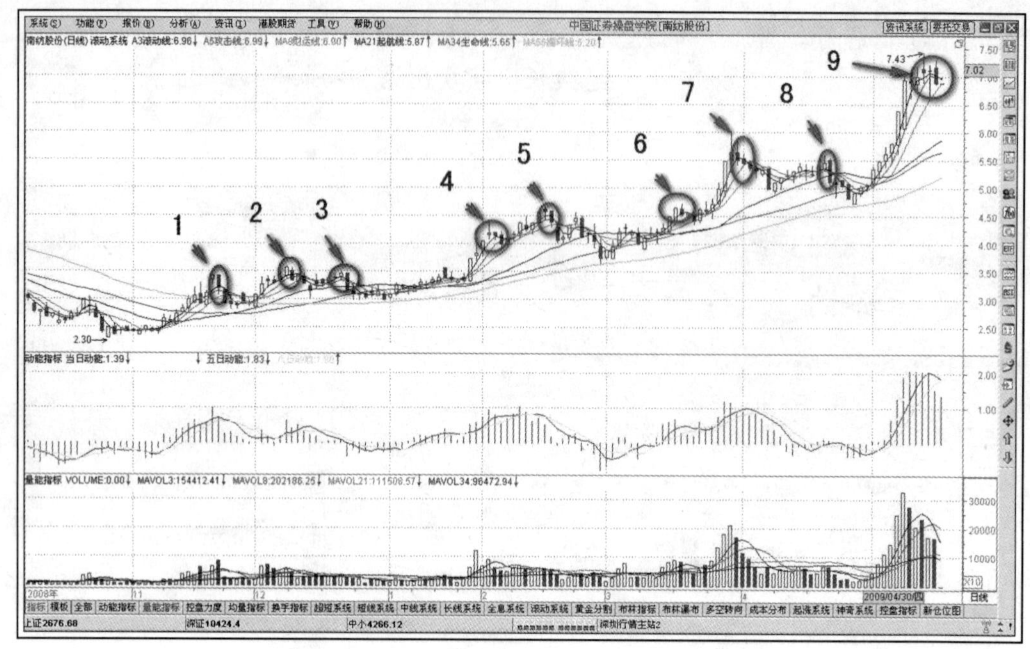

图【140】根据滚动交易系统选择卖点示意图

（2）根据动能交易系统选择卖点

【盘面技术特征】

第一，动能指标是非常有效的领先指标，指标线的 0 轴之上和 0 轴之下运行，分别代表不同的行情类别。如图【141】所示。

第二，3 日动能指标线可以作为分析主力攻击意愿的风向标，用来指导滚动操作。

第三，柱状图直观反映了攻击动能的多空态势，分别揭示多头和空头的转换。临盘可以用来判断多空孰强孰弱。

【滚动操盘策略】

在操作上，可以根据 3 日动能指标线的死叉选择卖出点。也可以根据柱状图的红柱缩短选择卖出机会。如果 3 日动能指标线高位死叉，则可以考虑阶段性清仓。

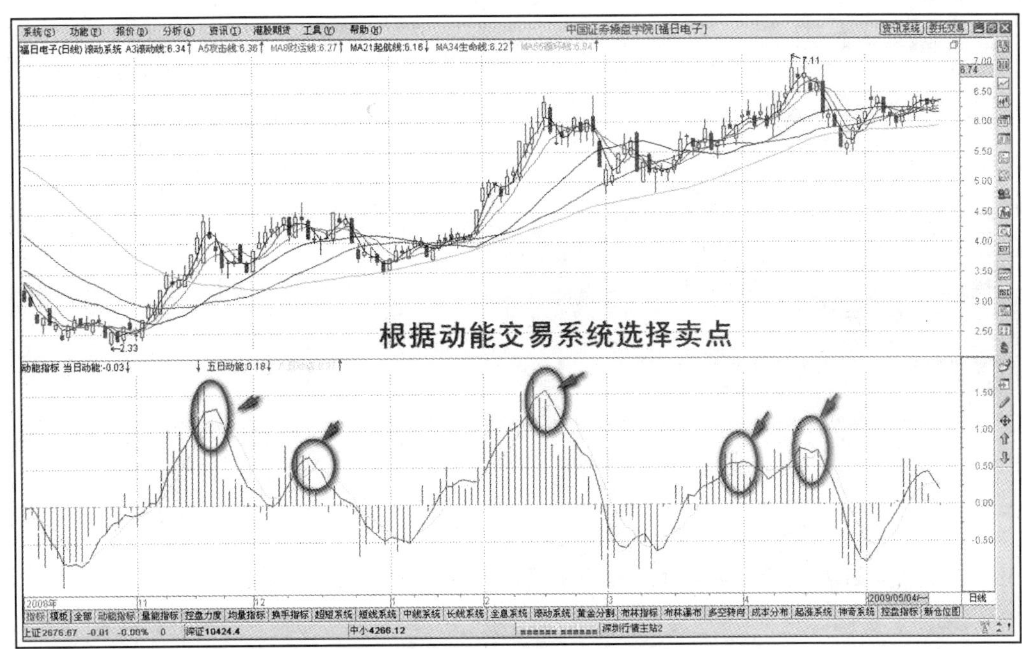

图【141】根据动能交易系统选择卖点示意图

（3）根据量能交易系统选择卖点

【盘面技术特征】

第一，量能交易系统是最常用的卖出系统，投资者可以根据量能的放大和缩小，研判主力的操盘意图，及时作出买卖决策。如图【142】所示。

第二，使用的时候，同样是放量，要充分考虑股价的阶段性位置。如果股价在高位放量，意味着主力可能在出货，反之，可能是在回补，或者新主力建仓。

第三，均量线死叉，表明量能不断减少，股价调整不可避免。

【滚动操盘策略】

在操作上，可以在高位放量滞涨时坚决卖出，也可以在均量线死叉时坚决卖出。结合股价的阶段性位置，根据放量与缩量的对应关系，做好卖出决策。

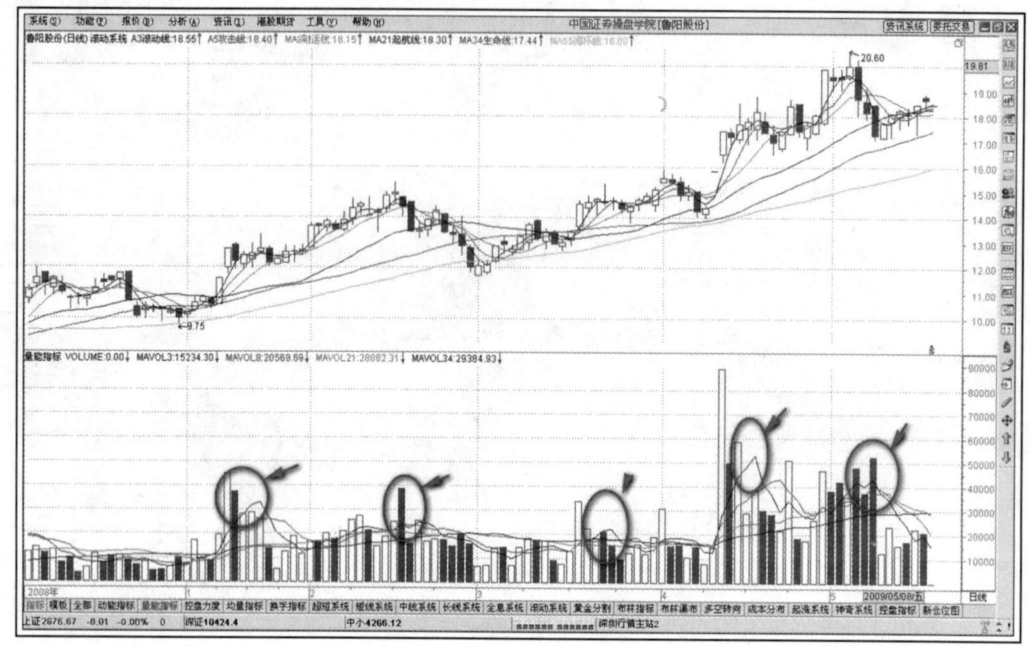

图【142】根据量能交易系统选择卖点示意图

更多的滚动操盘卖出技术，将在《滚动操盘技术》下册和有关特训班做详细的讲解。

【思考与练习题】

1. 举例说明卖点选择的基本原则。
2. 举例说明卖点选择的基本类型。
3. 如何正确运用分时交易系统卖出法？请举例说明。
4. 如何正确运用日线交易系统卖出法？请举例说明。
5. 如何正确运用特定交易系统卖出法？请举例说明。

第五章

滚动操盘实战案例

【本章学习要点】

1. 学习从盘面异动中及时捕捉买卖战机，并在实战中反复演练。
2. 掌握底部区域滚动建仓的要领，思考如何有效降低持仓成本。
3. 掌握反弹行情的滚动操盘策略，并力争在实际操作中熟练运用。
4. 掌握主升行情的滚动操盘策略，并力争在实际操作中熟练运用。

为了帮助读者更直观地、更有效地学习滚动操盘技术，本章以600038哈飞股份为例，详细解读重要的操作环节，通过实战案例的解析，举一反三，融会贯通，可以事半功倍。

哈飞股份（600038）是一只很有意思的股票，一直被市场高度关注。首先看一下它的基本面有什么特别的亮点。

第一，公司是国家重要的航空骨干企业。公司控股股东为哈尔滨航空工业集团，实际控制人为中国航空工业第二集团，是典型的国防概念股之一。随着国家推动军工产业整体上市，加快市场化、证券化的步伐，公司未来可能有优质资产注入。

第二，公司构建了国内一流的制造体系，形成了较强的自主创新能力，成为我国直升机、轻型多用途飞机、新支线客机的研发、制造基地。公司主要产品为Z9系列直升机、Y12轻型多用途飞机、H425型直升机、HC120直升机、EC120直升机机体，航空产品复合材料零部件制造、转包生产国外航空大部件等。该产业是国家重点扶持的出口产品，公司还是中国直升机和通用飞机科研基地，代表了我国民用航空工业的最新水平。

第三，公司是国内最大的航空复合材料产品生产基地，具有国内领先、世界先进的复合材料设计、制造、检测、实验和技术体系。公司是世界级飞机生产商波音公司、空客公司等国际知名航空企业的部件供应商的供应商，是波音787翼身整流罩全球唯一供应商。2007年11月公司与空中客车公司共同组建制造中心，计划设定在2009年完成，主要生产A350XWB宽体飞机项目的复合材料零部件。

第一节　从盘面异动中捕捉战机

1. 关注从盘中异动开始

（1）2008 年 9 月 18 日盘中跌停又打开，主力意欲何为

滚动操盘技术倡导的是稳健地博取最大化利润，在筛选目标品种方面，追求的是最激进的、最极端的、最完美的、最及时的和最有号召力的龙头品种。这是能够获得利润最大化的根本保证。如何及时迅速捕捉到值得关注的目标品种呢？最有效的方式就是从盘口异动着手，第一时间抢先下手，先发制人。

2008 年 9 月 18 日，我们在看盘的时候，从 1 分钟跌速榜监控界面发现，600038 哈飞股份跳入了我们的眼帘。第一时间段 9 点 49 分，股价以向上打高 3 分钱 9.48 元的价格，225 手，21.3 万元成交量，瞬间稍微拉高之后，反手做空，几乎垂直下跌，经过两波打压，直逼跌停板，但不到一分钟旋即被打开，卖盘的大挂单悉数通吃。如图【143】1 所示。微弱反弹之后，在 10 点 34 分，再次打压到跌停位置，打到跌停的卖单仅仅只有 834 手而已！如图【143】2 所示。天啊，这是咋回事呢？

我们立即感到蹊跷，迅速翻看走势图，发现此时该股滚动系统的滚动线、攻击线和财运线已经粘合多天，股价一直窄幅整理，3 日动能指标线已经在 0 轴之下 2 次金叉！主力已经在悄悄的吸筹多时啦。原来如此！那么，此时的突然大幅度破位下跌，动用打到跌停板上的极端手段，究竟是什么意图呢？意欲何为呢？值得深思。

当时，我们的第一反应是这只股票背后一定大有文章，至于究竟是什么文章，我们不得而知。但是，基于职业操盘的敏感，我们立即决定，马上调出它的所有资料，迅速分析，解读，看看是不是背后隐藏了巨大的利空。经过一个多小时的研究，得出的结论是：无论从哪个角度来解剖，哈飞股份（600038）在当前不存在致命的重大利空。既然不存在致命的重大利空，而主力又在此时做出一副要逃命的样子，是何居心？不用细问。

于是，我们决定，在下午不管什么时间段，只要主力打开跌停板，我们就跟进，买进第一仓，为了保险起见，仓位控制在 10% 以内。如图【143】3、4 所示。

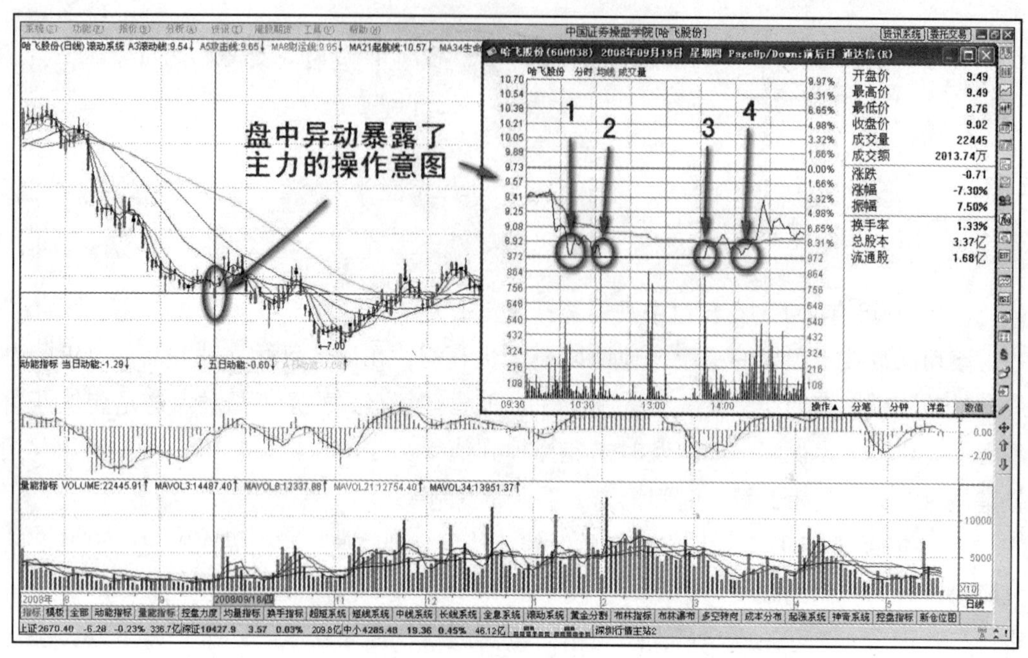

图【143】600038 哈飞股份 2008 年 9 月 18 日盘中跌停又打开

（2）追溯分析近期走势，看看主力究竟隐藏了什么玄机

正如前边所说，主力的后续走势验证了我们的结论。现在我们回过头来，分析一下主力的操盘思路和操盘计划，研判主力的操盘意图。首先第一个问题，最近几天 600038 的盘口有什么特殊的地方？有哪些反常的动作？

第一，2008 年 8 月 13 日，上午走势平稳，下午开盘后大幅度打低，价跌量升，第五时间段之后，迅速拉回，全天振幅高达 7.20%，如图【144】所示。

第二，2008 年 8 月 18 日，再次异动，上窜下跳，全天振幅 11.25%。

第三，2008 年 8 月 20 日，盘中异动，冲击波多次出现，全天振幅 11.09%。

第四，2008 年 8 月 26 日，跌停后反复开板，全天振幅 9.65%。

第五，2008 年 8 月 27 日，盘中 2 次触摸跌停，均未封住，全天振幅 11.07%。

……

接二连三，一连串频繁异动，主力究竟要玩什么猫腻呢？密切关注！

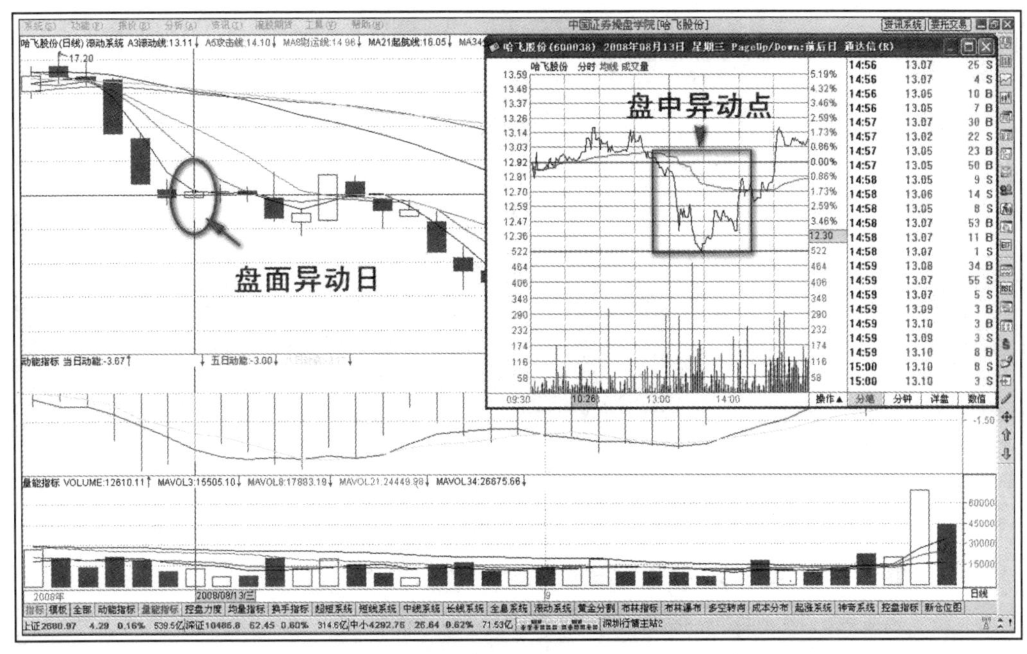

图【144】600038 哈飞股份 2008 年 8 月 13 日盘中异动点示意图

2. 量起涨，价跳空，加码买进第二仓

2008 年 9 月 19 日星期五，哈飞股份（600038）大幅度向上跳空高开，高开的幅度超过了 7%，属于极限强势高开。又是明显的价异动！如此开盘，主力的意图很明显，于是，在集合竞价时间段，加码买进第二仓的部分仓位，资金配置占第二仓全部资金额度的 30%。

为什么要这样安排资金呢?

这是根据滚动操盘技术的资金配置原理设计的。资金调度和配置是滚动操盘技术临盘实战中最核心的操盘策略，万万马虎不得。关于资金调度和配置的详细内容，篇幅很多，将在本书下册详细讲解，这里从略。

开盘后，在第一时间段，股价快速地贴边向下打压，最低价直逼 9.61 元，比开盘价 9.85 元直下 0.24 元，气势汹汹，但是，这种操盘动作恰恰反映出主力的心虚，可以欺骗没有看盘经验的新手，却给我们创造了狙击的机会，临盘立即利用闪电下单功能，即时买进第二仓的部分仓位，资金配置占第二仓全部资金额度的 50%。

上午 9 点 33 分，股价稍微冲高，旋即回落，回调略破均价线，被快速拉起，再一次印证了我们的判断是正确的，于是在均价线附近临盘买进剩余仓位，完成布局。随后，当天强势涨停，如图【145】所示。主力封单坚决，抛盘稀少，持股待涨，不做滚动。

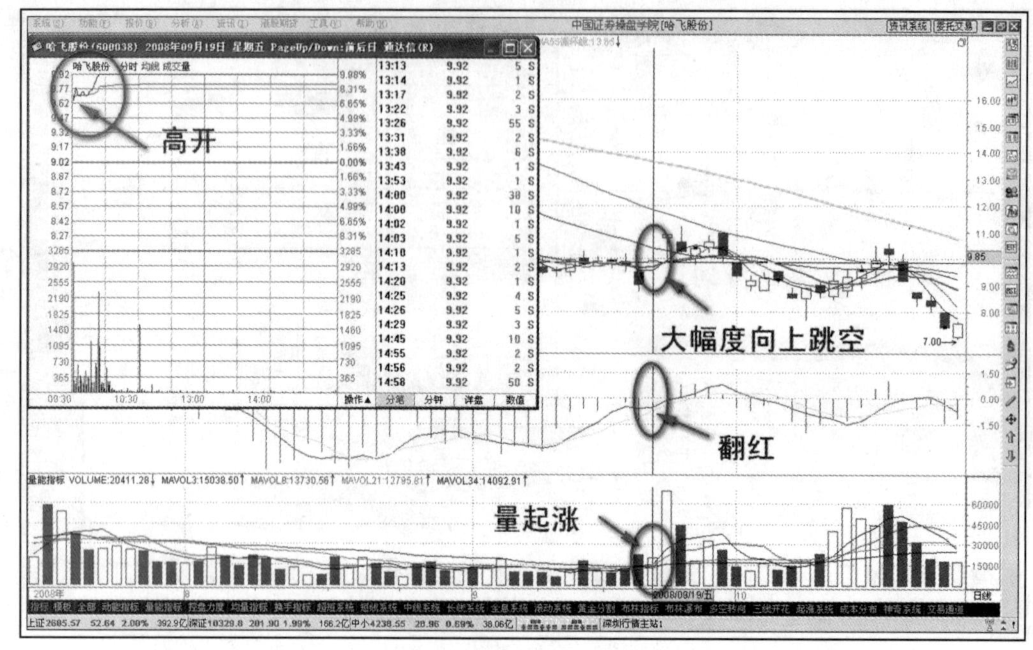

图【145】600038 哈飞股份 2008 年 9 月 19 日加码买进第二仓示意图

3. 反弹市道小周期分批次滚动

2008 年 9 月 22 日，星期一。集合竞价时间段，股价继续大幅度跳空高开，以 10.80 元开盘，高开的幅度超过 6%，但是却比不上前一个交易日，有偏软的特征，主力的操盘意图已经暴露出来，临盘不再在集合竞价时间段介入，持币观望。

在第一时间段，股价稍作顿挫之后，一波拉到涨停，但是，封单不够坚决。于是临盘即时卖出第一仓，如图【146】“第一卖”所示。

随后股价开板，迅速击穿均价线，呈现为失控状态，最低价打到了 10.01 元，逼近前一交易日的收盘价。此时控盘无效，回落过深，盘口失控，说明主力无力控盘或者无心控盘，股价即将展开调整。临盘应逢高止赢。

第四时间段，下午 13 点 20 分，股价攻击均线，未果。回落之后，再次攻击均价线，量能不济，于是果断卖出第二仓。如图【146】“第二卖”所示。

第五时间段，14 点 18 分，股价再次攻击涨停，从盘口来看，封单并不坚决。封板之后，抛盘蜂拥而出，说明主力正在利用涨停板出货，后市看空。于是果断卖出第三仓，如图【146】“第三卖”所示。

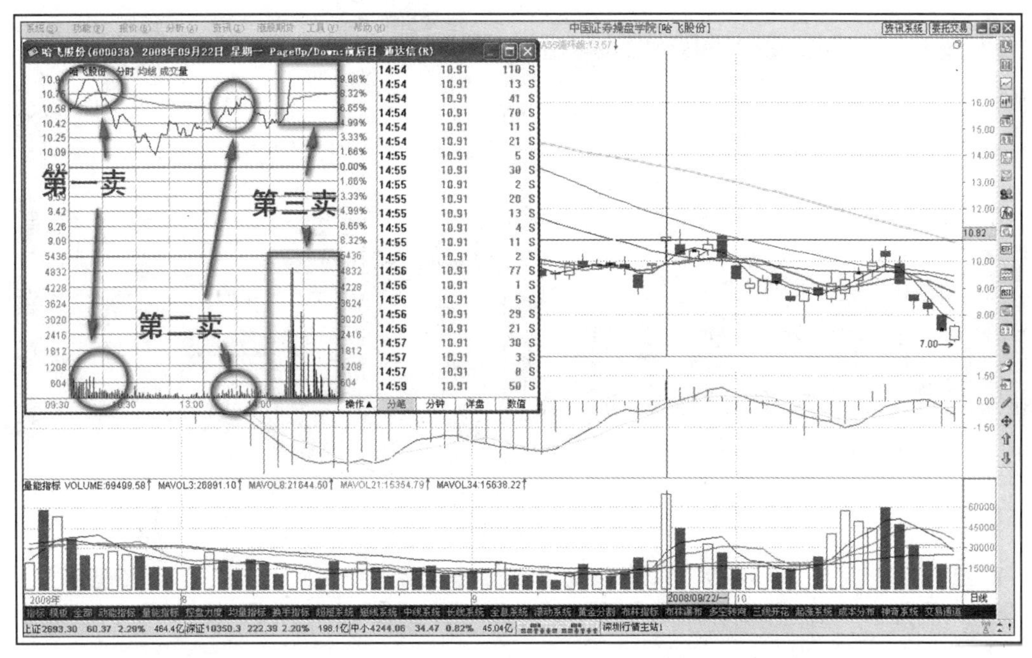

图【146】600038 哈飞股份 2008 年 9 月 22 日滚动操盘示意图

4. 强势不再，逢高分批止赢，换股操作

2008 年 9 月 23 日，星期二。集合竞价时间段，股价居然低开，不能再保持强势，说明主力去意已决，临盘应当在前一交易日的收盘价逢高出局。如图【147】所示。

在操作上，需要注意以下几点：

第一，要沉住气，不要恐慌。虽然早盘低开，但低开的幅度在 3% 以内，不算大，属于强势低开。主力以这种开盘方式出场，说明短期内还没出货完毕，当天盘中还会有高点。所以，在操作上不要急于卖出，要耐心等待高点出现。

第二，要及时调整操盘对策，只出不进，暂时不再滚动，等待走势明朗后再做打算。很多人不明白这一点，不假思索随意滚动，结果一不留神就滚到了臭水沟里。

第三，要坚决果断，盘中第一次攻击前收盘价的时候，要敢于在当前价位立即卖出，千万不可心存贪念，不肯下手。第二次攻击前收盘价的时候，要更加坚决立即卖出，否则后患无穷。第三次攻击前收盘价的时候，要壮士断腕的气概，不管盈亏，悉数清仓。心要狠，手要辣，该出手时毫不犹豫。否则，套了进去，前功尽弃。

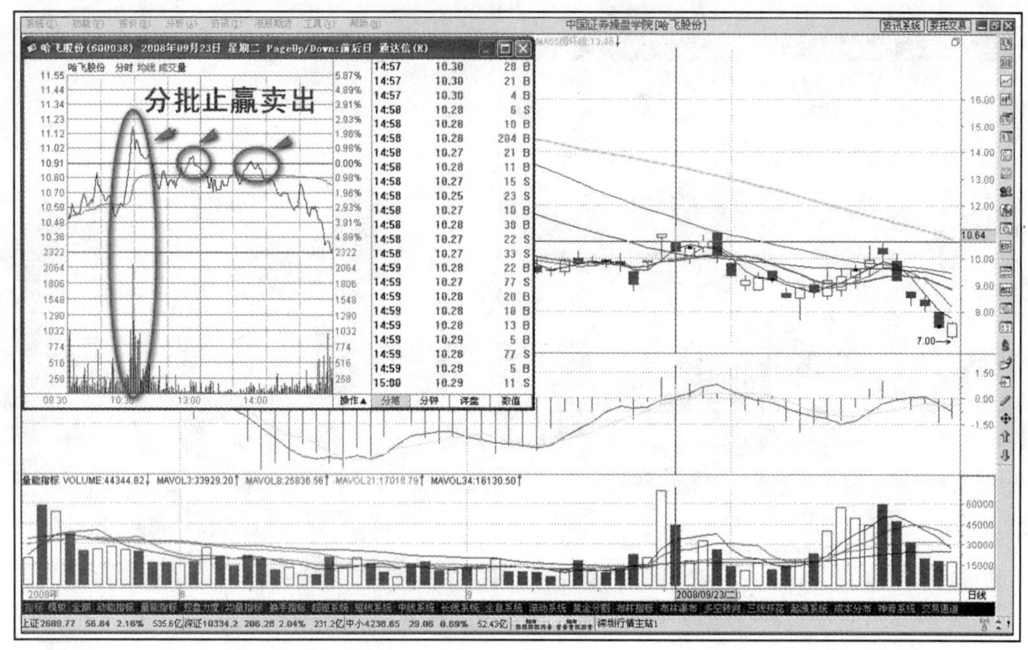

图【147】600038 哈飞股份 2008 年 9 月 23 日分批止赢示意图

5. 盘中再次跌停式异动，密切跟踪，吃定主力

2008 年 10 月 13 日，星期一。集合竞价时间段，股价延续了前一交易日的弱势，小幅度低开之后，飞流直下，价跌量升，直奔跌停，并在跌停板附近放出了巨量。

根据滚动操盘技术建仓的原则，在巨量跌停之后打开的瞬间，迅速买入第一仓，仓位控制在 10% 以内，属于试探性建仓。

在第三时间段末端，股价再一次触及跌停板，但成交量很小，不值得害怕。

上午收盘后，滚动投资管理机构的研究人员仔细研究了上午的盘口数据，发现主买大单不少，从盘口来看，第二、第三时间段出现了明显的冲击波。说明主力跌停是假，吸筹是真。属于典型的诱空动作。于是决定，下午第四时间段立即出击，加大买入力度，第二仓仓位控制在 20% 以内。如图【148】所示。

下午的走势果如所料，尤其是在第五时间段，出现了盘中瞬间大幅度放量拉升，幅度超过了 5%，操盘意图十分明显。

在尾盘，更是出现了惊人的一幕：在最后一分多钟，股价扶摇直上，从 8.45 元拉升到了 8.88 元，几乎以全天的最高价收盘。

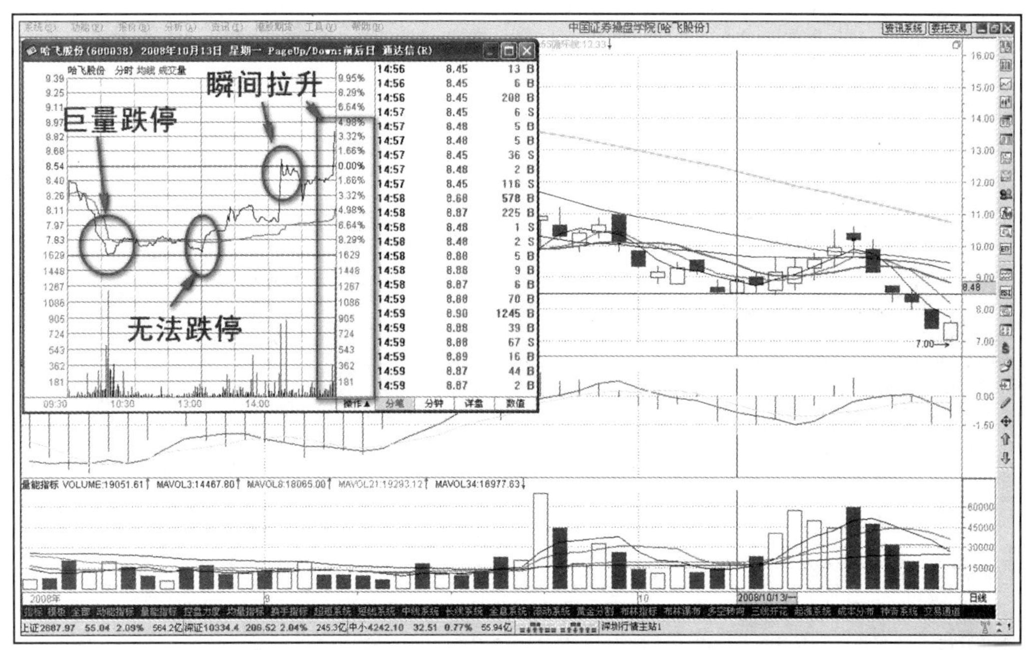

图【148】2008 年 10 月 13 日 600038 哈飞股份跌而不停示意图

6. 量价背离，小心反转，分批止赢

从 2008 年 10 月 13 日至 2008 年 10 月 20 日，哈飞股份一路震荡盘升，构筑了非常标准的小上升通道，形态漂亮。如图【149】所示。

对于这样的漂亮形态，要特别小心，越是漂亮的形态，背后就越是吃人的陷阱！需要细细甄别，百倍警惕。

从滚动交易系统来看，此时短期的均线系统呈现为多头排列，滚动线金叉，但斜率小，说明攻击力度偏弱。每一根阳 K 线都带有比较长的上影线，说明抛压比较重。

从连续几天的成交量来看，量能呈现为萎缩态势，后续量能不济。量价呈现为比较明显的背离，而从盘口波形来看，主力尚未完成建仓。

很明显，这是怪异的现象，需要引起警惕。此时的缩量拉升并不是因为主力控盘，而是因为愿意卖出筹码的人不多，主力无法吃到更多的筹码。

因此，接下来，主力向下砸盘建仓就成为了必然！

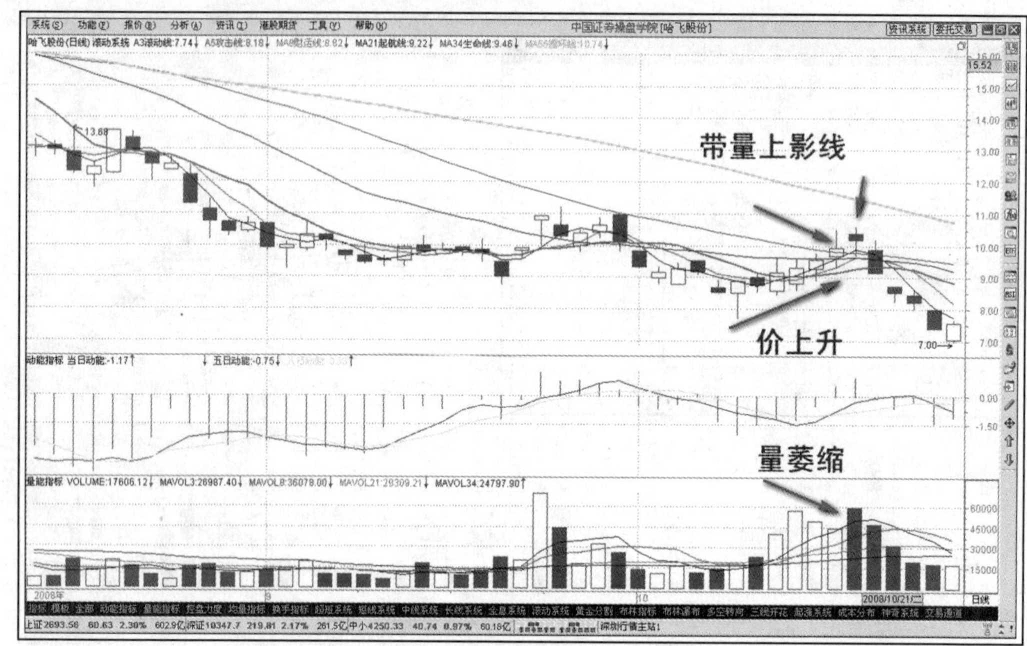

图【149】2008 年 10 月 13 日至 2008 年 10 月 20 日哈飞股份量价背离的迹象显著

7. 全天拉升乏力，尾盘对敲作秀，逢高卖出

2008 年 10 月 20 日，星期一。在集合竞价时间段，股价小幅度高开。之后，第一时间段至第五时间段，股价围绕着均价线上下震荡，成交稀少。盘口不时出现冲击波，表明主力震荡的目的在于吸筹，但很费劲。如图【150】所示。

此时，股价离前期高点不远，但主力又不愿意解放它们，怎么办？

第六时间段，盘中股价瞬间的大幅度拉高，拉高的幅度超过 5%，几乎是垂直的拉升，随手直线垂落，放出大量，表明筹码有所松动。主力的意图得到初步实现。

既然筹码已经有所松动，说明持筹者态度并不坚决，为了吸到更多的筹码，向下打压是最佳的选择。

因此，在操作上，立即在主力尾盘对敲时逢高卖出滚动仓，甚至卖掉基础仓。

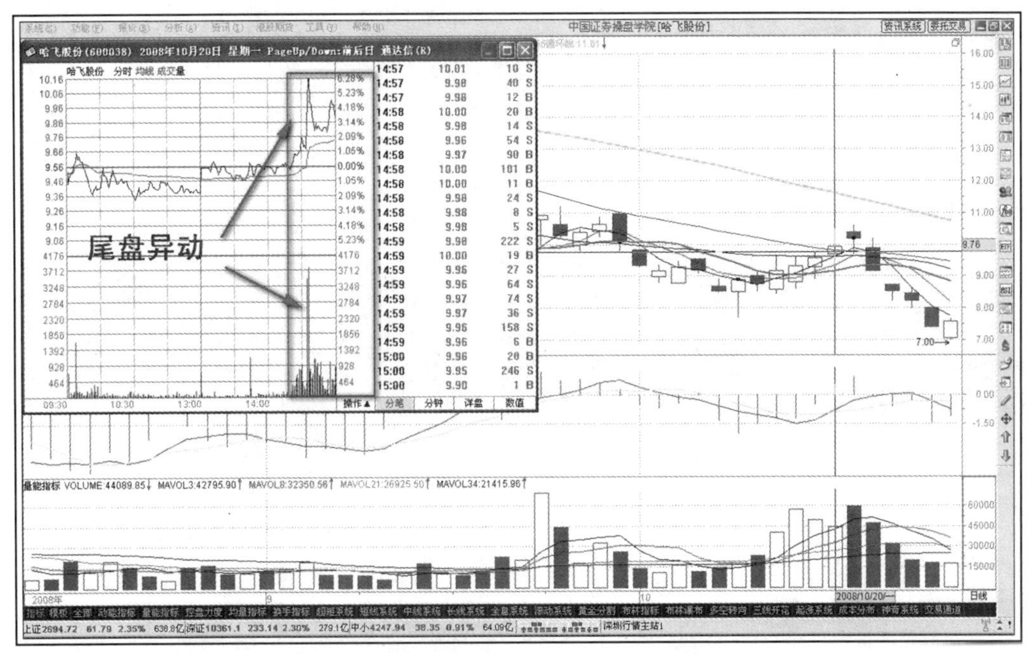

图【150】2008 年 10 月 20 日 600038 哈飞股份尾盘对敲作秀示意图

8. 早盘试盘，尾盘画图，抛压沉重，即将下跌

2008 年 10 月 21 日，星期二。在集合竞价时间段，主力以 10.40 元大幅度跳空高开，成交 1105 手，之后，在第一时间段快速回落。9 点 33 分缩量回试前收盘价，站稳。

还没等投资者反应过来，股价瞬间大幅度拉升，幅度超过 3%，直逼前期成交密集区。此时立即反手做空，走出了典型的钓鱼波。如图【151】所示。

面对如此盘口，怎么理解呢？

第一，既然主力再次试盘，说明要做点什么。

第二，瞬间拉高后迅速撤掉买单，说明主力不愿意在当前价位吃进更多的筹码。

第三，随后盘中反复出现冲击波，说明主力建仓心切。

第四，尾盘瞬间大幅度拉高，说明主力在刻意画图，掩盖真相。

通过分析，得出结论：主力将借助外力，展开激烈的洗盘，清洗已经不可避免。

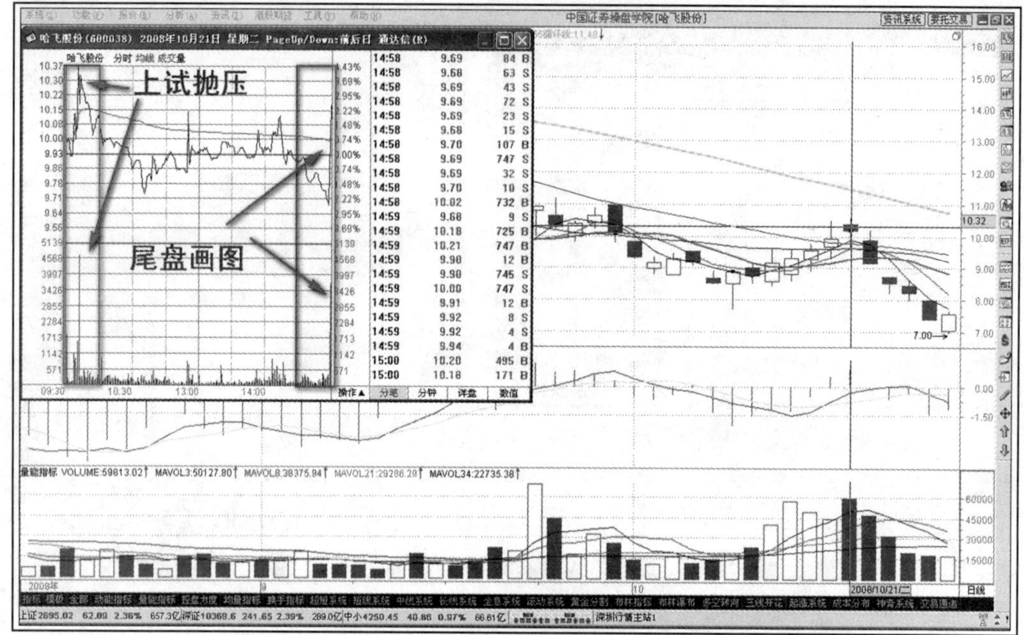

图【151】600038 哈飞股份 2008 年 10 月 21 日试盘示意图

第二节 底部区域滚动建仓策略

1. 筑底从加速破位开始

（1）大资金的底部建仓策略

不同性质的资金、不同规模的资金，各自的玩法是不同的，比如大资金的玩法和小资金是不同的，包括建仓手法，也包括出货手法。什么叫大资金呢？每个人的划分标准不同。为了讲解方便，本书把1000万（这里指人民币，下同）以下的资金称为小资金。1000万以上，1个亿以下的资金称为中等资金。1个亿以上，10个亿以下的资金称为大资金。10个亿以上的资金称为特大资金，也叫集团资金或者叫规模资金。

主力机构的资金，也俗称为大资金。

大资金建仓的策略，目前主流的方式主要是区域滚动建仓。采用这种建仓方式，只要是股价处于底部区域，可以选择任何点位开始介入，都不会构成亏损的威胁。当然，这样建仓是有前提条件的，这个前提条件就是熟练掌握了滚动操盘技术。

各种规模资金的建仓策略，如图【152】所示。大资金、特大资金采用的是区域式建仓，中等资金采用的是区位式建仓，而小资金则采用点位式建仓。关于各路资金建仓模式的详细内容，将在本书下册和相关特训中做详细的讲解。

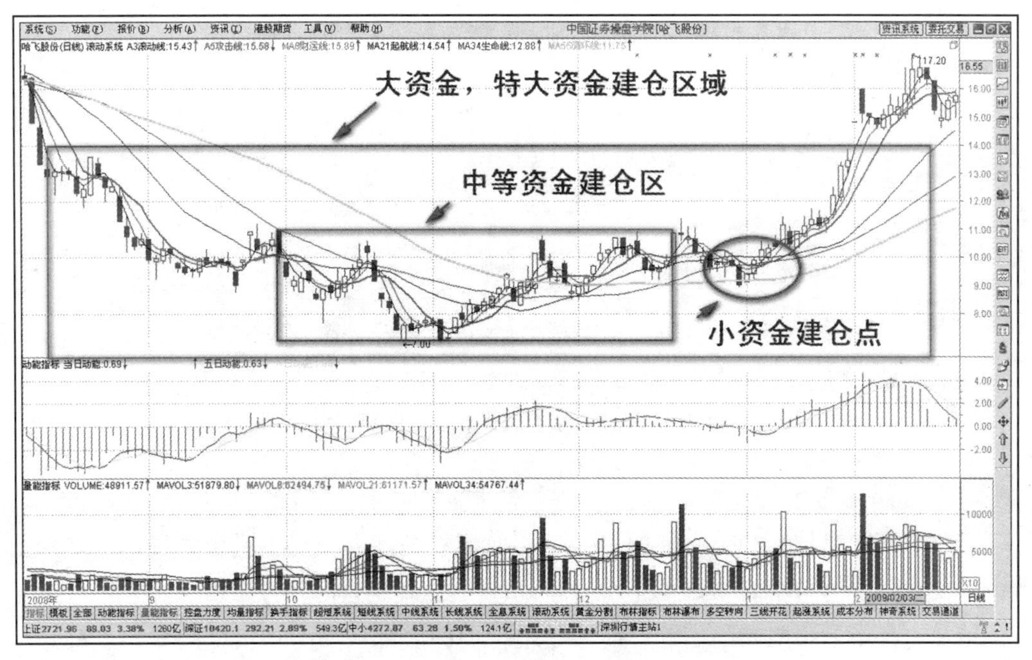

图【152】各种规模资金的建仓策略示意图

(2) 小资金的底部建仓策略

本书上册是滚动操盘技术的基础，适合所有投资者阅读，尤其适合于中小投资者。这里介绍的建仓策略，主要是针对中小投资者设计的。中小投资者本金小，船小好调头，进出方便，可以考虑采用点位式建仓。所谓点位式建仓，就是采用精确投资的策略，尽可能选择精准的点位，误差不宜过大。因为中小投资者本金有限，抗风险能力低，心理承受能力小，输不起，亏不起，所以，必须追求精确，买点和卖点都要尽可能精准，才能实现风险最小化、收益最大化。如图【153】所示。

以600038 哈飞股份为例，小资金应该什么时候介入呢?

首先，要区分小资金的操作性质。如果是以操盘为业的职业投资者，在操作上，宜采用小周期，多品种，跨门类的滚动操盘策略。如果是业余性质的投资者，在操作上，以采用大周期，单品种，独门类的滚动操盘策略。

其次，在介入时机选择上，职业投资者宜采用动量起涨法选择买点，力争一买就起涨，盈利最大化。业余投资者宜采用伏击低吸法选择买点，确保成本更低，底仓更安全。

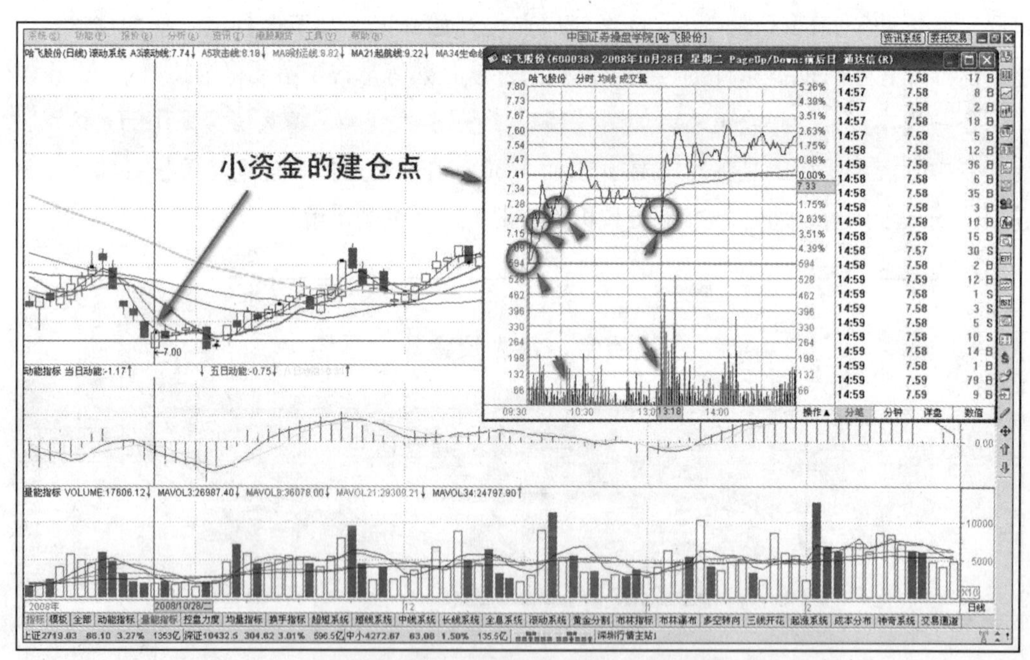

图【153】小资金点位式建仓方法示意图

2. 滚动建仓的时机选择

运用滚动操盘技术的核心问题之一是如何建立基础仓。以小资金为例，建立基础仓时，要尽可能追求精确。如图【154】所示，建立基础仓时要考虑以下几个问题:

第一，是不是很明确的底部，而不是很含糊的底部区域。小资金的建仓点最好落实在很明确的底部的低点上，误差不要超过5%，否则就会造成心理负担，影响操作。正确的做法是选择已经确立底部的股票来操作。例如，二次探底不创新低的股票，二次探底时的最低点和相对低点，都是较好的买入点。

第二，是不是多指标共振，而不是单一指标发出买入信号。单一指标发出的买入信号，有时候具有欺骗性，可以采用多指标共振来加以鉴别。需要注意的是，所谓多指标，并不是越多越好，也不是随便的选择几个指标加以组合。正确的做法是采用三线共振来选择最佳买入点。三线是指主图的平均线，附图1的动能线和附图2的量能线。简称一平两能定乾坤。

第三，是不是即时图的低点，这一点也很重要。关于即时图买卖技术，将在本书下册和特训课程中详细讲解，在此从略。

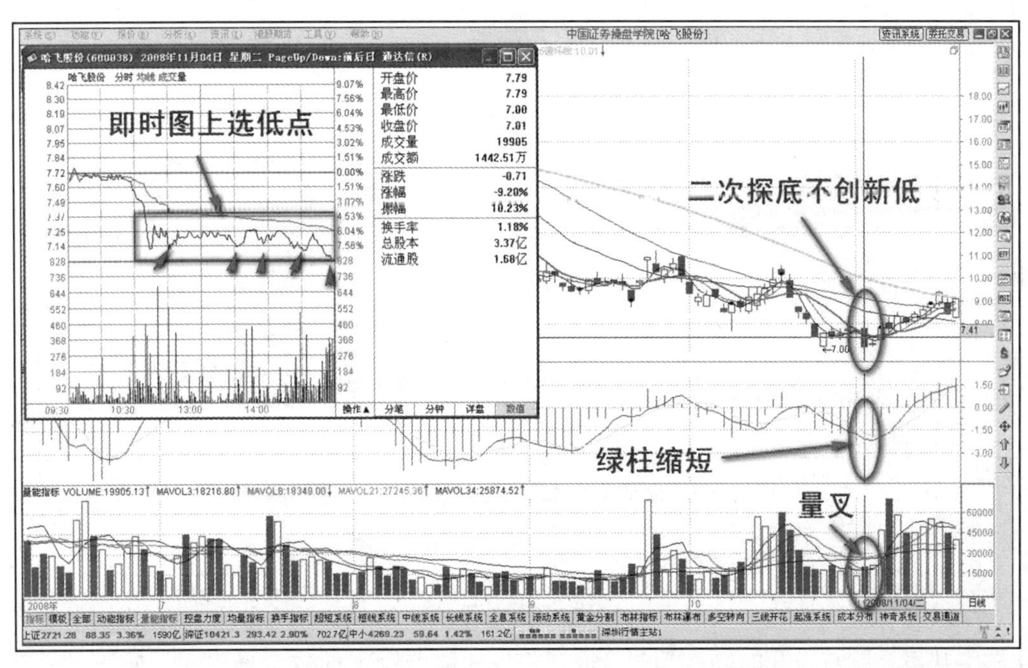

图【154】滚动操盘的底仓建仓时机选择法则示意图

3. 滚动建仓阶段经典买卖法则之一

底部孕线是典型的买入信号。股价经过大幅度的下跌之后，在筑底阶段，二次探底不创新低，表明短期内阶段性底部已经探明，可以积极参与。

买卖的方法，可以参考以下原则：

第一，与前低相比，股价不创新低时，此时的低点是比较合理的买入点，可以试探性买入第一仓，仓位控制在10%以内。如图【155】所示。

第二，由大阴线和小星线组成的孕线是典型的买入信号。小星线可以是阳线，也

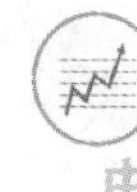

可以是阴线，最低价高于大阴线的收盘价，表明此时多头已经略占上风。可以在小星线的盘中高点卖出部分底仓，在低点买回。卖出的部分控制在5%以内，买入的部分控制在10%以内。这样一来，基础仓在增加，由原来的10%扩大至15%，但持仓成本已经略有下降。

第三，在操作上，要参考孕线出现时动能线和量能线的位置关系，如果5日动能线和5日量能线均向上，表明多头已经积极暗中吸纳筹码，后市看涨。

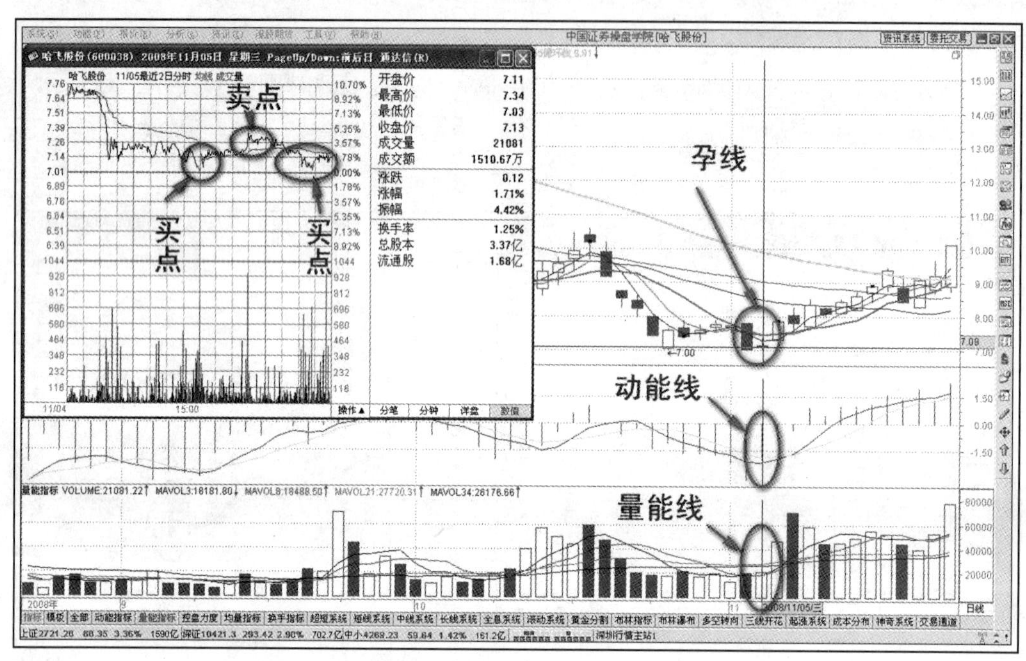

图【155】底部孕线加两日分时线买卖法则示意图

4. 滚动建仓阶段经典买卖法则之二

早晨之星是常见的买入信号。如果早晨之星的大阳线出现时，和前边的小星线产生跳空缺口，跳空高开的幅度超过3%，并且伴随着巨大的成交量出现，属于巨量高开。如图【156】所示。

在操作上，可以参考下边的原则：

第一，因为此时底部已经探明，可以大胆狙击，在集合竞价时间段，直接买进，如果原来已经有15%的底仓，此时仓位控制在10%以内，合计仓位达到25%。如果之前没有底仓，此时可以直接买进20%的仓位。

第二，盘中可以选择在均价线附近加码买进，仓位控制在10%以内。在操作上，可以分批买入，如果上午出现合理买点，可以买入5%仓位，如果上午没有合理买点，则选择尾盘买进，仓位不超过10%。

第三，在操作上，要特别留意动能指标线的变化。如果3日动能指标线向上金叉5

日动能指标线，表明主力的攻击力度强劲，可以在集合竞价时间段和盘中低点积极买进。

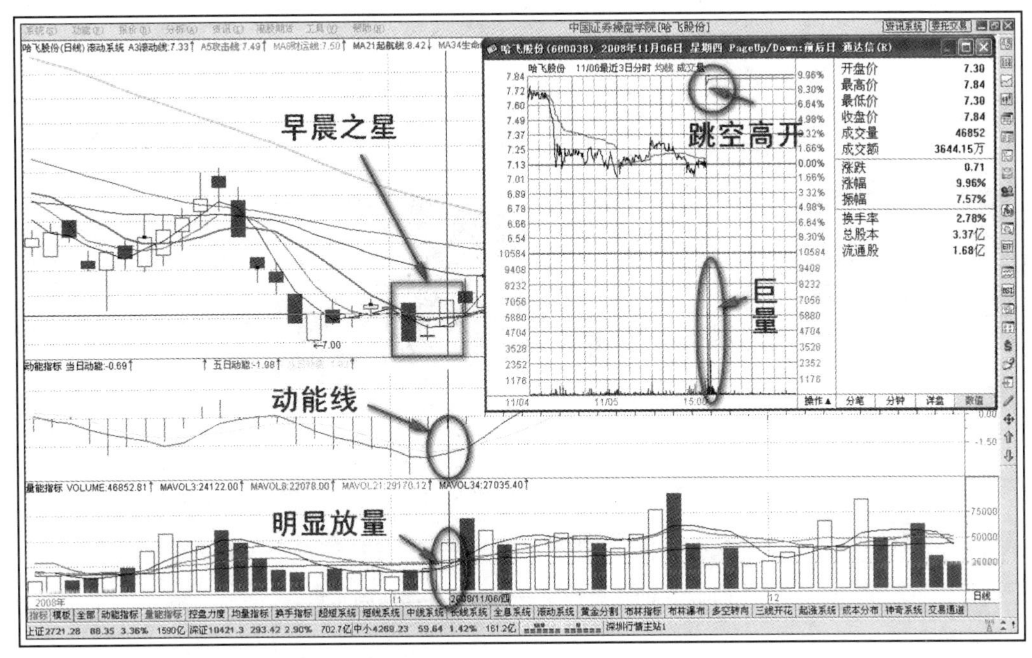

图【156】早晨之星加三日分时线买卖法则示意图

5. 滚动建仓阶段经典买卖法则之三

仰头星是典型的底部阶段洗盘信号，预示着短暂洗盘之后，股价将继续拉升。出现仰头星的时候，前一根K线必须是实体部分超过7%的大阳线，信号才可靠。如图【157】所示。

买卖的方法，可以参考以下原则：

第一，高开的幅度不能过高，最好不超过3%，下打的幅度也不宜过深，阴线的实体部分不超过3%，攻击前一大阳线实体部分的比例小于0.382，说明此时强势的特征明显，是强势洗盘。盘中的瞬间下压低点就是极佳买点。

第二，如果第六时间段股价不创出当天的新低，可以继续买进，仓位控制在10%以内，作为隔夜滚动仓，第二天集合竞价时间段直接高抛。

第三，注意观察滚动线，3日动能指标线和3日量能线的变化。如果三线坚挺，说明攻击性操盘的态势未变，第二天开盘时可以逢低狙击，仓位控制在10%以内。

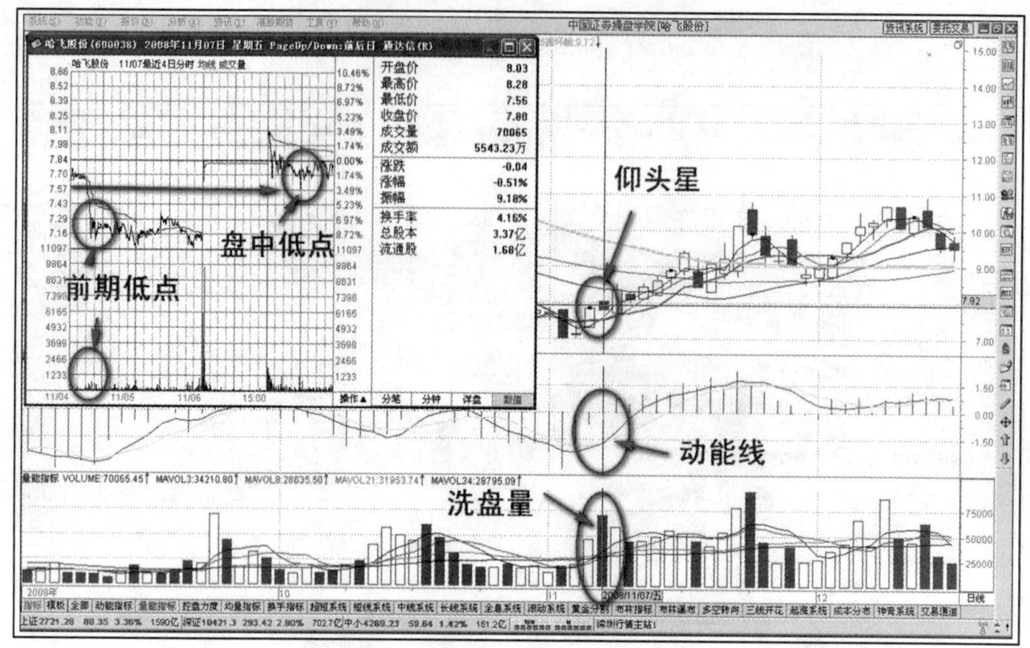

图【157】仰头星加四日分时线买卖法则示意图

6. 滚动建仓阶段经典买卖法则之四

怀抱线是典型的买入信号，多方炮是典型的攻击性买入信号。这两个信号组合在一起，后市看涨的概率极高。如图【158】所示。

买卖的方法，可以参考以下原则：

第一，首先要关注开盘的价位。开盘价不能过低，最好不低于攻击线的位置，表明此时主力攻击的态势强悍，而且不易损失筹码。如果低开的幅度超过了前收盘价的7%以上，形态就很难看，而且容易遭遇外力攻击，导致做盘失败。如果开盘价设计得合理，可以在第一时间点狙击，仓位控制在滚动仓的10%以内。

第二，开盘后，利用多日分时技术进行研判，如果当天的低点高于前低，盘面显示为缩量态势，那么可以在翻身向上的时候，在均价线附近买进第二仓滚动仓，仓位控制在10%以内。如果放量攻击均价线，盘口呈现出健康的攻击型量峰，可以即时买进第三仓滚动仓，仓位控制在20%以内。

第三，盘中利用多日分时技术研判，突破前高回抽不破当日均价线，可以利用量峰法则买进第四滚动仓，仓位控制在5%以内。

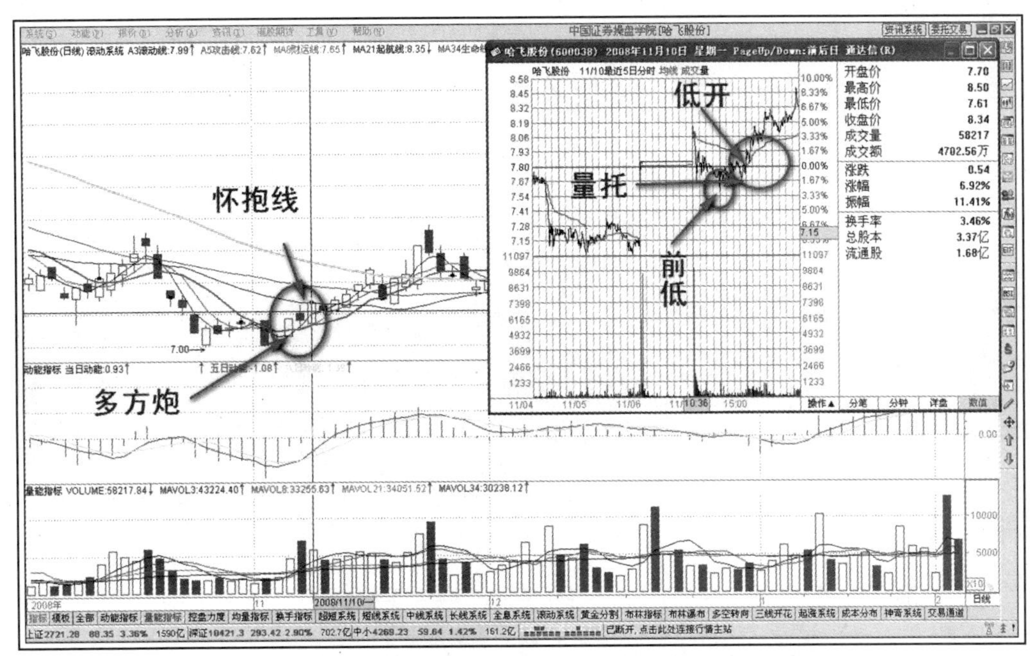

图【158】怀抱线加多方炮加五日分时线买卖法则示意图

7. 滚动建仓阶段经典买卖法则之五

线上红三兵是多头加大攻击力度的明显信号，也是典型的买入信号。如果在拉升的初期，滚动系统的短期均线系统已经呈现为明显的多头排列态势，股价运行在滚动线之上，角度陡峭，大于45°，表明攻击的力度将是惊人的。如果股价运行于攻击线之上，角度大于30°，小于45°，说明攻击力度一般。如图【159】所示。

买卖的方法，可以参考以下原则：

第一，线上红三兵的每一根K线的下影线，都是合理的买入点，可以在盘中选择时机积极狙击，每次的滚动仓位控制在滚动资金的10%以内。

第二，线上红三兵的每一根K线的上影线，都是合理的卖出点，可以在盘中选准高点，即时卖出，及时止赢，千万不可随意改变止盈策略。

第三，注意观察线上红三兵每一根K线实体大小的比例和变化情形。健康的线上红三兵应该是实体部分渐次放大，没有或者几乎没有上影线。如果出现带量下影线，表明主力在盘中实施了对倒洗盘动作，此时可以积极狙击！

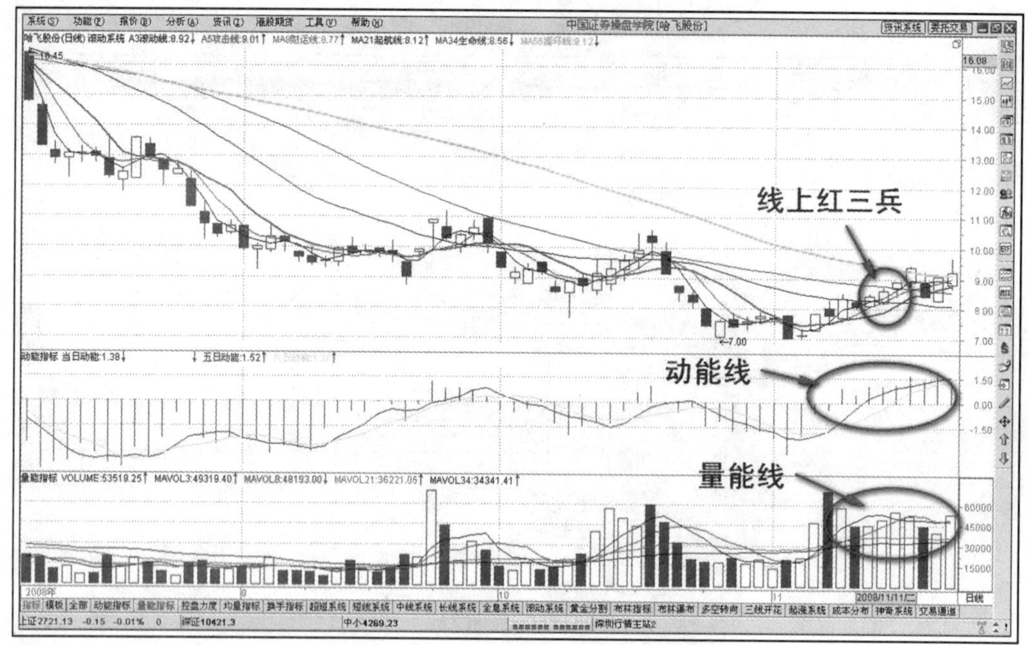

图【159】线上红三兵买卖法则示意图

8. 滚动建仓阶段经典买卖法则之六

拉升初期的分离线是经典的洗盘信号，是滚动操盘技术中极佳的滚动点。分离线一般出现在生命线或者循环线附近，或者介于两者之间。如图【160】所示。

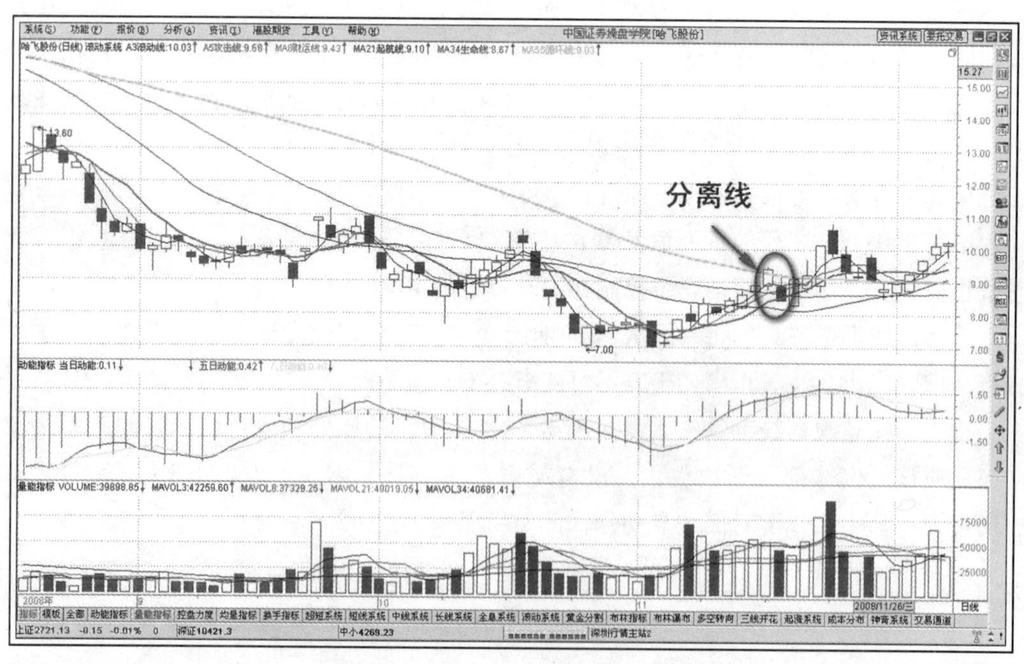

图【160】线下分离线买卖法则示意图

买卖的方法，可以参考以下原则：

第一，分离线的前一根K线是大阳线，低开高走，或者平开高走，当天收出一根实体部分大于7%的大阳线，盘中不时出现攻击型冲击波，表明主力正在积极滚动操盘。盘中频繁出现的冲击波暴露了主力操盘的意图。此时可以跟随主力的步伐，盘中积极卖出。

第二，分离线的后一根K线是大阴线，高开低走，开盘价和前一根大阳线的开盘价相等或者相近，没有上影线或者上影线很短。盘中出现瀑布波，量价结构健康，表明主力正在不断的对倒造量，营造恐慌气氛，实施洗盘动作。此时可以在盘中低点积极买进，如果股价跌停，则在跌停板上大量买进，隔夜滚动。

第三，分离线属于明显的诱空性操盘行为，操盘手法凶悍，狠毒，盘面十分刺激。稳健的做法是依托生命线积极狙击，滚动仓位控制在10%以内。如果第二天顺势低开，则在集合竞价时间段加码买进滚动仓，仓位控制在10%以内。如果开盘后出现尖刀底，则加大狙击力度，再次加码买进，仓位控制在5%以内。

第三节　反弹行情滚动操盘要领

1. 反弹行情的研判与界定

在滚动操盘技术中，行情的性质不同，滚动的手法也不同。为了确保滚动操盘的成功，我们必须首先了解目标品种的大趋势是什么，然后有针对性地制定滚动对策。如果起航线、生命线和循环线空头排列，趋势向下，那么此时属于反弹行情。如图【161】所示。

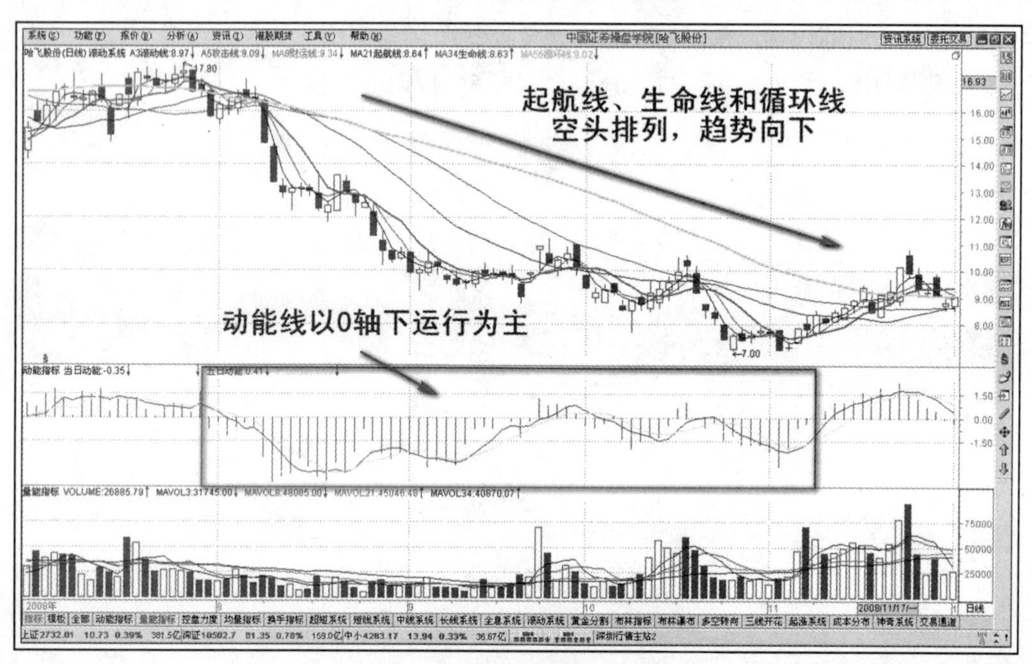

图【161】反弹行情界定方法示意图

根据股价阶段性位置分析原理，如果股价处于下跌的初期，刚刚有效跌穿循环线，动能指标死叉，绿柱越来越长，表明大级别的调整刚刚开始，空头势力强大，此时应该保持空仓。

如果股价处于下跌的中期，跌势趋缓，短期均线系统开始走平，渐次粘合，动能指标线开始在0轴下方拐头向上，说明先知先觉的主力开始进场吸收筹码，此时可以轻仓狙击。

如果股价处于下跌的末期或者底部区域，滚动系统的短期均线系统已经呈现为多头排列，中期均线系统跌势趋缓，开始呈现走平迹象，动能线开始运行于0轴之上，红柱渐次伸展。表明股价正在渐次盘出底部，多头行情已经不远。

总而言之，投资者可以以生命线为界研判行情的性质，凡是起航线、生命线和循环线空头排列的，均界定为反弹行情。

2. 反弹行情的资金分配与仓位控制

反弹行情的滚动操盘难度很高，不适合初学者。即使是技术高手，也要严格遵守操盘纪律，更要严格控制好仓位，科学的调配资金，力争战而必胜，出手必赢。

在资金配置方面，在下跌的中后期，可以实行541的配置方案，即1份资金用于建立基础仓，4份资金用于日常滚动仓，5份资金用于防御体系。相应的仓位控制，也要严格执行。

在操作上，第一仓的买进时机，应选择短期平台向下破位的时候。下跌中期的阶段性平台属于超级主力的建仓平台，此时向下破位属于恐吓性操盘行为，从缩量构建平台到放量向下破位，除非有重大的致命的系统性风险，否则必然是超级主力骗取筹码的操盘行为。此时大资金可以积极参与，坚决买进基础仓的第一仓。如图【162】所示。

随着时间的推移，后续的操作就相对简单了。因为处于建仓的需要，主力必然反复向下破位，而每一次破位，都是我们建立基础仓的绝佳机会。

需要注意的是，如果向下破位的原因是因为目标品种的基本面出现问题，则停止操作，择机出局，换股操作。

图【162】反弹行情各路资金安全建仓方法示意图

3. 反弹行情的目标位与滚动点

如何计算反弹行情的目标位和设定滚动点，根据盈利预期的不同，有不同的实施方案。一般而言，投资者可以利用下边的公式计算反弹的目标位。如图【163】所示。

计算公式：

反弹行情目标位 = 全天最低价 × 反弹系数 + 全天最低价 = 波段最高价

在上边的公式中，首先找到破位走势当天的最低价，然后按上边的公式计算，就可以得出本轮反弹滚动点的大概位置。

关于计算目标位的具体细节性内容，因为篇幅关系，将在本书下册加以诠释。这里从略。

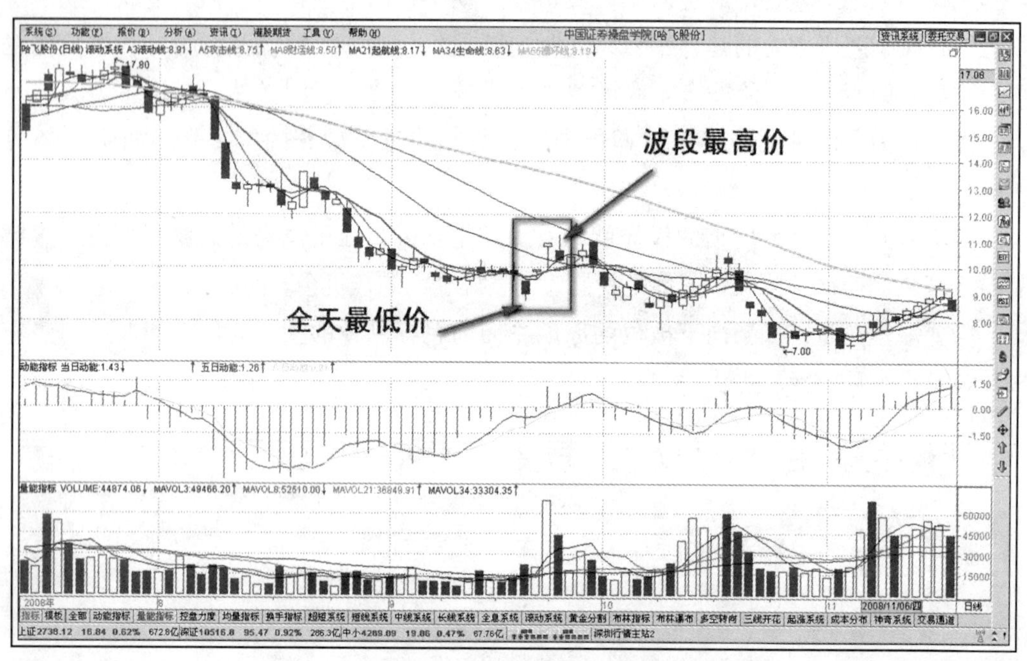

图【163】反弹行情目标位与滚动点示意图

第四节　主升行情滚动操盘要领

1. 主升行情的研判与界定

主升行情也叫明显的多头行情，是滚动操盘的首选。以生命线为界，凡是起航线、生命线和循环线多头排列的，均界定为主升行情。如图【164】所示。

在图表上，滚动系统的均线呈现为明显的多头排列，股价运行于向上发散的短期均线系统之上，而由起航线、生命线和循环线组成的中期均线系统呈现为明显的多头排列，上升的趋势非常明确，此时积极做多是不二选择。

从动能指标来看，动能指标线运行于0轴之上，不断向上发散，角度越来越陡峭，红柱越来越长，表明多头攻击性操盘的力度越来越大，多头行情正在不断向纵深发展，绝对不会轻易停止下来。

从量能指标来看，成交量均衡有序，收放自如，节奏明显，没有明显的筹码松动迹象。表明主力已经主导了股价未来的走势。也说明主力志存高远，股价上升的空间广阔。

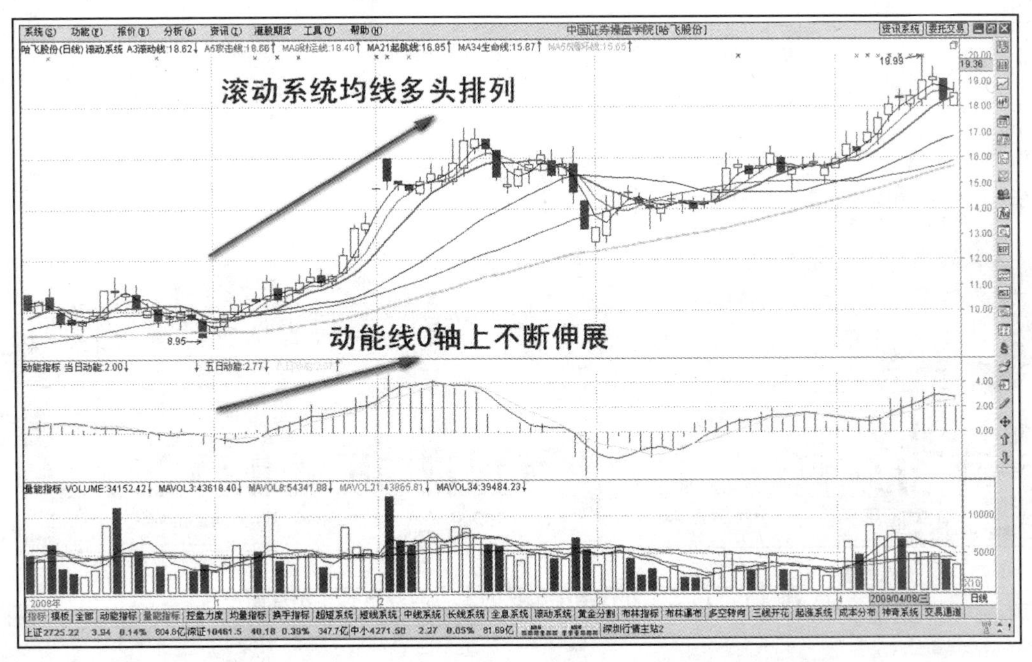

图【164】主升行情的研判与界定示意图

2. 主升行情的资金分配与仓位控制

在主升行情出现之后，要敢于投入资金积极的大胆的参与做多，而不要缩手缩脚，错失了赢得财富的绝佳机会。虽然主力也会要手段，玩玩骗线，搞搞诱空，挖挖量坑，但多头趋势不改，就不要轻言放弃。如图【165】所示。

在操作上，当起航钱向上金叉生命线的时候，多头趋势正式确立，可以加大基础仓的仓位，仓位控制在50%以内。而当生命线向上金叉循环线的时候，表明一轮大级别的中线行情已经到来，投资者可以选择阶段性低点作为重要的加码买进点，扩大基础仓，仓位上升到60%~70%，以便赢得更多的交易性或成长性利润。

资金配置的方案，此时可以设计为235配置方案，即基础仓占据总资金的50%以上，用于日内滚动操盘的资金占据资金总额30%左右，留下20%的资金作为防御体系建设。

当然，随着多头行情的不断深化，资金配置的方案要不断修正，及时调整。到了拉升末期出现量异动的时候，要及时回笼资金，这是操盘纪律，需严格遵守，不得有误。

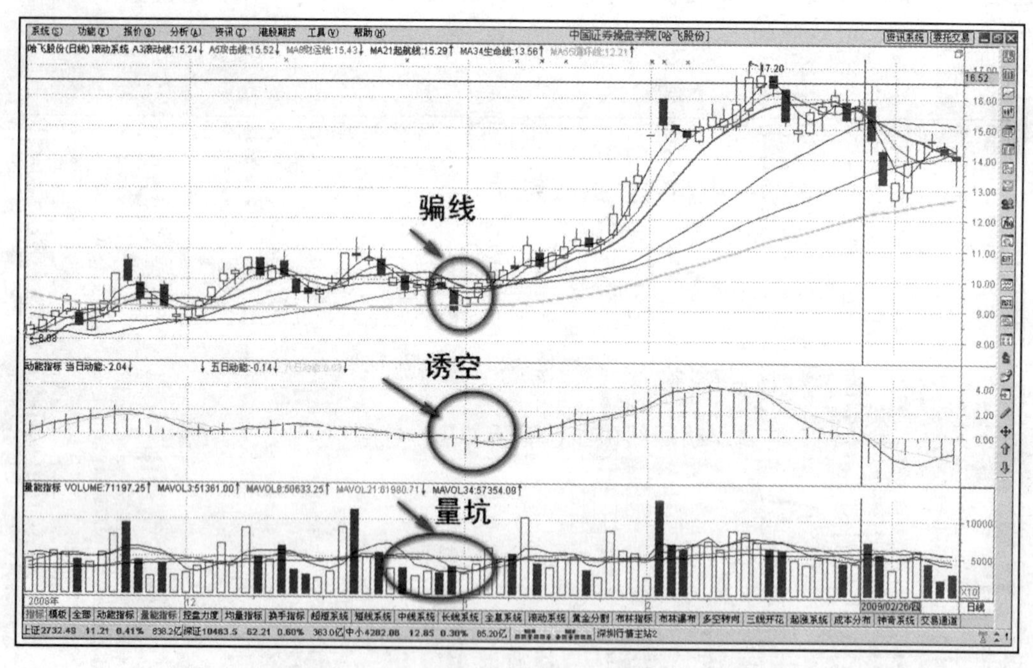

图【165】在主升行情中出现的主力的奸猾狡诈示意图

3. 主升行情的目标位与滚动点

如何计算主升行情的目标位和设定滚动点，根据盈利预期的不同，有不同的实施方案。一般而言，投资者可以利用下边的公式计算主升行情的目标位。如图【166】所示。

计算公式：

主升行情目标位 = 波段最低价 × 主升系数 + 全天最低价 = 波段最高价

在上边的公式中，首先找到波段起点当天的最低价，然后按上边的公式计算，就可以得出本轮主升行情滚动点的大概位置。

关于计算目标位的具体细节性内容，因为篇幅关系，将在本书下册加以诠释。这里从略。

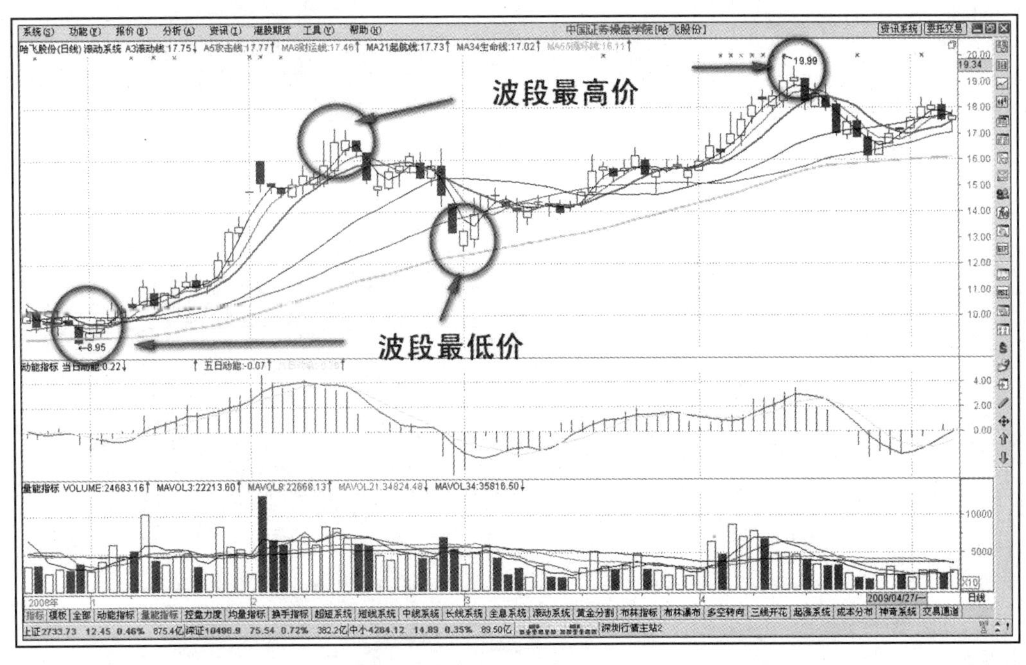

图【166】主升行情目标位计算与滚动点设定示意图

【思考与练习题】

1. 底部区域滚动建仓的策略是什么？请举例说明。
2. 反弹行情的滚动操盘策略是什么？请举例说明。
3. 在反弹行情中如何控制仓位？请举例说明。
4. 主升行情的滚动操盘策略是什么？请举例说明。
5. 在主升行情中如何控制仓位？请举例说明。

《操盘能力训练教程》系列丛书

第六章

滚动操盘能力训练

【本章学习要点】

1. 学习并掌握区分股价阶段性位置的要领，并在实战中熟练运用。
2. 学习并掌握阶段性滚动建仓的基本要领，并在实战中熟练运用。
3. 学习并掌握日内滚动操盘的基本要领，并在实战中熟练运用。
4. 学习并掌握计算波段目标价位的基本要领，并在实战中熟练运用。

第一节 股价阶段性位置区分要领

1. 历史大底与长期铁底的划分

【训练基本目的】

第一，要充分认识牛熊线对长期投资的重要性。

第二，认识风险的释放是一个漫长的过程，需要耐心等待。

第三，认识大资金进场的时机选择要领。

【基本技术要领】

第一，对于大规模的资金，从事长线持股的资金来说，滚动操盘技术是协助不断降低持仓成本，实现利润最大化的有效手段。因为资金规模的巨大，和持股时间的漫长，其中所承担的风险很大。因此，在建仓的时候，除了要考虑政策面和基本面的因素之外，技术层面的因素也很重要。在技术策略上，首先要考虑的是牛熊线对股价的压制和支撑。

第二，股价有效跌穿牛熊线，反复盘跌，跌势不止。历经了几个月（通常在 5 ~ 10 个月）的漫长下跌之后，开始进入缩量盘跌阶段，跌势慢慢放缓，股价不再创新低，反复盘底，出现了若干个阶段性低点，每一个低点都逐步向牛熊线靠拢。如图【167】所示。

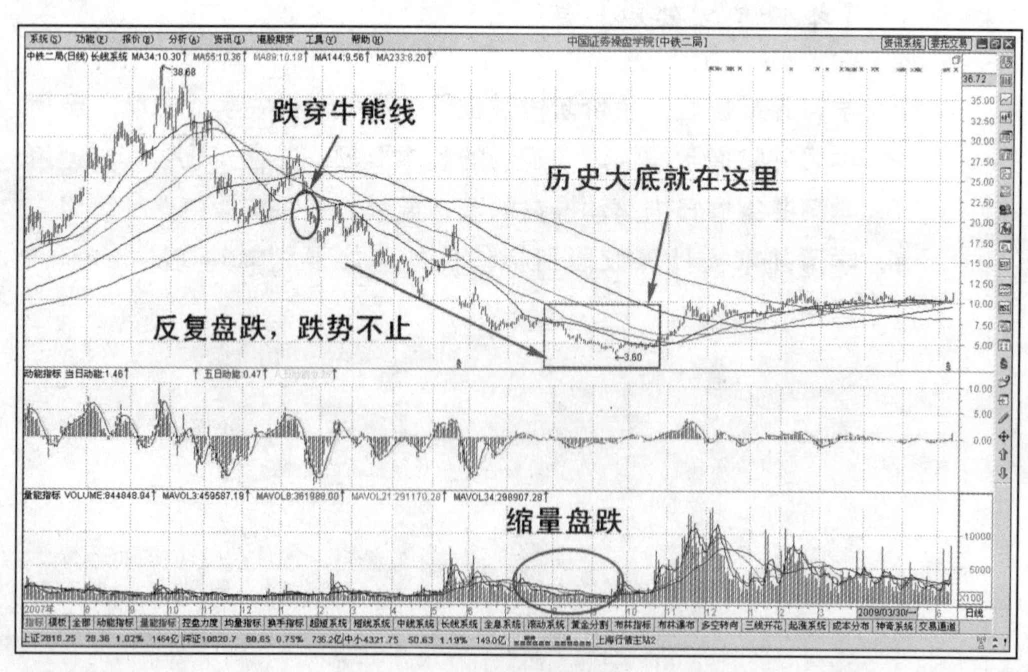

图【167】历史大底与长期铁底示意图

第三，股价经过漫长的大跌之后，进入地量结构数个月之久，跌无可跌。表明做空的动能释放殆尽，股价开始进入历史大底阶段。这时候，一旦放量启动的信号出现，可以考虑进场，滚动式建仓。

【训练的关键词】

第一，跌穿牛熊线。第二，下跌时间漫长。第三，跌幅巨大。第四，反复缩量盘底。

2. 中期大底与中长期底部的划分

【训练基本目的】

第一，要充分认识趋势线线对中长期投资的重要性。

第二，认识阶段性风险的释放也是漫长的，需要耐心等待。

第三，认识中、大资金进场的时机选择要领。

【基本技术要领】

第一，股价从高位一路下跌，有效击穿了趋势线，之后继续盘跌，在牛熊线附近得到支撑，止跌，慢慢回稳，股价不再创出新低。

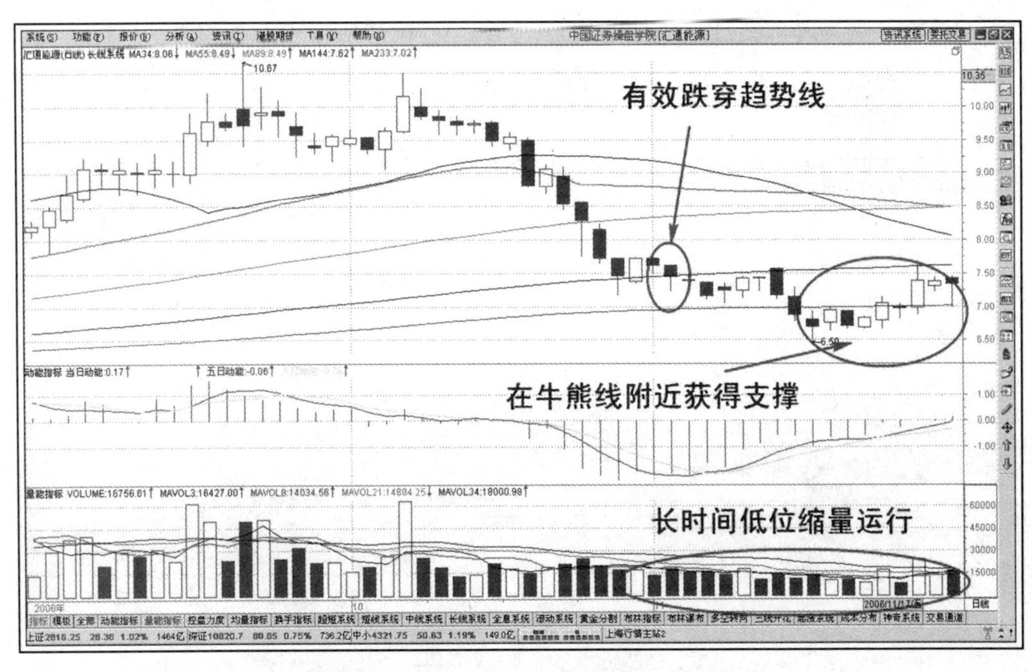

图【168】虚假的中期大底与中长期底部示意图

第二，股价跌穿趋势线之后，成交量呈现为萎缩态势，并且在低位缩量运行，运行的时间越长，做空动能释放就越充分。如果地量结构的时间持续几个月（通常是3～5个月），那么中期底部的可信程度比较高。如果筑底时间过短，则中期底部的有效性值得怀疑。

第三，如果没有经过比较长时间的反复盘底，消化前期的获利盘，而是以快速下跌的方式击穿趋势线，直逼牛熊线，经过短时间的缩量盘整之后，又重新回到牛熊线之上，那么这样的底部不能称之为中期大底，更不能称为中长期大底。如图【168】所示。

【训练的关键词】

第一，有效击穿趋势线。第二，漫长的低位缩量运行。第三，在牛熊线附近获得支撑。

3. 短期底部与中期底部的划分

【训练基本目的】

第一，认识生命线和循环线在滚动操作中的重要性。

第二，生命线是短期底部的重要支撑，也是滚动周期的分水岭。

第三，循环线是中期底部的重要支撑，是大周期滚动的分水岭。

【基本技术要领】

第一，股价经过一轮大幅度下跌之后，有效的跌穿循环线，并在季度线附近获得支撑，形成阶段性低点，那么，这个低点可以称为中期低点。如果股价有效击穿生命线，连续下跌，并在循环线附近获得支撑，形成阶段性低点，那么这个低点可以称为短中期底部。如果股价经过一轮拉升之后（升幅大于30%，小于60%），有效击穿起航线，在生命线附近止跌，形成阶段性低点，那么这个低点可以称为短期底部。

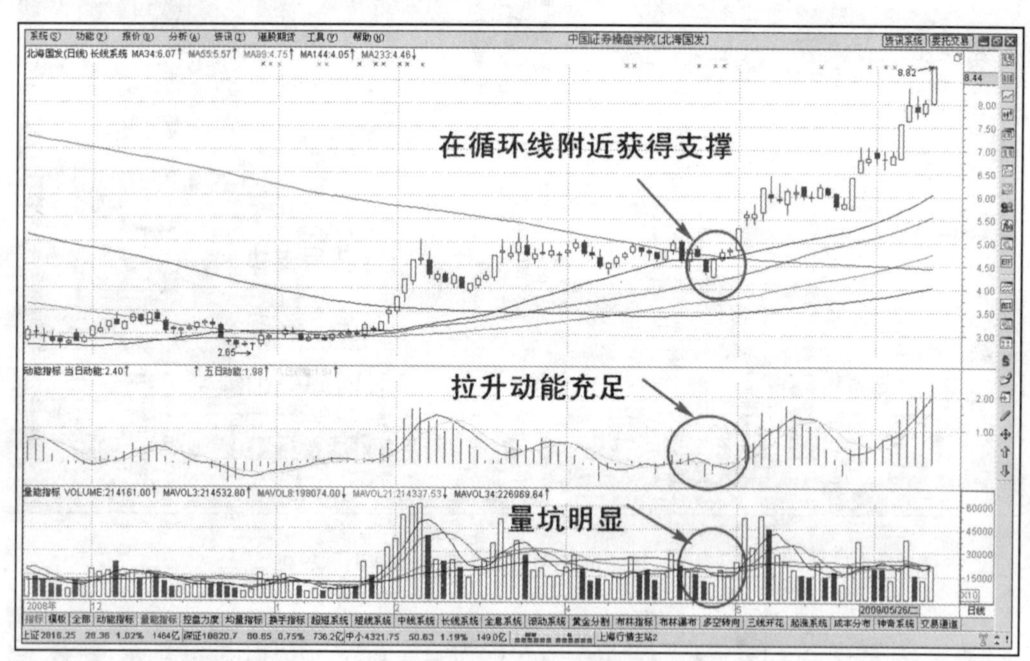

图【169】短中期底部示意图

第二，注意观察成交量的变化。在下跌的过程中，量价结构健康，表明主力并未放弃。如果成交量异常，表明筹码松动，需要小心谨慎。

第三，在关键的技术位生命线、循环线、季度线附近，止跌回稳，需要有明显的放量配合，技术信号才比较可信。如图【169】所示。

【训练的关键词】

第一，关键技术位。第二，量价结构健康。第三，放量企稳。

4. 股价拉升初期的划分

【训练基本目的】

第一，正确认识什么是拉升的开始。

第二，理解三线开花对行情拓展的牵引作用。

第三，学习如何正确划分拉升初期。

【基本技术要领】

第一，股价经过长时间的下跌之后，筑底成功，放量启动，这个放量的点位，可以称为拉升初期的行情起动点。表现在均线系统上，滚动线与攻击线金叉。表现在动能指标上，3 日动能线与 5 日动能线金叉。表现在量能指标上，3 日均量线与 8 日均量线金叉。这就是典型的三线开花，是阶段性拉升的开始。

第二，拉升的幅度，可以按照前面介绍的公式计算。

第三，股价经过一轮拉升之后，拉升的幅度接近 30%（启动点收盘价 ×1.3），股价开始调整，并在关键的技术位生命线附近获得支撑。如图【170】所示。那么，这个阶段，就是拉升的初期。另一种计算方法是：当股价有效突破生命线，开始 30% ~

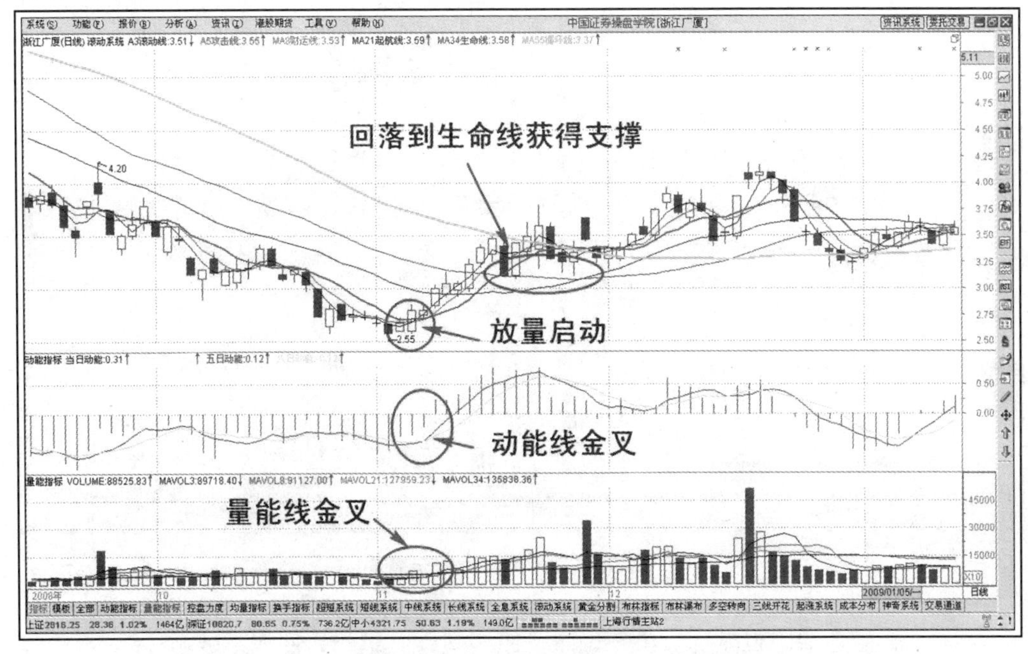

图【170】拉升初期示意图

50%幅度的拉升之后，回落到生命线附近获得支撑，这个阶段称为拉升初期。

【训练的关键词】

第一，三线开花。第二，在生命线附近获得支撑。第三，拉升幅度在30%左右。

5. 股价拉升中期的划分

【训练基本目的】

第一，深刻认识股价阶段性整理之后，主力继续拉升的目的。

第二，注意观察第二拉升的量价结构，判断主力的控盘程度。

第三，根据市况的不同，及时合理修正股价拉升的目标位。

【基本技术要领】

第一，股价经过短暂的回调之后，在生命线附近获得支撑，再次放量启动，滚动线、攻击线、财运线、起航线呈现为多头排列，攻击性拉升的态势很明显。

第二，拉升的幅度，按量度幅度计算，大约为30%，如果按第一波拉升的点计算，则为60%，但这个不是绝对的高点。如图【171】所示。

第三，经过一轮拉升之后，股价回调至循环线附近止跌，并进行缩量整理，调整的时间大约为10~25个交易日，调整之后，继续拉升。需要特别注意的是，股价回调的时候，必须在循环线附近获得有效支撑，如果向下破位，则预示着短期头部已经形成。

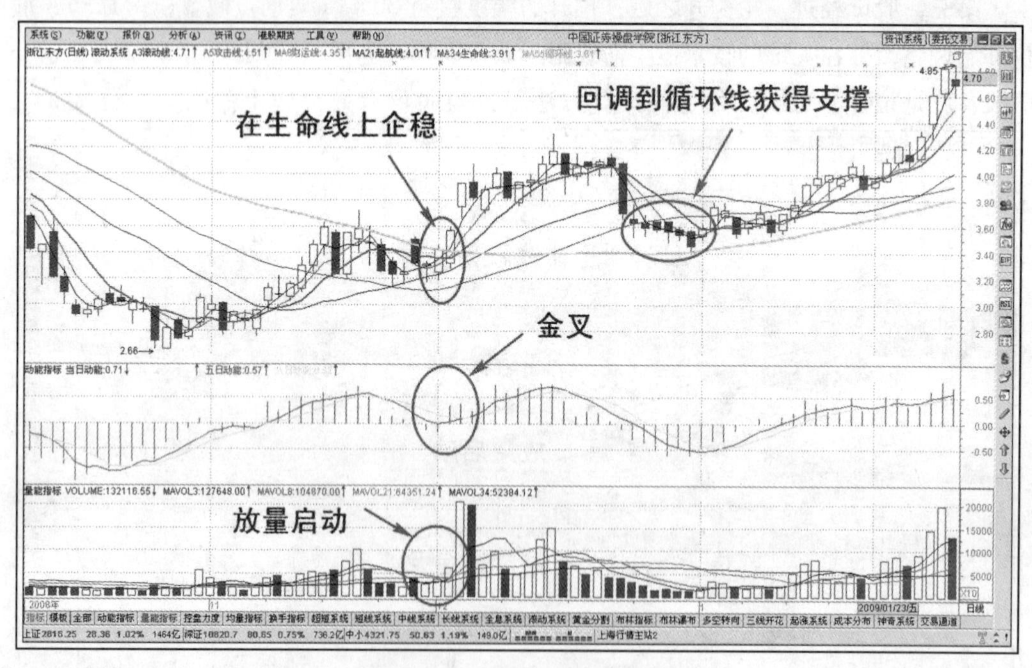

图【171】股价拉升中期示意图

【训练的关键词】

第一，在生命线附近企稳。第二，量价结构健康。第三，回调不破循环线。

6. 股价拉升末期的划分

【训练基本目的】

第一，认识三波拉升是一种常态，但不是唯一的。

第二，认识循环线的重要支撑作用，敢于在循环线附近狙击主力。

第三，认识拉升末期的量异动，注意防范高位风险。

【基本技术要领】

第一，股价在循环线附近反复整理，获得支撑，缩量调整的时间一般在 25 个交易日，如果再次放量启动的信号出现，表明股价进入第三波拉升，可能是拉升的末期。

第二，均线交易系统呈现为明显的多头排列，滚动线的斜率很大，角度陡峭，表明股价已经到了最后的主升阶段，随时有可能见顶。如图【172】所示。

第三，在拉升的末期，要特别注意成交量和换手率的变化。如果从第一波启动点计算，量度涨幅大于 90%，成交量异常，换手率异常，需要特别小心。一旦股价放量击穿滚动线，要及时止赢，不可大意。

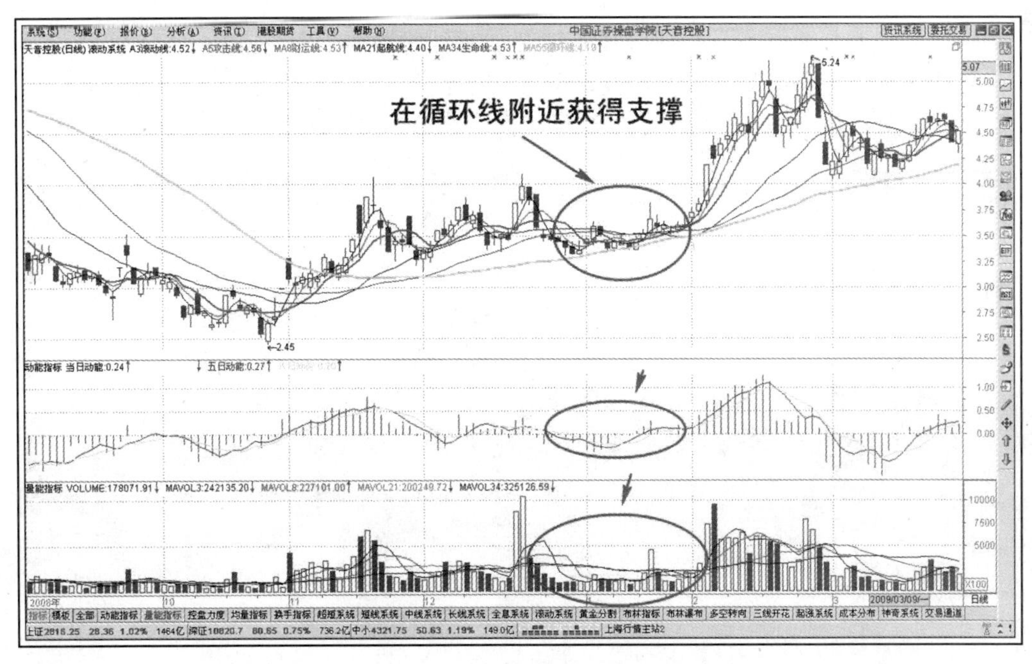

图【172】拉升末期示意图

【训练的关键词】

第一，在循环线附近止跌。第二，滚动线陡峭。第三，注意量异动情形。

7. 波段行情的起涨点识别

【训练基本目的】

第一，了解行情波段式发展的基本规律。

第二，学会分辨波段行情的起涨点，并在实战中熟练运用。

第三，了解滚动交易系统的基本特性。

【基本技术要领】

第一，在滚动操盘技术中，每一轮波段行情的起点（或者叫起涨点）都是滚动操盘的主要建仓点，需要认真对待。辨别的主要依据依据是滚动交易系统、动能指标和量能指标。

第二，区分行情的性质，最简单的方法是使用滚动交易系统各条均线的位置关系来确认趋势，然后根据趋势确定行情的性质。投资者可以运用循环线来划分反弹行情和主升行情。

第三，无论是反弹行情还是主升行情，都以滚动线、攻击线和财运线来识别行情的起涨点。如果滚动线由下跌态势转为走平，拐头向上，并与攻击线金叉，那么，可以认为是超短线、小波段、小周期滚动操盘的试探性建仓点已经到来。至于是否建仓，需要进一步确认。如果均线系统呈多头排列，股价回调整理结束，滚动线与攻击线或者财运线金叉，可以认为是比较好的起涨点。如图【173】所示。

关于起涨点技术的更多内容，请参见《起涨操盘技术》一书。此处从简，不赘。

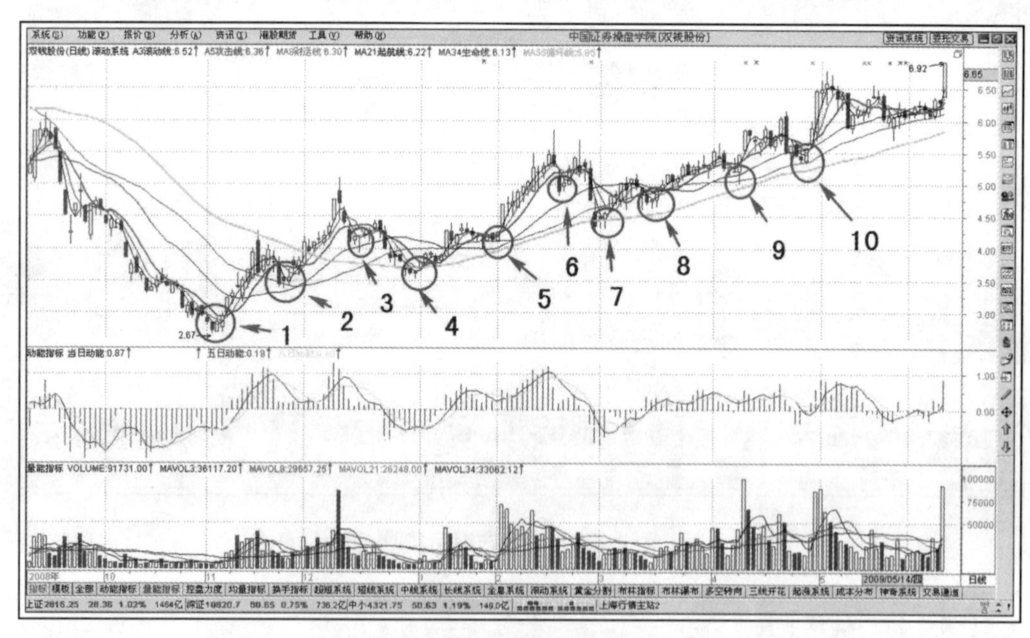

图【173】波段行情起涨点的识别示意图

【训练的关键词】

第一，滚动交易系统。第二，动能指标和量能指标。第三，均线金叉。

8. 波段行情的起跌点识别

【训练基本目的】

第一，认识起跌点在滚动操盘中的重要性。

第二，掌握辨别起跌点的技术要领，并在实战中熟练运用。

第三，注意识别各种头部特征，这是滚动操盘的基本功。

【基本技术要领】

第一，任何股价的起跌，首先是从即时图开始的。在即时图上，凡是出现假升波、钓鱼波、瀑布波、回头波、杀跌波等经典盘口波形的时候，要引起高度重视。要及时回笼资金，以防不测，而不能心存幻想。心存侥幸是操盘的大忌。

第二，在分时交易系统上，任何一次放量跌穿滚动线，都是明显的起跌点，无论是 1 分钟、5 分钟、15 分钟、30 分钟和 60 分钟，均是如此。在日线交易系统上，一旦滚动线开始走平，就是不祥之兆，需要立即开始分批止赢。如果滚动线拐头向下，与攻击线死叉，要坚决止赢，不可因为贪婪而错失良机。如图【174】所示。

第三，永远记住高位量大成头这句话。任何暴量都不是真实的交易行为，而是人工雕琢的结果。高位的高换手也不是什么好事，它往往是起跌点的验证信号。一旦筹码松动，犹如决堤的洪水，滔滔而下，后果不堪设想。

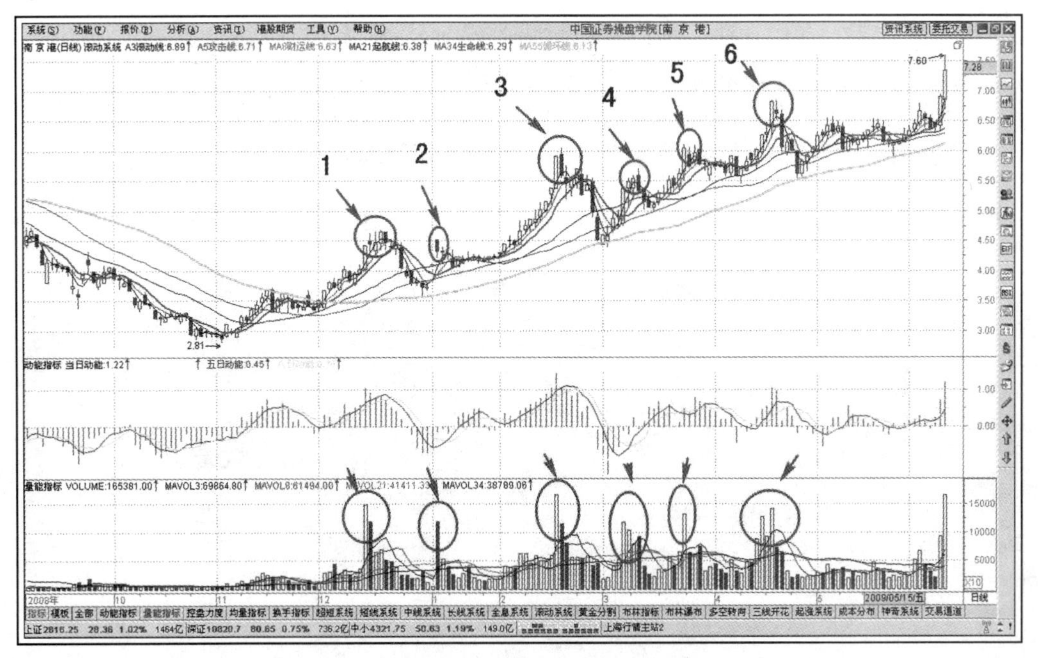

图【174】波段行情的起跌点示意图

【训练的关键词】

第一，各种盘口波形。第二，分时交易系统的滚动线死叉。第三，换手率异常放大。

第二节　阶段性滚动建仓基本要领

1. 根据资金的规模决定建仓的区域

【训练基本目的】

第一，了解资金规模的大小与建仓策略之间的关系。

第二，学会根据资金规模的大小选择合适的建仓区域。

第三，熟练掌握目标品种的技术特征与建仓点位的选择要领。

【基本技术要领】

第一，阶段性滚动建仓的基本要领之一，就是根据资金规模的大小选择相应的建仓区域。大资金在建仓的时候，可以采用伏击区域建仓法建仓，因为资金的规模大，吸筹困难，容易引起盘口异常反应，所以，可以采用分批次多仓位的形式建仓。如图【175】所示。

第二，小资金（一般指100万元以下）因为船小好调头，灵活性高，建仓的时候，可以采用精准狙击点建仓法，耐心等待主力洗盘即将结束的时候再出手，买在必涨的起涨点位，而不必过早的介入，浪费时间。如图【175】所示。

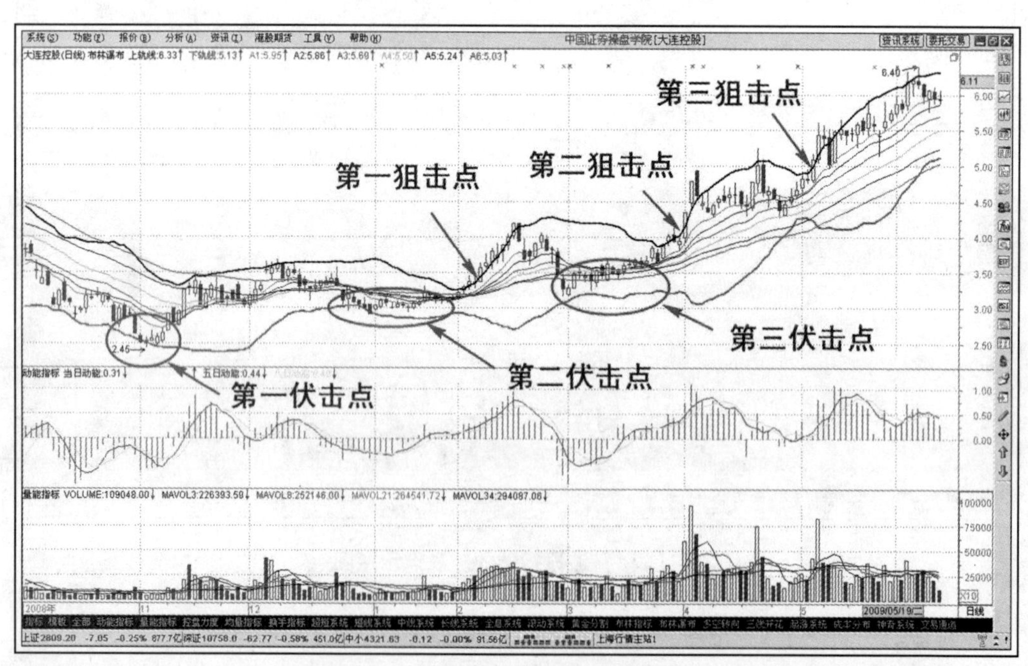

图【175】伏击点建仓法与狙击点建仓法示意图

第三，在确定建仓区域的时候，除了基本面的因素之外，应该充分考虑技术面的因素，选择相对合理的区域建仓。可以考虑选用布林指标（或者其他通道类主图指标）来考量个股的阶段性位置，尽可能在合理的价位建仓。

【训练的关键词】

第一，资金规模的大小。第二，伏击点与狙击点。第三，布林指标。

2. 根据技术特征选择建仓的具体点位

【训练基本目的】

第一，了解各种适合建仓的技术特征，认真掌握并熟练运用。

第二，学习根据不同的技术特征配置建仓资金，科学，合理。

第三，练习滚动建仓的主要技巧，力争做到熟练运用。

【基本技术要领】

第一，根据技术特征选择建仓的具体点位，包含两层意思。一是建仓的时候，要尽可能做到精确，力争降低建仓成本。尤其是小资金，更要尽可能选择波段的地点来建仓。而是要符合技术方面的要求，比如通过量价关系的分析和动能指标的分析，筛选出阶段性的低点。

第二，从技术的角度来说，布林线的下轨，动能指标的0轴下方，量能指标的地量结构，这些技术特征往往揭示了主力建仓的机密，可以用心领会。如图【176】所示。

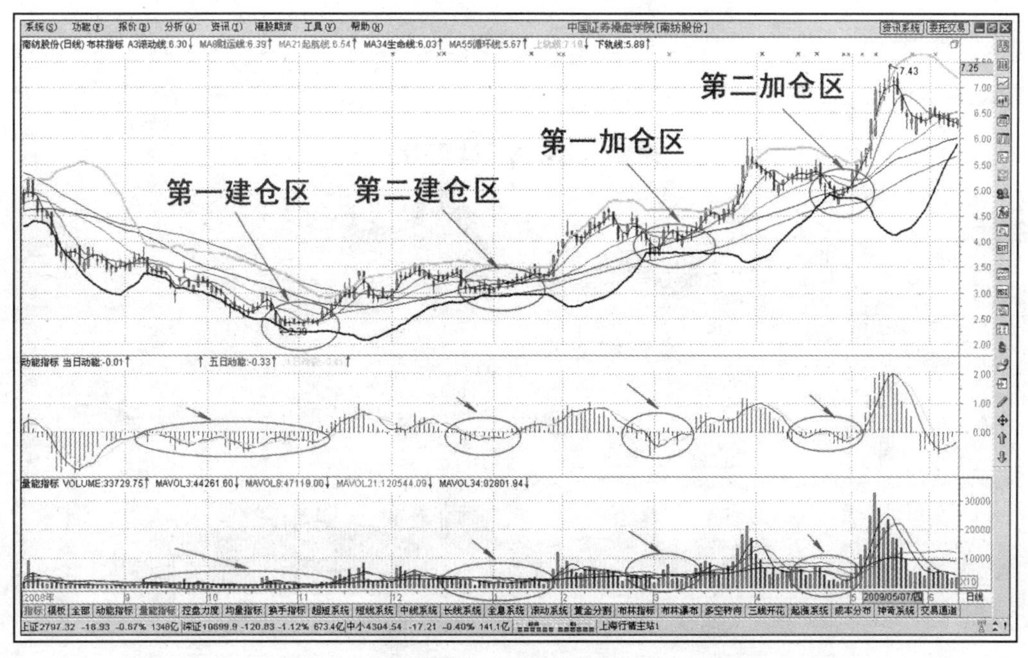

图【176】根据技术特征选择建仓点位示意图

第三，在建仓的时候，根据滚动操盘技术分批次建仓的原则，大资金可以在第一建仓区配置30%的资金，建立第一基础仓。在第二建仓区配置20%的资金，建立第二基础仓。至于是否在加仓区加仓，要灵活把握。

【训练的关键词】

第一，适合建仓的技术特征。第二，资金配置的方案。第三，常用的技术指标。

3. 根据大盘背景是否健康配置建仓资金

【训练基本目的】

第一，认识大盘对个股的影响，养成重视大盘的良好习惯。

第二，深刻领会紧扣大盘做个股的道理，并熟练运用有关看盘方法。

第三，了解什么是顺势而为，什么是逆势而为。

【基本技术要领】

第一，大盘对个股的影响从来就是显而易见的，大盘不好，个股就失去了走好的根基。所谓覆巢之下岂有完卵，就是这个意思。因此，在配置建仓资金的时候，首先要研究当前大盘的状态，千万不可撇开大盘埋头建仓。

第二，顺势者昌，逆势者亡。自古以来，就是如此。运用滚动操盘技术来套利，同样要紧扣大盘做个股，大盘单边下跌的时候，表明整个市场处于空头氛围之中，强出头做多头只有死路一条。正确的做法是持币观望。

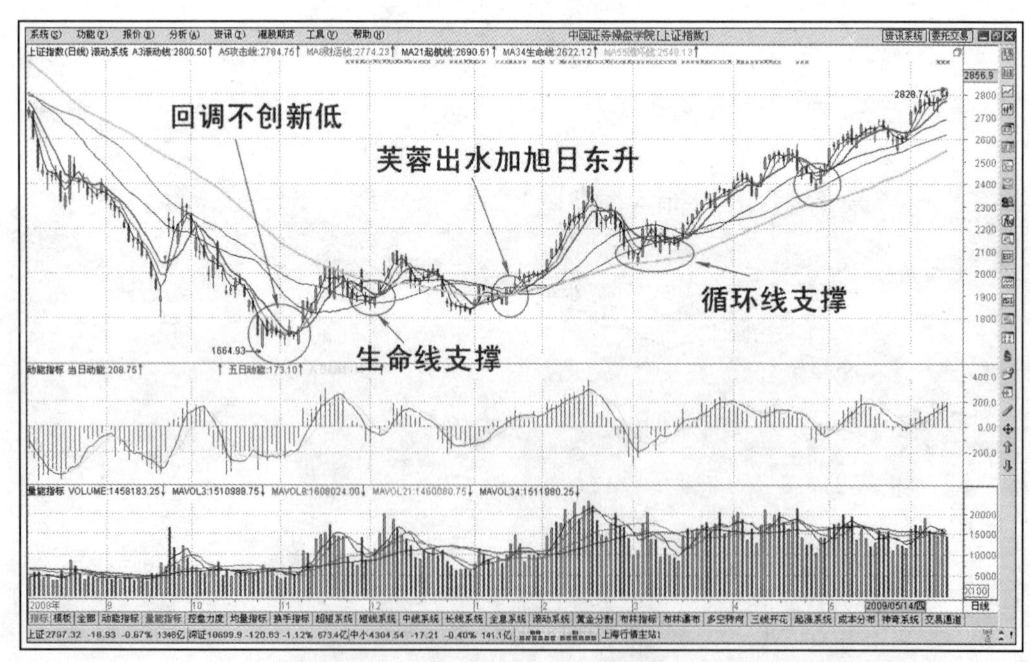

图【177】大盘背景对建仓的影响示意图

第三，当大盘二次探底不创新低的时候，可以适当配置资金，试探性买进第一仓。仓位控制在 20% 以内。当大盘第一波拉升之后，回调到生命线获得支撑，可以加大建仓力度，仓位控制在 30% 以内。当大盘呈现为芙蓉出水技术特征的时候，表明突破性行情已经到来，可以重仓参与，仓位控制在 50% 以内。如图【177】所示。

【训练的关键词】

第一，大盘背景是否健康。第二，生命线支撑作用。第三，循环线支撑作用。

4. 根据个股的技术特征设计操盘方案

【训练基本目的】

第一，认识个股的股性，学会根据股性设计操作方案。

第二，认识按计划操作的重要性，力争做一个有计划的投资者。

第三，学以致用，力争做到计划未来的操作，操作已经审定的计划。

【基本技术要领】

第一，人有个性，股也有个性。因为每只股票的股性不同，在操作上，要学会因股而异，设计出有针对性的操作方案，以便做到有的放矢。千万不可千篇一律，机械教条。

第二，在制定操盘方案的时候，首先要深入仔细研究个股的技术特征，研究它的历史走势。历史总是惊人的相似。已有的还会有，该来的一定来。同一主力操作的股票，在走势上往往具有惊人的相似。比如上一次在循环线附近止跌，下一次还会如此。如图【178】所示。

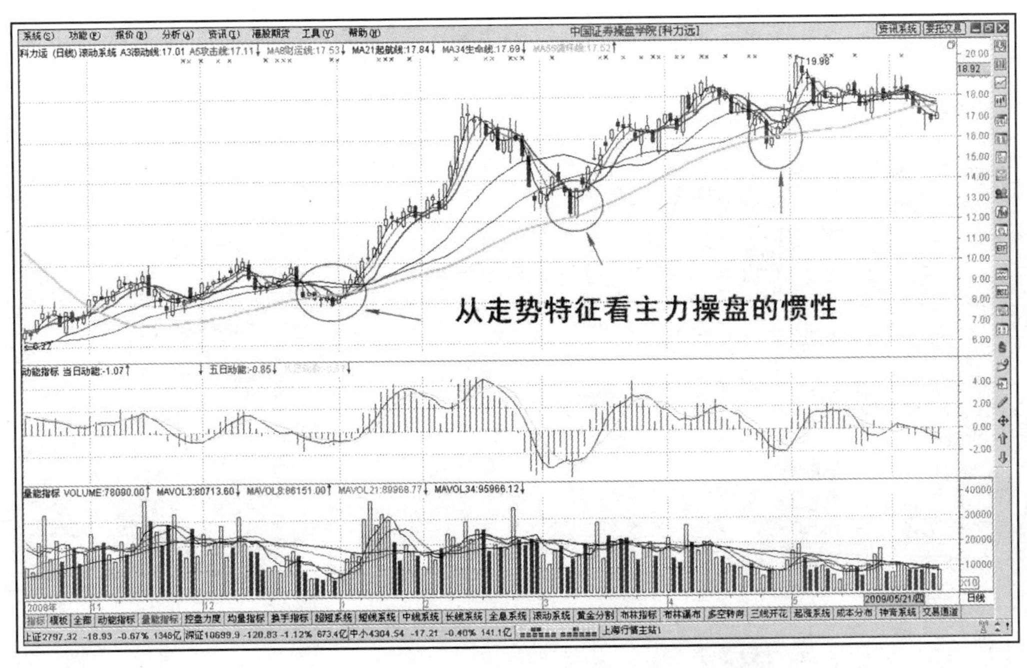

图【178】根据个股技术特征设计操作方案示意图

第三，每一次操作之前，首先要制定切实可行的操作计划。要做一个有计划的投资者。有的个股走势温和，有的个股走势强悍，有的喜欢玩上升通道，有的喜欢进二退一玩小波段……诸如此类，不一而足。在制定操作计划时，要和个股的技术特征相吻合。只有这样，才能真正因股而异，稳操胜券。

【训练的关键词】

第一，个股技术特征。第二，因股而异。第三，做有计划的投资者。

第三节　日内滚动操盘的基本要领

1. 如何把握股价的日内高点

【训练基本目的】

第一，学习把握股价日内高点的基本技术要领。

第二，学会在每天的复盘作业中计算股价未来的高点。

第三，学习在实战中根据盘面变化及时修正自己的操作计划。

【基本技术要领】

第一，计算股价日内高点是滚动操盘技术最核心的内容，也是滚动操盘取得成功的根本保证。每一个日内高点，都是日内滚动操盘的卖出点。合理的适合卖出的日内高点可能有几个，也可能只有一个，要根据盘面情况来研判。

第二，计算股价日内高点的方法有很多，比较常用的有指标计算法，比如利用布林线指标、黄金分割率指标、江恩角度线、箱体指标等来计算股价日内高点，指导滚动操盘。量度涨幅计算法也比较常用，可供操盘参考。

第三，本书倡导的是利用多日分时图的压力位来计算股价日内高点的位置。根据多年临盘实践的检测，本方法的准确度接近 90%，股价高点位置的误差一般小于 1%，

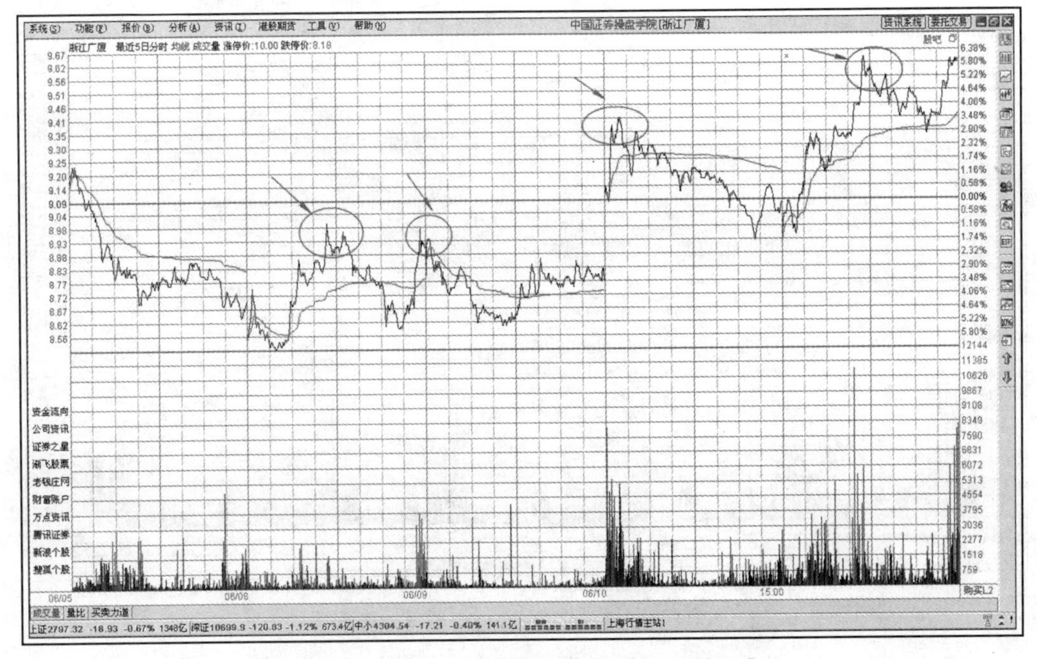

图【179】多日分时图计算日内高点位置示意图

有很高的实战价值。如图【179】所示。关于多日分时图计算法的具体内容，在《分时实战技术》一书中有详细的讲解。

【训练的关键词】

第一，股价日内高点位置。第二，指标计算法。第三，多日分时图计算法。

2. 如何把握股价的日内低点

【训练基本目的】

第一，学习把握股价日内低点的基本技术要领。

第二，学会在每天的复盘作业中计算股价未来的低点。

第三，学习在实战中根据盘面变化及时修正自己的操作计划。

【基本技术要领】

第一，计算股价日内低点是滚动操盘技术的核心内容，也是滚动操盘最基础的基本功。能否测算出股价日内低点的大致位置，直接关系到日内滚动操作的成败。合理的适合操作的股价日内低点，可以分为最低点，次低点，技术低点和滚动低点。每一个低点的市场含义不同，相应的操盘对策也有所不同，需要区别对待。

第二，计算股价日内低点的方法有很多种，比较常用的有黄金分割率计算法、布林通道计算法、箱体计算法、江恩理论计算法等。也可以利用量度跌幅计算法来计算股价日内低点的位置，供操盘决策参考。

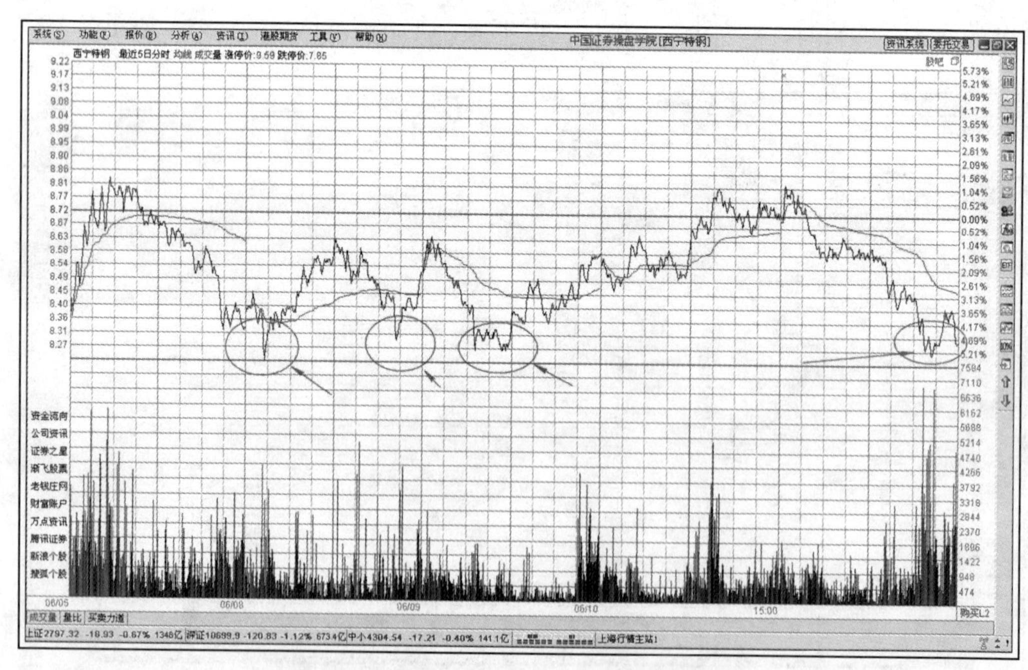

图【180】多日分时图计算日内低点位置示意图

第三，在滚动操作中，最省事也是最直接的的方法，是多日分时图计算法。这种方法可以直接测算出股价日内的低点位置，一般情况下，准确率达 90%，股价低点位置误差小于 1%，可供临盘决策参考。如图【180】所示。

【训练的关键词】

第一，计算股价日内低点。第二，量度跌幅计算法。第三，多日分时图计算法。

3. 如何设计日内资金分配方案

【训练基本目的】

第一，认识日内资金分配方案的重要性。

第二，学会科学地管理日内滚动操盘的资金。

第三，坚决执行操盘纪律，严格执行事前制定的资金分配方案。

【基本技术要领】

第一，日内滚动操盘所需的资金，应当在选择操作项目时做好详细的计划，合理配置用于滚动的资金数量，并且制度化，确保随时到位，不得随意挪用。

第二，把日内滚动操盘的资金加以细化，根据资金量的大小和操作品种的技术特征，将资金划分为若干部分，每一部分构成一个滚动子项，专款专用。每一次出击，只使用一个滚动子项，绝对不随意变更操作计划。如图【181】所示。

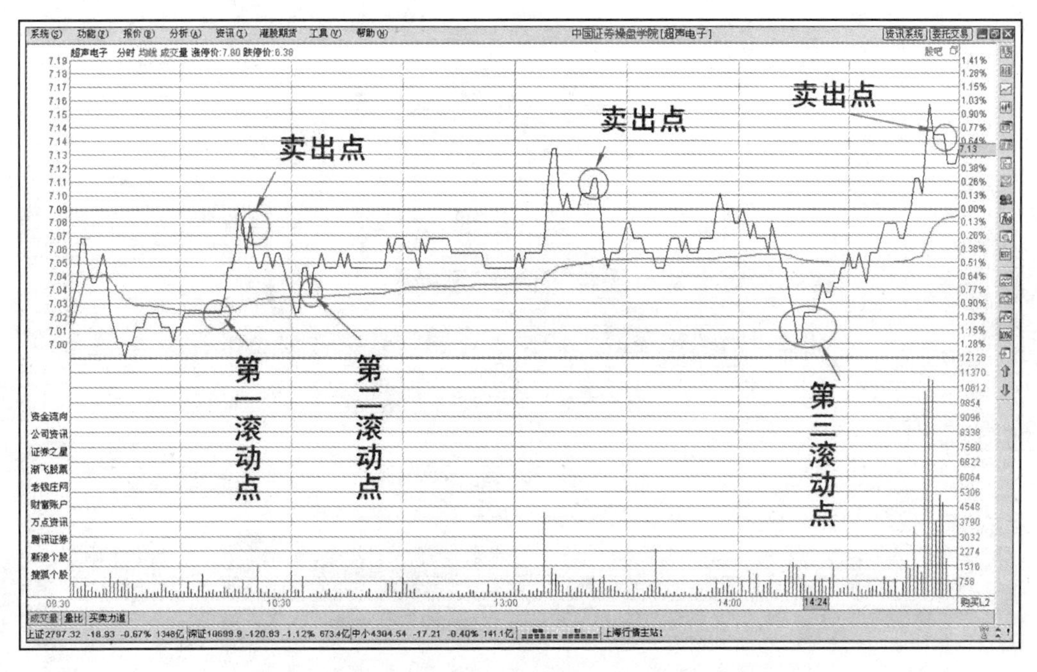

图【181】日内滚动操盘资金配置方案示意图

第三，严格意义上的滚动操盘，需要有严格的资金管理制度作保证。正确的做法是及时回笼资金，不留隔夜仓，即使操作失误，也坚决收回资金。实际上要做到这一点很有难度，很多人根本无法执行自己制定的资金管理制度，导致滚动操盘失败。

【训练的关键词】

第一，合理配置用于滚动的资金数量。第二，专款专用。第三，不留隔夜仓。

4. 如何制定日内滚动操盘纪律

【训练基本目的】

第一，深刻认识操盘纪律的重要性，并时刻铭记于心。

第二，严格按照技术特征操作，绝不随意改变操作计划。

第三，每天反复提醒自己，养成良好的操盘习惯。

【基本技术要领】

第一，日内滚动操作的目的是为了降低持仓成本，实现资本收益最大化，而不是为了扩大仓位，增加筹码。因此，务必严格遵守日内滚动操盘纪律，不得有任何随意操作的行为。

第二，逐条列出自己应当遵守的纪律，包括资金管理的条例、仓位管理的条例、心态训练的法则、耐心等待买点卖点出现的法则，诸如此类。写成书面文字，张贴在醒目的位置，以便随时警示自己。如图【182】所示。

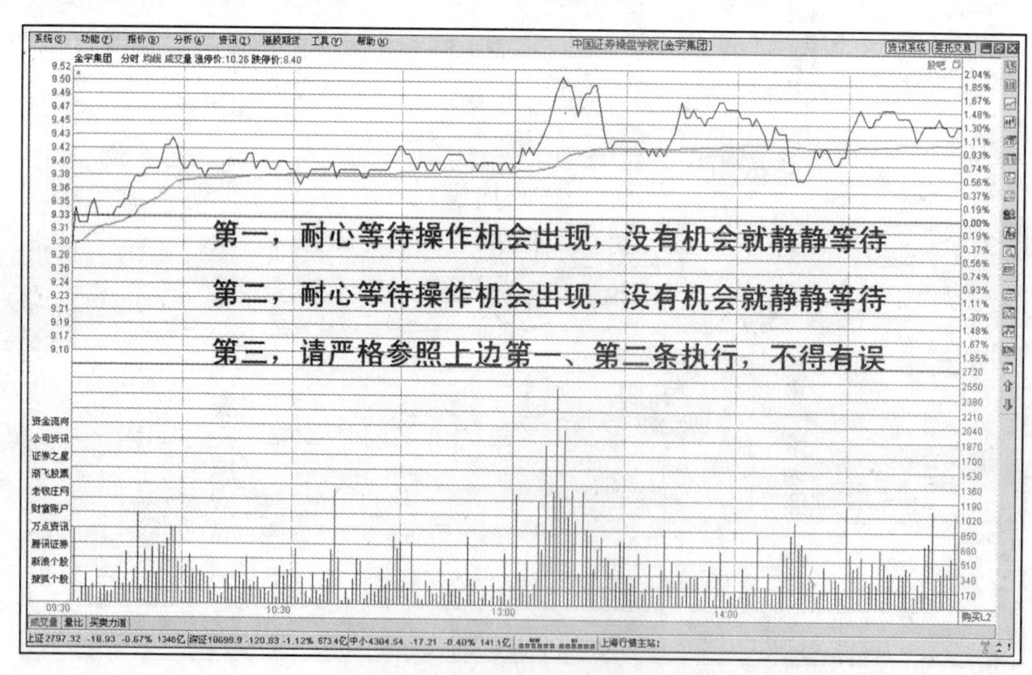

图【182】制定日内操盘纪律示意图

第三，每天收盘后，要及时写复盘作业，总结当天操作的成败得失，并找出原因，制定下一步操盘的详细方案。即使是最简单的的复盘作业，也至少包括目标品种选择的理由、近期技术特征、买点出现的时间、卖点出现的时间、操作的详细情况、对操作得失的评估和下一步操盘计划。如果是职业投资者，要按照完整的复盘作业格式来完成。

【训练的关键词】

第一，严格的纪律。第二，逐条细化。第三，每天收盘后及时复盘。

第四节　波段目标价位的计算方法

1. 利用多空转向指标计算波段目标价位

【训练基本目的】

第一，了解多空指标的基本原理，掌握它的基本用法。

第二，学习运用多空指标计算波段目标价位。

第三，练习根据目标价位设计自己的操盘计划。

【基本技术要领】

第一，利用多空转向指标计算波段目标价位是滚动操盘技术的核心内容之一，经过计算得出的波段目标价位可供设计操盘方案时参考。也可以在临盘实战中用于日内滚动操盘。至于具体的计算方式，因为篇幅关系，在这里从略。

第二，在使用多空转向指标计算结果的时候，要注意起点数据的选用。应当选择明显的起涨点的价位作为计算基数，否则误差就会过大。计算出来的波段目标价位，可以作为滚动操盘的止赢参考。如图【183】所示。

第三，本计算方法属于区位交易法的范畴，适合于大资金运作的项目，而且适合于分批止赢的操作方法。对于小资金而言，应当选择更为精确的点位计算法。

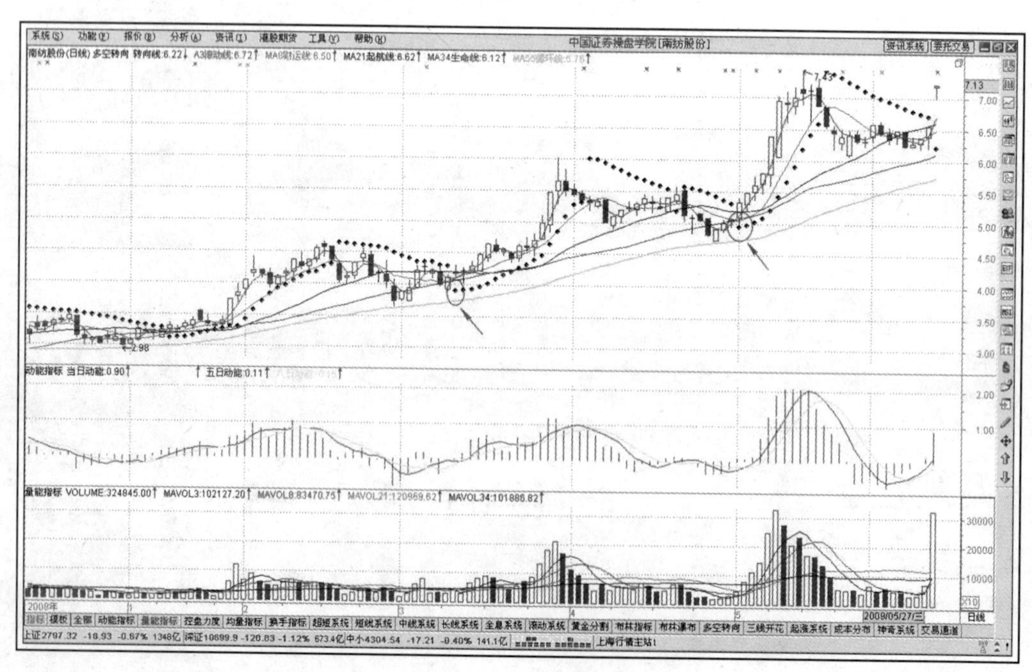

图【183】利用多空转向指标计算波段目标价位示意图

【训练的关键词】

第一，多空转向指标。第二，区位交易法。第三，点位计算法。

2. 利用K线组合形态计算波段目标价位

【训练基本目的】

第一，认识各种经典的K线组合形态，并做到熟练运用。

第二，了解利用K线组合形态计算波段目标价位的基本方法。

第三，熟练运用各种K线组合，并在临盘实战中不断修正。

【基本技术要领】

第一，利用K线组合形态计算波段目标价位是最常见的计算方法，因为使用的人众多，容易造成共振，导致有效性比较低。这是首先需要了解的。任何技术分析方法，使用的人过多，就会出现问题，主力也往往反向运用，制造陷阱。如图【184】所示。

第二，利用K线组合形态计算波段目标价位的方法，主要有双底起涨计算法、三重底起涨计算法、V形底起涨计算法、N形底起涨计算法和整理形态结束之后的旗形起涨计算法、三角形起涨计算法、楔形起涨计算法等等。关于它们各自的详细计算公式，因为篇幅关系，在这里从略。

第三，在操作上，利用K线组合形态计算波段目标价位时，首先要正确辨认股价的趋势，尤其是阶段性位置关系。对于空间位置的把握是否正确，直接影响操作的成败，不可大意。至于如何区分股价的阶段性位置，请参考前边的叙述。

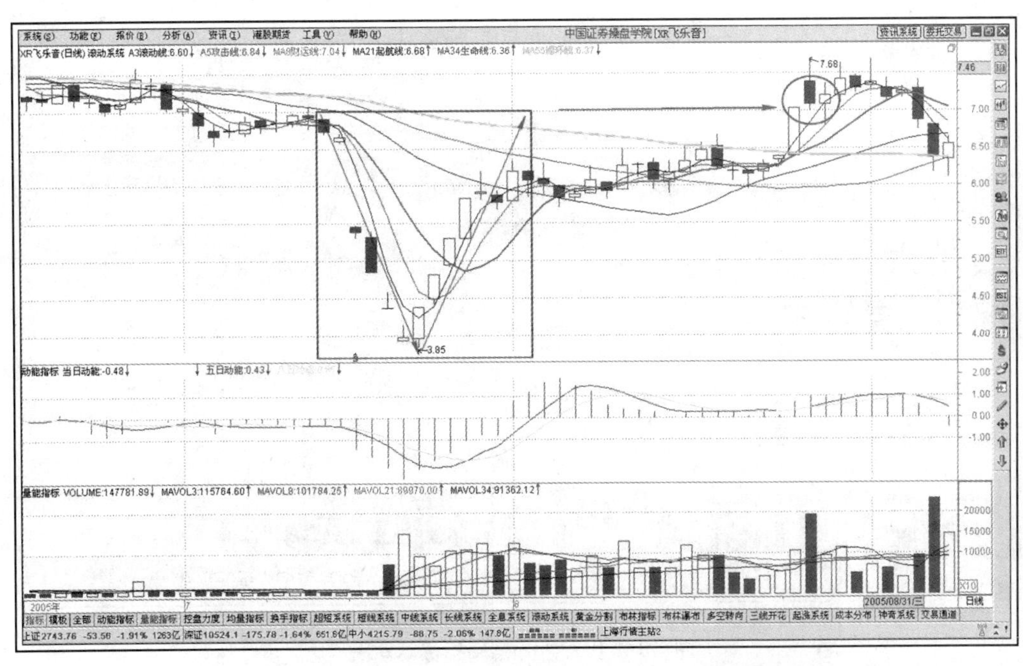

图【184】利用K线组合形态计算波段目标价位示意图

【训练的关键词】

第一，各种K线组合形态。第二，阶段性位置关系。第三，目标价位。

3. 利用黄金分割率计算波段目标价位

【训练基本目的】

第一，了解黄金分割率的基本知识，并在实战中熟练运用。

第二，掌握最常用的黄金比率，学会利用它来计算目标价位。

第三，深刻领会股票涨跌点位的艺术性，避免追求绝对的精确。

【基本技术要领】

第一，在滚动操盘技术中，利用黄金分割率来计算股价波段目标价位的准确率比较高，在临盘实战中，可以作为操盘决策的参考。关于黄金分割率的知识，已经有很多书籍做了非常详细的阐述，限于篇幅，这里就不再介绍。

第二，在实际操作中，用来计算波段目标价位最常用的数字有两组，一组是0.382，0.5，0.618，另一组是1.382，1.5，1.618。这两组数字的实质是一样的，都是黄金分割率中最关键的、最实用的、最常用的比率。

第三，计算波段目标位的时候，可以根据行情的性质来选择不同的黄金分割率，一般而言，在反弹行情中，采用0.382来计算，在主升行情中，采用0.618来计算。为了简便起见，投资者可以把它编成黄金分割率指标，直接使用。如图【185】所示。

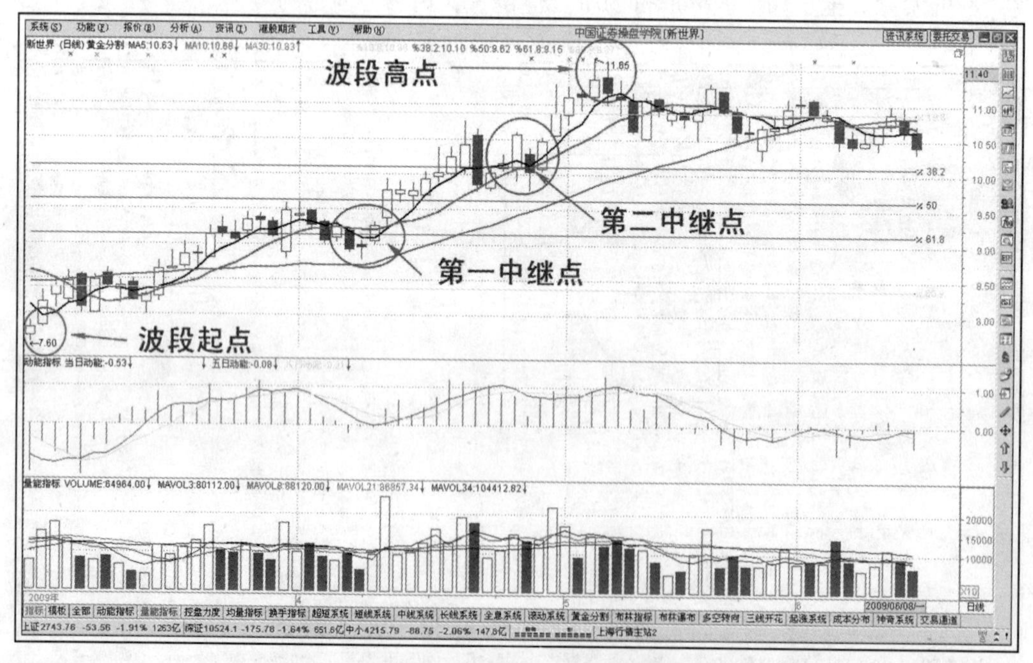

图【185】黄金分割率指标示意图

【训练的关键词】

第一，黄金分割率。第二，0.382 和0.618。第三，黄金分割指标。

4. 利用滚动操盘系数计算波段目标价位

【训练基本目的】

第一，了解滚动操盘系数的基本知识，并在实战中熟练运用。

第二，掌握最基本的计算系数，并在滚动操盘决策中熟练应用。

第三，深刻领会模糊准确的含义，并在实战中熟练运用。

【基本技术要领】

第一，关于滚动操盘系数的基本知识，在本书的开头已经做了简要的介绍，这里就不再重复。在实战应用中，需要特别注意的是，运用1.3、1.6、1.9 这几个数字计算出来的波段目标价位，并不是绝对精确的波段高点，而是相对接近的高点。

第二，根据资金规模的大小，投资者滚动操作的批次和止赢的区位是各不相同的。对于小资金来说，可以尽量采用黄金分割率计算波段目标价位，精确的程度比较高。而对于大资金来说，不可能也不需要追求绝对的精确，因而采用滚动操盘系数来计算波段目标价位反而显得更加合适。如图【186】所示。

第三，在实际运用的时候，可以根据自己的实战需要，选择波段起点的开盘价或者收盘价作为计算的基点，计算出波段相应的开盘价或者收盘价。

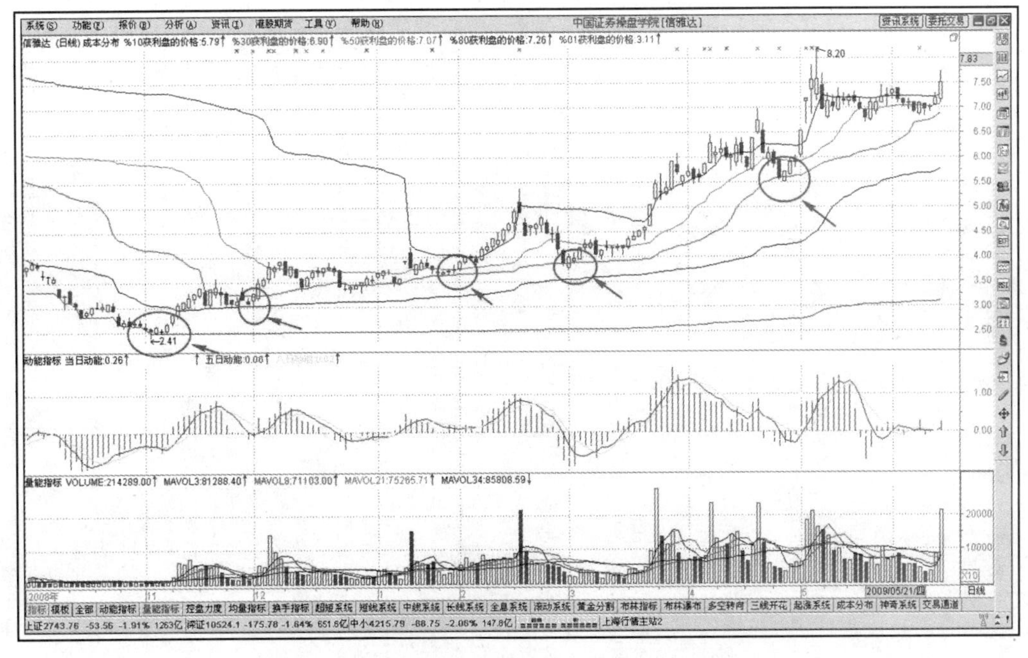

图【186】利用滚动操盘系数计算波段目标价位示意图

【训练的关键词】

第一，滚动操盘系数。第二，止赢区位原理。第三，波段目标价位计算基点。

【思考与练习题】

1. 怎样区分股价的阶段性位置？请举例说明。
2. 阶段性滚动建仓的策略是什么？请举例说明。
3. 日内滚动操盘的基本要领有哪些？请举例说明。
4. 怎样计算波段目标价位？常用的方法有哪些？请举例说明。

第七章

学员常见问题解答

【本章学习要点】

1. 结合自己的实际情况，解决盘口异动有关问题。
2. 回顾自己的历史操作，找出买点选择有关问题。
3. 回顾自己的历史操作，找出卖点选择有关问题。
4. 了解行情软件的基本用法，在实战中熟练运用。

第一节　与异动有关的常见问题

1. 怎样找出当天正在异动的目标品种

问：罗老师，怎样才能找出当天正在异动的目标品种？有没有简单的、快捷的方法？

答：首先我们要弄明白什么叫异动，以及异动有哪些类型。异动也就是异常波动，比如，某股在某一天开盘之后，走势一直平稳，没有大起大落，这就不能叫异动。但是，如果瞬间大幅度的暴跌，或者瞬间大幅度的暴涨，就不是正常表现了。这就是异常的波动。简称异动。

异动的幅度有大有小。有的品种瞬间拉升5%以上，或者瞬间下跌5%以上，属于典型的暴涨暴跌，非常明显的异动。按成交量来衡量，异动可以分为带量异动和不带量异动。带量的异动，也叫量异动，不带量的异动，也叫价异动。这些内容前边已经详细讲解，在这里就不再重复。

那么，怎样才能迅速查找出当天正在异动的股票呢？很简单，看一看下边的职业看盘面板，你就明白了。如图【187】所示。

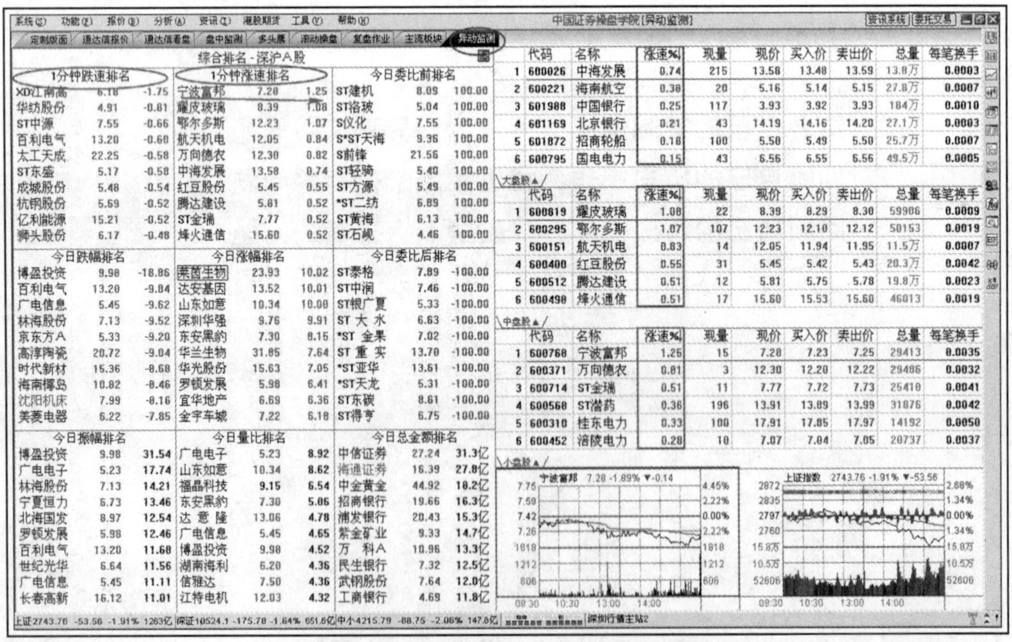

系统(S)　功能(F)　报价(B)　分析(A)　资讯(I)　港股期货　工具(V)　帮助(H)　中国证券操盘学院[异动监测]　资讯系统　委托交易

定制版面　通达信报价　通达信看盘　盘中监测　多头鹰　滚动操盘　复盘作业　主流板块　异动监测

综合排名-深沪A股

1分钟跌速排名			1分钟涨速排名			今日委比前排名		
XD江南高	6.18	-1.75	宁波富邦	7.28	1.25	ST建机	8.09	100.00
华纺股份	4.91	-0.81	耀皮玻璃	8.39	1.08	ST洛玻	5.04	100.00
ST中源	7.55	-0.66	鄂尔多斯	12.23	1.07	S仪化	7.55	100.00
百利电气	13.20	-0.60	航天机电	12.05	0.84	S*ST天海	9.36	100.00
太工天成	22.25	-0.58	万向德农	12.30	0.82	S前锋	21.56	100.00
ST东盛	5.17	-0.58	中海发展	13.58	0.74	ST轻骑	5.40	100.00
成城股份	5.48	-0.54	红豆股份	5.45	0.55	ST方源	5.49	100.00
杭钢股份	5.69	-0.52	腾达建设	5.81	0.52	*ST二纺	6.89	100.00
亿利能源	15.21	-0.52	ST金瑞	7.77	0.52	ST黄海	6.13	100.00
狮头股份	6.17	-0.48	烽火通信	15.60	0.52	ST石岘	4.46	100.00

今日跌幅排名			今日涨幅排名			今日委比后排名		
博盈投资	9.98	-18.86	莱茵生物	23.93	10.02	ST泰格	7.89	-100.00
百利电气	13.20	-9.84	达安基因	13.52	10.01	ST中润	7.46	-100.00
广电信息	5.45	-9.62	山东如意	10.34	10.00	ST银广夏	5.33	-100.00
林海股份	7.13	-9.52	深圳华强	9.76	9.91	ST 大 水	6.63	-100.00
京东方A	5.33	-9.20	东安黑豹	7.30	8.15	*ST 金果	7.02	-100.00
高淳陶瓷	20.72	-9.04	华兰生物	31.85	7.64	ST 重 实	13.70	-100.00
时代新材	15.36	-8.68	华光股份	15.63	7.05	*ST亚华	13.61	-100.00
海南椰岛	10.82	-8.46	罗顿发展	5.98	6.41	*ST天龙	5.31	-100.00
沈阳机床	7.99	-8.16	宜华地产	6.69	6.36	ST东碳	8.61	-100.00
美菱电器	6.22	-7.85	金宇车城	7.22	6.18	ST得亨	6.75	-100.00

今日振幅排名			今日量比排名			今日总金额排名		
博盈投资	9.98	31.54	广电电子	5.23	8.92	中信证券	27.24	31.3亿
广电电子	5.23	17.74	山东如意	10.34	8.62	海通证券	16.39	27.8亿
林海股份	7.13	14.21	福晶科技	9.15	6.54	中金黄金	44.92	18.2亿
宁夏恒力	6.73	13.46	东安黑豹	7.30	5.06	招商银行	19.66	16.3亿
北海国发	8.97	12.54	达 意 隆	13.06	4.78	浦发银行	20.43	15.3亿
罗顿发展	5.98	12.46	广电信息	5.45	4.65	紫金矿业	9.33	14.7亿
百利电气	13.20	11.68	博盈投资	9.98	4.52	万　科A	10.96	13.3亿
世纪光华	6.64	11.56	湖南海利	6.20	4.36	民生银行	7.32	12.5亿
广电信息	5.45	11.11	信雅达	7.50	4.36	武钢股份	7.64	12.0亿
长春高新	16.12	11.01	江特电机	12.03	4.32	工商银行	4.69	11.8亿

	代码	名称	涨速%	现量	现价	买入价	卖出价	总量	每笔换手
1	600026	中海发展	0.74	215	13.58	13.48	13.59	13.8万	0.0003
2	600221	海南航空	0.38	20	5.16	5.14	5.15	27.8万	0.0007
3	601988	中国银行	0.25	117	3.93	3.92	3.93	184万	0.0010
4	601169	北京银行	0.21	43	14.19	14.16	14.20	27.1万	0.0003
5	601872	招商轮船	0.18	100	5.50	5.49	5.50	25.7万	0.0007
6	600795	国电电力	0.15	43	6.56	6.55	6.56	49.5万	0.0005

大盘股

	代码	名称	涨速%	现量	现价	买入价	卖出价	总量	每笔换手
1	600819	耀皮玻璃	1.08	22	8.39	8.29	8.30	59906	0.0009
2	600295	鄂尔多斯	1.07	107	12.23	12.10	12.12	50153	0.0019
3	600151	航天机电	0.83	14	12.05	11.94	11.95	11.5万	0.0007
4	600400	红豆股份	0.55	31	5.45	5.42	5.43	20.3万	0.0042
5	600512	腾达建设	0.51	12	5.81	5.75	5.78	19.8万	0.0023
6	600498	烽火通信	0.51	17	15.60	15.53	15.60	46013	0.0019

中盘股

	代码	名称	涨速%	现量	现价	买入价	卖出价	总量	每笔换手
1	600768	宁波富邦	1.25	15	7.28	7.23	7.25	29413	0.0035
2	600371	万向德农	0.81	3	12.30	12.20	12.22	29486	0.0032
3	600714	ST金瑞	0.51	11	7.77	7.72	7.73	25410	0.0041
4	600568	ST潜药	0.36	196	13.91	13.89	13.99	31876	0.0042
5	600310	桂东电力	0.33	100	17.91	17.85	17.97	14192	0.0050
6	600452	涪陵电力	0.28	10	7.07	7.04	7.05	20737	0.0037

小盘股

宁波富邦　7.28　-1.89%　▼-0.14

上证指数　2743.76　-1.91%　▼-53.56

上证2743.76　-53.56　-1.91%　1263亿　深证10524.1　-175.78　-1.64%　651.6亿　中小4215.79　-88.75　-2.06%　147.8亿　深圳行情主站2

图【187】迅速查找出当天正在异动的股票

2. 怎样判断目标品种异动的真实意图

问：罗老师，我很想知道目标品种异动的真实意图，你能告诉我吗？

答：俗话说，无风不起浪，事出必有因。时间万事万物的任何变化，都存在着因果关系，有什么样的原因，就会产生相应的或者变异的结果。股票在盘中的异动，首先是来自外力作用的结果，没有强大的外力推动，股价就很难掀起波澜，就不会瞬间暴涨暴跌。因此，要判断目标品种异动的真实意图，就首先要弄清楚导致异动的外力来自何处？是什么？

导致股价异动的外力，一般来说来自两个方面。一是系统性的外力，如强大的政策性利好或者利空，这样的外力来源于股票之外，很难用正常的方式加以检测。而是内质性的外力，如上市公司基本面产生质的变化而导致估值嬗变，主力机构操纵等等。

就内质性的异动来说，要分析异动的真实意图，首先要辨别异动的方向。异动的方向有两种，一种是向上异动，一种是向下异动。在临盘实战中，要结合股价的阶段性位置来研判异动的真实意图。不能简单的、教条的理解。

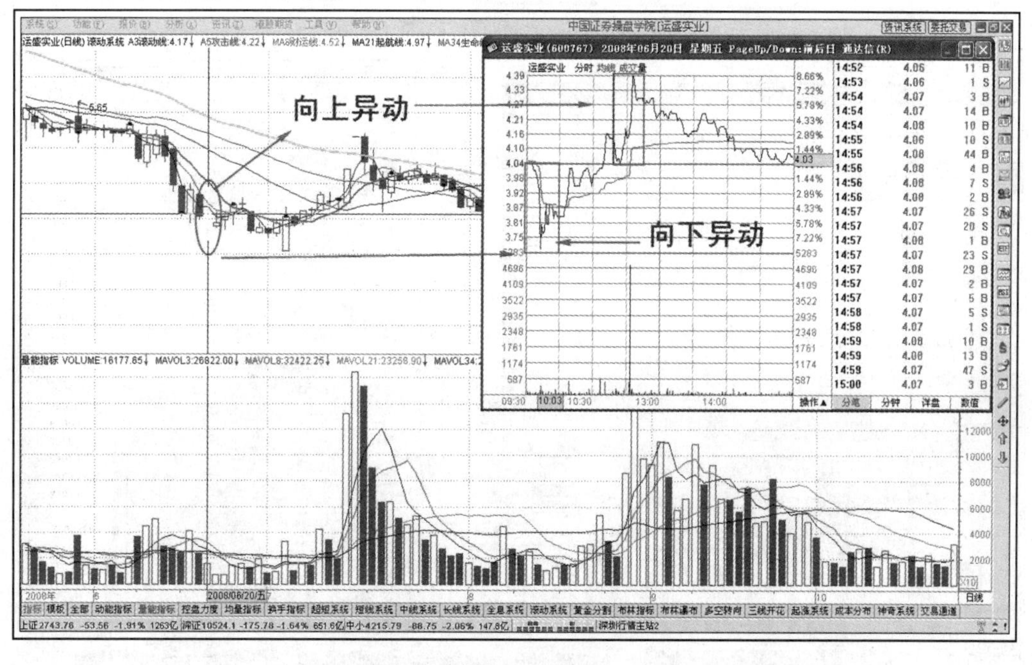

图【188】向上异动和向下异动

3. 发现目标品种异动的时候应该如何操作

问：罗老师，当我发现目标品种异动的时候，应该怎样操作？是不是立即介入呢？

答：这个问题不能一概而论。当一支股票出现异动的时候，首先要沉着冷静，多思考，多问几个为什么，然后才决定是否采取行动。

第一，这是属于什么异动类型？是带量的异动还是不带量的异动？

第二，这次异动的方向是什么？是向上的异动还是向下的异动？

第三，这个异动出现的空间位置是什么？属于什么阶段性位置？

第四，导致异动的原因是什么？是内质性的还是系统性的？

……

经过一番思考之后，如果得出的结论是机不可失，那么可以立即介入。如图【189】所示，这是明显的破位式诱空，早盘的对倒放量完全是一种假象，并不是真实的交易行为。主力为什么在这个位置放量呢？是为了出货吗？经过分析，可以看到明显不是！既然不是为了出货而又拼命对倒做量，究竟要干什么呢？主力的操盘意图已经明显的表示出来了。因此，像这样的异动，就应当立即介入。

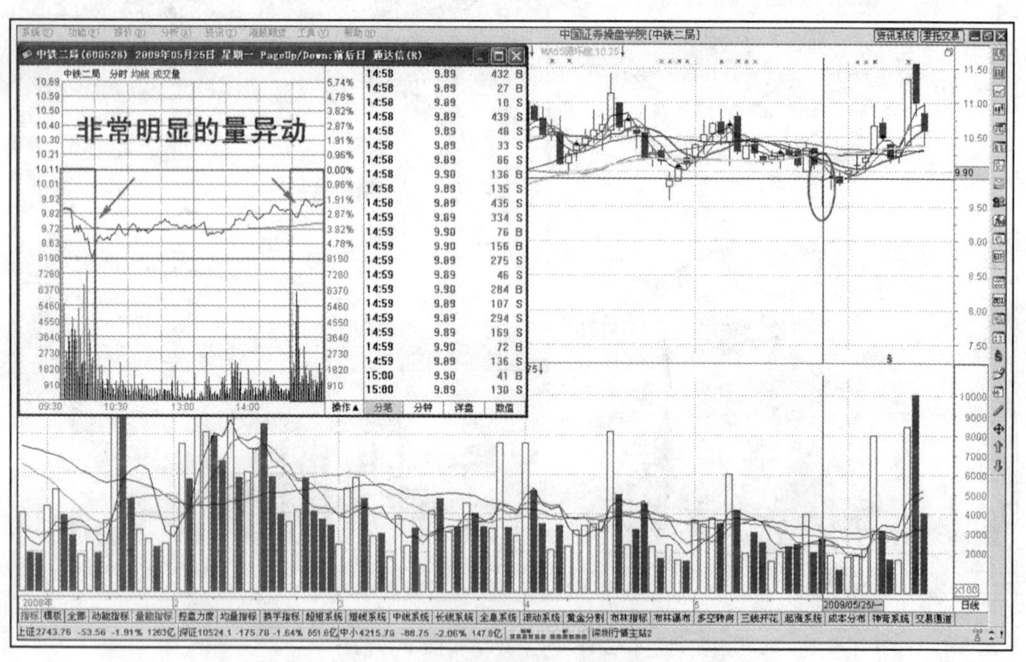

图【189】非常明显的量异动

4. 目标品种异动的时间段有什么技术意义

问：罗老师，有的异动出现在上午，有的出现在下午，异动出现的时间段有讲究吗？

答：异动出现的时间段是很有讲究的，这和主力的操盘计划有关。主力在选中某一个目标品种之后，首先需要制定全盘操盘计划，而什么时候安排盘口异动，什么时间段制造盘口异动，这些都是早已经计划好了的，有目的有预谋的。作为中小投资者，不可能事前知道主力的操盘计划，只能通过盘口各种语言信息研判主力的操盘意图。借此解析主力的操盘计划。

一般来说，异动出现的时间段跟股价的阶段性位置有关。在盘底阶段，如果是控盘主力把持的老品种，主力一般喜欢在早盘第一时间段就制造异动，刺激场内投资者，从而达到自己预定的目标。在拉升的初期或者中期，为了更好的刺激前期的套牢筹码，触发抛盘，制造异动的时间段也是宜早不宜迟。对于喜欢玩滚动仓的主力来说，更喜欢在关键的时间段制造异动现象，因为这样更省心省钱省力，效果更好。

在实际操作中，要对各种异动出现的时间段进行周详的分析，并根据目标品种的技术特征制定相应的操盘对策。如图【190】所示。这个股票历来喜欢在盘中瞬间大幅度拉升，拉升的幅度经常超过7%，这就是主力的操盘习惯，是明显的特点，也是致命的弱点。

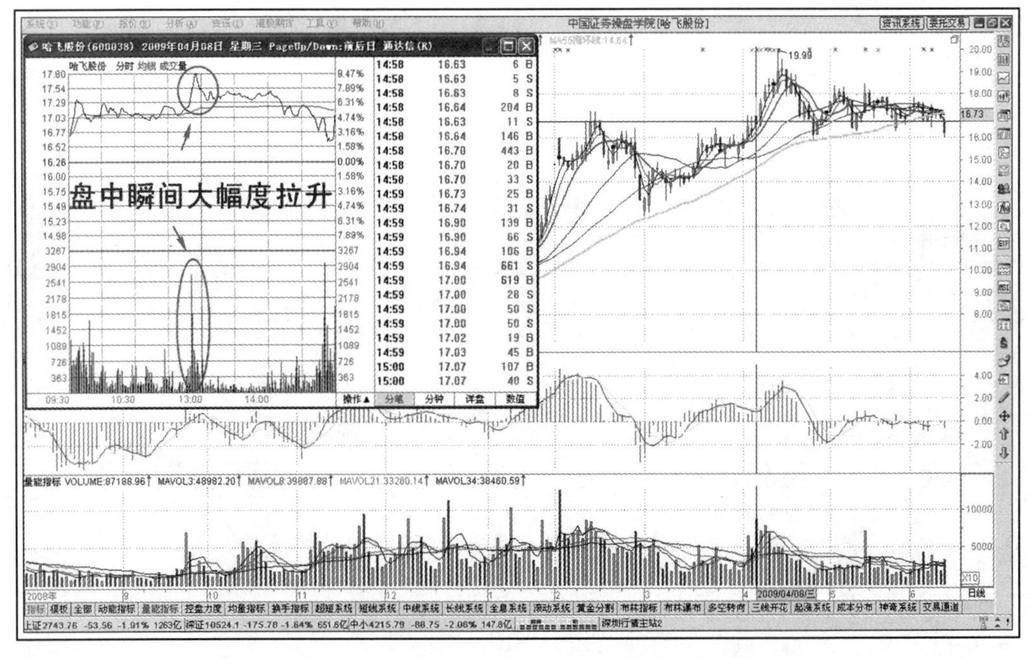

图【190】利用主力异动的习惯实施滚动操盘

5. 哪一类型的异动才具有实战意义

问：罗老师，我也很喜欢研究异动，请问哪一类型的异动才具有实战意义呢？

答：这个问题问得很好，前边我们在研究异动类型的时候，已经做了详细的叙述。你可以查阅一下。在中国大陆，目前股市还只是单边市，缺少做空机制，对于大多数投资者来说，只有做多才能赚钱，因此，只能顺势而为，当涨势明确的时候，谨慎做多，反复滚动套利，当跌势明确的时候，空仓，持币观望。

明白了上边的道理之后，那么，就很容易明白哪一类型的异动才具有实战意义。

简单地说，只有当滚动交易系统的均线系统呈现为多头排列的时候，在关键技术位出现的异动才具有实战意义，才值得积极参与。否则，应当谨慎对待，尤其需要提防主力的诱多陷阱。特别是在拉升末期的量异动和盘头阶段的价异动，要高度警惕。

如图【191】所示，这是非常典型的第六时间段价异动，在很短的时间里，从绿盘到红盘，拉升的幅度超过7%，制造出尾盘价量齐升的抢盘现象，给人以无限的遐想。但是，兔子的尾巴长不了，第二天，主力的凶相毕露，之后一路下跌。之前的遮遮掩掩变成了肆无忌惮的出货行为。面对这样的异动，要谨慎啊。

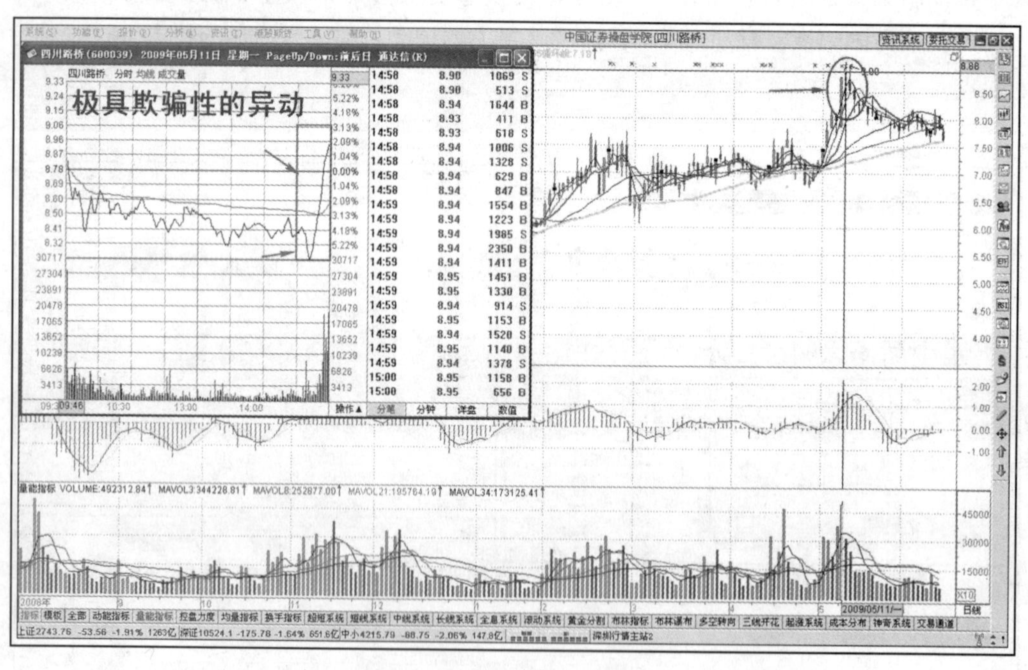

图【191】极具欺骗性的异动

6. 应当在什么时间介入异动的目标品种

问：罗老师，我想问一下，在什么时间介入异动的目标品种才恰当呢？

答：关于这个问题，我的答复是在技术状态最完美的时候重仓介入！为什么这么说呢？我们知道，任何技术图形都是主力积极运作股价的结果，这一点不容置疑。主力既然耗费了人力物力财力去描绘一幅完美的技术图形，就一定会好好利用，而且一定会把它用到极致，实现收益最大化。所以，我们要做的事，就是寻找那些非常完美的技术图形，在最合适的时机重仓介入，而不要有任何犹豫。

如图【192】所示，2009 年 1 月 13 日，000001 深发展股价大幅度低开，属于非常明显的异动，但并不是跌停开盘，也没有创出新低，而是以一个非常有意思的数字 8.88 元来开盘！分析该股近期的走势，可以发现它的技术图形被描绘得太完美了！而当天的开盘价简直不是开盘价，而是一个发起攻击性操盘的冲锋号，一份展示拉升的宣言书。面对这样近乎完美的异动，不需要有任何犹豫，立即重仓参与就是唯一正确的选择！

反之，如果出现异动的时候，技术形态很丑陋，那么需要特别小心谨慎。丑陋的、残缺的、没调整到位的技术图形，往往是失败的技术图形，这是失败的形态，也是不值得参与的技术形态，这时候出现的异动，当然不能立即参与。

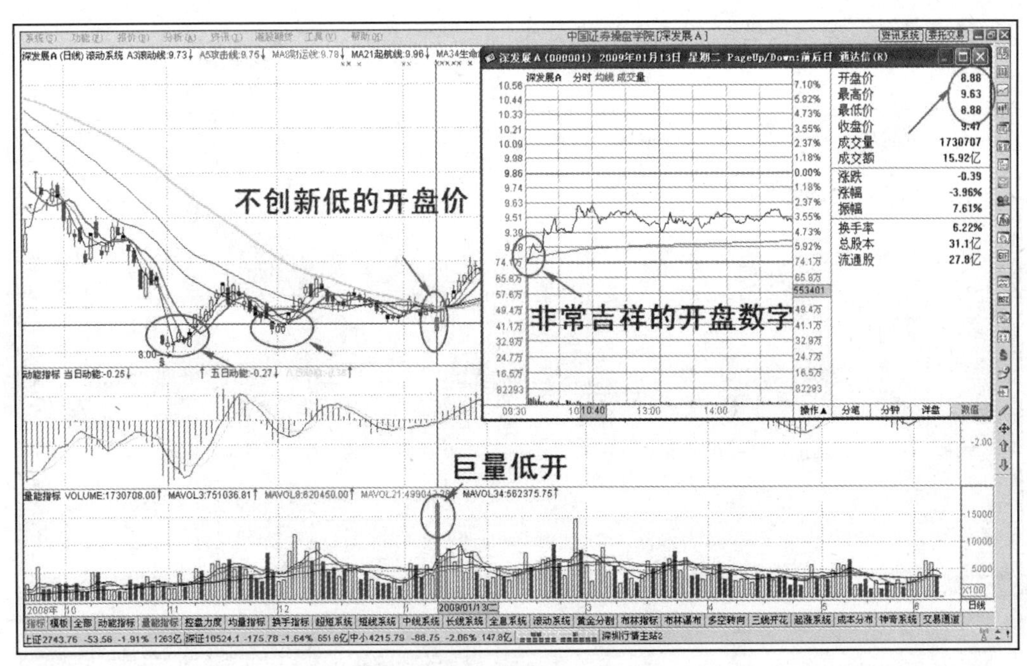

图【192】在技术状态最完美的时候重仓介入

7. 交易所是如何界定股票异动的

问：我想问一个很基础的问题，交易所是如何界定股票异动的？

答：这个问题很简单，就是连续3个交易日股价波动（振幅）大于20%的价格行为就称为股票异动！以最近备受关注的莱茵生物（002166）为例，它的公告是这样写的：

股票交易异常波动公告

截止2009年4月28日，莱茵生物股票于2009年4月27日、28日期间，连续两个交易日收盘价格涨幅偏离值累计达到20%以上，公司股票将于2009年4月29日上午开市起停牌一小时。

近期，公共传媒报道了墨西哥、美国爆发新型猪流感病毒疫情，文中提及此次疫情将增加八角提取物莽草酸的市场需求，对公司业绩产生重要影响。

经公司核查，公司目前未接到相关的莽草酸订单，此次疫情未对公司业绩产生影响，如果公司接到相关订单，公司恢复莽草酸生产后最大产能约为每日500公斤。

近期，公司生产经营情况正常，内外部经营环境未发生重大变化。

经查询，公司及控股股东，实际控制人不存在其他应披露而未披露的重大事项，也不存在处于筹划阶段的重大事项。

目前全球爆发猪流感疫情的可能性有待观察，，若市场对于莽草酸的需求快速增长时，原材料八角也将会相应提价，公司的利润空间难以确定，此次疫情对公司业绩的影响难以评估，公司将密切关注疫情的发展。

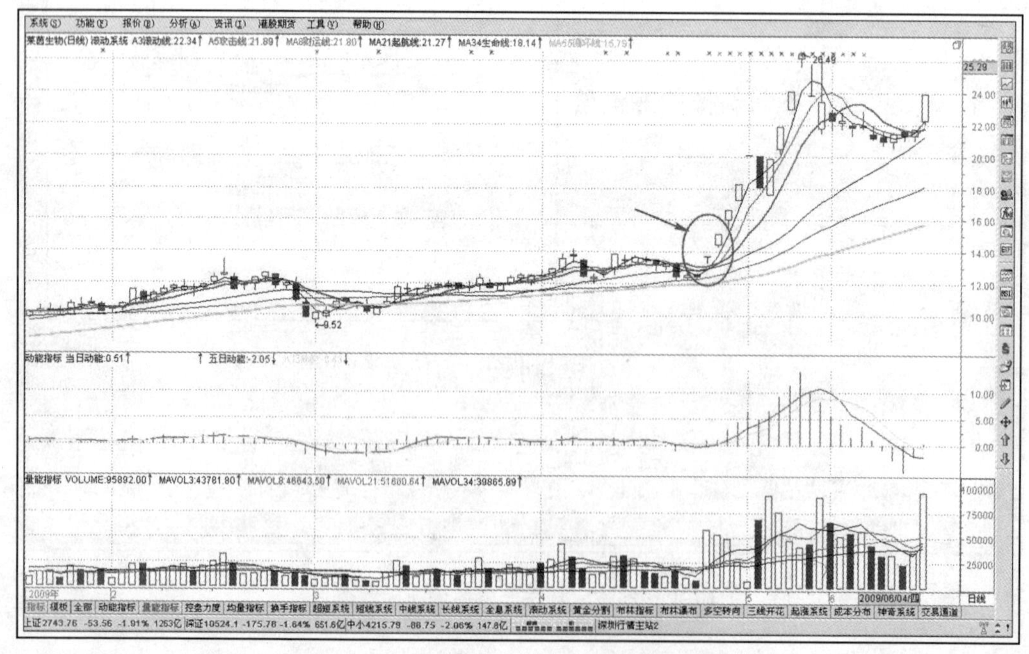

图【193】莱茵生物（002166）异常波动

8. 如何在复盘时查找当天或近期出现异动的目标品种

问：罗老师，我是上班一族，晚上复盘时怎样查找当天或近期出现异动的目标品种？

答：上班一族不能实时盯盘，可以采取复盘的形式查找当天出现异动的目标品种。具体的方法有好几种，这里介绍最直观的三种。

第一种方法，查看振幅榜，挑选当天振幅最大的前30名进行仔细分析，从中可以找到主力的身影，筛选出可供操作的目标。

第二种方法，查看换手率排名榜，挑选当天换手率最大的前30名进行仔细分析，从中可以找到活跃程度最高的、而出主力并没有大规模出货的品种。

第三种方法，要查找近期异动的品种，可以使用行情软件的区间振荡幅度来分析，如图【194】所示。

系统(S) 功能(F) 报价(B) 分析(A) 资讯(I) 港股期货 工具(V) 帮助(H)

区间分析报表-振荡幅度 市场：深沪A股 区间：2009-05-28,四 - 2009-06-12,五 点右键进行设置

	代码	名称	振荡幅度↓	前收盘	最高	最低	收盘	涨跌幅度	成交量	总金额	市场比%	换手率%	5日量变%
1	000631	顺发恒业	8.04 1316.02%	0.61	14.88	6.84	11.45	10.04 1774.18%	2.04亿	24.53亿	0.33	111.46	494.88
2	000638	万方地产	8.88 396.25%	2.24	23.50	14.62	14.73	12.49 557.30%	1.39亿	24.70亿	0.33	156.83	21.90
3	600562	高淳陶瓷	10.10 84.95%	11.89	23.18	13.08	20.72	8.83 74.26%	8911.48万	18.34亿	0.12	134.72	7334.36
4	000506	ST中润	3.41 76.80%	4.44	10.87	7.46	7.46	3.02 68.02%	2.09亿	18.03亿	0.24	107.34	22.77
5	000025	特　力A	4.06 62.08%	6.54	10.56	6.50	9.00	2.46 37.61%	7533.25万	6.74亿	0.09	42.02	278.17
6	000725	京东方A	2.60 57.14%	4.55	7.10	4.50	5.33	0.78 17.14%	5.23亿	30.63亿	0.41	39.07	589.63
7	600099	林海股份	2.91 55.01%	5.29	8.21	5.30	7.13	1.84 34.78%	1.21亿	7.81亿	0.05	84.91	85.84
8	000760	博盈投资	4.88 54.46%	8.96	13.18	8.30	9.98	1.02 11.38%	2.66亿	27.75亿	0.37	144.47	140.03
9	600602	广电电子	1.95 51.18%	3.81	6.14	4.19	5.23	1.42 37.27%	1.32亿	7.25亿	0.05	14.96	-39.57
10	002203	海亮股份	5.02 47.81%	10.50	15.80	10.78	13.43	2.93 27.90%	9802.98万	13.41亿	0.18	76.54	335.83
11	600691	ST东碳	3.00 47.24%	6.35	9.30	6.30	8.61	2.26 35.59%	3688.84万	2.89亿	0.02	61.70	201.11
12	600507	长力股份	2.55 45.62%	5.59	8.08	5.53	7.58	1.99 35.60%	2.23亿	14.95亿	0.10	92.87	60.60
13	600538	北海国发	2.97 43.55%	6.82	9.55	6.58	8.97	2.15 31.52%	1.97亿	15.53亿	0.10	87.48	-20.79
14	000557	ST银广夏	1.88 42.82%	4.39	5.89	4.01	5.33	0.94 21.41%	3.67亿	17.07亿	0.23	61.26	-22.42
15	600180	*ST九发	1.23 42.71%	2.88	4.25	3.02	4.25	1.37 47.57%	16.26万	61.42万	0.00	0.13	61.32
16	000413	宝　石A	2.56 42.67%	6.00	8.56	6.00	7.41	1.41 23.50%	1.23亿	8.93亿	0.12	136.02	241.21
17	600489	中金黄金	14.74 42.36%	34.79	50.50	35.76	44.92	10.13 29.13%	3.34亿	189.97亿	1.26	88.86	209.50
18	600061	中纺投资	2.19 41.56%	5.27	7.48	5.29	6.88	1.61 30.55%	2.60亿	16.64亿	0.11	81.91	223.20
19	000703	世纪光华	2.11 40.27%	5.24	7.36	5.25	6.64	1.40 26.72%	7082.05万	4.46亿	0.06	64.11	215.22
20	600493	凤竹纺织	1.95 38.31%	5.09	7.00	5.05	5.79	0.70 13.75%	1.02亿	6.19亿	0.04	59.83	544.91
21	600637	广电信息	1.57 38.11%	4.12	6.10	4.53	5.45	1.33 32.28%	1.24亿	7.14亿	0.05	17.47	-20.84
22	000430	ST张家界	2.04 37.48%	5.44	8.10	6.06	6.09	0.65 11.89%	8246.41万	5.59亿	0.08	74.44	105.61

分类▲ A股 中小 B股 权证 基金 三板 自选 板块▲ 自定▲

上证2743.76 -53.56 -1.91% 1263亿 深证10524.1 -175.78 -1.64% 651.6亿 中小4215.79 -88.75 -2.06% 147.8亿 深圳行情主站2

图【194】利用区间振荡幅度查找近期异动的股票

9. 怎样观察分析异动股票背后的营业部席位

问：罗老师，我想知道怎样观察分析异动股票背后的营业部席位

答：这个问题太有意思了，可是，有必要知道这么详细吗？打个比方说，如果喜欢吃鸡蛋，有必要知道这鸡蛋是哪只母鸡下的吗？

其实，关于这方面的资料，网上到处都有，只要百度一下，随时可以查到。不少行情软件里的F10资料，也有这方面的资讯，可供参考。如图【195】所示。

关于营业部席位，有几点需要注意的。

第一，对于滚动操盘技术来说，这些资料几乎没用。因为，每天什么股票异动，都清清楚楚明明白白表现在盘口了，要想知道哪个板块在拉，哪些股票有机会，直接看盘口就可以啦，何必费神打听谁是主力呢？

第二，如果实在想要知道主力是谁，可以研究盘口的资金流向和操盘手法。主力的操盘手法具有一贯性，一旦形成习惯，很难改变。研究历史分时图，可以找到主力的身影，下次他出来的时候，第一眼就可以发现他。

至于如何观察分析股票异动背后的营业部席位，很简单，把私募经常出没的、游资经常出没的、过江龙经常出没的那几个营业部席位抄下来，研究他们的出没规律，再结合盘口分析，就基本上可以有个大概的了解。

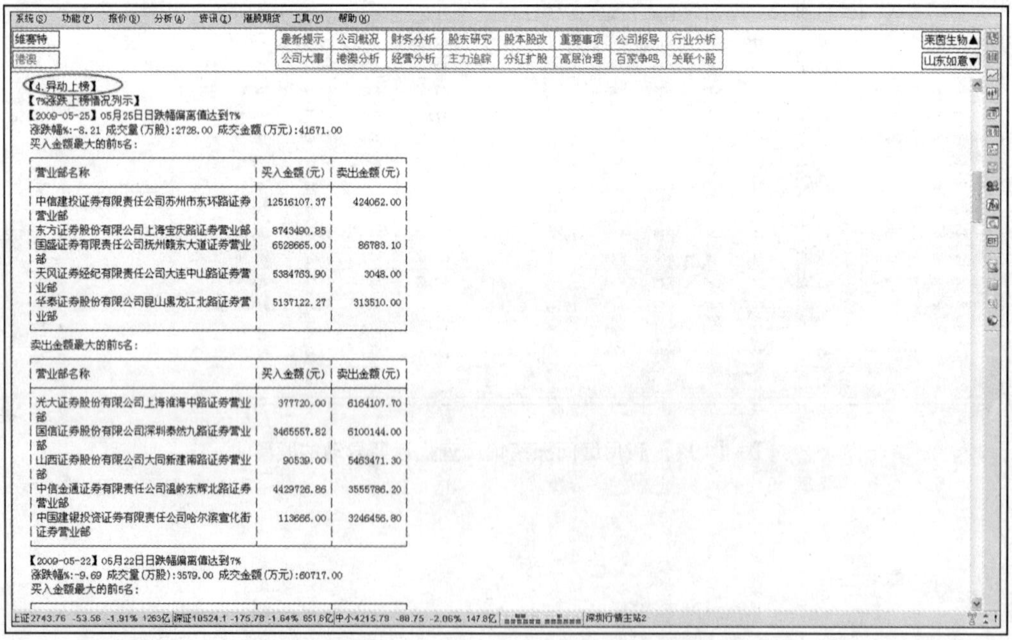

【4.异动上榜】
【7%涨跌上榜情况列示】
【2009-05-25】05月25日日跌幅偏离值达到7%
涨跌幅%:-8.21 成交量(万股):2728.00 成交金额(万元):41671.00
买入金额最大的前5名:

营业部名称	买入金额(元)	卖出金额(元)
中信建投证券有限责任公司苏州市东环路证券营业部	12516107.37	424062.00
东方证券股份有限公司上海宝庆路证券营业部	8743490.85	
国盛证券有限责任公司抚州赣东大道证券营业部	6528665.00	86783.10
天风证券经纪有限责任公司大连中山路证券营业部	5384763.90	3048.00
华泰证券股份有限公司昆山黑龙江北路证券营业部	5137122.27	313510.00

卖出金额最大的前5名:

营业部名称	买入金额(元)	卖出金额(元)
光大证券股份有限公司上海淮海中路证券营业部	377720.00	6164107.70
国信证券股份有限公司深圳泰然九路证券营业部	3465557.82	6100144.00
山西证券股份有限公司大同新建南路证券营业部	90539.00	5463471.30
中信金通证券有限责任公司温岭东辉北路证券营业部	4429726.86	3555786.20
中国建银投资证券有限责任公司哈尔滨宣化街证券营业部	113666.00	3246456.80

【2009-05-22】05月22日日跌幅偏离值达到7%
涨跌幅%:-9.69 成交量(万股):3579.00 成交金额(万元):60717.00
买入金额最大的前5名:

图【195】达安基因（002030）营业部席位分析

第二节 与买入有关的常见问题

1. 只买一个好还是多买几个更好

问：罗老师，我有 500 万资金，请问我是只买一个好呢？还是多买几个更好呢？

答：这是被问得最多的问题之一。几乎每天都有人问我这样的问题，而我总是不厌其烦的告诉他们：每个账户每个操盘周期只操作一个品种。也就是每次只买一个！

为什么要这么固执呢？为什么不能同时多买几个呢？

这是滚动操盘技术的操盘纪律规定的，必须专心致志，才能把一件事做好。滚动操盘也一样，心有旁骛，很难把目标品种的盘口细节研究透彻，这与滚动操盘的本意相悖。

在资金调配方面，持仓过多，很容易出问题。

在风险防范方面，持仓过多，也很容易出问题。

如果这些仓位还分别属于不同的品种，很难协调，毕竟人的时间和精力都很有限，与其在很多品种上耗费精神，不如专心做好一个品种。如图【196】所示。

至于 500 万元人民币的资金，可以算是小资金。这样的资金量，放在大盘股上，连个泡都打不起，就算用于小盘股，也起不了波浪。还是老老实实做一个品种吧。

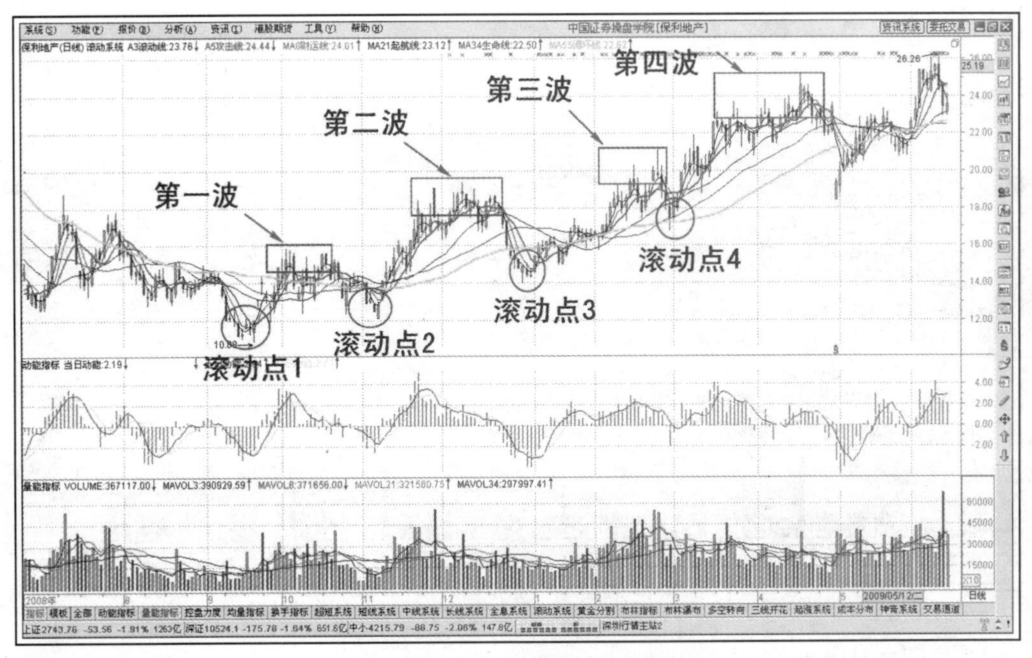

图【196】在同一个品种上反复套利

2. 满仓买入好还是分批次买入好

问：罗老师，我的资金很小，只有 10 来万，请问是满仓买入好还是分批次买入好？

答：首先要明白，满仓操作是找死的玩法，不是滚动操作的玩法。滚动操盘技术倡导的是长久生存、稳健盈利，而不是短期暴利。满仓买入的玩法适合于小资金，适合于超短线，适合于职业玩家，适合于敢死队，但不适合于滚动操盘技术。

在滚动操盘技术里，无论资金的大小，哪怕只有 10000 元，也不提倡满仓操作。

那么，只有 10 来万资金，该怎么操作呢？

第一，只做最强势的龙头品种，如热门板块里的领涨股。

第二，只做第一次放量启动的品种，如底部暴量突破的股票。

第三，绝不参与调整态势，极端的做法是买入后第二天不能强势高开就出局。

第四，只做主升行情，凡是循环线之下的一律不碰。如图【197】所示。

第五，只做大换手的股票，凡是换手率小于 10% 的一律不碰。

第六，只做大量比的股票，凡是集合竞价时间段量比小于 50 倍的一律不碰。

……

但是，即使是重仓参与，也要留有余地，而且，买进的时候，要严格按照技术要领操作。

图【197】小资金大阳线买入法示意图

3. 是提前埋伏好还是等启动才买更合适

问：罗老师，请问是提前埋伏好还是等启动才买更合适？我的资金量有5000万。

答：在滚动操盘技术里，不同规模的资金建仓的时机和方式各不相同。10万元的资金和5000万元的资金，建仓的手法肯定不同。前边一位学员只有10来万资金，建仓的时候就不要过早介入，因为资金量太小，过早介入浪费时间，不利于本金收益最大化。这位学员持有5000万资金，规模比较大，可以考虑采取区域伏击买入法来建仓。

关于区域伏击买入法，可以从以下几个方面来考虑：

第一，大盘背景是否健康。

第二，目标品种是否具有可供炒作的题材。

第三，主力的操盘水平是否高超，协同作战方是否沟通到位。

第四，目标品种的技术态势是否合理，是否处于适合建仓阶段。

第五，是自己操作还是协同锁仓？是狙击主力还是配合主力作战？

如果是自己直接操作，在制订计划的时候，还要考虑资金分配的比率，第一仓的资金配置应该控制在1000万以内（不超过资金总量的20%为宜）。为了避免与控盘主力唐突，底仓应尽量控制在资金总量的50%以内，留足资金用于日内滚动操盘。在选择目标品种的时候，尽可能避免选择流通市值中等的品种。等等。如图【198】所示。

关于大资金的博弈技术，请参考《反向博弈技术》一书。

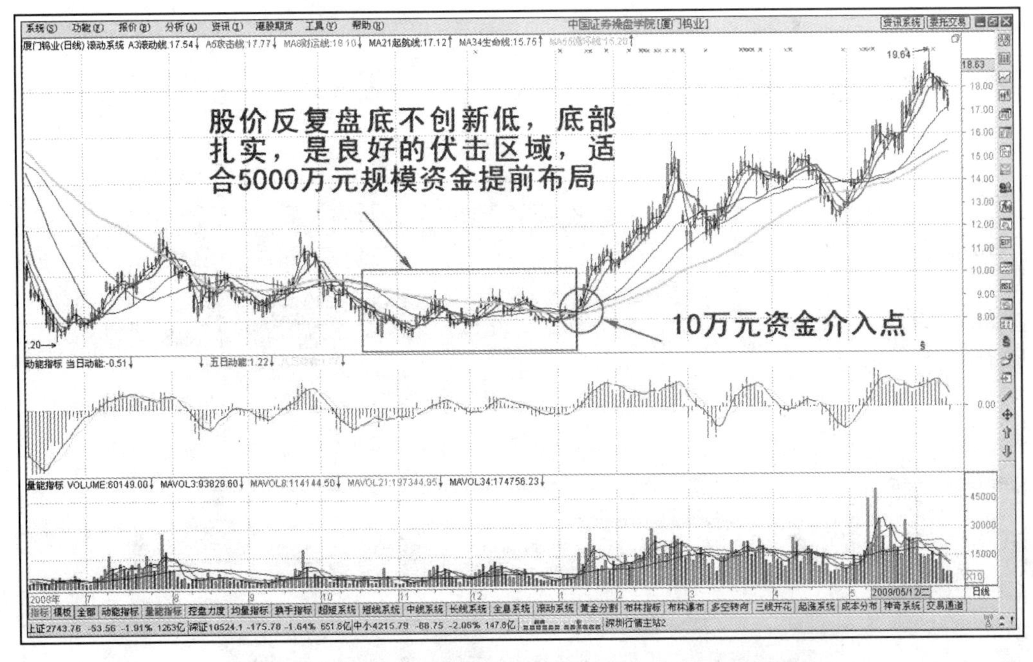

图【198】5000万元资金与10万元资金建仓对比示意图

4. 如何在多品种之间来回滚动操盘

问：罗老师，我这个人比较花心，想在几个品种上来回滚动操盘，你看可以吗？

答：可以，但是难度很大。这种操盘手法也叫跨门类多品种滚动操盘，它是滚动操盘技术的一个分支，属于有点冷门的难以把握技术。建议一般人不要这么干。为什么呢？因为这种操盘技术的难度很大，对操盘者的素质要求很高，不是一般投资者可以做得到的。

跨门类多品种的滚动操盘，在品种选择上，要注意选择当前最热门的主流板块，比如新能源板块、信息技术板块、大物流板块、有色金属板块和医改受益板块等。选择的主打板块应控制在5个以内，每个板块选择最活跃的龙头品种作为主打品种。同一板块的品种只能选择一个，不能雷同。也可以根据时下板块轮动的特点，选择相应的5个品种。

在资金配置上，如果是小资金（在这里500万以下均列为小资金），可以考虑不留底仓，也就是全进全出的玩法，但这种玩法很冒险，不宜提倡。如果是大资金（在这里1个亿以上才列为大资金），可以考虑每个品种留下10%的基础仓，以备滚动。但这种方式不宜提倡。

在仓位控制上，假设锁定的品种有5个，那么每个品种的基础仓应控制在10%以内，过多的基础仓实际上会影响资金的调度，不利于灵活操作。

为了便于管理，即使是跨门类多品种滚动操作，每天盯盘的重点，也必须有所侧重，最好集中在某个品种上。

图【199】跨门类多品种滚动操作看盘方式示意图

5. 如何根据单一的技术进行买入

问：罗老师，我想采取简单制胜的方法来滚动操盘，根据单一的技术买入，如何？

答：股道至简，在股市上，不在乎掌握了多少复杂的技术，而在于对自己使用的技术是否精通，是否烂熟于心，是否运用自如。根据单一的技术来操作，不仅在理论上可行，在实战中也行得通。例如，有人就看滚动线操作，有人只看动能指标，有人只看量峰结构，等等，理解到位，使用熟练，也同样可以一招制胜。

以量峰结构为例，不同的量峰结构反映了主力不同的操盘意图，攻击型量峰和萎缩性量峰的市场含义就不用，操盘的对策也就不同。诱多型量峰与诱空型量峰的所反映的市场意义各不相同，操盘的对策也就不同。如果熟练的掌握了它们，滚动起来也不难。

传统的技术观点认为，多系统、多指标相互印证得出的信号才可信。实际上，这种说法是很荒谬的，站不住脚的，不符合实战需要的。这好比上战场，如果要求精通多种兵器，刀、枪、剑、矛、戟、棍、斧等等都运转如飞，实际上既无必要，也很难做得到。精于一，一招制胜，一招鲜，吃遍天。滚动操盘也一样。有人喜欢布林线，有人喜欢神奇均线，有人喜欢江恩线，有人喜欢黄金分割率指标，有人喜欢箱体理论，只要自己喜欢，能熟练掌握，就行。在股市上没有必要强求一律，个性化的往往最具有生命力。

起航线是一条很有意思的均线，如图【200】所示，只要起航钱走平，拐头向上，股价由下向上突破起航线，操作的机会就来了。

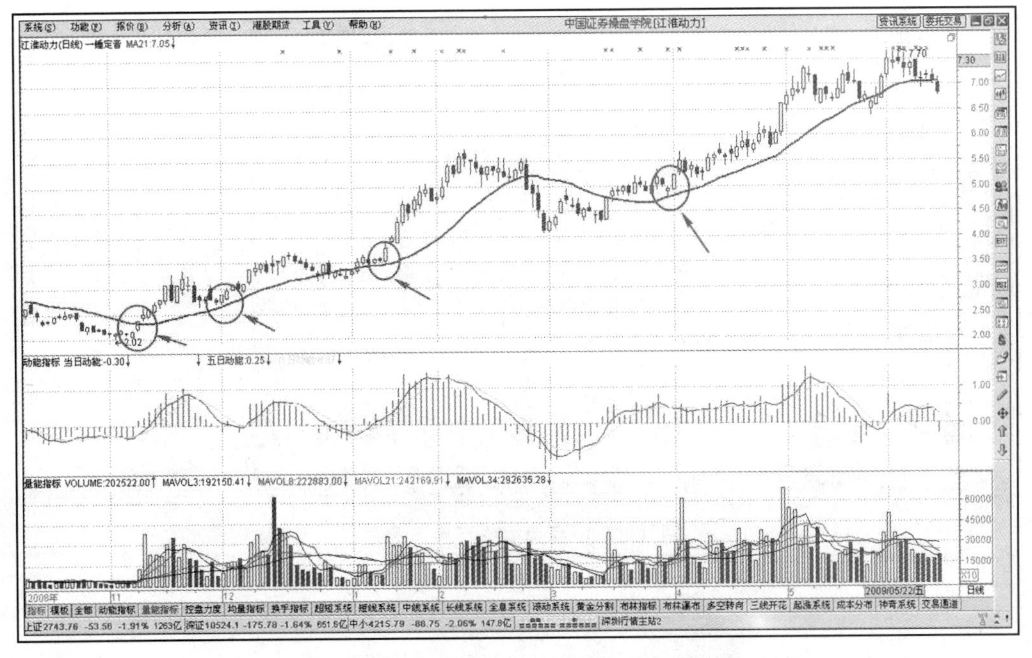

图【200】根据单一的技术滚动操作示意图

6. 是先买后卖，还是先卖后买

问：罗老师，在滚动操作时，是先买后卖，还是先卖后买？

答：问得好。这个问题实际上是顺向滚动和逆向滚动的问题。先买入滚动仓，再卖掉相同仓位基础仓，也就是先买后卖，确保基础仓不至于减少，这是顺向滚动。大多数时候，都适合使用这种方式操作，尤其是上升通道很明显的股票，必须这样操作，否则很有可能把基础仓弄丢了，划不来。先卖后买，也就是先在高位卖掉部分基础仓，然后再在相对低位买回相同的仓位。这种操作技术叫逆向滚动。逆向滚动一般适合于大幅度高开的情形，因为高开低走的可能性很大，所以先卖掉部分基础仓，等跌下来之后再重新买回来，博取差价。但是，这样操作的风险是容易把基础仓弄丢了，股价一飞冲天，有去无回，只好眼睁睁看着牛股奋蹄，而恨自己看走眼。

怎么决定买卖的先后顺序呢？可以根据股价的阶段性位置来设计。如果股价处于底部区域或者拉升的初中期，那么可以恪守先买入后卖出的原则，如果没有买入滚动仓，就坚决不卖出基础仓，以便确保基础仓数量不变。如果股价处于拉升的末期或者盘头阶段，那么，只要集合竞价时间段出现大幅度的跳空高开，可以直接先卖出基础仓，至于是否再买回，则灵活掌握，不必拘泥。如图【201】所示。

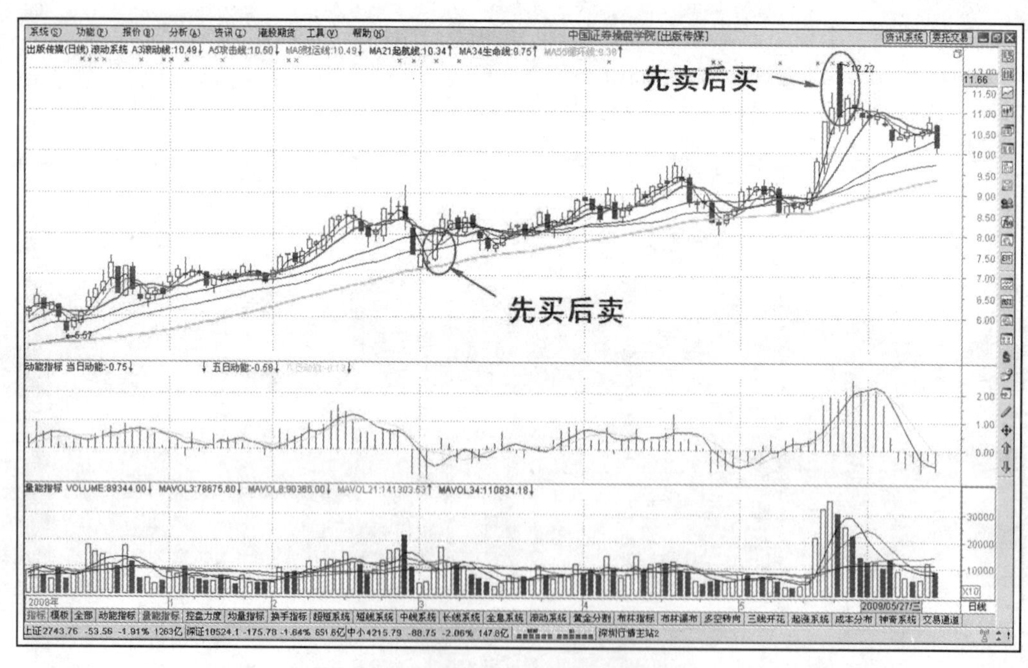

图【201】买卖操作顺序示意图

7. 买错了，应该怎么办

问：罗老师，我是新股民，在滚动操盘中，我买的时机不对，买错了，怎么办？

答：首先不要过分的责怪自己，人非圣贤，孰能无过？神仙也有看走眼的时候，何况我们是凡人。在股市上，犯错误很正常，也很平常，没有什么大不了的。问题是要知错能改，而且尽可能减少差错。在滚动操盘技术里，为了确保滚动操作顺利进行下去，必须确保底仓数量不变，既不能越滚越少，更不能越滚越大。不断地增加底仓的做法是很愚蠢的，尤其是大资金，更是如此。因此，如果买错了，买入的当天就被套住，甚至套在最高点上，买入之后股价就一直单边下跌，当天连一丝滚动的机会也没有，怎么办呢？正确的做法是当机立断，在盘中找高点了断当天增加的仓位，不留后患。

有人说，可不可以做隔夜仓呢？原则上是不可以。因为这是很坏的习惯，一旦养成了姑息自己的不良习惯，以后就会酿成大祸。特别是运作大资金的时候，必须严守滚动操盘纪律，否则将会影响全盘操作计划。不少机构操盘的项目铩羽而归，原因是多方面的，而不会滚动操盘，不谙滚动之道，也是导致落败的重要原因。总之，不论资金大小，买入的时机不对，买错了，那就立即设法改正错误吧，别犹豫不决。如图【202】所示。

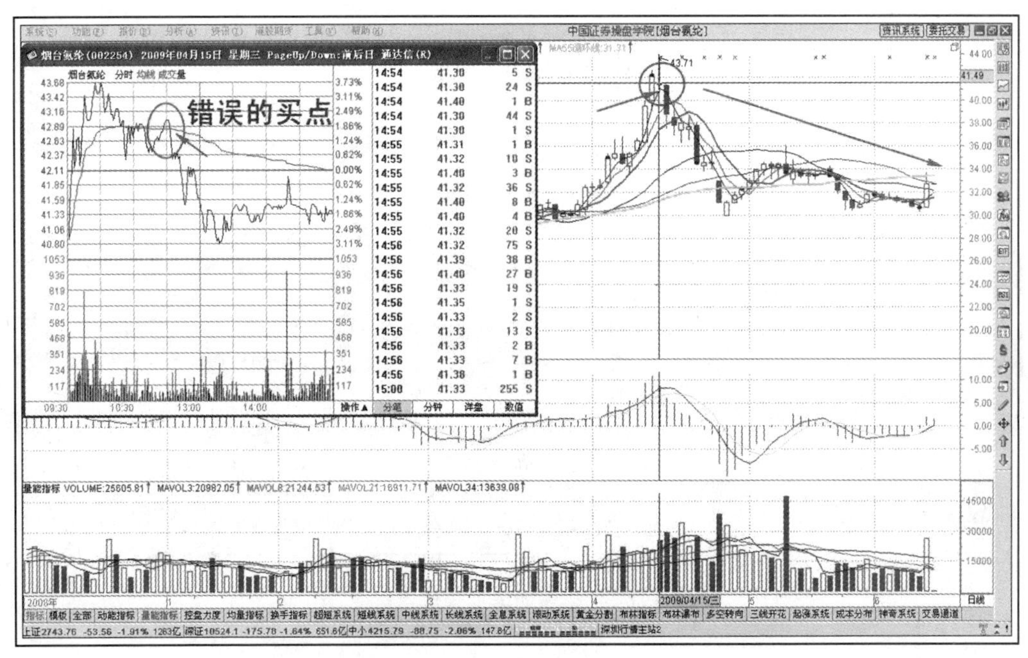

图【202】需要立即改正的错误买入点示意图

8. 买多了，应该怎么办

问：罗老师，今天我在操盘的时候，忙中出错，买多了，该怎么办？

答：滚动操盘技术有一条很严格的要求，就是坚守底仓的数量不变，不要越滚越多，也不要越滚越少。很多人滚动操盘不成功，就是因为没有严格遵守这一条铁的操盘纪律，以至于滚到臭水沟里去了。为什么不能越滚筹码越多呢？道理很简单，因为筹码越滚越多，占用的资金就越来越多，可供调度的资金就越来越少，到最后导致资金链断裂，问题就大了，麻烦也就多了，最终回天无力，只好饮恨出局，魂断股市。这样的例子太多了，举不胜举。

因此，无论运作的资金大小，从一开始，就要养成良好的操盘习惯，严格遵守操盘纪律。原先计划好的资金配置方案和仓位管理措施，不要因为一时操作失误而改变。如果买多了，就坚决卖掉，就这么简单！卖掉多余的仓位，而且，随着股价的拉升，不断地降低仓位，实施阶段性减仓，才是上上之策。

如图【203】所示，这是一次忙中出错的操作，使仓位增加了不少，怎么办呢？赶紧卖掉，不要留到第二天才去处理。

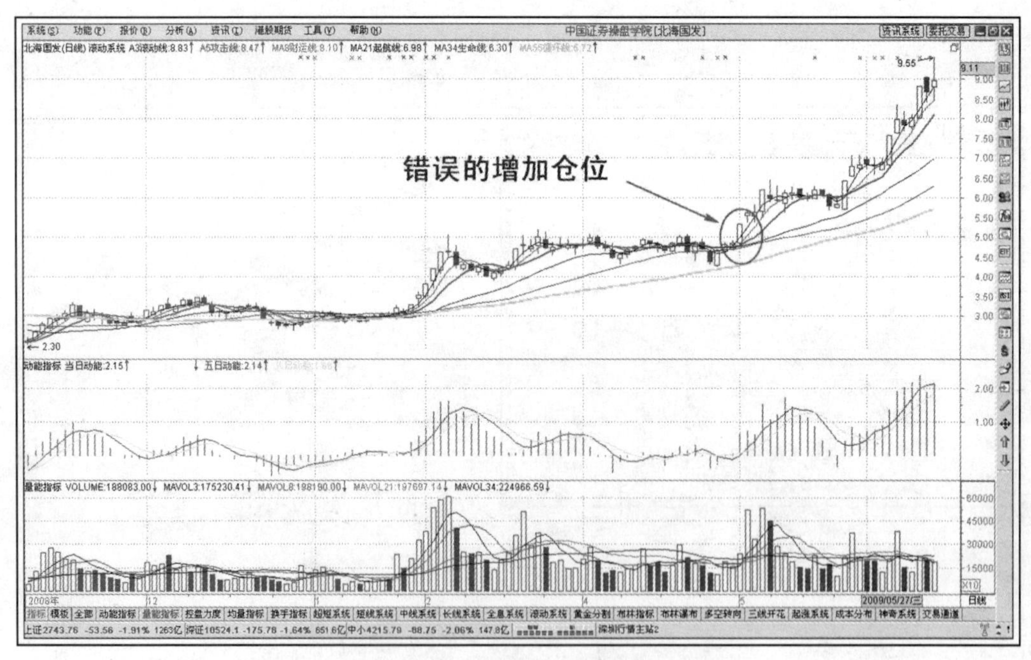

图【203】错误的增加仓位示意图

9. 如何进行锁定单一品种分仓滚动操作

问：罗老师，我的资金量比较大，有几个亿的规模，应该怎样运用区位买入法操作？

答：关于大资金的玩法，每个人的看法不同，实际操作的结果也不同。我比较偏向于采取锁定单一品种分仓滚动操作的模式运作。

为什么要锁定单一品种呢？

道理很简单。资金规模达到几个亿，如果采用多品种组合投资的运作模式，很有可能导致花多眼乱，最终哪一朵也不属于你。而锁定单一品种则不同。因为品种单一，持有的筹码必然不少，这样一来，就有了很多话语权。其中的好处在这里就不介绍了。

为什么要分仓滚动操作呢？

道理很简单。几个亿的资金集中在单一账户上，问题很多，不利于调度，更不利于管理。至于如何分仓滚动操作，不属于本书的内容，在此从略。有兴趣探讨这个话题的的投资者，可以单独讨论。如图【204】所示，这是典型的单一品种分仓滚动操作，从盘口来看，主力协同作战的能力还不错，值得借鉴。

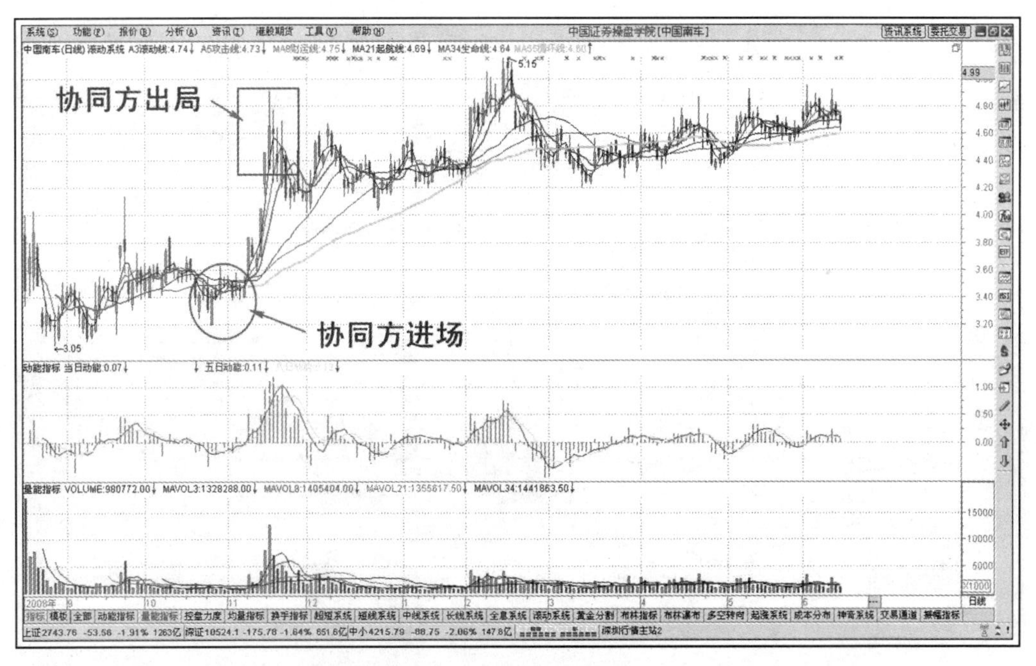

图【204】锁定单一品种分仓滚动操作示意图

第三节　与卖出有关的常见问题

1. 为什么要分批卖出而不是一次性清仓

问：罗老师，我的资金不大，仓位也轻，为什么还要分批卖出呢？

答：分批止赢是滚动操盘技术倡导的卖出法则，为什么要分批止赢而不是一次性清仓呢？先看最简单的道理：买卖为什么能成交？因为有人愿意买，所以才能卖得掉。因为有人愿意卖，所以才能买得着。可见，买卖不是单方面的事情，而是双方必须达成一致，交易才能成立。之所以倡导分批止赢，有两个方面的考虑，一是有没有足够的买盘承接卖盘，如果没有，那只能是耐心等待买盘的出现，这是被动式分批止赢。仓位较重的投资者经常不得不采用这种方式来操盘。二是有足够的买盘承接卖盘，但是无法确定未来的走势，需要先行部分止赢，降低仓位，保住胜利果实。如图【205】所示。

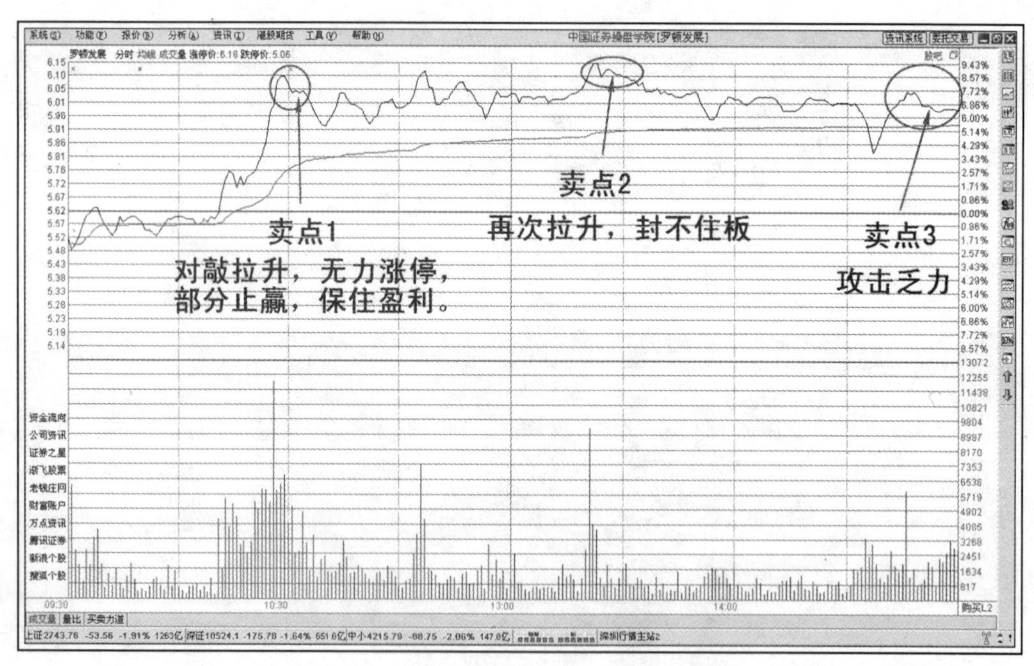

图【205】日内滚动操盘分批止赢示意图

经常有人问，为什么不在最高价那里一次性清仓呢？这个问题问得很可爱，实际上谁都希望卖在最高价，问题是最高价只有一个，那里有多少承接盘呢？卖给谁呢？没有人能够提前准确预测波段的最高价，更没有人能够每次都卖在最高价。既然这样，为什么不退而求其次，力争卖在次高点呢？股市从来就是具有很多不确定性因素的，不确定性的因素太多，导致我们无法预知未来。即使是下一分钟的走势，也无法准确地预知，能够预测的只是一个大概率而已。所以，为了稳健起见，就分批卖出吧。

2. 已经有盈利，根据什么理由卖出比较合适

问：罗老师，我在起涨点买入，已经能够有盈利，根据什么理由卖出呢？

答：首先我们要明确一个问题，如果你的账户已经盈利，任何时候卖出都是正确的选择。其次，为了实现收益最大化，要尽量根据技术理由卖出。滚动操盘技术倡导的是技术性买卖，策略性投资。也就是说，每一次操作，都要力争符合技术特征，符合技术要领，而不是想当然的处理。如图【206】所示。

关于卖出的技术理由，我在前边第四章卖出定式已经讲解了很多种，可以回顾一下。

第一，如果是激进的投资者，可以根据分时滚动线来做卖出决策。

第二，如果是稳健型投资者，可以根据日线财运线来做卖出决策。

第三，如果是职业投资者，可以根据即时图的量价结构健康程度制定卖出对策。

第四，如果是业余投资者，可以根据多日分时图计算法制定卖出决策。

第五，如果喜欢日内滚动操盘，可以采用即时图量峰卖出法则制定卖出对策。

第六，不管是哪一类型投资者，都可以根据滚动周期制定卖出对策。

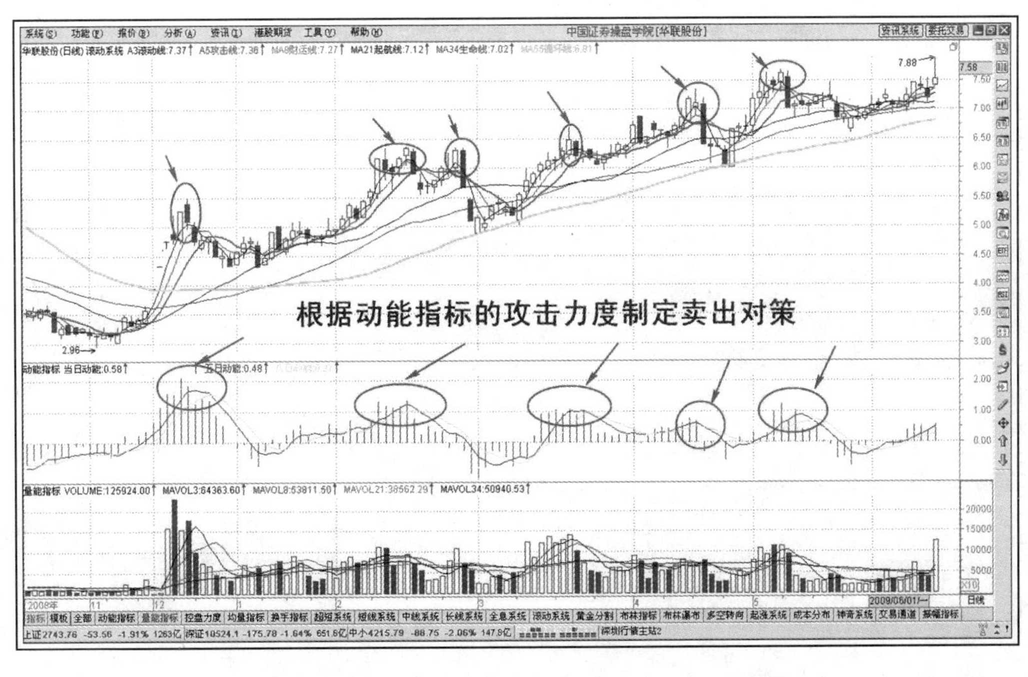

图【206】根据动能指标的攻击力度制定卖出对策示意图

3. 为什么老是踩不准节拍，总是一卖就涨

问：罗老师，最近好像犯邪了，老是踩不准节拍，总是一卖就涨，为什么？

答：没有什么奇怪的，休息一下，就好了。证券交易的实质是一种人际博弈，博弈的实质是心力较量。在操盘界，跟众多的对手较量，比拼的是心态，是心智，是心力。为什么老是踩不准节拍？这不仅仅是技术方面的原因，不仅仅是因为学艺不精的问题。最大的最根本的原因在于心浮气躁，为人所用，被人牵着鼻子走。好像主力就躲在你后脑勺，你不卖出，就不涨，你一卖掉，就飞奔狂拉，主力似乎就差你那一手筹码。为什么呢？因为你自己乱了方寸，急于求成，急功近利，急于证明自己。结果一错再错，难以自拔。

财不入急门。这是千真万确的真理，明白之后，静下心来，检讨一下自己。

第一，明明知道刚刚启动，为什么就急于卖掉呢？

第二，明明知道刚刚金叉，为什么担心拐头向下？

第三，明明知道刚刚放量，为什么害怕主力跑掉啦？

第四，明明知道这是关键技术位，刚刚回调到位，为什么还是不相信自己？

第五，明明知道这是健康量价结构，为什么还是听信别人的意见卖掉啦？

……

如图【207】所示，这是最佳买点，却有不少人在这里卖掉了！

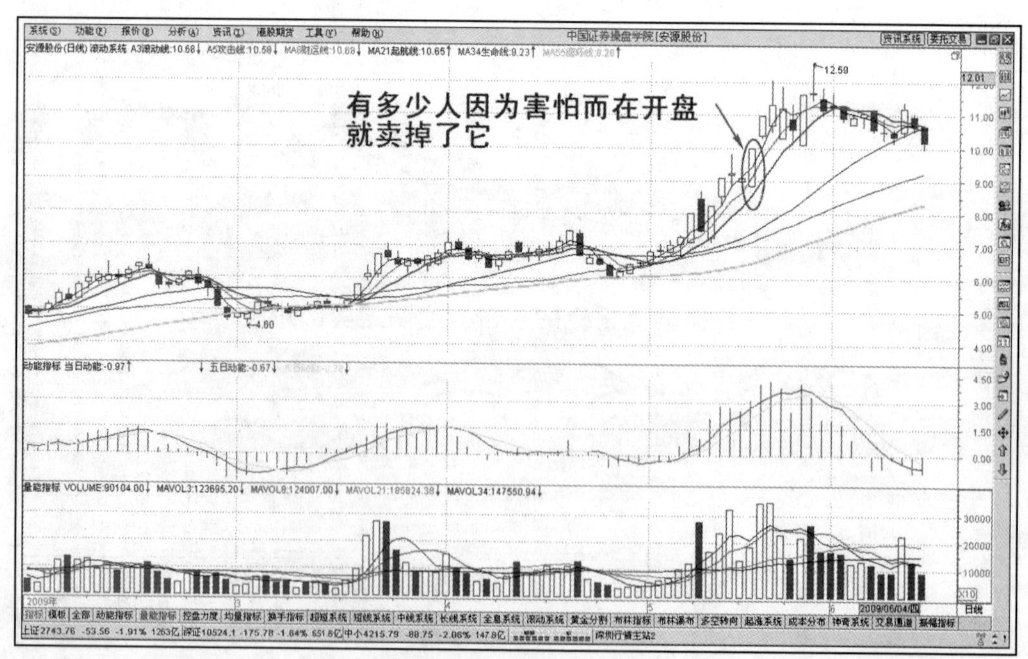

图【207】因为害怕而过早卖掉

4. 业余投资者怎样才能选出比较合适的卖点

问：罗老师，我是业余的投资者，能不能告诉我怎样才能选出比较合适的卖点？

答：卖出点的选择有两个标准，一个是技术标准，另一个是盈利目标。投资者可以根据自己的偏好，选择其中一个就可以了。对于业余投资者来说，选择盈利标准更合适。比较通行的做法是拟定每周的盈利目标，假设是5%，只要达到这个盈利目标，就坚决卖出，不管以后怎么拉升，都与己无关。

如图【208】所示，选择一个比较合理的买入点，设定每周的盈利目标5%或者更多，计算好卖出的点位，每天上班之前就提前预埋单，中途不必盯盘，股价一旦到达目标价位，就卖掉了。注意盈利目标不要过高。

至于利用技术标准来确定卖出点，可以参考《起涨操盘技术》一书介绍的方法，利用起涨点技术计算本波段可能到达的目标价位，作为卖出的决策依据。需要说明的是，在计算的时候，起涨系数的选择非常关键，要根据行情的性质来甄别，不可马虎。

也可以利用本书第六章介绍的滚动操盘系数来计算波段行情的高点位置，作为制定卖出方案的参考。在取值的时候，不必过于追求绝对精确，应当采用模糊准确的数据。

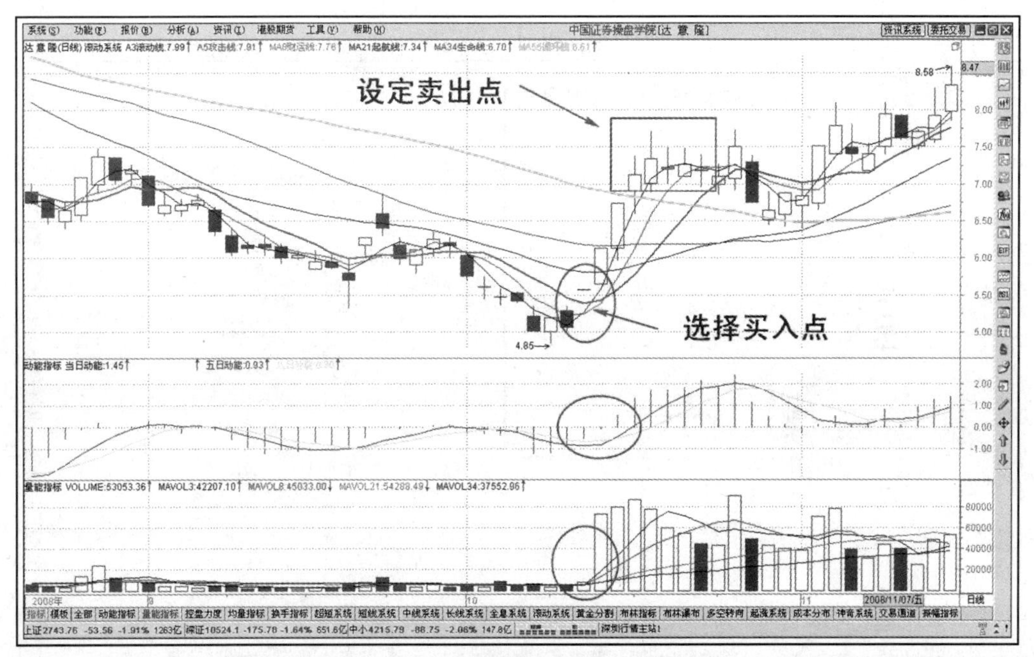

图【208】选择目标价位卖出法示意图

5. 已经达到盈利目标，要不要坚决卖出

问：罗老师，我买入的滚动仓已经达到设定的盈利目标，要不要坚决卖出？

答：要！滚动操盘技术把仓位划分为两个组成部分，一是基础仓，二是滚动仓。基础仓部分是底仓，只要上升的趋势没有改变，基础仓就保持不变，让利润一直在奔跑。而滚动仓部分是用来反复套利的，目的是降低持仓成本，扩大盈利幅度。为了确保滚动操盘顺利进行下去，每一次滚动仓的出击与回撤，都需要坚决按原定计划进行。这好比执行任务的军队，任务完成了，就要坚决撤回来，而不能随意在外逗留。

如图【209】所示，假设资金量为 100 万元，基础仓占用 50% 的资金，日内滚动的资金为 50%，每个滚动周期盈利预期设定为滚动资金的 1%，这个标准不算高，如何实现呢？可以这样分步进行：

第一，把滚动资金 50 万元划分为 10 个等分，每个等分是 5 万元，每一个等分作为一个滚动子项。也就是每次出击的资金控制在 5 万元以内。

第二，每一次出击的 5 万元设定盈利预期为 2%，采用线下买入法操盘，以买点作为计算基点，只要盈利达到 2%，就坚决卖出，绝不犹豫。

第三，如果选股得法，基本上可以每天成功滚动操盘 2 次，甚至更多。如果实在没有机会，就不要勉强，不要为了完成盈利目标而刻意出击。

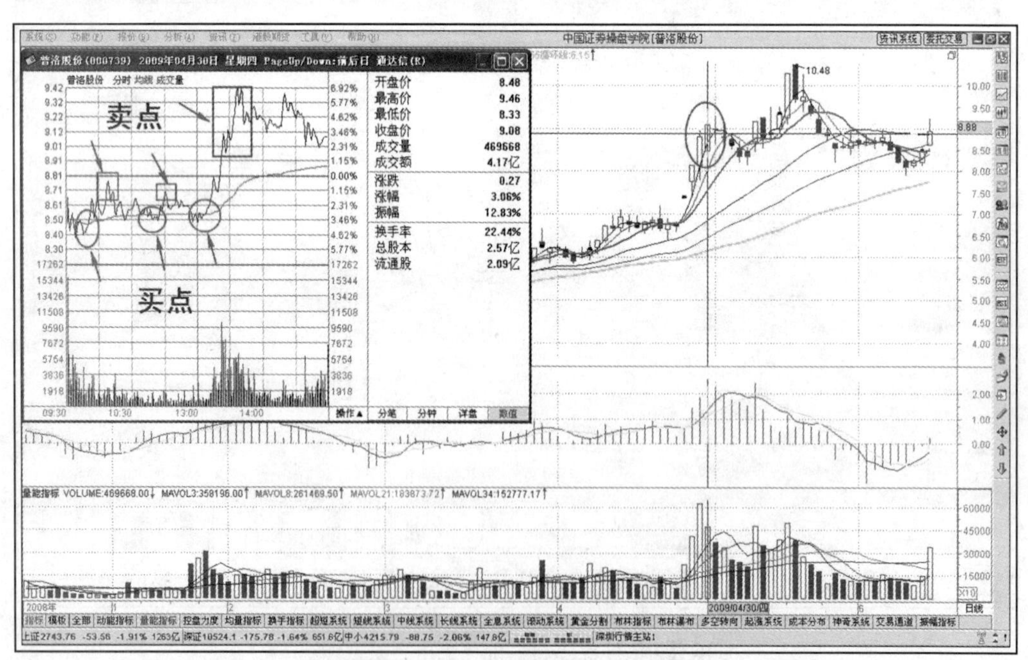

图【209】根据盈利目标即时卖出示意图

6. 利用内盘外盘的数据买卖可行吗

问： 罗老师，我比较喜欢看内盘外盘数据，利用它制定卖出策略可行吗？

答： 基本上不可行。为什么不行？先看什么是内盘？什么是外盘？如果委托以卖方的价格成交的，就纳入“外盘”，如果委托以买方的价格成交的，就纳入“内盘”。这是基本的定义。实际上，买方的价格和卖方的价格都不一定是真实的交易价格，很可能是虚假的委托，虚假的交易。以可能是虚假的数据（实际上大多数时候买卖盘并不真实）作为卖出决策依据，可行吗？不可行！如图【210】所示。

再说我们所看到的内盘和外盘这两个统计数据，实际上是由行情软件自己计算出来的，而并不是由交易所计算后传出来的。也就是说，当行情软件收到一笔新的数据时就会将成交价与上一次显示的买①和卖①进行比较，如果成交价小于或等于买①，那么相应的成交量就会被加到内盘数据上去，如果大于或等于卖①，那么对应的成交量就会被加到外盘数据上去。如果是在两者之间，则各打五十大板，内外盘各分一半。行情软件这样设计，内盘加上外盘就等于总的成交量。这样设计本身就很有问题，不值得信赖。

而且，由于网速的快慢不同，各个通信站点接收信号的速度有快有慢，传输速度有差异，接收的数据就会有差异。所以，不同的行情软件所计算出来的内盘和外盘的数据，往往也是不一样的。你究竟相信谁呢？

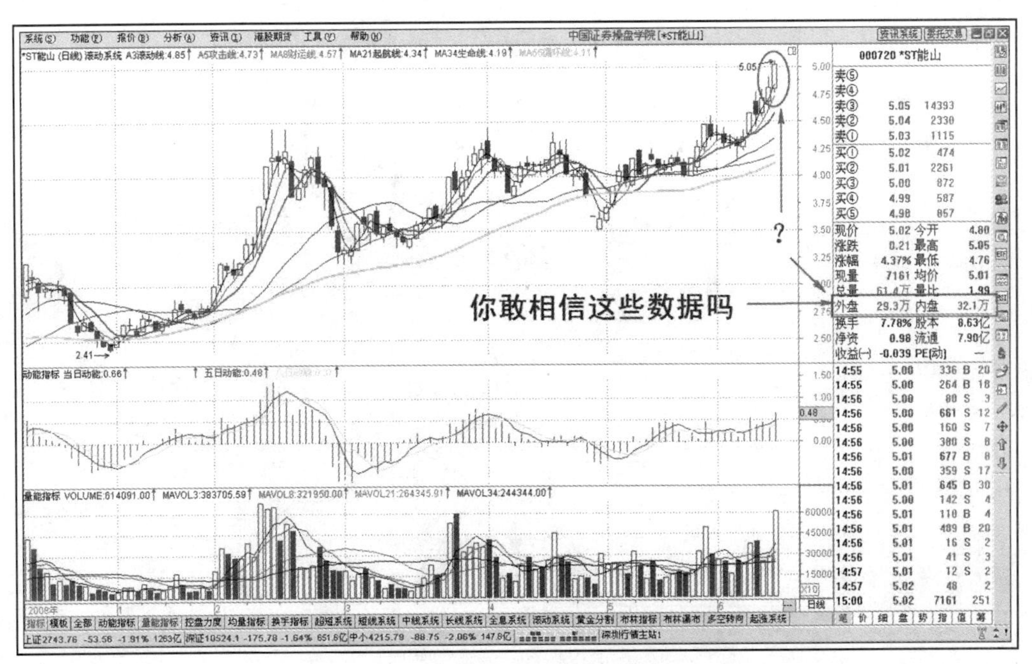

图【210】内盘和外盘的数据并不可信

7. 根据什么指标信号卖出才比较可靠

问：罗老师，我是新股民，比较喜欢指标，请问根据什么指标信号卖出才比较可靠？

答：问我这个问题的人实在太多了，究竟什么指标的卖出信号比较可靠呢？先看看指标信号是怎么发出的。以均线类指标为例，假设滚动线上穿财运线，这是均线金叉，是买入信号。假设滚动线下穿财运线，这是均线死叉，是卖出信号。这样的信号可不可靠呢？如图【211】所示，金叉的时候，是不是最佳买点？死叉的时候，是不是最佳卖点？观察一下，分析一下，对照一下，不难发现，这样的信号并不是最佳买卖点。

为什么会这样呢？这是指标内在的特性决定的。任何指标都指是一种数学模型，是函数运算的结果。而数据源的获得，都是相对滞后的，即使是即使是即时数据，也有滞后问题。这是其一。其二，指标信号可以反映过去，解释过去，却不能预知未来。企图用指标预测未来的做法是很可笑的。实际上，任何指标信号都是主力积极运作股价的结果，是主力操盘留下的痕迹而已。在滚动操盘技术里，常用的指标有滚动系统、动能指标和量能指标，也仅仅是参考，不能构成直接买卖的依据。那么，有没有可以信赖的指标呢？恕我直言，据我所知，目前还没有绝对值得信赖的指标。如果实在要看指标，就看看均线、量能、动能吧。

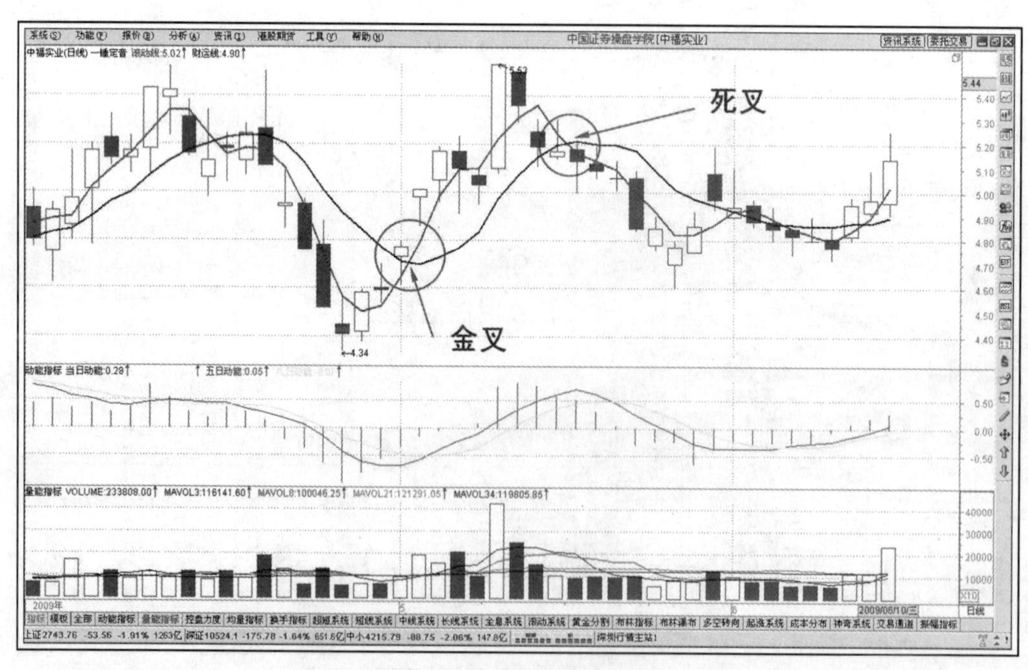

图【211】指标信号不是买卖的最佳依据

8. 能不能根据单一的技术信号卖出

问：罗老师，我喜欢简单制胜，请问能不能根据单一的技术信号卖出？

答：这个问题不能一概而论，要看资金规模的大小。对于小资金来说，基本上是可行的。比如100万以内的资金，完全可以这么做。但是，大资金就不一定行。

那么，有没有既适合与大资金运作，又适合于小资金运作的技术信号呢？

根据多年的研究和实战经验，我们认为趋势型指标MACD和领先型指标动能指标的信号比较可信，可以作为实战的参考。关于MACD的用法，已经有很多著述详尽介绍，在这里就不在重复。投资者可以参见《操盘学》有关论述。

关于动能指标，可以参见本书的有关解释。

如图【212】所示，假设我们选定的技术信号是动能指标的信号，如果3日动能线由上而下直至在0轴之下运行，就认为是空头趋势，如果3日动能线由下而上直至在0轴之上运行，就认为是多头趋势。那么，根据这个原理，就可以在空头趋势之中坚持做空，在多头趋势之中坚持做多，直至原来的趋势发生逆转为止。

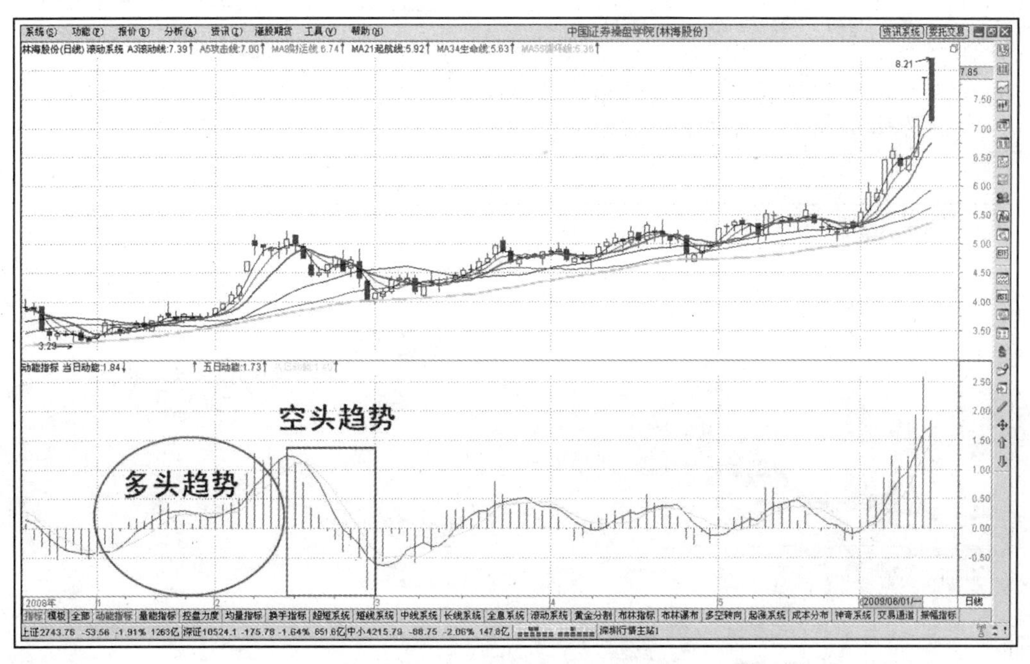

图【212】根据单一技术信号买卖

9. 资金规模比较大，应当怎样制定卖出方案

问：罗老师，我的资金规模比较大，应当怎样制定卖出方案？

答：不管是买入还是卖出，大资金的玩法和小资金的玩法是不同的。大资金采用的是区位操盘技术，小资金采用的是点位操盘技术，这两者有着本质的不同，不可混淆。投资者在学习操盘技术的时候，首先要结合自己的实际情况，作出有针对性地选择。

对于资金规模比较大的投资者来说，在制定卖出方案的时候，可以从以下几个方面入手：

第一，首先考虑大盘环境是否安全。如果大盘环境不安全，或者出于安全系数比较低的区域，那么要首先考虑出局避险，而不是考虑如何盈利。毕竟本金安全是首位的。

第二，目标品种的成长性是否值得期待。大资金由于规模大，进出不方便，如果目标品种的成长性已经值得怀疑，就应当遵循墨非法则，不要心存侥幸。

第三，在具体操作上，要尽量采用区位操盘技术，分批次，按波段，选周期来滚动操盘，无论是买入还是卖出，都是如此。

关于大资金的操盘策略，更多的详细内容可以参见《反向博弈技术》一书。这里从略。

如图【213】所示，大资金在制定卖出方案时，选择阶段性分批次卖出，比较合理。

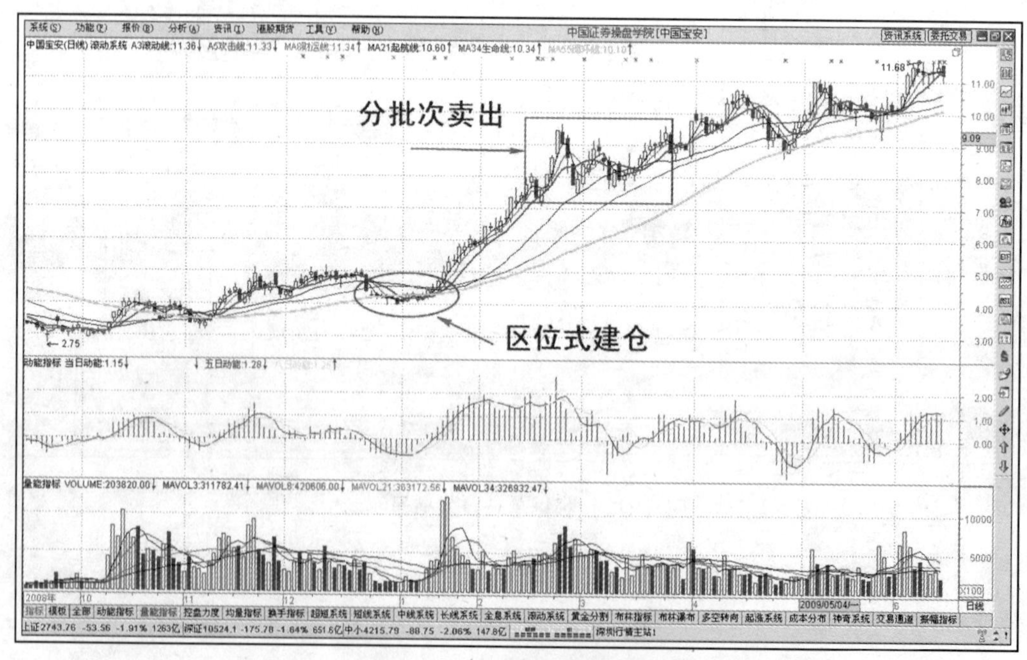

图【213】大资金卖出方案示意图

第四节 与软件使用有关的问题

（说明：本节内容根据通达信软件的帮助文件编写而成，版权属于该软件公司。）

1. 关于通达信软件设计中的基础知识

（1）分笔成交中的B、S标记是什么意思？

B表示是主动性买单（Buy），S表示是主动性卖单（Sell）。无B、S标记的表示是不明单，系统根据当时的叫买叫卖价无法得知是主动性买单还是卖单。

（2）分笔成交明细中的最右边的灰色数字表示的是什么？

交易所发布的行情中，每一个分笔并不是只有一笔成交，可能是几笔合成。深交所发布的数据有笔数信息，灰色数字就是该分笔数据中实际上包含多少笔成交。

（3）分笔成交明细和行情信息中有的成交量为紫色，是什么意思？

表示是大单，缺省500手以上为大单，此值可以通过【系统设置】的【参数1】现量高亮成交量来调整。

（4）F2分价表中的竞买率是什么含义

竞买率表示在此价位上成交的量中，主动性买量占的比率。

（5）通达信分时图成交量柱状线颜色的含义？

当在系统设置中打开【分时图中成交量区间颜色显示】时，分时图中的成交量不再是单一的成交量颜色，而是有三种颜色：红色表示成交量是价格上涨过程中成交的，绿色表示成交量是价格下跌过程中成交的，白色表示是价格不变过程中成交的量。

（6）右上角行情信息区的证券名称前有G，L标识是什么意思？

G表示此股有股改信息，点击之可以看详细的对价和承诺信息。

L表示此股存在关联品种，比如有B股，可转债，H股或权证等等，点击之可以切换到相关的品种。

（7）关于量比

量比是一个衡量相对成交量的指标，它是开市后每分钟的平均成交量与过去5个交易日每分钟平均成交量之比。量比数值大于1，说明当日每分钟的平均成交量大于过去5个交易日的平均数值，成交放大；量比数值小于1，表明现在的成交比不上过去5日的平均水平，成交萎缩。

在分时图中，按/＊键出现的量比图的含义：

若是突然出现放量，量比指标图会有一个向上突破，越陡说明放量越大；若出现缩量，量比指标会向下走。

（8）通达信多空红绿军的解释

在状态栏上有两个方格条，左边为沪市的多空条，右边为深市的多空条。

多空条分两部分：

向左是涨的股票比例（为红色，如果为深红，表示涨停部分），

向右是跌的股票比例（为绿色，如果为深绿，表示跌停部分）。

方格条下面有6种不同的符号在滚动：

红色向上的箭头：表示整个市场涨势在增加。

红色向下的箭头：表示整个市场涨势在减弱。

红色等于号：表示整个市场涨势保持持平。

绿色向上的箭头：表示整个市场跌势在增加。

绿色向下的箭头：表示整个市场跌势在减弱。

绿色等于号：表示整个市场跌势保持持平。

2. 通达信复权模型

通达信复权模型是建立在股东财富不变的原则上的。

交易所依据股东财富不变原则制定除权除息报价计算公式，目前沪深交易所除权除息报价的基本公式如下（在具体操作中可能会有所变动）：

除权（息）报价＝［（前收盘价－现金红利）＋配（新）股价格×流通股份变动比例］÷（1＋流通股份变动比例）

通达信复权分为向前复权和向后复权：

向前复权，就是保持现有价位不变，将以前的价格缩减，将除权前的K线向下平移，使图形吻合，保持股价走势的连续性。

向后复权，就是保持先前的价格不变，而将以后的价格增加。上面的例子采用的就是向后复权。

两者最明显的区别在于向前复权的当前周期报价和K线显示价格完全一致，而向后复权的报价大多低于K线显示价格。例如，某只股票当前价格10元，在这之前曾经每10股送10股，前者除权后的价格仍是10元，后者则为20元。

复权是根据上市公司的权益分派、公积金转增股本、配股等情况和交易所的除权

报价方案精确计算复权价格。其计算公式：

前复权：复权后价格 = ［（复权前价格 - 现金红利）+配（新）股价格 × 流通股份变动比例］÷（1 + 流通股份变动比例）

后复权：复权后价格 = 复权前价格 ×（1 + 流通股份变动比例）- 配（新）股价格 × 流通股份变动比例 + 现金红利

通达信网上交易客户端的复权 K 线范围是所有从服务器端取得的数据，如果将分析股票的所有数据（从上市第一天开始）取到了本地，则复权是基于所有数据的（数据的多少对后复权的当前价格有很大影响）。

3. 通达信复权算法

（1）除权除息的概念

上市证券发生权益分派、公积金转增股本、配股等情况，交易所会在股权（债权）登记日（B 股为最后交易日）次一交易日对该证券作除权除息处理。

除权除息的基本思想就是股东财富不变原则，意即分红事项不应影响股东财富总额，这是符合基本财务原理的。依据此原则，交易所在除权前后提供具有权威性的参照价格，作为证券交易的价格基准即除权除息报价。

在除权除息日交易所公布的前收盘是除权除息报价而非上一交易日收盘价，当日的涨跌幅以除权除息报价为基准计算，所以能够真实反映股民相对于上一交易日的盈亏状况。

交易所依据股东财富不变原则制定除权除息报价计算公式，目前沪深交易所除权除息报价的基本公式如下（在具体操作中可能会有所变动）：

除权（息）报价 = ［（前收盘价 - 现金红利）+ 配（新）股价格 × 流通股份变动比例］÷（1 + 流通股份变动比例）

（2）复权的概念

除权、除息之后，股价随之产生了变化，往往在股价走势图上出现向下的跳空缺口，但股东的实际资产并没有变化。如：10 元的股票，10 送 10 之后除权报价为 5 元，但实际还是相当于 10 元。这种情况可能会影响部分投资者的正确判断，看似这个价位很低，但有可能是一个历史高位，在股票分析软件中还会影响到技术指标的准确性。

所谓复权就是对股价和成交量进行权息修复，按照股票的实际涨跌绘制股价走势图，并把成交量调整为相同的股本口径。例如某股票除权前日流通盘为 5000 万股，价格为 10 元，成交量为 500 万股，换手率为 10%，10 送 10 之后除权报价为 5 元，流通盘为 1 亿股，除权当日走出填权行情，收盘于 5.5 元，上涨 10%，成交量为 1000 万股，换手率也是 10%（和前一交易日相比具有同样的成交量水平）。复权处理后股价为 11 元，相对于前一日的 10 元上涨了 10%，成交量为 500 万股，这样在股价走势图上真实反映了股价涨跌，同时成交量在除权前后也具有可比性。

（3）向前复权和向后复权

向前复权，就是保持现有价位不变，将以前的价格缩减，将除权前的K线向下平移，使图形吻合，保持股价走势的连续性。

向后复权，就是保持先前的价格不变，而将以后的价格增加。上面的例子采用的就是向后复权。

两者最明显的区别在于向前复权的当前周期报价和K线显示价格完全一致，而向后复权的报价大多低于K线显示价格。例如，某只股票当前价格10元，在这之前曾经每10股送10股，前者除权后的价格仍是10元，后者则为20元。

（4）自动复权和精确复权

所谓自动除权，指股票软件自动确定当日是否有除权发生，根据今日收到的昨收盘和上一交易日的收盘价对比，若二者不等，则能肯定今天有除权，进而推算送配方案，进行复权处理。这种方法有很多问题，不能做到准确复权。

精确复权是根据上市公司的权益分派、公积金转增股本、配股等情况和交易所的除权报价方案精确计算复权价格。精确复权的计算公式：

前复权：复权后价格 = ［（复权前价格 - 现金红利）+ 配（新）股价格 × 流通股份变动比例］÷（1 + 流通股份变动比例）

后复权：复权后价格 = 复权前价格 ×（1 + 流通股份变动比例）- 配（新）股价格 × 流通股份变动比例 + 现金红利

4. T0002目录下的文件说明

如果重装到一个新位置，只需将整个T0002拷贝过去就可以了，所有的个性化数据都在此目录下

Advhq. dat 星空图相关个性化数据

Block. cfg 板块设置文件

cbset. dat 筹码分析个性化数据

CoolInfo. Txt 系统备忘录

Line. dat 画线工具数据

MyFavZX. dat 资讯收藏夹数据

newmodem. ini 交易客户端个性化数据

padinfo. dat 定制版面个性化数据

PriCS. dat，PriGS. dat，PriText. dat 公式相关数据

recentsearch. dat 最近资讯搜索数据

Scheme. dat 配色方案

tmptdx. css 临时网页CSS文件

user. ini 全局个性化数据

userfx. dat K 线图个性化数据

以下文件与设置的预警信息有关：

Col_ warn. dat

Col_ warn_ self. dat

Col_ warn2. dat

ColwarnTj. dat

[blocknew] 板块目录

[cache] 系统数据高速缓存

[zst_ cache] 分时图数据高速缓存

[coolinfo] 系统备忘录目录

[Invest] 个人理财数据目录

[PAD] 定制牘面存盘文件

5. 通达信新版本增加的权证字段

杠杆比率

标的证券价格/（权证价格÷行权比例）

内在价值

权证价格由内在价值和时间价值两部分组成。当标的证券价格高于行权价时，内在价值为两者之差；而当标的证券价格低于行权价时，内在价值为零。但如果权证尚没有到期，标的证券价格还有机会高于行权价，因此权证仍具有市场价值，这种价值就是时间价值。

认股权证内在价值 =（标的证券价格 - 行权价） * 行权比例，若标的证券价格 < = 行权价，则内在价值为 0；认沽权证内在价值 =（行权价 - 标的证券价格） * 行权比例，若标的证券价格 > = 行权价，则内在价值为 0。

时间价值

时间价值 = 权证实际市场价格 - 内在价值，任何权证的价格都是内在价值和时间价值的和，投资者可以时时计算内在价值，但时间价值随着权证上市不断减少，所以投资者去判断权证价格时，应该注意随着行权时间的临近，权证价格必然要不断接近内在价值。

溢价率

溢价率就是在权证到期前，正股价格需要变动多少百分比才可让权证投资者在到期日实现打和。溢价率是量度权证风险高低的其中一个数据，溢价率愈高，打和愈不容易。

认购权证溢价率 =［（行权价 + 认购权证价格/行权比例）/ 标的证券价格 —1］

×100%

认沽权证溢价率 = [1 —(行权价 - 认沽权证价格/行权比例) / 标的证券价格] ×100%

行权价格和行权比例的变动

新行权价格 = 原行权价格 × （标的证券除权日参考价/除权前一日标的证券收盘价）;

新行权比例 = 原行权比例 × （除权前一日标的证券收盘价/标的证券除权价）。

权证涨跌幅

权证涨幅价格 = 权证前一日收盘价格 + （标的证券当日涨幅价格 - 标的证券前一日收盘价） ×125% ×行权比例;

权证跌幅价格 = 权证前一日收盘价格 - （标的证券前一日收盘价 - 标的证券当日跌幅价格） ×125% ×行权比例，当计算结果小于等于零时，权证跌幅价格为零。

6. 通达信软件的主图指标

美国线的构造则较 K 线简单。美国线的直线部分，表示了当天行情的最高价与最低价间的波动幅度。右侧横线侧代表收盘价。绘制美国线比绘制 K 线简便得多。

K 线所表达的涵义，较为细腻敏感，与美国线相比较，K 线较容易掌握短期内价格的波动，也易于判断多空双方（买力与卖力）和强弱状态，作为进出场交易的参考。

美国线偏重于趋势面的研究。另外，我们可以在美国线上更清楚地看出各种形态，例如反转形态，整理形态等等。

另外通达信提供的主图类型还有收盘线、收盘站线、宝塔线。收盘线将每个收盘价当成一个点连接起来，收盘站线将每个收盘价当成一个点连接起来，同时标识突出这个点，宝塔线是以红绿实体棒线来划分股价的涨跌，及研判其涨跌趋势，也是将多空之间拼杀的过程与力量的转变表现在图中，并且显示适当的买进时机，与卖出时机，它并非记载每天或每周的股价变动过程，而乃系当股价续创新高价（或创新低价），抑或反转上升或下跌时，再予以记录绘制。

7. 分时图操作方法

在分时图画面，在右键菜单中使用【切换走势模式】，或者使用 * 和/键，可以查看【量比】和【买卖力道】。

在右键菜单中使用【多日分时图】，或使用 Alt + 数字键来切换，可以同时查看此股最近 10 天的分时图。此状态一直有效，除非你解除此状态或退出系统。

使用叠加股票功能，或使用 Ctrl + O 键，将其它股票加入到这只股票的分时图上来，一起对比查看。此状态一直有效，除非你解除此状态或退出系统。

. 用右键在分时图拖拽一个区间，松开，选中右键菜单【区间统计】，会弹出这个区间的分时统计情况。如果想对整个交易日进行统计，直接使用 Ctrl + W。区间统计同样适合于多日分时图。

进入分时图，双击鼠标，出现光标竖线，把竖线定位到某个时刻，按回车键，这时右下角的每笔分笔成交会跳转到这个时刻，显示这个时刻附近的成交明细。如果右下角是【详细买卖盘】，也是同样的跳转，显示这个时刻附近的详细买卖盘。

8. 通达信板块操作方法汇总

在任一个股界面，使用 Ctrl + Z 或 Alt + Z 将当前股票加入到某个板块，使用 Alt + D 或 Shift + Ctrl + Z 将当前股票从某个板块中删除，也可以使用右键菜单中的加入到板块，从板块中删除等菜单项。在自定义板块的行情报价中，直接使用 Del 键可从当前板块中删除当前股票。

在行情报价中，使用右键菜单中的【批量操作】，可以将一屏股票加入到某板块或从当前板块中删除。

在自定义板块的行情报价中，使用鼠标上下拖动，即可移动板块内股票的前后顺序。

进入【系统设置】的【板块】设置页中，可以新建或删除板块，修改板块名称，修改板块的键盘精灵简称，加入板块，上移下移板块内股票的顺序，将板块导入导出等更全面的板块操作。

使用【监控剪贴板功能】功能，可以从文章或网页中批量将股票加入到某板块中。

9. 通达信软件界面要素术语

【菜单栏】位于系统画面左上方，包括文件、功能、行情/分析/报表/资料/消息（分别对应不同的窗口）、查看、窗口、帮助等六个栏目。同时按下 Alt 和菜单旁的字母即可选中弹出下拉列表，按下相应的字母键选中功能。

【标题显示区】位于系统画面右上方、菜单栏右侧，除标示系统名称外，还显示当前窗口的信息。

【状态栏】位于画面的下方，分为五个部分：Log 区、指数栏、红绿灯、系统显示区、预警（网络版、图文版）/数据显示区（盘后版）。

【工具栏】系统默认显示在画面左端，可随意拖放到任何位置，分为主功能图标按钮（前十项）和动态图标按钮（第十项以后，不同窗口下对应不同的图标按钮）。

【功能树】在画面的左侧或右侧（通过系统设置改变其位置），包括首页、功能、资讯、股票、指标五棵树，囊括了系统大部分功能和操作。

【窗口】显示在画面中间，供用户浏览和分析的界面，分为主窗口和子窗口。

【辅助区】在画面的下方，包括信息地雷、分类资料、个股备忘

【主窗口】指系统默认的行情窗口。

【子窗口】包括组合窗口（包括分析图、分时图和多种图形的组合）、报表分析窗口、个股资料窗口、公告信息窗口。

【右边信息栏】组合窗口下位于右端（可隐藏），显示价位、数量等信息。

【功能切换区】右边信息栏最下方，分为笔、价、分、盘、势、指、值、筹，对应不同的信息栏小窗口显示内容。

【周期切换区】组合窗口下位于功能切换区的左侧，利用鼠标右键菜单、"["、"]"、F8 或工具栏动态图标按钮都可进行周期切换。

【游标】组合窗口中，鼠标或光标移动时对应 Y 轴及时间轴的变化，用蓝色显示。

【鼠标伴侣】鼠标停放在 K 线、指标、工具栏图标按钮或各种指示上时显示的黄色背景信息框。

【分析图信息对话框】分析图中左右箭头调出的随着光标移动，价格、数量等信息相应发生改变的对话框。

【思考与练习题】

1. 怎样利用盘口异动技术进行滚动操盘？举例说明。
2. 怎样制定滚动操盘技术的买入方案？请举例说明。
3. 怎样制定滚动操盘技术的卖出方案？请举例说明。
4. 在使用行情软件中你遇到什么困难？请告诉我们。

第八章

滚动操盘经典图谱

【本章学习要点】

1. 认真阅读本章所有经典图谱，并在实战中熟练运用。
2. 结合所学的内容，对照软件找出图谱，写下自己的心得体会。
3. 根据本章给出的图谱，反省自己以往操作中存在的问题。
4. 结合本章给出的图谱，坚持每天写滚动操盘日记和复盘作业。

第一节　盘口异动经典图谱

1. 向上跳空大幅度高开

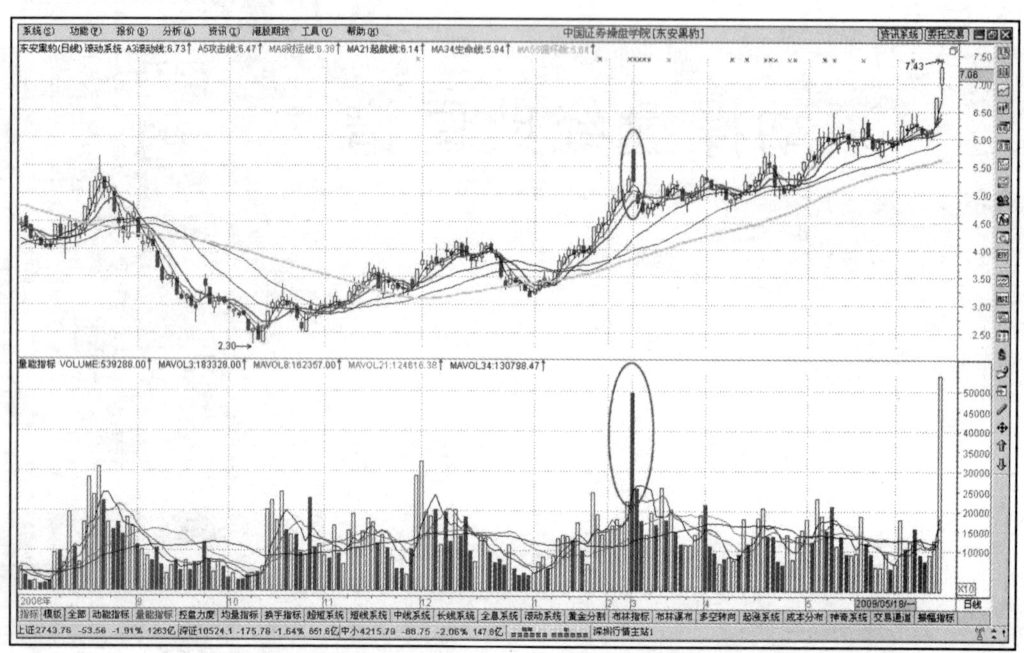

图【214】向上跳空大幅度高开日线图谱

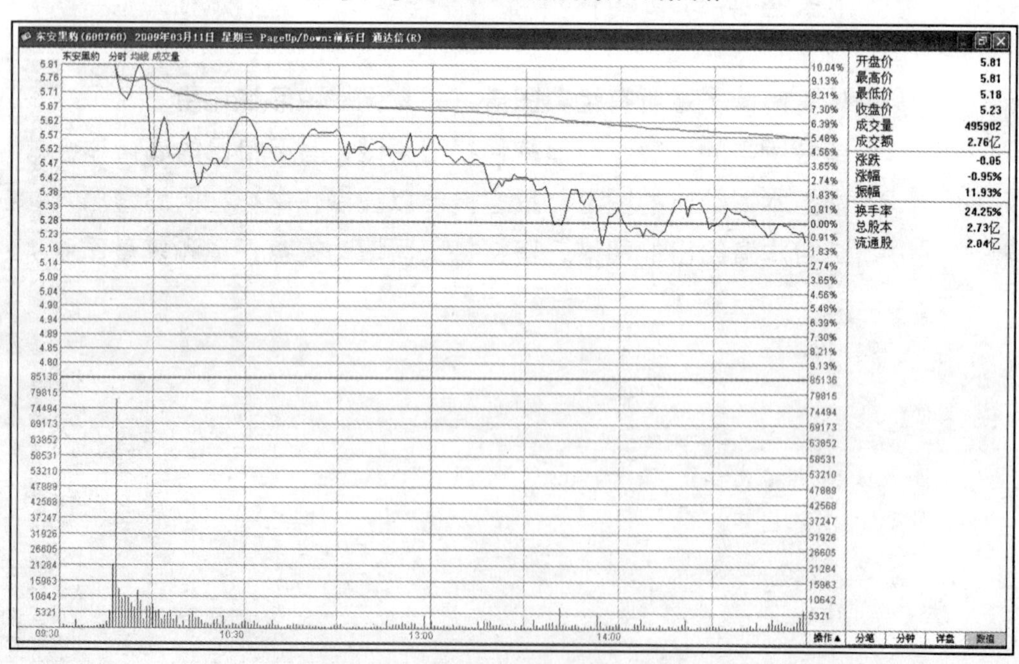

图【215】向上跳空大幅度高开分时图谱

【读图心得体会】

(1) 关于图【214】向上跳空大幅度高开日线图谱的读图心得体会

(2) 关于图【215】向上跳空大幅度高开分时图谱的读图心得体会

2. 向下跳空大幅度低开

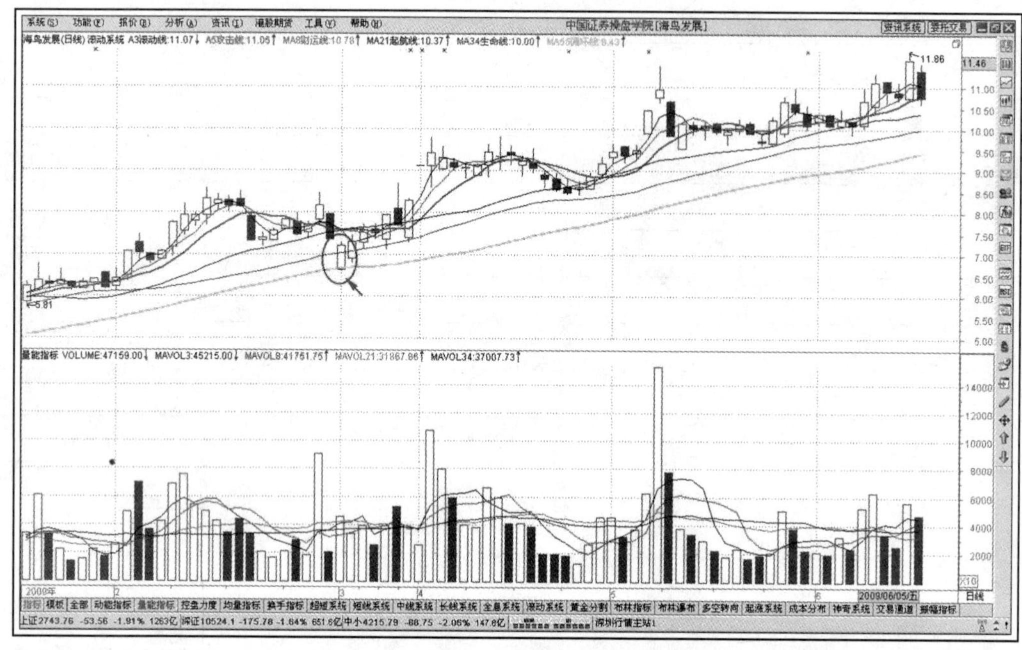

图【216】向下跳空大幅度低开日线图谱

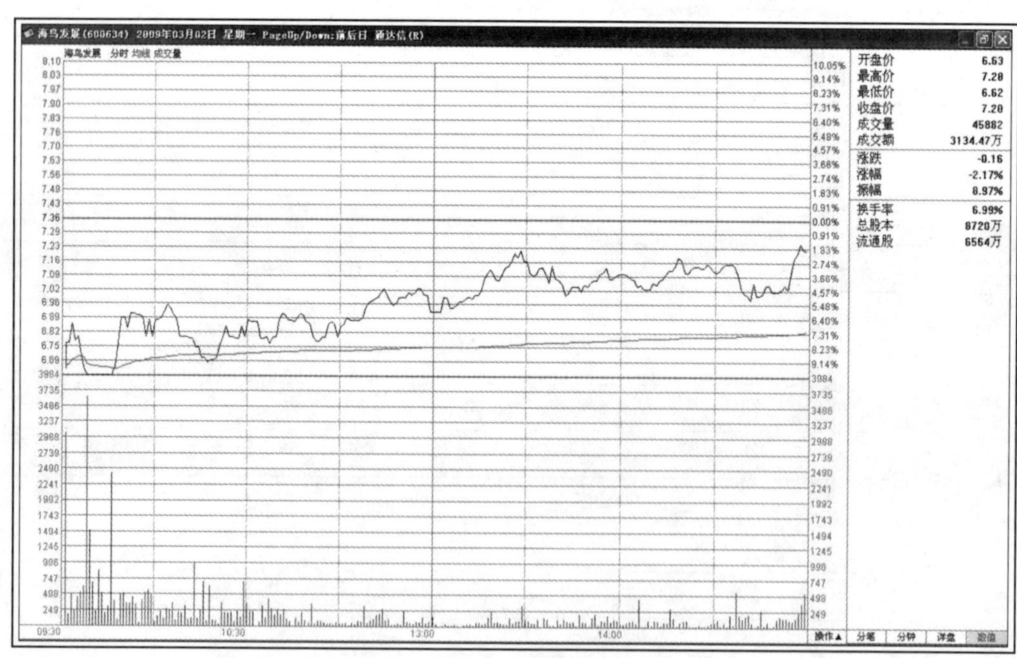

图【217】向下跳空大幅度低开分时图谱

【读图心得体会】

(1) 关于图【216】向下跳空大幅度低开日线图谱的读图心得体会

(2) 关于图【217】向下跳空大幅度低开分时图谱的读图心得体会

3. 盘中瞬间大幅度拉升

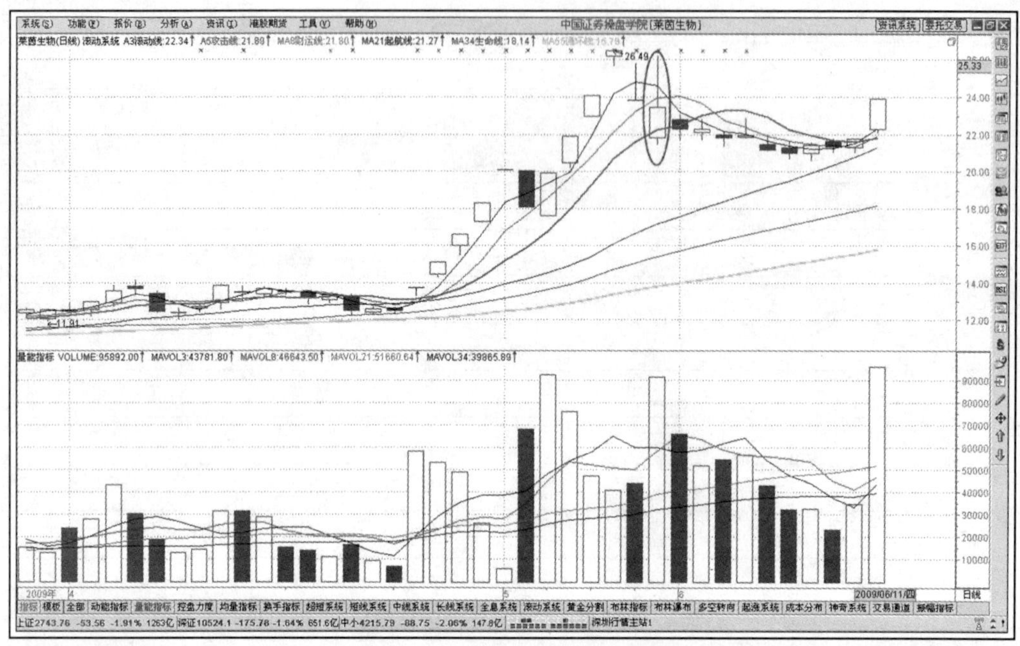

图【218】盘中瞬间大幅度拉升日线图谱

图【219】盘中瞬间大幅度拉升分时图谱

【读图心得体会】

（1）关于图【218】盘中瞬间大幅度拉升日线图谱的读图心得体会

（2）关于图【219】盘中瞬间大幅度拉升分时图谱的读图心得体会

4. 盘中瞬间大幅度打压

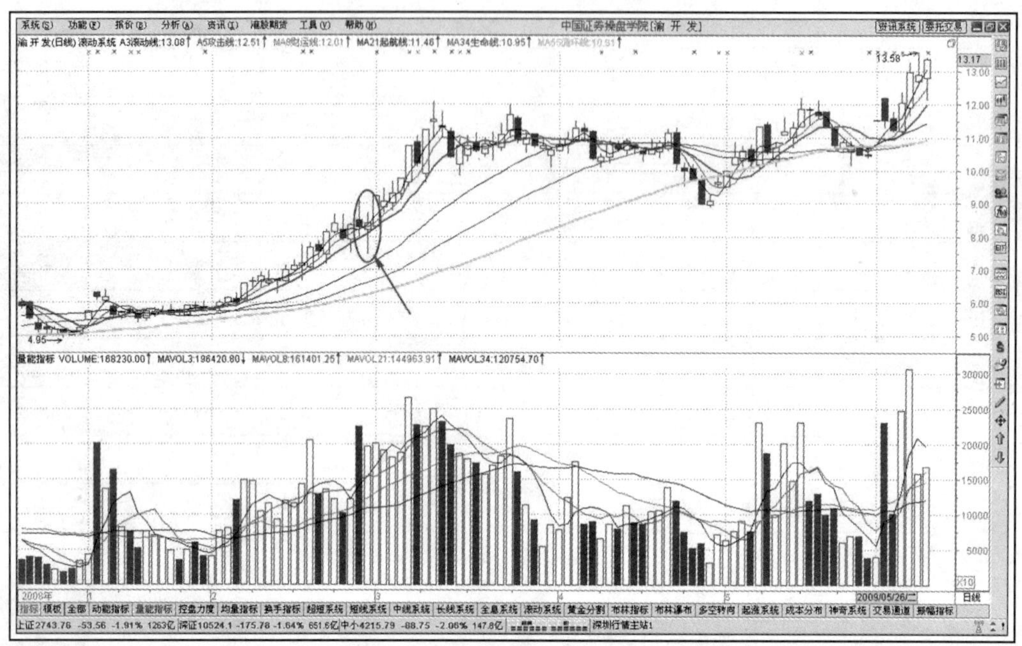

图【220】盘中瞬间大幅度打压日线图谱

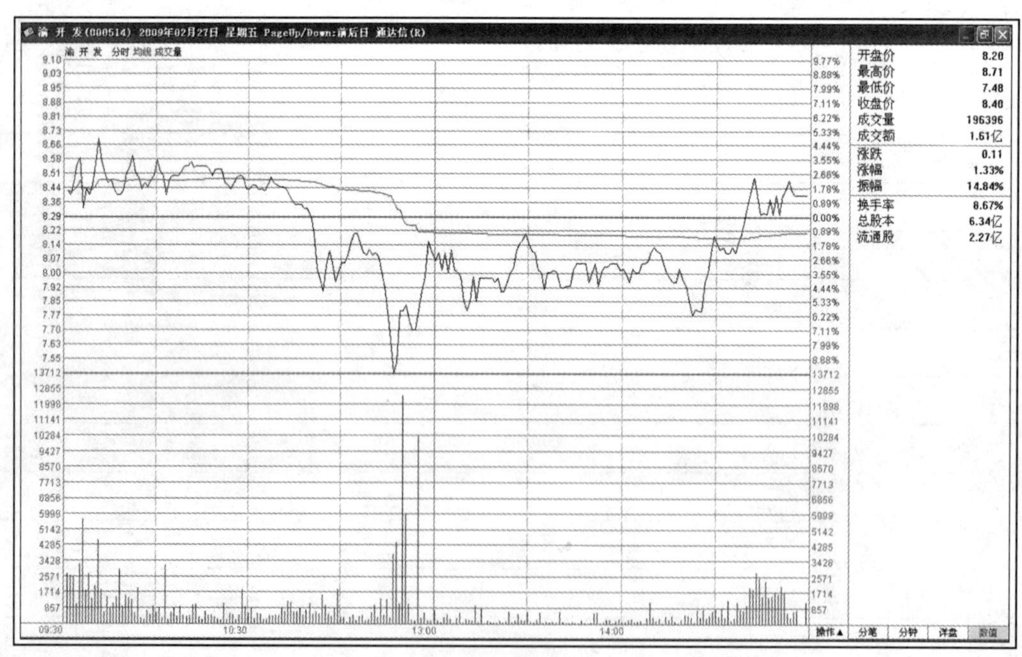

图【221】盘中瞬间大幅度打压分时图谱

【读图心得体会】

(1) 关于图【220】盘中瞬间大幅度打压日线图谱的读图心得体会

(2) 关于图【221】盘中瞬间大幅度打压分时图谱的读图心得体会

5. 大幅度拉高收盘

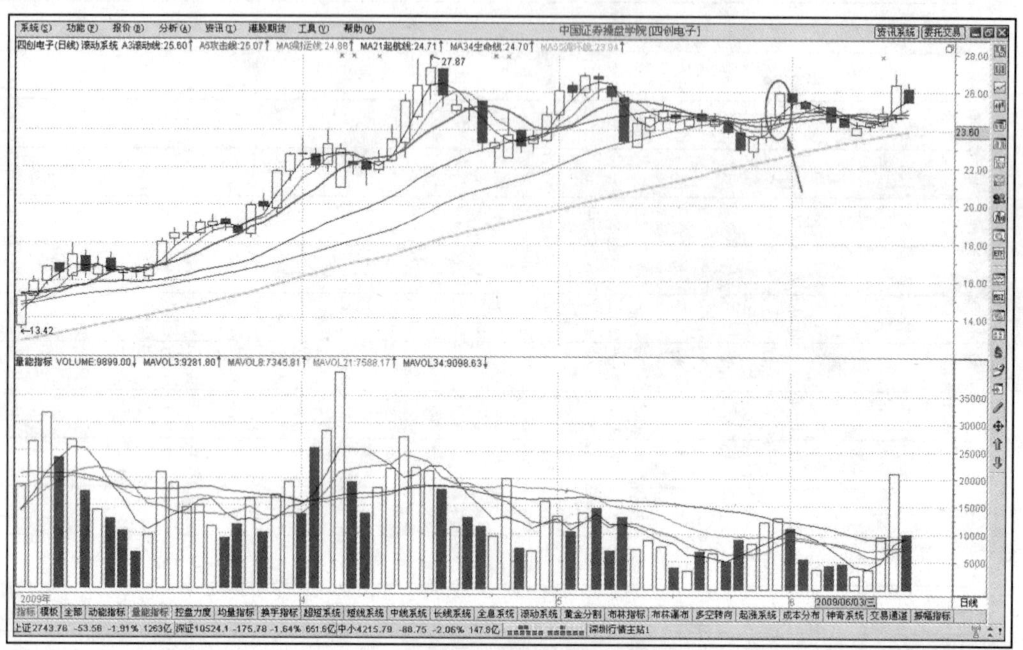

图【222】大幅度拉高收盘日线图谱

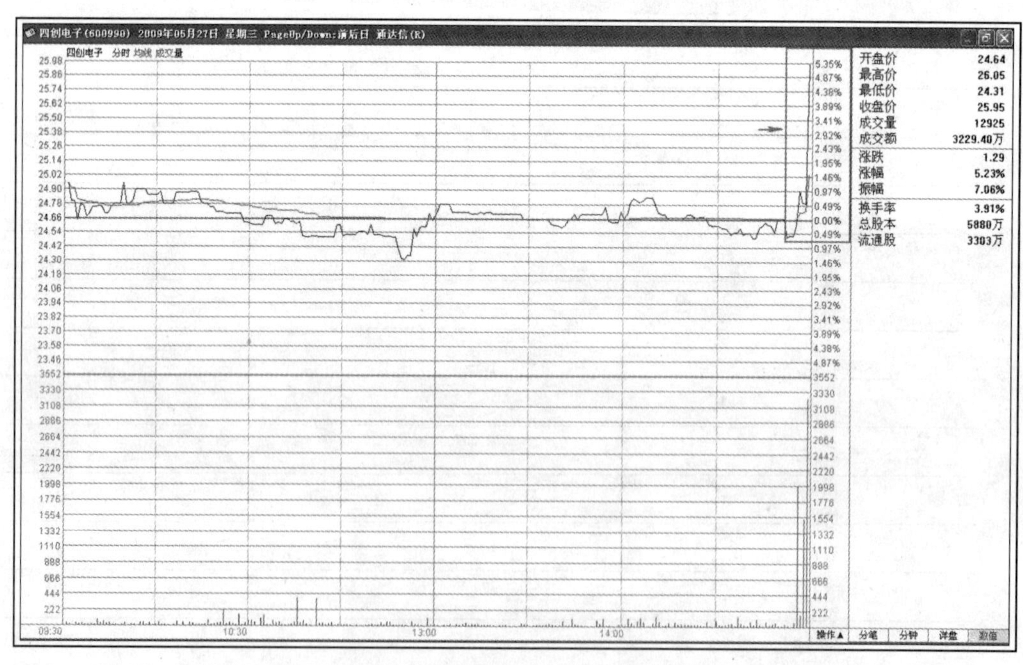

图【223】大幅度拉高收盘分时图谱

【读图心得体会】

（1）关于图【222】大幅度拉高收盘日线图谱的读图心得体会

（2）关于图【223】大幅度拉高收盘分时图谱的读图心得体会

6. 大幅度压低收盘

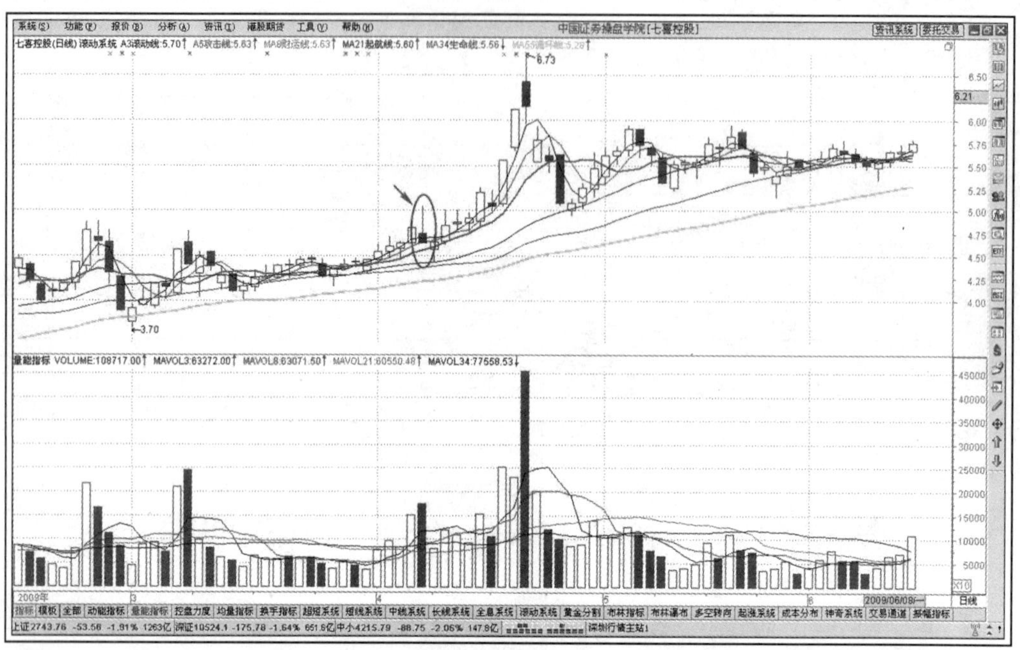

图【224】大幅度压低收盘日线图谱

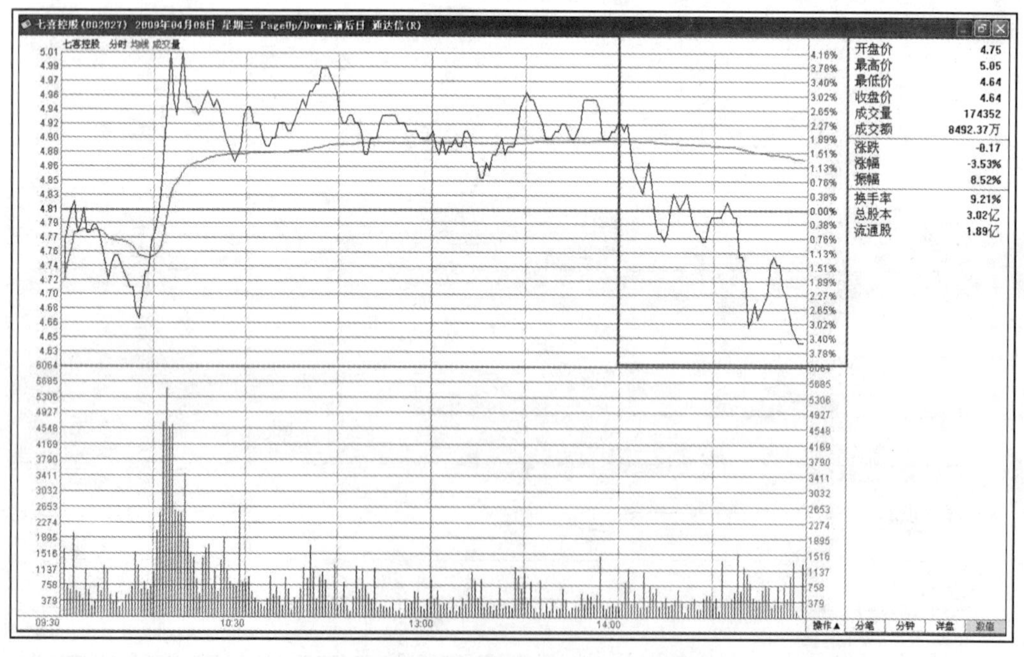

图【225】大幅度压低收盘分时图谱

【读图心得体会】

（1）关于图【224】大幅度压低收盘日线图谱的读图心得体会

（2）关于图【225】大幅度压低收盘分时图谱的读图心得体会

第二节　买入信号经典图谱

1. 底部区域出水芙蓉买入信号

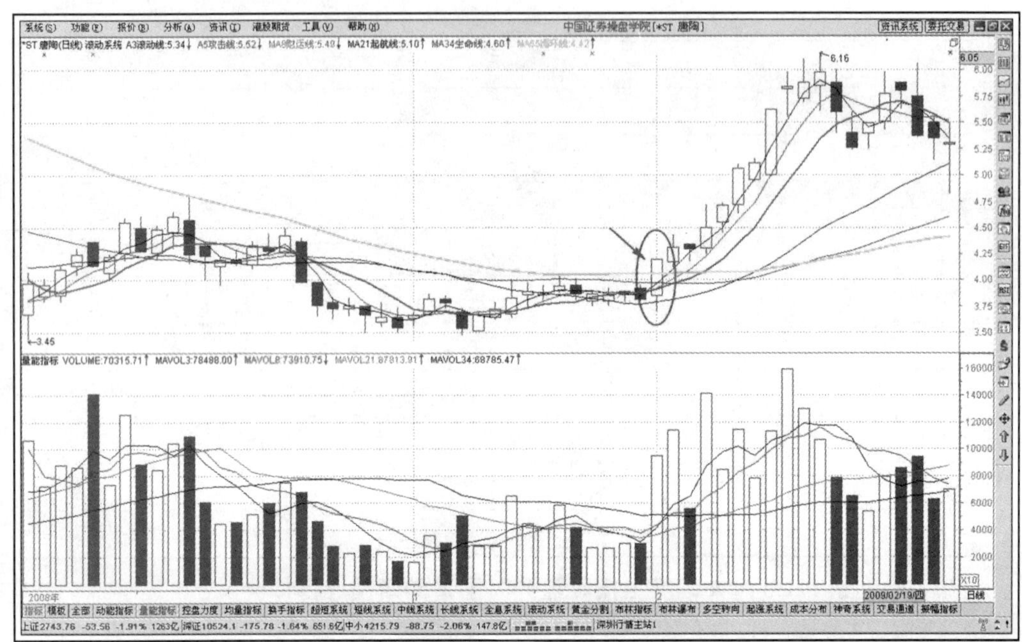

图【226】底部区域芙蓉出水买入信号日线图谱

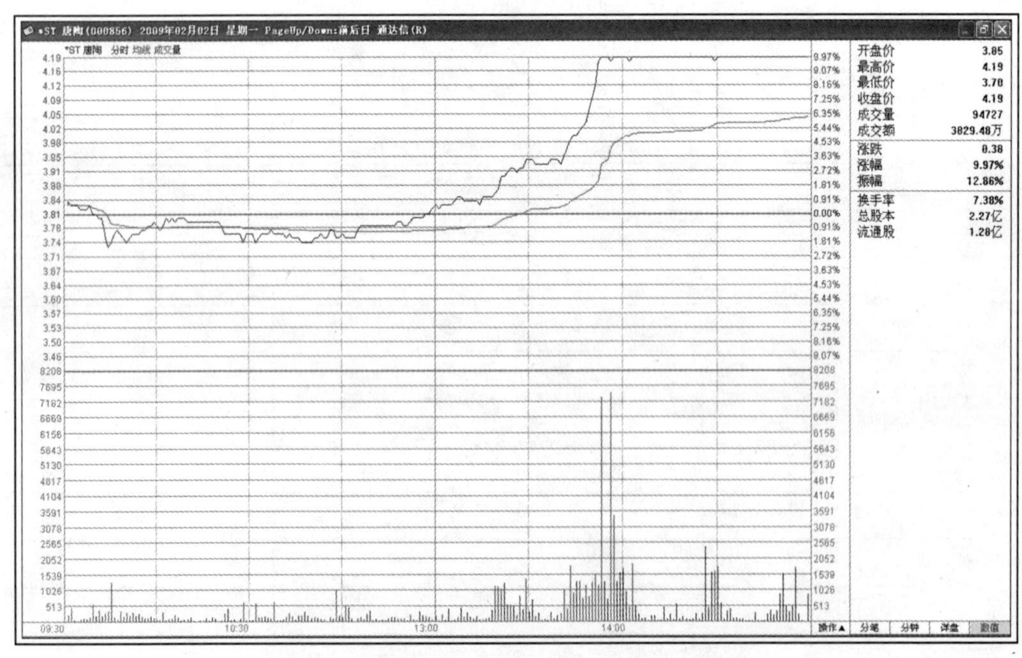

图【227】底部区域芙蓉出水买入信号分时图谱

【读图心得体会】

（1）关于图【226】底部区域芙蓉出水买入信号日线图谱的读图心得体会

（2）关于图【227】底部区域芙蓉出水买入信号分时图谱的读图心得体会

2. 曙光初现，旭日东升买入信号

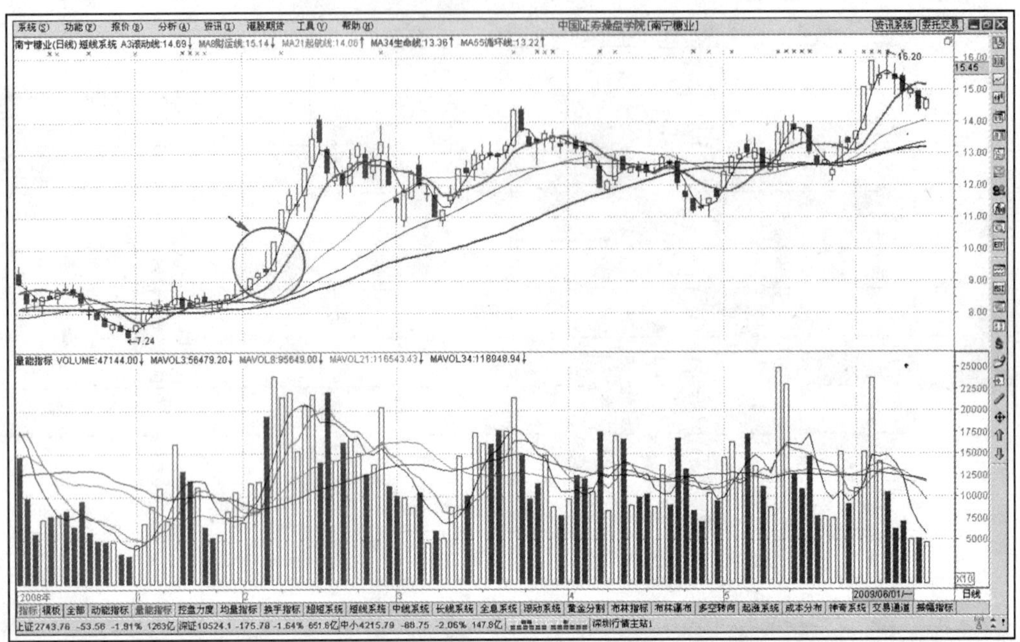

图【228】曙光初现，旭日东升买入信号日线图谱

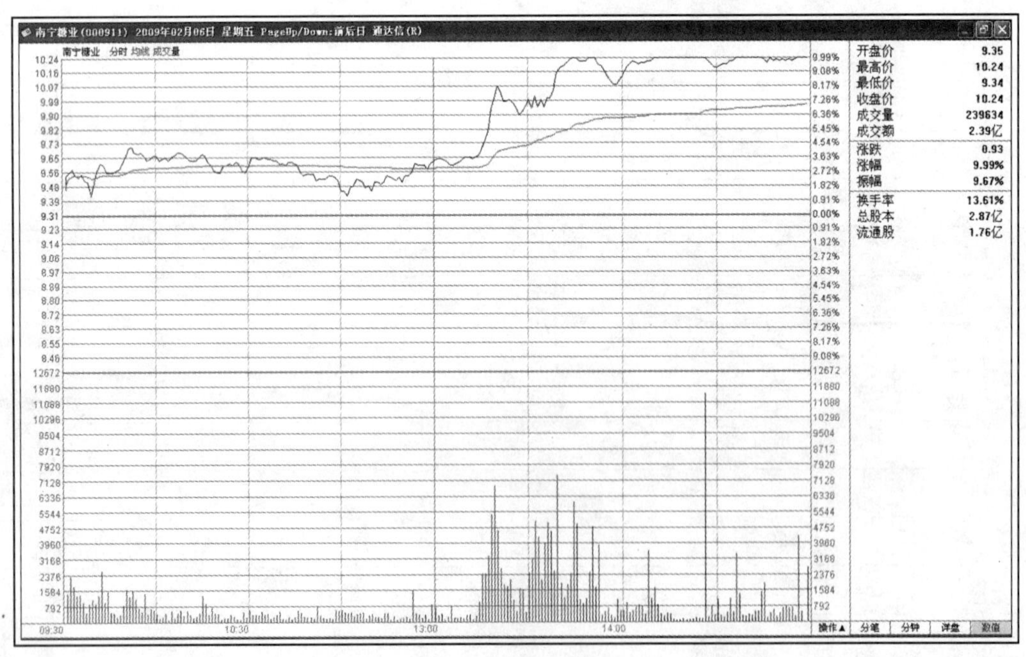

图【229】曙光初现，旭日东升买入信号分时图谱

【读图心得体会】

(1) 关于图【228】曙光初现，旭日东升买入信号日线图谱的读图心得体会

(2) 关于图【229】曙光初现，旭日东升买入信号分时图谱的读图心得体会

3. 筑底平台向上突破买入信号

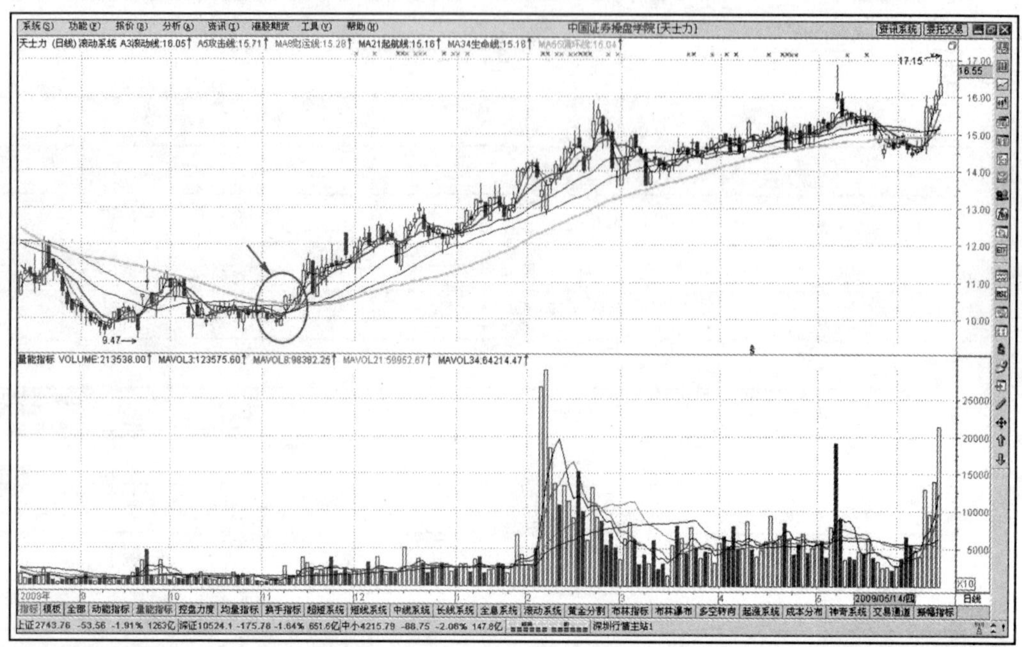

图【230】筑底平台向上突破买入信号日线图谱

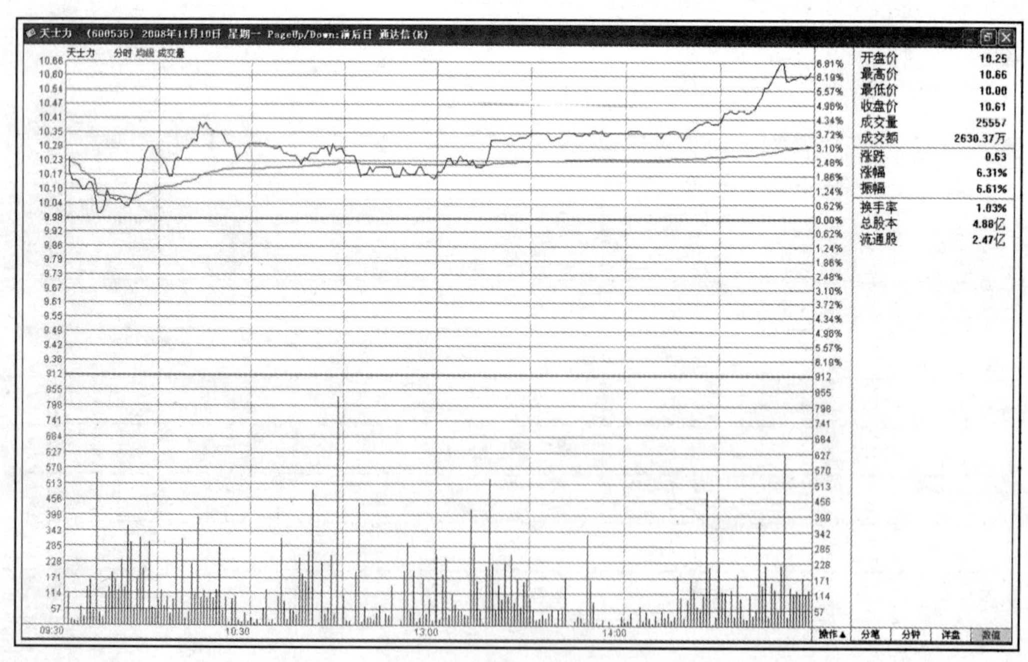

图【231】筑底平台向上突破买入信号分时图谱

【读图心得体会】

(1) 关于图【230】筑底平台向上突破买入信号日线图谱的读图心得体会

(2) 关于图【231】筑底平台向上突破买入信号分时图谱的读图心得体会

4. 均线粘合三线开花买入信号

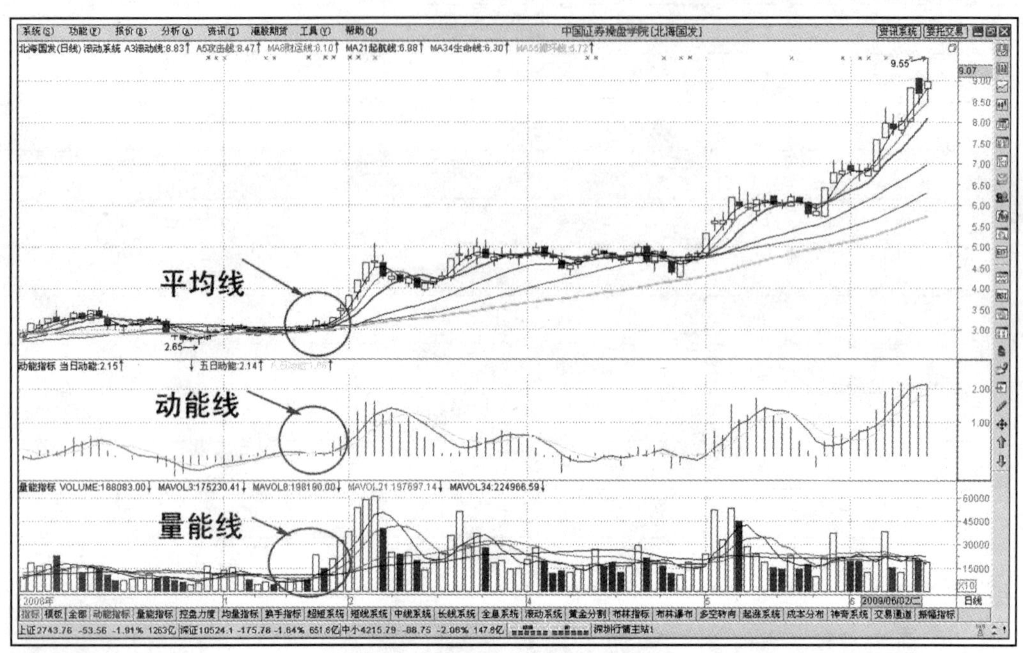

图【232】均线粘合三线开花买入信号日线图谱

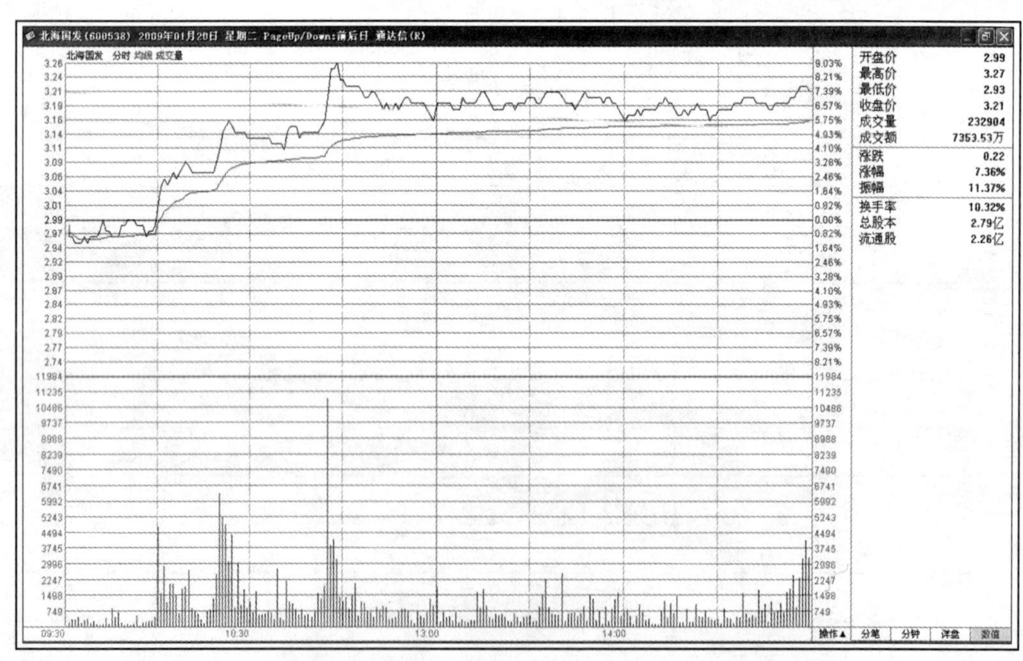

图【233】均线粘合三线开花买入信号分时图谱

【读图心得体会】

（1）关于图【232】均线粘合三线开花买入信号日线图谱的读图心得体会

（2）关于图【233】均线粘合三线开花买入信号分时图谱的读图心得体会

5. 关键点位梅开二度买入信号

图【234】关键点位梅开二度买入信号日线图谱

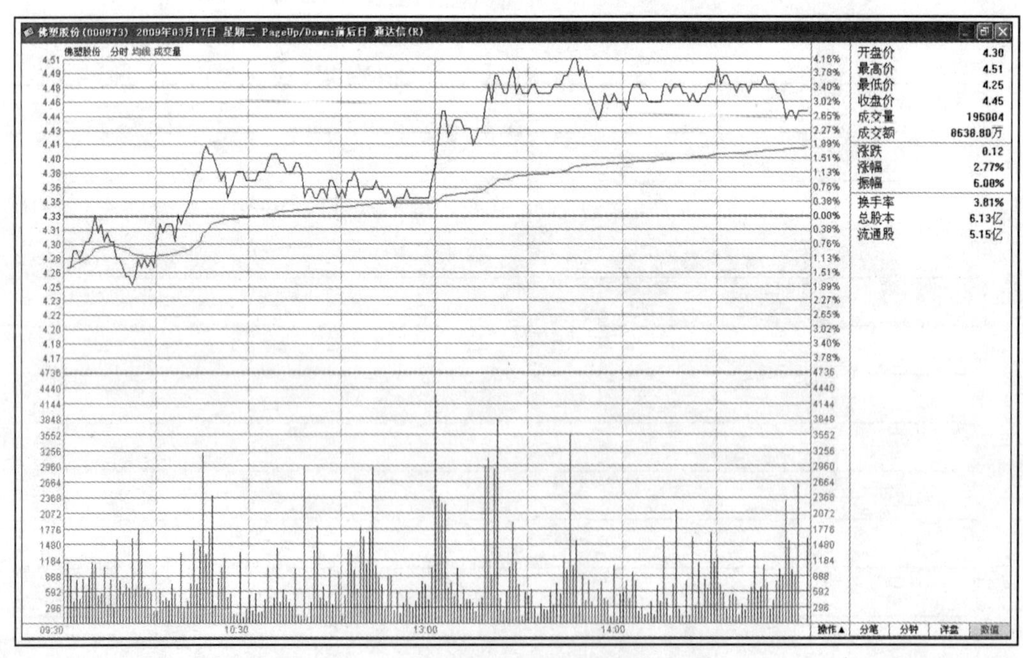

图【235】关键点位梅开二度买入信号分时图谱

【读图心得体会】

（1）关于图【234】关键点位梅开二度买入信号日线图谱的读图心得体会

（2）关于图【235】关键点位梅开二度买入信号分时图谱的读图心得体会

6. 多头趋势线上连阳买入信号

图【236】多头趋势线上连阳买入信号日线图谱

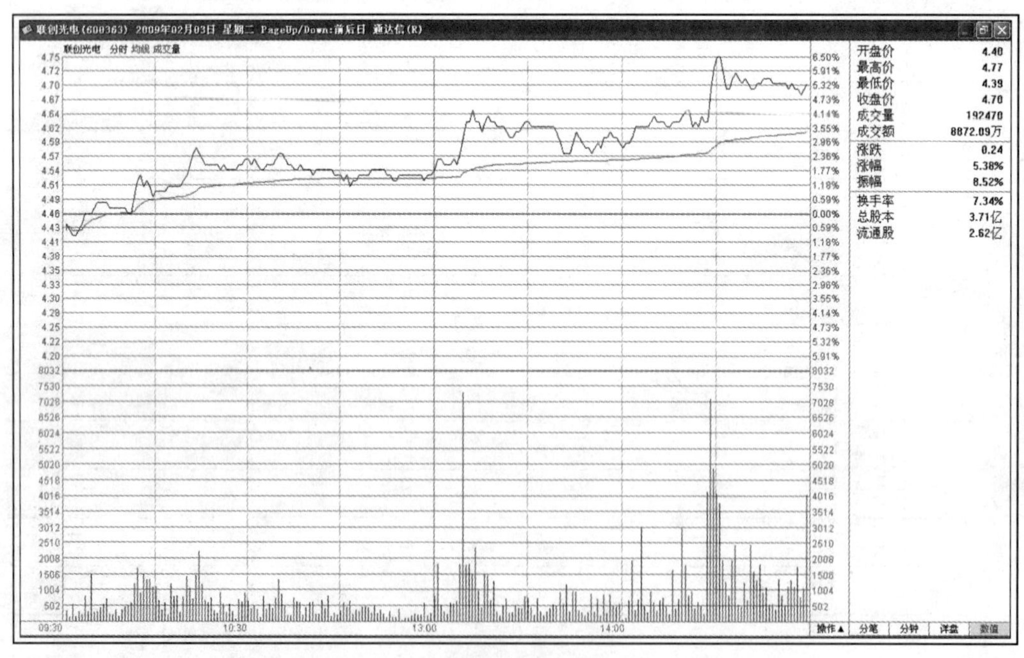

图【237】多头趋势线上连阳买入信号分时图谱

【读图心得体会】

（1）关于图【236】多头趋势线上连阳买入信号日线图谱的读图心得体会

（2）关于图【237】多头趋势线上连阳买入信号分时图谱的读图心得体会

第三节 卖出信号经典图谱

1. 高开低走巨量长阴卖出信号

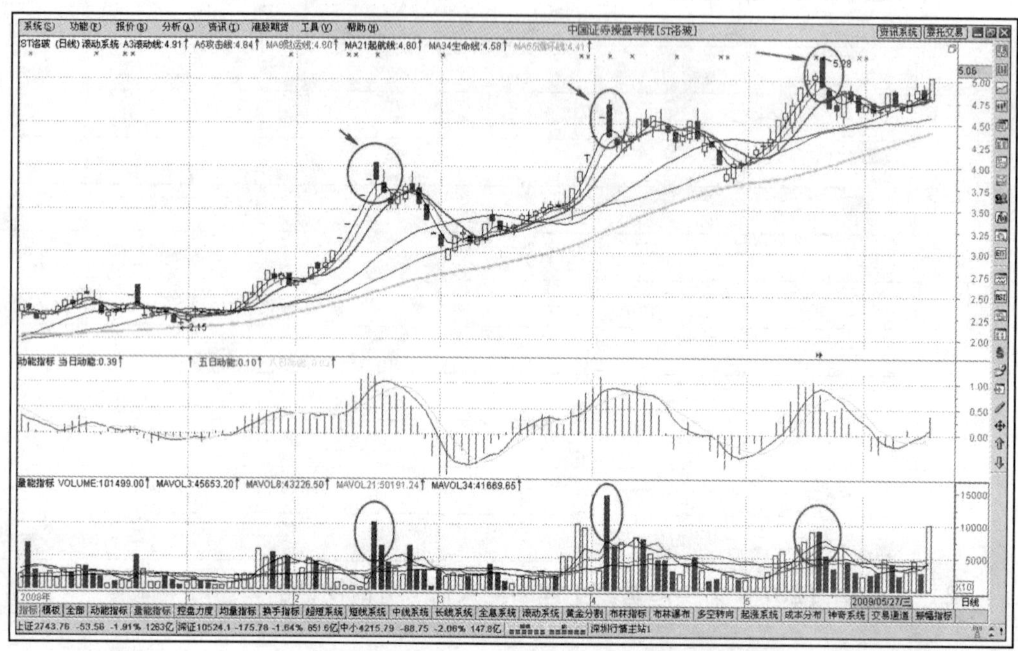

图【238】高开低走巨量长阴卖出信号日线图谱

图【239】高开低走巨量长阴卖出信号分时图谱

【读图心得体会】

（1）关于图【238】高开低走巨量长阴卖出信号日线图谱的读图心得体会

（2）关于图【239】高开低走巨量长阴卖出信号分时图谱的读图心得体会

2. 拉升末期穿头破脚卖出信号

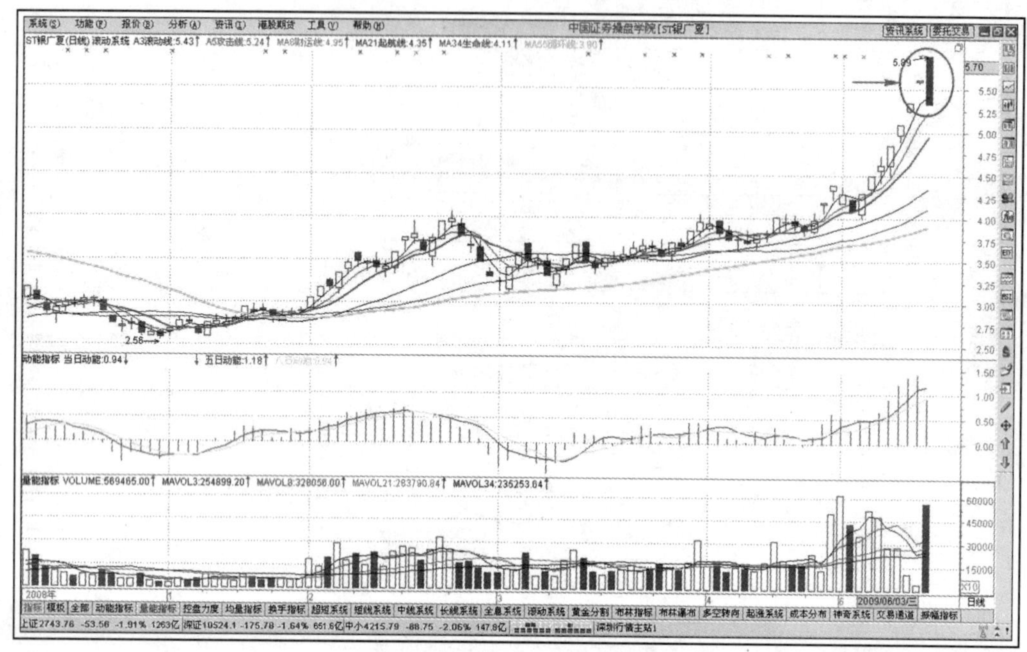

图【240】拉升末期穿头破脚卖出信号日线图谱

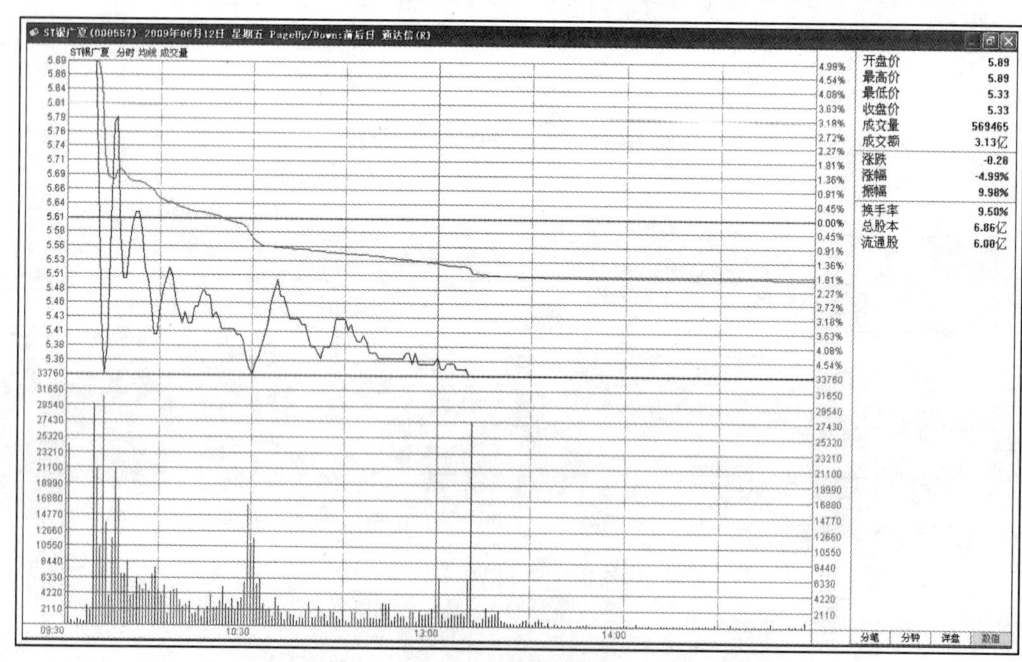

图【241】拉升末期穿头破脚卖出信号分时图谱

【读图心得体会】

（1）关于图【240】拉升末期穿头破脚卖出信号日线图谱的读图心得体会

（2）关于图【241】拉升末期穿头破脚卖出信号分时图谱的读图心得体会

3. 阶段高点乌云盖顶卖出信号

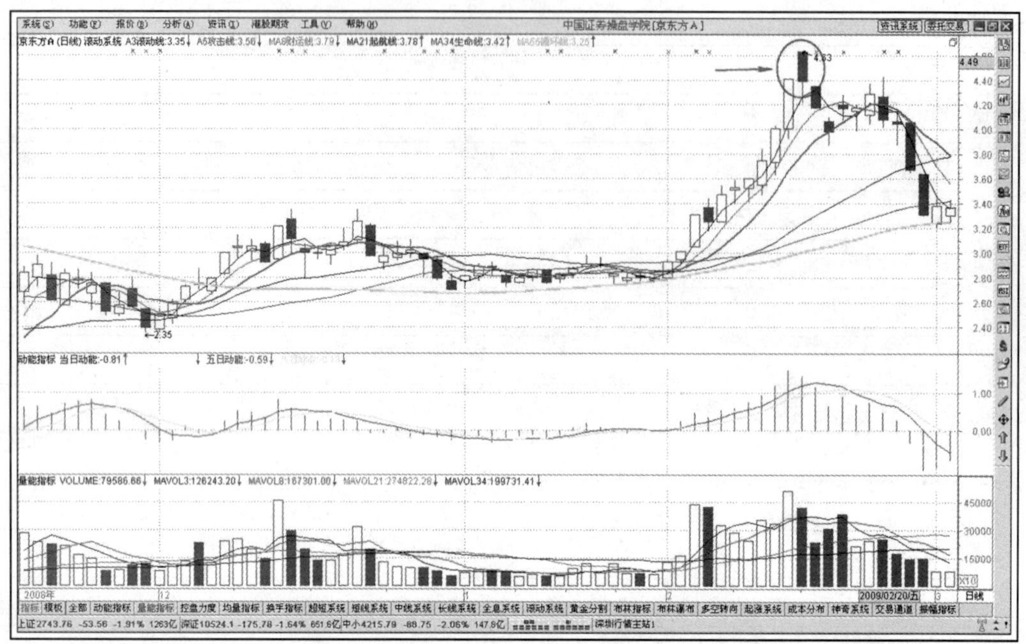

图【242】阶段高点乌云盖顶卖出信号日线图谱

图【243】阶段高点乌云盖卖出信号分时图谱

【读图心得体会】

（1）关于图【242】阶段高点乌云盖顶卖出信号日线图谱的读图心得体会

（2）关于图【243】阶段高点乌云盖顶卖出信号分时图谱的读图心得体会

4. 阶段高点长上影线卖出信号

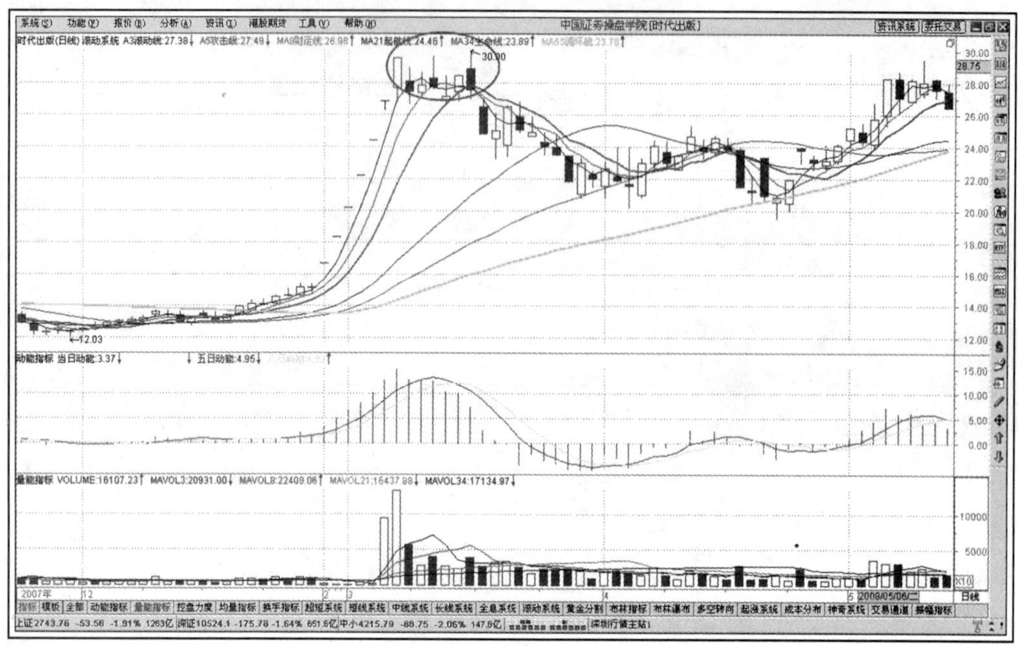

图【244】阶段高点长上影线卖出信号日线图谱

图【245】阶段高点长上影线卖出信号分时图谱

【读图心得体会】

(1) 关于图【244】阶段高点长上影线卖出信号日线图谱的读图心得体会

(2) 关于图【245】阶段高点长上影线卖出信号分时图谱的读图心得体会

5. 阶段高点三线死叉卖出信号

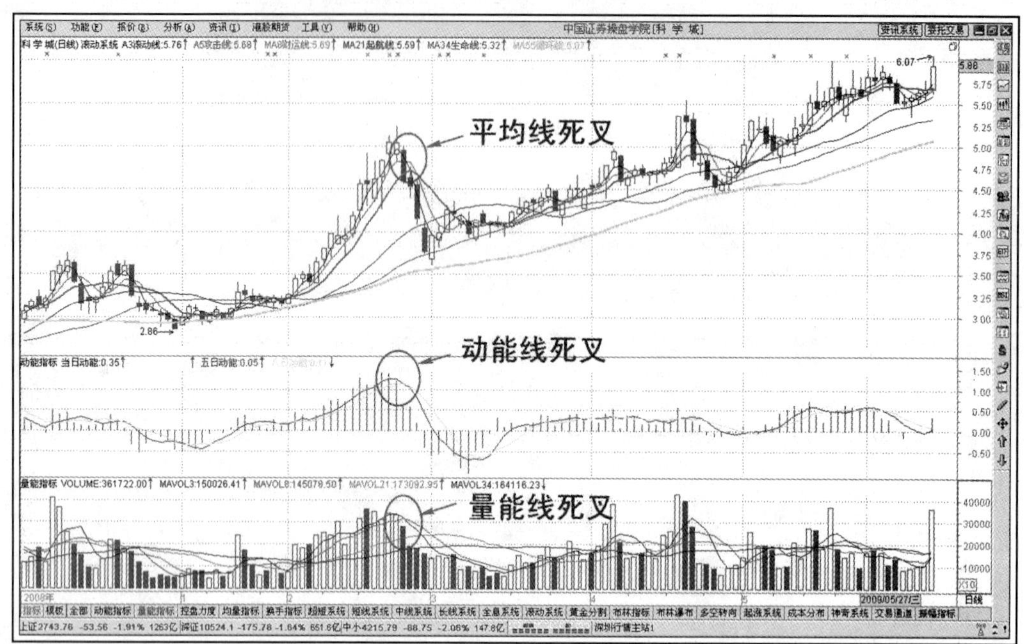

图【246】阶段高点三线死叉卖出信号日线图谱

图【247】阶段高点三线死叉卖出信号分时图谱

【读图心得体会】

（1）关于图【246】阶段高点三线死叉卖出信号日线图谱的读图心得体会

（2）关于图【247】阶段高点三线死叉卖出信号分时图谱的读图心得体会

6. 盘头阶段黄昏之星卖出信号

图【248】盘头阶段黄昏之星卖出信号日线图谱

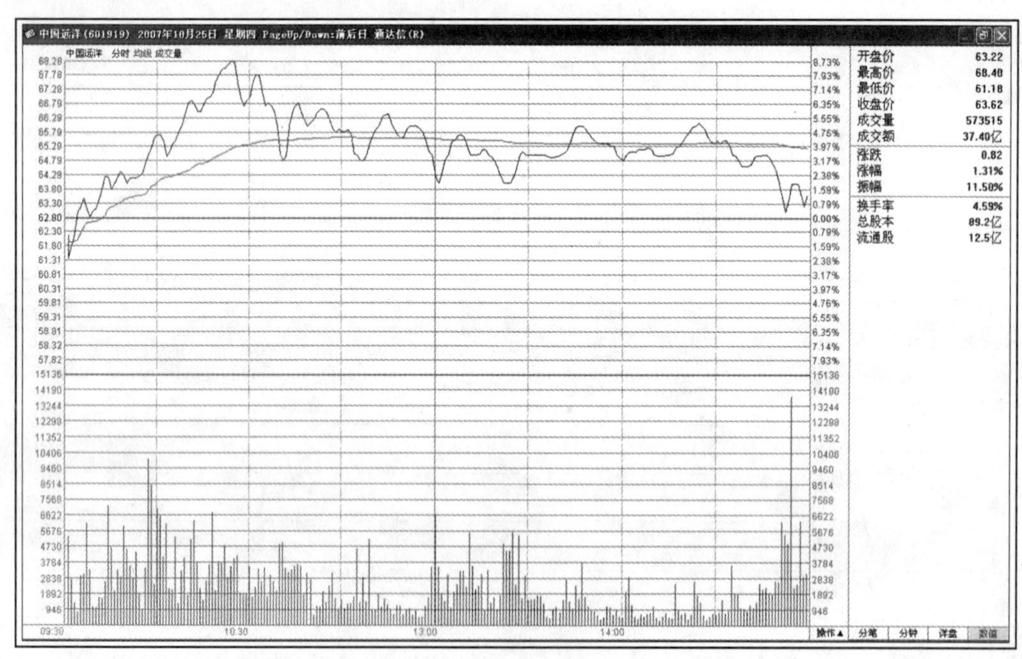

图【249】盘头阶段黄昏之星卖出信号分时图谱

【读图心得体会】

（1）关于图【248】盘头阶段黄昏之星卖出信号日线图谱的读图心得体会

（2）关于图【249】盘头阶段黄昏之星卖出信号分时图谱的读图心得体会

第四节　盘口波形经典图谱

1. 刺探军情的试盘波

图【250】刺探军情的试盘波日线图谱

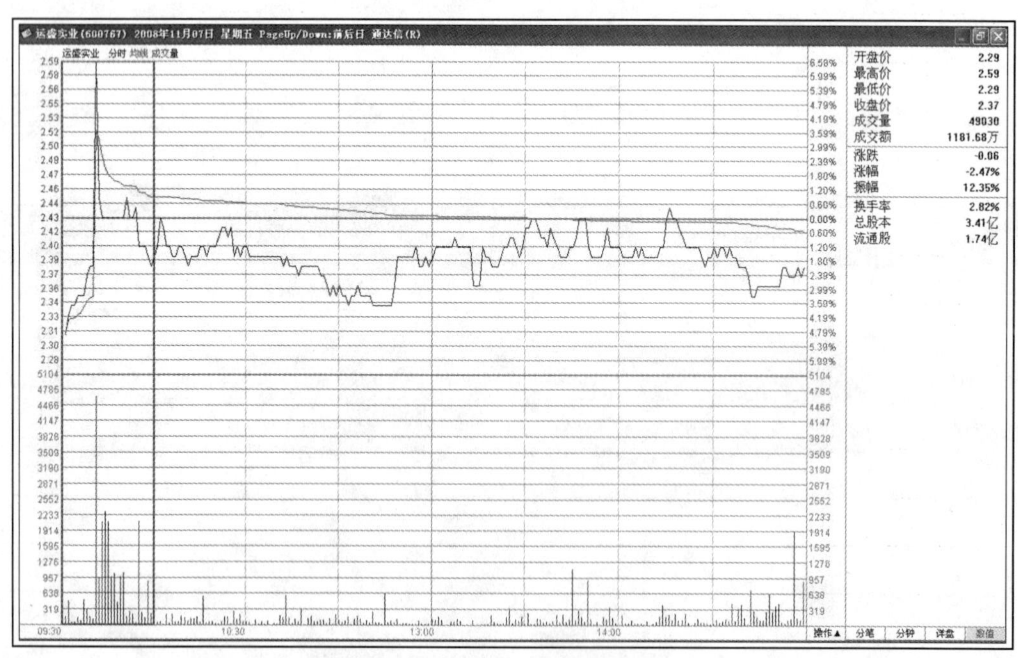

图【251】刺探军情的试盘波分时图谱

【读图心得体会】

（1）关于图【250】刺探军情的试盘波日线图谱的读图心得体会

（2）关于图【251】刺探军情的试盘波分时图谱的读图心得体会

2. 收集筹码的冲击波

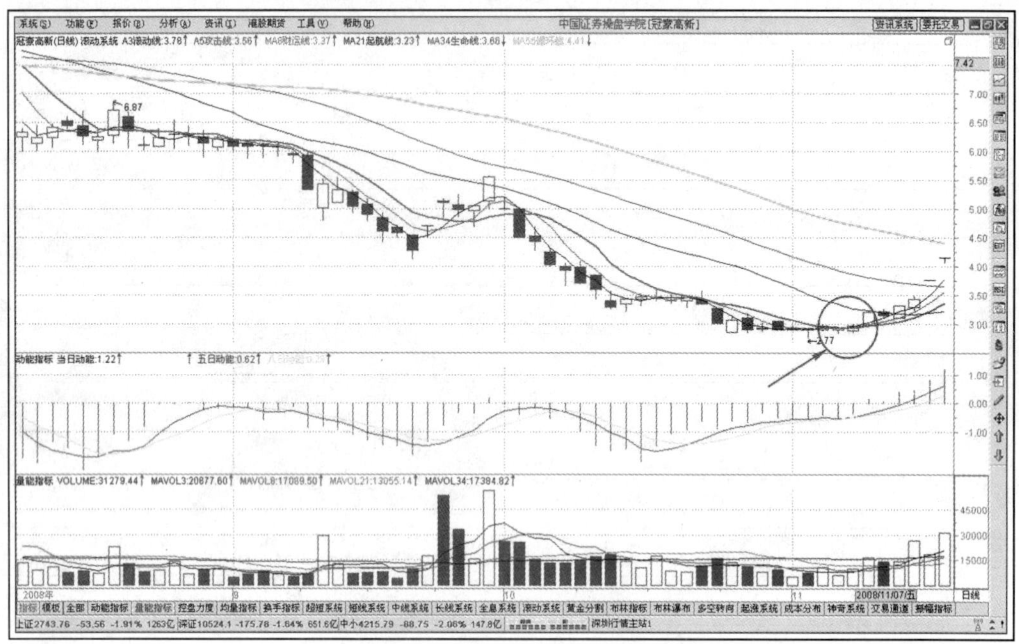

图【252】收集筹码的冲击波日线图谱

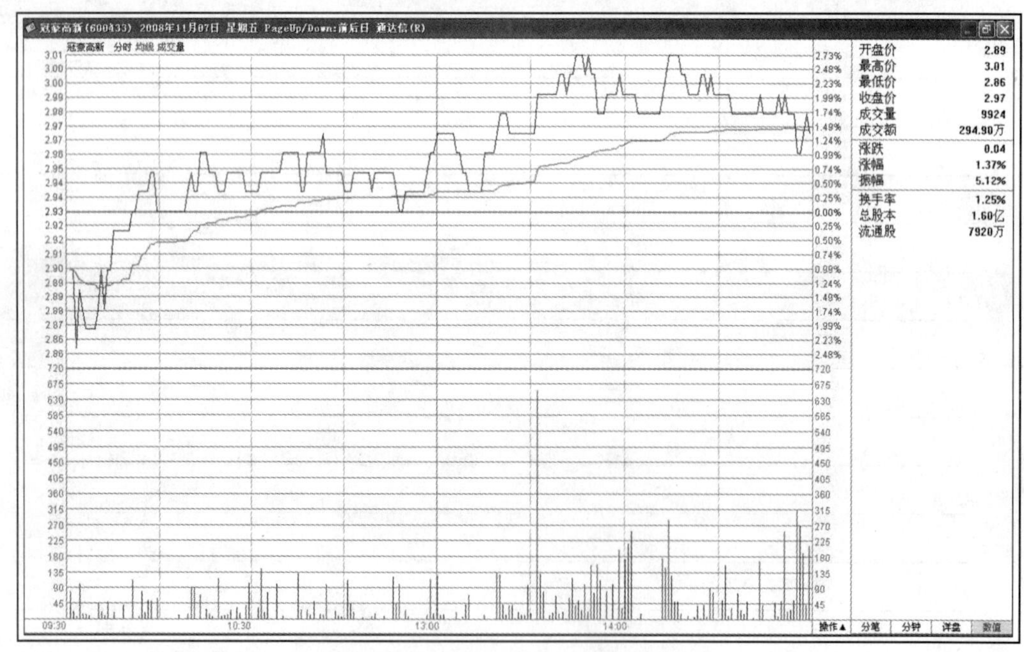

图【253】收集筹码的冲击波分时图谱

【读图心得体会】

（1）关于图【252】收集筹码的冲击波日线图谱的读图心得体会

（2）关于图【253】收集筹码的冲击波分时图谱的读图心得体会

3. 冲锋陷阵的攻击波

图【254】冲锋陷阵的攻击波日线图谱

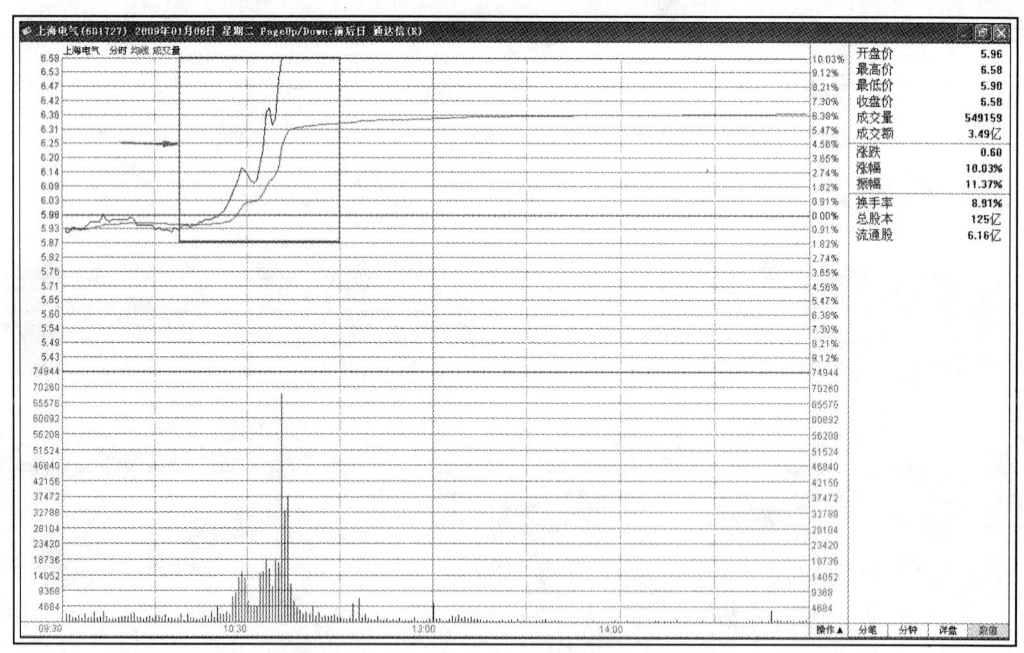

图【255】冲锋陷阵的攻击波分时图谱

【读图心得体会】

(1) 关于图【254】冲锋陷阵的攻击波日线图谱的读图心得体会

(2) 关于图【255】冲锋陷阵的攻击波分时图谱的读图心得体会

4. 制造陷阱的假升波

图【256】制造陷阱的假升波日线图谱

图【257】制造陷阱的假升波分时图谱

【读图心得体会】

（1）关于图【256】制造陷阱的假升波日线图谱的读图心得体会

（2）关于图【257】制造陷阱的假升波分时图谱的读图心得体会

5. 宣告控盘的脉冲波

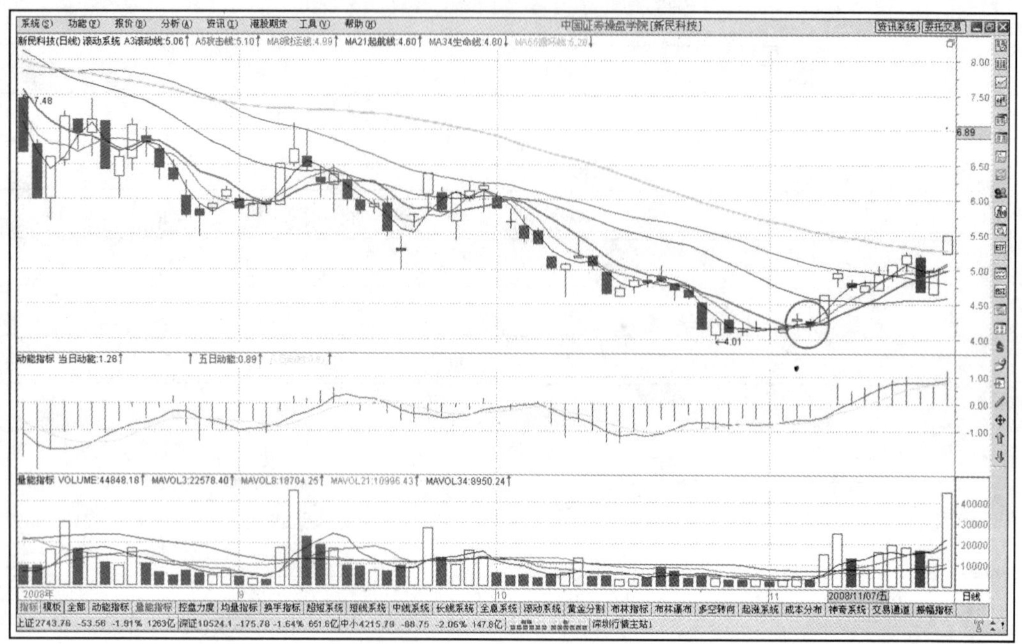

图【258】宣告控盘的脉冲波日线图谱

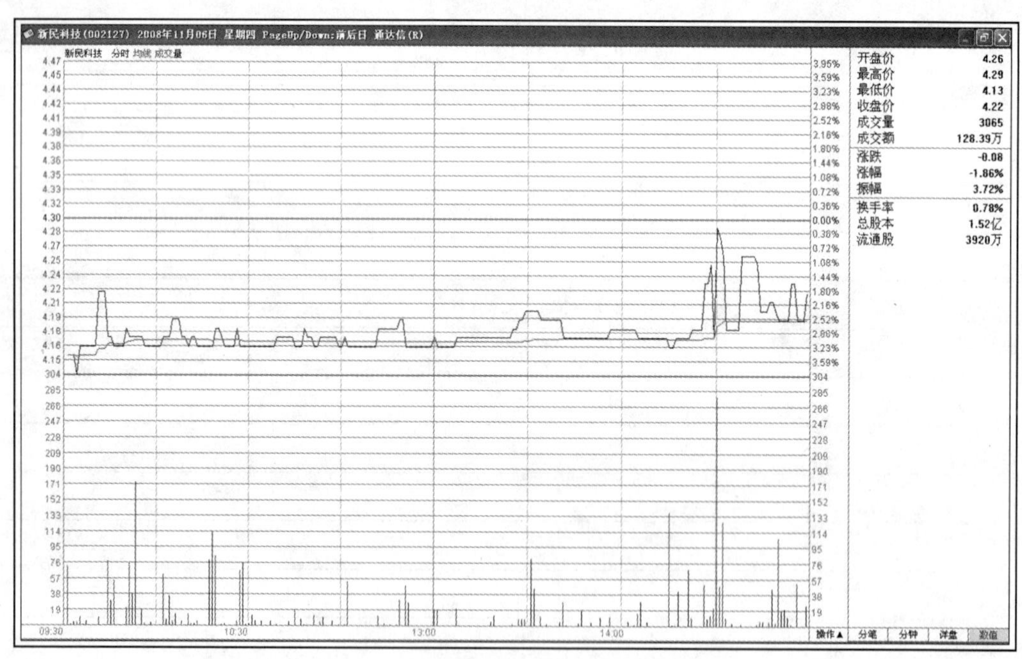

图【259】宣告控盘的脉冲波分时图谱

【读图心得体会】

(1) 关于图【258】宣告控盘的脉冲波日线图谱的读图心得体会

(2) 关于图【259】宣告控盘的脉冲波分时图谱的读图心得体会

6. 贱卖尾货的杀跌波

图【260】贱卖尾货的杀跌波日线图谱

图【261】贱卖尾货的杀跌波分时图谱

【读图心得体会】

（1）关于图【260】贱卖尾货的杀跌波日线图谱的读图心得体会

（2）关于图【261】贱卖尾货的杀跌波分时图谱的读图心得体会

第五节 量峰结构经典图谱

1. 地量结构的呆滞型量峰

图【262】地量结构的呆滞型量峰日线图谱

图【263】地量结构的呆滞型量峰分时图谱

【读图心得体会】

(1) 关于图【262】地量结构的呆滞型量峰日线图谱的读图心得体会

(2) 关于图【263】地量结构的呆滞型量峰分时图谱的读图心得体会

2. 火力侦察的冲击型量峰

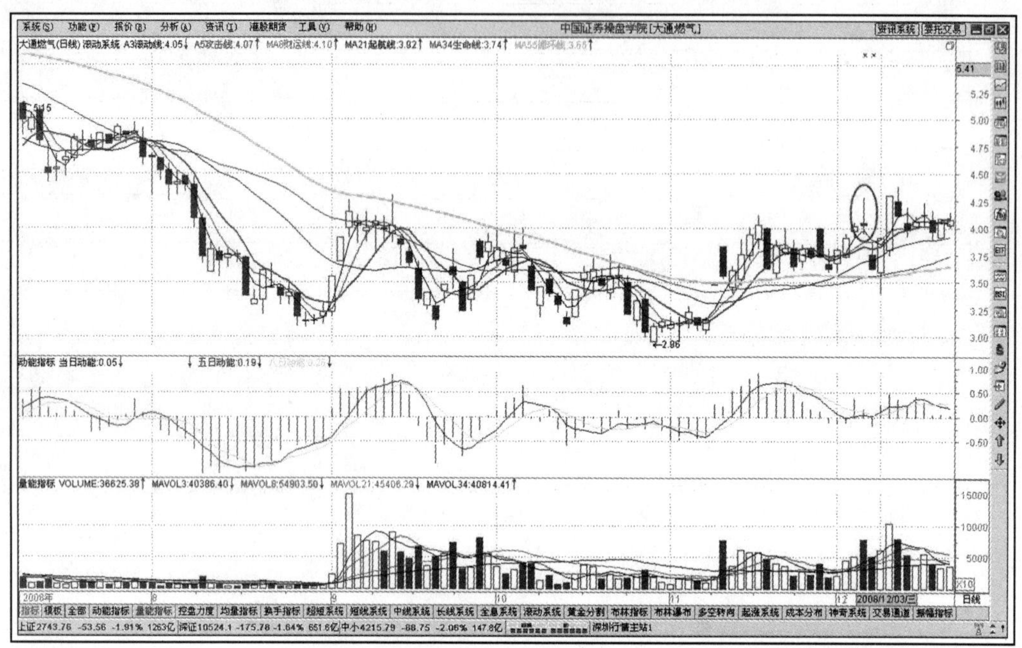

图【264】火力侦查的冲击型量峰日线图谱

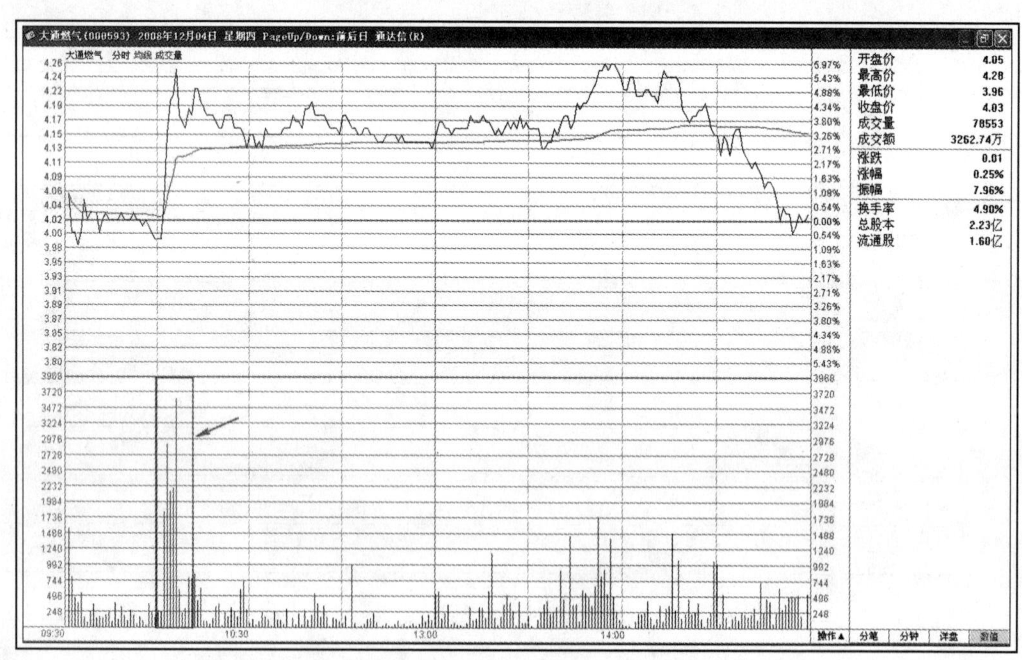

图【265】火力侦查的冲击型量峰分时图谱

【读图心得体会】

（1）关于图【264】火力侦查的冲击型量峰日线图谱的读图心得体会

（2）关于图【265】火力侦查的冲击型量峰分时图谱的读图心得体会

3. 攻城拔寨的攻击型量峰

图【266】攻城拔寨的攻击型量峰日线图谱

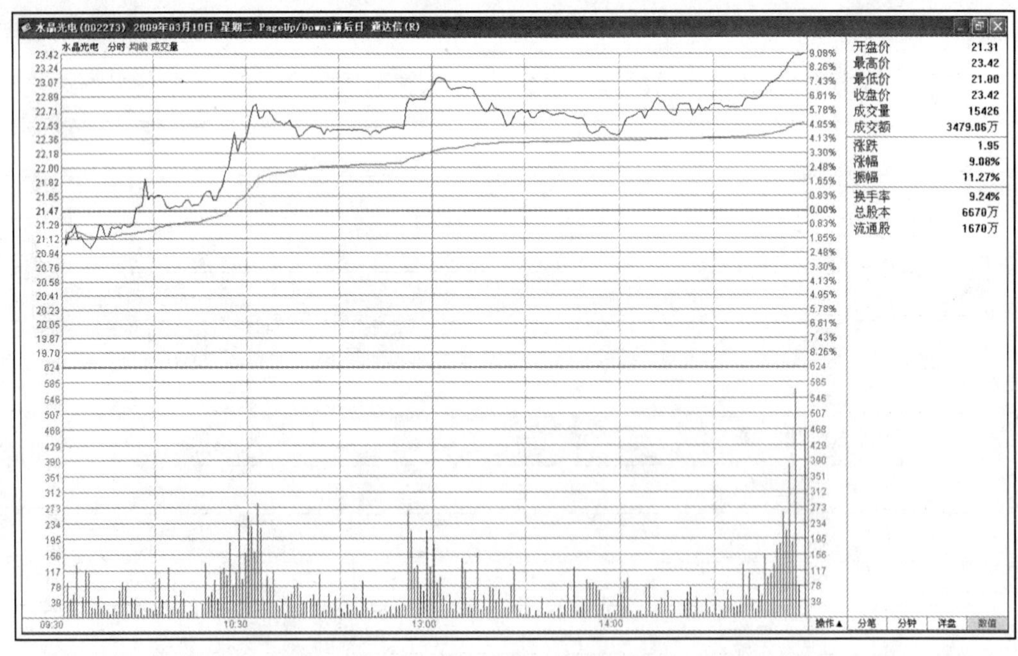

图【267】攻城拔寨的攻击型量峰分时图谱

【读图心得体会】

（1）关于图【266】攻城拔寨的攻击型量峰日线图谱的读图心得体会

（2）关于图【267】攻城拔寨的攻击型量峰分时图谱的读图心得体会

4. 瞒天过海的萎缩型量峰

图【268】瞒天过海的萎缩型量峰日线图谱

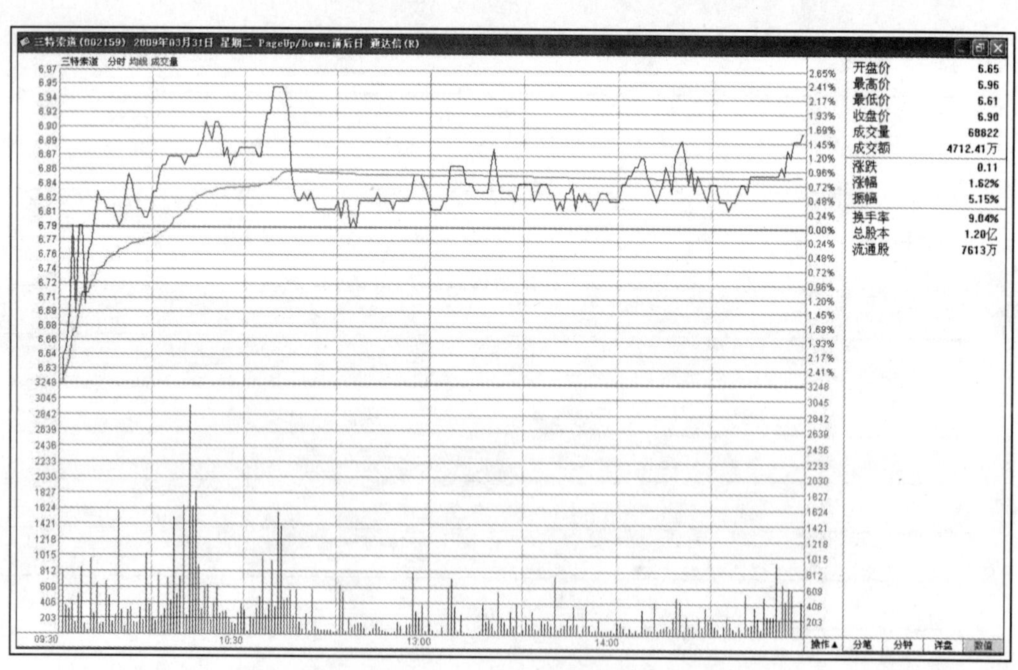

图【269】瞒天过海的萎缩型量峰分时图谱

【读图心得体会】

（1）关于图【268】瞒天过海的萎缩型量峰日线图谱的读图心得体会

（2）关于图【269】瞒天过海的萎缩型量峰分时图谱的读图心得体会

5. 虚情假意的诱多型量峰

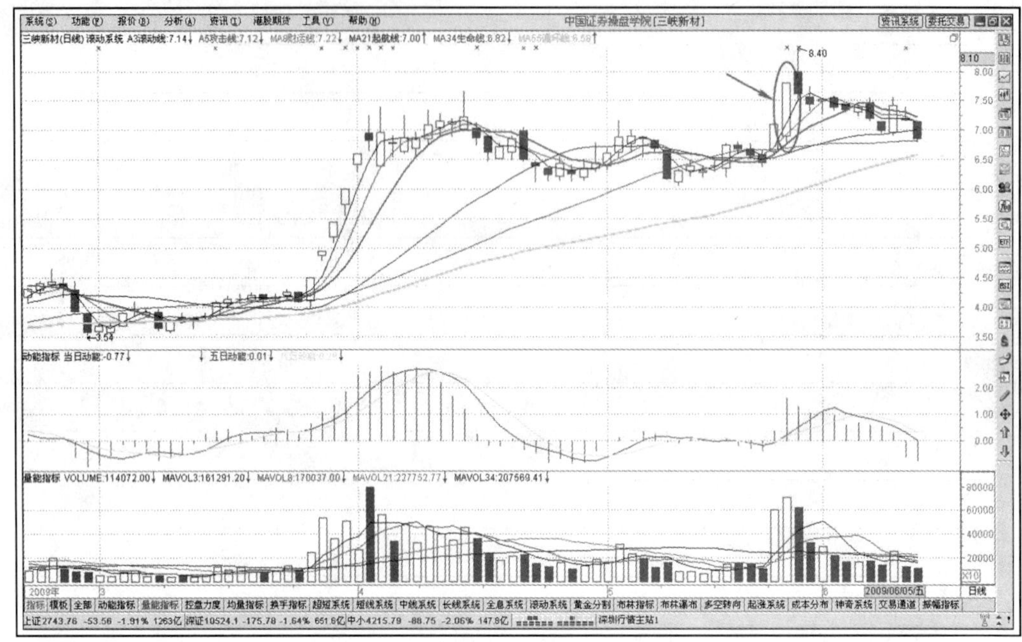

图【270】虚情假意的诱多型量峰日线图谱

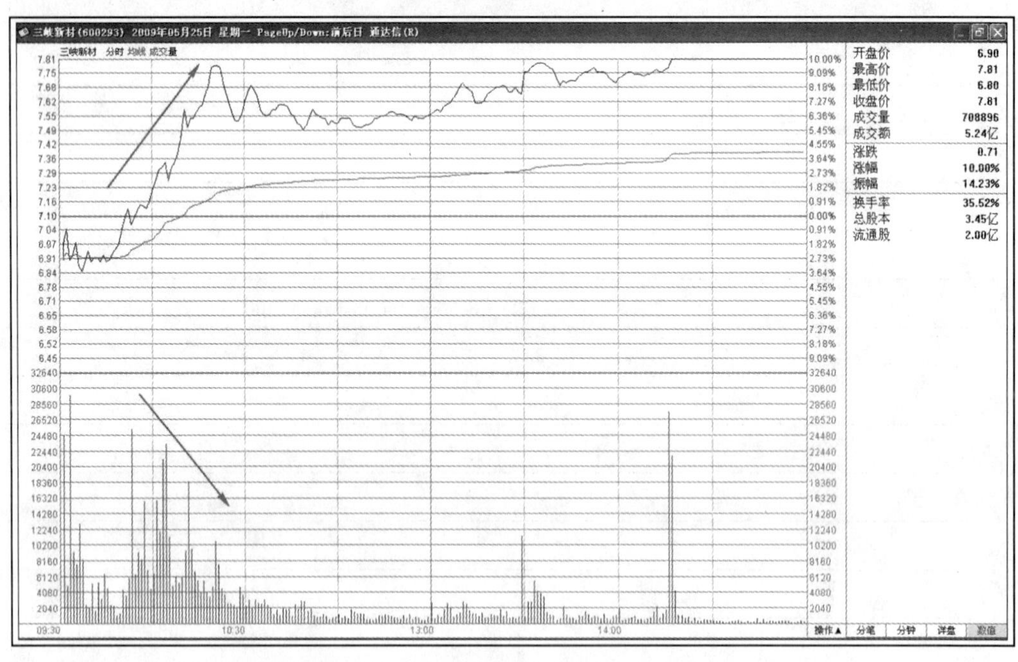

图【271】虚情假意的诱多型量峰分时图谱

【读图心得体会】

（1）关于图【270】虚情假意的诱多型量峰日线图谱的读图心得体会

（2）关于图【271】虚情假意的诱多型量峰分时图谱的读图心得体会

6. 真戏假做的诱空型量峰

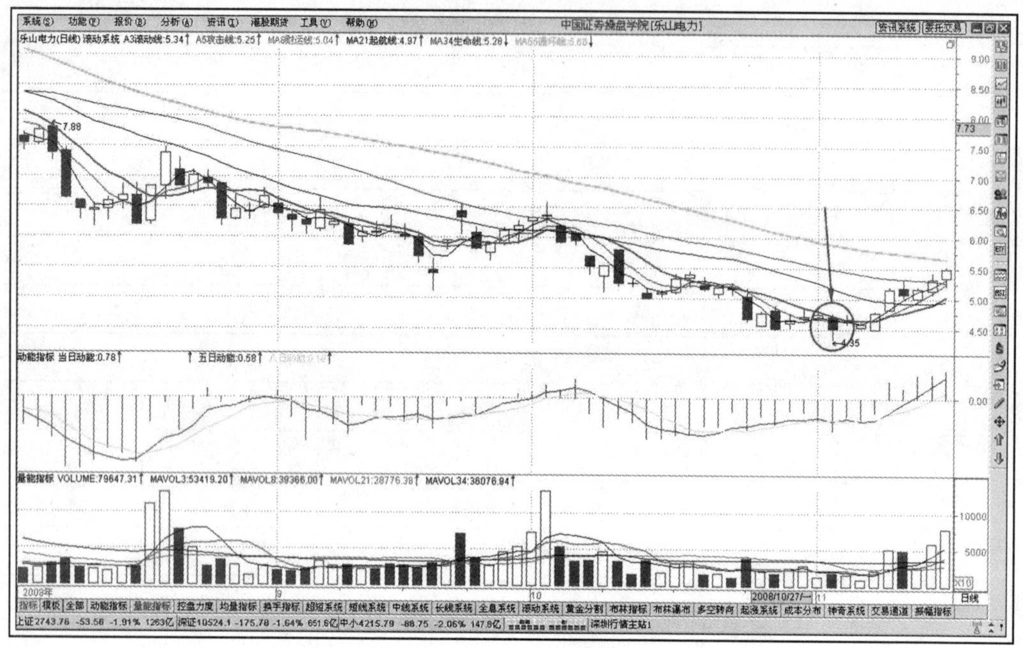

图【272】真戏假做的诱空型量峰日线图谱

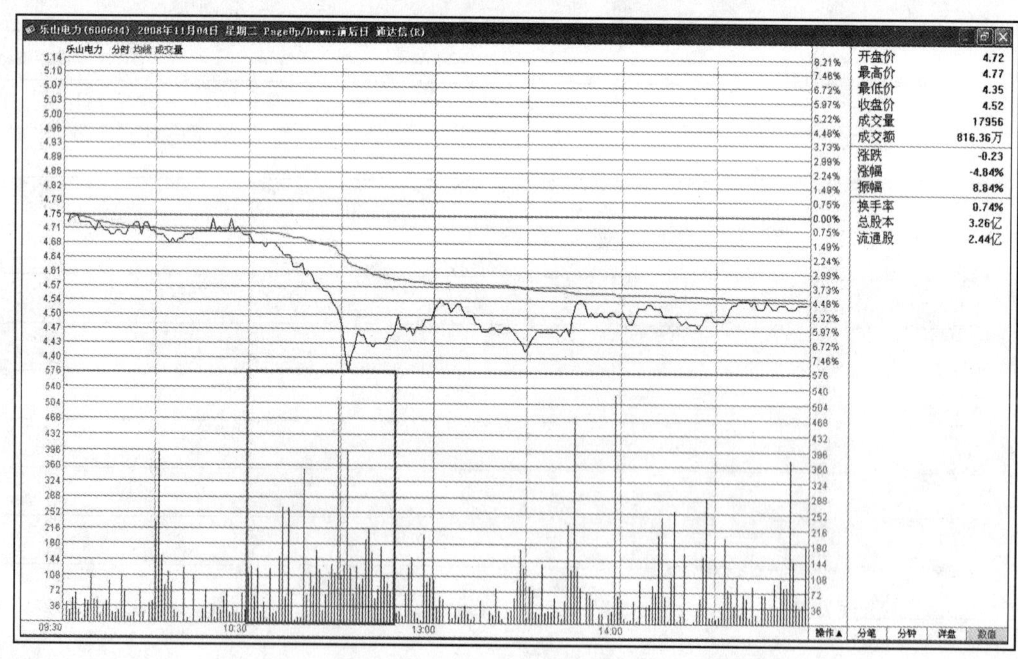

图【273】真戏假做的诱空型量峰分时图谱

【读图心得体会】

（1）关于图【272】真戏假做的诱空型量峰日线图谱的读图心得体会

（2）关于图【273】真戏假做的诱空型量峰分时图谱的读图心得体会

【思考与练习题】

1. 滚动操盘技术中最经典的买入信号有哪些？请举例说明。
2. 滚动操盘技术中最经典的卖出信号有哪些？请举例说明。
3. 最常用的盘口波形有哪些？怎样才能最有效的识别它们？
4. 最常用的量峰类型有哪些？怎样才能最有效的识别它们？

后　记

经过很艰辛的伏案写作，《滚动操盘技术》一书终于完稿了，在即将付梓之际，再看一遍原稿和校样，感慨良多。经过这次耗时费事的折腾之后，更加明白为什么在投资界尤其是证券界没有几个人愿意写作的真实原由。但是，我国的证券市场目前还处于新兴加转轨阶段，广大投资者尤其是中小投资者实在太需要实实在在的、本土化的、符合国情的操盘基础知识和操盘实战技术了，而这方面的著述目前还十分稀缺！从职业的角度而言，这是出版界的蓝海，是大有可为的领域。

早在几年之前，一直在考虑这个问题，能不能为投资者打造两大系列的书系，一是培训教材书系，二是实训教材书系。为此，策划了不少选题，其中最令人怦然心动魂牵梦萦的，是中国证券职业操盘培训教材和中国证券职业操盘实训教材。2007 年底，在湖北神农架某宾馆召开年度选题会的时候，再次提出这样的构想，得到了社领导和广大同仁的一致认同，于是，2008 年，逆势而上，出版了《道破股市天机》系列丛书，是谓探路。

《道破股市天机》系列丛书出版后，引起了十分热烈的反响，这令人大为惊喜，喜出望外，真有点喜不自胜了。实际上，严格来说，这套丛书距离培训教材的要求还是很有差距的，充其量只能算是实战指引一类读物。于是惶惑不安。惶惑不安之后，寻思进一度生发的良策。几经切磋，于是策划了真正意义上的培训教材和实训教材，这就是目前已经出版了的《证券操盘技术》和《操盘学》，前者是培训教材，后者是实训教材。投放市场之后，再度引起各方面的高度关注，反响空前热烈，实在出乎意料。

2009 年 4 月 18 日，一个很特别日子，很值得投资者记住的日子。清华大学《操盘学》特训班就在这一天开学了。这意味着什么呢？投资者职业操盘能力培训是一件非常重要的事情，一项非常具有现实意义的工作，朝晖资本管理人伍朝辉总裁首创《操盘学》，并于 2009 年 1 月 8 日由广东经济出版社出版发行，从此掀开了操盘大时代的序幕，CCTV 证券资讯频道在 2009 年 3 月 7 日推出《操盘大讲堂》，标志着操盘学培训课程正式向纵深方向推进，而清华大学在 2009 年 4 月 18 日举办《操盘学》特训班开讲仪式，更是开创了操盘学学科建设和操盘界高端培训课程的先河。从此而后，全面深入推广操盘技术将蔚然成风，对广大投资者尤其是广大中小投资者来说，操盘技术不再只是机构操盘者才能学习的神秘技术，而是一项所有投资者能够而且必须学习的必备技术。这就是值得记住这个日子的理由。

为了配合广大读者学习和理解《操盘学》各种技术，特地策划了《操盘能力训练教程》系列丛书，第一辑拟推出《滚动操盘技术》、《分时实战技术》和《反向博弈技术》三册，第二辑也在紧锣密鼓的策划中。同步推出的还有视听产品《操盘梦工厂》系列教学光盘和各类内训、特训、讲座、沙龙和培训课程。我们相信，通过广泛深入、全面细致的学习和系统化的、专业化的训练，投资者的操盘能力和职业水准一定能够得到质的飞跃。

让我们一起努力吧！

罗振文

2009 年 6 月 18 日